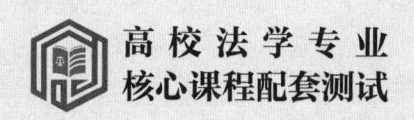

刑事诉讼法配套测试

第12版

高校法学专业核心课程配套测试

解析

教学辅导中心 / 组编　编委会主任 / 屈新

编审人员
屈　新　马浩洋

中国法治出版社
CHINA LEGAL PUBLISHING HOUSE

目　　录

第一章　概　　述 ·· 1
第二章　刑事诉讼法的历史发展 ··· 11
第三章　刑事诉讼的基本范畴 ·· 14
第四章　刑事诉讼中的专门机关 ··· 16
第五章　诉讼参与人 ·· 19
第六章　刑事诉讼的基本原则 ·· 29
第七章　管　　辖 ··· 40
第八章　回　　避 ··· 49
第九章　辩护与代理 ·· 55
第十章　证据概述 ··· 65
第十一章　证　　明 ·· 75
第十二章　证据规则 ·· 81
第十三章　强制措施 ·· 85
第十四章　附带民事诉讼 ··· 100
第十五章　期间、送达 ·· 107
第十六章　刑事诉讼的中止和终止 ··· 111
第十七章　立　　案 ··· 114
第十八章　侦　　查 ··· 120
第十九章　起　　诉 ··· 134
第二十章　第一审程序 ·· 150
第二十一章　第二审程序 ··· 168
第二十二章　死刑复核程序 ·· 181
第二十三章　审判监督程序 ·· 188
第二十四章　执　　行 ·· 196
第二十五章　特别程序 ·· 209
综合测试题一 ··· 221
综合测试题二 ··· 226

第一章 概 述

✓ 单项选择题

1. 答案：B。 本题考查的是《宪法》和《刑事诉讼法》的关系。《宪法》与其他部门法是"母法"与"子法"的关系。《宪法》是国家的根本大法，规定了我国的社会制度、政治制度、国家机构及其活动原则、公民的基本权利和义务，具有最高的法律效力。《刑事诉讼法》作为部门法，必须以宪法为根据。《刑事诉讼法》规定的诉讼原则、诉讼制度和诉讼程序，都是根据《宪法》确定的基本精神和原则制定的。故本题正确答案为B。

2. 答案：A。 本题考查的是狭义刑事诉讼的概念。刑事诉讼可作狭义和广义两种理解。狭义的刑事诉讼仅指人民法院对刑事案件的审判活动。因为只有法院才有权最终确定被告人是否有罪和应否处以刑罚，只有在审判阶段法院同控辩双方直接的诉讼法律关系才能形成，审判、辩护和控诉这三种基本职能才能履行。由此可见，本题正确答案为A。

3. 答案：B。 诉讼公正，包括实体公正和程序公正两个方面。实体公正，即结果公正，是指案件实体的结局处理所体现的公正。程序公正，是指诉讼程序方面体现的公正。实体公正和程序公正各自有独立的内涵和标准，不能互相代替，而且应当并重。一方面程序公正保障实体公正的实现，另一方面程序公正具有独立的价值。A项前半句话是正确的。但是，程序公正不一定就能够实现实体公正，因此，A项后半句话错误。刑事程序的公开和透明，可以让当事人以及社会监督刑事程序的运行，因而有助于发挥程序的约束作用。故B项正确。C项的错误在于，依据我国《刑事诉讼法》和司法解释的规定，违反法定程序收集的证据并非都应予以排除，有的瑕疵证据经过合理解释或者补正后，可以作为定案根据。D项的错误在于，对复杂程度不同的案件进行程序上的繁简分流，有利于提高诉讼效率，将司法资源进行有效的配置，进而发挥程序的约束作用。本题的正确答案为B项。

4. 答案：A。《刑事诉讼法》第16条规定，有下列情形之一的，不追究刑事责任，已经追究的，应当撤销案件，或者不起诉，或者终止审理，或者宣告无罪：（1）情节显著轻微、危害不大，不认为是犯罪的；（2）犯罪已过追诉时效期限的；（3）经特赦令免除刑罚的；（4）依照刑法告诉才处理的犯罪，没有告诉或者撤回告诉的；（5）犯罪嫌疑人、被告人死亡的；（6）其他法律规定免予追究刑事责任的。这一规定确立了具有法定情形不予追究刑事责任原则。本题中，A项，盗窃400余元，未达到定罪的数额标准，故属于"情节显著轻微、危害不大，不认为是犯罪的"这一情形，公安机关决定撤销案件。该项体现了具有法定情形不予追究刑事责任原则。依据《刑事诉讼法》第177条第2款的规定，对于犯罪情节轻微，依照刑法规定不需要判处刑罚或者免除刑罚的，人民检察院可以作出不起诉决定。B项的处理方式正确，但是，该不起诉属于酌定不起诉，未体现具有法定情形不予追究刑事责任原则。C项，法院是因为丙的行为未满足犯罪构成要件而作出的无罪判决，不是因为《刑事诉讼法》第16条规定的情形作出的无罪判决，也未体现具有法定情形不予追究刑事责任原则。D项的不起诉属于证据不足不起诉，不是依据《刑事诉讼法》第16条规定的情形作出的法定不起诉，所以，也未体现具有法定情形不予追究刑事责任原则。本题的正确答案为A项。

5. 答案：B。 本题考查的是刑事诉讼职能、审判原则、审判特征、审判模式。刑事诉讼职能是指根据法律规定，国家专门机关和诉参与人在刑事诉讼中所承担的职责、具有的作用和功能。刑事诉讼参与人所承担的职能，与其在诉讼中的法律地位和参与诉讼的目的密切相关。为了使诉讼的参与者履行或实现法律规定的诉讼职能，法律相应赋予其一定的权限和诉讼权利。传统诉讼理论认为，刑事诉讼有三种基本职能，即控诉、辩护和审判。本题题干表述未体现我国刑事诉讼职能的进一步细化与完善。故 A 项错误。直接言词原则，是指法官必须在法庭上亲自听取当事人、证人及其他诉讼参与人的口头陈述，案件事实和证据必须由控辩双方当庭口头提出并以口头辩论和质证的方式进行调查。直接言词原则包括直接原则和言词原则。所谓直接原则，是指法官必须与诉讼当事人和诉讼参与人直接接触，直接审查案件事实材料和证据。直接原则又可分为直接审理原则和直接采证原则。前者的含义是，法官审理案件时，公诉人、当事人及其他诉讼参与人应当在场，除法律另有特别规定外，如果上述人员不在场，不得进行法庭审理，否则，审判活动无效。在这一意义上，直接审理原则也称为在场原则。直接采证原则，是指法官对证据的调查必须亲自进行，不能由他人代为实施，而且必须当庭直接听证和直接查证，不得将未经当庭亲自听证和查证的证据加以采纳，不得以书面审查方式采信证据。本题题干表述体现了刑事诉讼直接原则的要求。故 B 项正确。刑事审判的程序性是指审判活动应当严格遵循法定的程序，否则，可能导致审判活动无效并需要重新进行的法律后果。本题的题干表述未体现此程序性，故 C 项错误。我国于 1996 年、2012 年、2018 年分别对《刑事诉讼法》进行了修改，使我国刑事审判模式具有了当事人主义的某些特征，学界一般称为"控辩式"。本题题干表述未体现刑事审判控辩式庭审方式改革的方向。故 D 项错误。本题的正确答案为 B 项。

6. 答案：B。A 项：控诉职能主要指的是积极向法院提起诉讼，要求追究被告人定罪量刑之刑事责任的职能。即积极地主张对他人定罪量刑的职能。在公诉案件中，主要是检察院承担了控诉职能，被害人承担的是辅助的控诉职能；在自诉案件中，主要是自诉人承担了控诉职能，而自诉案件中的自诉人可能是被害人自己，当其丧失行为能力时，其法定代理人也可以提起自诉，如果被害人死亡时可以由其近亲属提起诉讼。所以在自诉案件中，积极提起诉讼主张对被告人定罪量刑的自诉人有可能是被害人，也可能是被害人以外的其他人，所以 A 项不严谨，错误。B 项：首先，量刑的前提是检察院已经提出了对被告人定罪量刑的诉讼主张，存在有利于被告人的量刑事实意味着在量刑时可以适当从宽，但从宽依然意味着被定罪量刑了，所以也是检察院在承担控诉职能的表现。其次，控诉职能的核心是在向法院诉讼时积极地主张对他人定罪量刑，也就是说控诉职能只能发生在审理阶段。因此，B 项正确。C 项：证人一直是居中辅助诉讼向前推进的人，在诉讼中只需要客观陈述其所看到、听到的案件事实即可，不承担任何职能。因此，C 项错误。

多项选择题

1. 答案：ABC。本题考查的是三大诉讼的区别。刑事诉讼、民事诉讼和行政诉讼解决的实体问题不同：刑事诉讼是通过法定程序确定犯罪嫌疑人、被告人的行为是否构成刑法上的犯罪，如构成犯罪，应处以何种刑罚，以及保障无罪的人不受追究；民事诉讼是解决平等主体之间的民事纠纷，确定是否存在违反合同或法定民事义务的行为或侵权行为，以及构成这些行为的人应承担何种民事责任；行政诉讼要解决的是行政机关的具体行政行为是否合法，以及对不合法的行为应如何补救，以维护行政相对人的合法权益。由于解决的实体问题不同，这三种诉讼在程序上也有很大的差别。首先，在起诉制度上，刑事诉讼主要实行国家公诉制度，国家司法机关主动追究犯罪人的刑事责任，只有个别案件允许当事人自诉；民事诉讼实行法院"不告不理"原则，即当事人要主动对侵害自己合法权益的人提起诉讼，法院不能主动追究有关当事人的民事责任；行政诉讼由不服具体行政行为的相对人提出，被告是有关行政机关。其次，在执行程序上，刑事诉讼由有关司法机关或司法行政机关执行，不待当事人请求；民事诉讼则需由权利人请求，由法院执行；行政诉讼执行的对象比较特殊，分为对相对人不履行法院生效判决的执行和对行政机关不履行的执行，每一种情况又各有其特点。由此可见，本题ABC项正确。

2. **答案**：ABCD。本题考查的是我国《刑事诉讼法》的任务。我国《刑事诉讼法》第2条规定："中华人民共和国刑事诉讼法的任务，是保证准确、及时地查明犯罪事实，正确应用法律，惩罚犯罪分子，保障无罪的人不受刑事追究，教育公民自觉遵守法律，积极同犯罪行为作斗争，维护社会主义法制，尊重和保障人权，保护公民的人身权利、财产权利、民主权利和其他权利，保障社会主义建设事业的顺利进行。"由此可见，本题ABCD项正确。

3. **答案**：AD。根据刑事诉讼基础理论，刑事诉讼法与刑法的关系可以用刑事诉讼法的工具价值和独立价值来表达。其中，刑事诉讼法的工具价值表现为：（1）通过明确对刑事案件行使侦查权、起诉权、审判权的专门机关，为查明案件事实、适用刑事实体法提供了组织上的保障；（2）刑事诉讼法通过明确行使侦查权、起诉权、审判权主体的权力与职责及诉讼参与人的权利与义务，为查明案件事实及适用刑事实体法的活动提供了基本构架；（3）明确收集证据的方法与运用证据的规则，既为获取证据、明确案件事实提供了手段，又为收集证据、运用证据提供了程序规则；（4）明确证明责任和证明标准，为规范和准确进行定罪量刑提供标准和保障；（5）关于程序系统的设计，可以在相当程度上避免、减少案件实体上的误差；（6）针对不同案件或不同情况设计不同的具有针对性的程序，使得案件处理简繁有别，保证处理案件的效率；（7）通过适用于特定案件的特殊程序，为特定的刑事实体法和刑事政策的实现提供了更具针对性和更为有效的程序通道。A选项属于工具价值，C选项属于工具价值，A表述正确，符合题意，选择，C表述不正

确，不符合题意，不选择。刑事诉讼的价值包括秩序、公正和效益三项，其中，秩序价值体现在通过惩治犯罪，维护社会秩序，以及有序追究犯罪的诉讼活动，行使刑事司法权受刑事程序规范。因此，D表述正确，符合题意，选择。

4. **答案**：ABD。本题考查的是刑事诉讼法的独立价值。刑事诉讼法具有影响刑事实体法实现的功能。依据刑事诉讼中法定和正当程序的理念，刑事实体法需要通过法律程序来实施。然而，刑事诉讼法并非实施刑事实体法的被动的"服务器"，而是在启动或终结实施刑事实体法活动方面扮演着十分积极的角色。比如，依照"不告不理"原则，如果没有控诉机关或人员起诉，就不能对现实中的犯罪行为适用刑事实体法；当出现了某些法定情形时，就要结束适用刑事实体法的程序，而不能适用刑事实体法；对同一案件，如果选择不同的刑事程序，适用刑事实体法的结果可能会不同。本题的ABD项均是刑事诉讼法影响刑法实现的体现，但是，C项并未影响刑法的实现。由此可见，本题ABD项正确。

5. **答案**：ABC。刑事诉讼的基本原则体现刑事诉讼活动的基本规律，这些基本法律原则有着深厚的法律理论基础和丰富的思想内涵。故A项正确。刑事诉讼原则可以由法律明文规定，包括宪法或者宪法性文件，刑事诉讼法及其他法律。刑事诉讼基本原则必须由法律作出明确规定。故B项正确。刑事诉讼法规定的基本原则包括两大类，一类是一般原则，即刑事诉讼和其他性质的诉讼必须共同遵守的原则，如以事实为根据，以法律为准绳原则；公民在法律面前一律平等原则；各民族公民有权使用本民族语言文字进行诉讼原则；审判公开原则；保障诉讼参与人的诉讼权利原则；等等。另一类是刑事诉讼所独有的基本原则，如侦查权、检察权、审判权由专门机关依法行使原则；人民法院、人民检察院依法独立行使职权原则；分工负责、互相配合、互相制约原则；犯罪嫌疑人、被告人有权获得辩护原则；等等。故C项正确。

刑事诉讼基本原则一般贯穿于刑事诉讼全过程或主要诉讼阶段，具有较普遍的指导意义，但是，刑事诉讼基本原则也具有法律约束力。在具体诉讼制度没有作出详细规定的时候，可以直接适用刑事诉讼法规定的刑事诉讼基本原则，即刑事诉讼基本原则具有弥补法律规定不足和填补法律漏洞的功能。故 D 项不正确。本题的正确答案为 ABC 三项。

6. 答案：ABC。刑事诉讼的价值，是指刑事诉讼立法及实施对国家、社会及其一般成员具有的效用和意义，包括秩序、公正、效益等内容。其中，秩序价值包括两方面含义：其一，是指通过惩治犯罪，维护社会秩序，即恢复被犯罪破坏的社会秩序以及预防社会秩序被犯罪所破坏；其二，是指追究犯罪活动是有序的。国家刑事司法权的行使必须受到刑事程序的规范。刑事诉讼效益价值包括效率，效益价值与秩序价值相互依存、相互作用、相互制约、不可偏废，如果不适当地追求高效率的处罚，忽视了程序的有序性，反而会损害秩序，也不可能真正实现效益。故本题正确答案为 ABC。

7. 答案：BCD。本题主要考查的是程序公正的独立价值。程序公正是指过程的公正，是指诉讼参与人对诉讼能充分有效地参与，程序得到遵守，程序违法得到救济。程序公正的内容包括程序公开、程序中立、程序参与、程序平等、程序安定、程序保障。具体要求为：（1）严格遵守《刑事诉讼法》的规定；（2）切实保障当事人和其他诉讼参与人，特别是犯罪嫌疑人、被告人和被害人的诉讼权利；（3）严禁刑讯逼供和以威胁、引诱、欺骗以及其他非法方法收集证据；（4）人民法院、人民检察院依法独立行使审判权、检察权；（5）保障诉讼程序的公开性和透明度；（6）按法定期限办案、结案。据此，BD 选项符合题意，C 选项撤销原判、发回重审本身就是对程序违法的一种救济措施，当选。A 选项为公、检、法三机关的关系，不符合题意。综上，本题正确答案为 BCD。

8. 答案：BCD。本题考查《刑事诉讼法》的基本原则。《刑事诉讼法》第 3 条第 1 款规定，对刑事案件的侦查、拘留、执行逮捕、预审，由公安机关负责。检察、批准逮捕、检察机关直接受理的案件的侦查、提起公诉，由人民检察院负责。审判由人民法院负责。除法律特别规定的以外，其他任何机关、团体和个人都无权行使这些权力。本题中，检察院提前介入侦查，是检察院法律监督权的体现，并未侵犯公安机关的侦查权，也未违反侦查权、检察权、审判权由专门机关依法行使的原则。故 A 项错误。《刑事诉讼法》第 7 条规定，人民法院、人民检察院和公安机关进行刑事诉讼，应当分工负责，互相配合，互相制约，以保证准确有效地执行法律。本题中，检察院的做法体现了这一原则。故 B 项正确。严格遵守法律程序原则要求，人民法院、人民检察院和公安机关在进行刑事诉讼活动时，必须严格遵守刑事诉讼法和其他有关法律的规定，不得违反法律规定的程序和规则，更不得侵害各方当事人和其他诉讼参与人的合法权益。本题中，检察院的做法有助于严格遵守法律程序原则的实现。故 D 项正确。《刑事诉讼法》第 8 条规定，人民检察院依法对刑事诉讼实行法律监督。人民检察院是国家的法律监督机关，在刑事诉讼活动中，有权对公安机关的立案侦查、法院的审判和执行机关的执行活动是否合法进行监督。这种监督贯穿于刑事诉讼活动的始终。本题中，检察院提前介入侦查，是检察院对公安机关的侦查权的监督。故 C 项正确。

9. 答案：ABC。效率主要指处理案件的速度比较快。A 项：根据《最高人民法院关于适用〈中华人民共和国刑事诉讼法〉的解释》[①] 第 226 条规定："案件具有下列情形之一的，人民法院可以决定召开庭前会议：（一）证据材料较多、案情重大复杂的；（二）控辩双方对事实、证据存在较大争议的；（三）社会影响重大的；（四）需要召开庭前会议的其他情形。"据此，法院可以决定召开庭前

---

① 为行文简洁，以下简称《刑事诉讼法解释》。

会议。庭前会议中会讨论很多程序问题，例如管辖、回避问题，也会对证据问题进行梳理，审判人员可以询问控辩双方对证据材料有无异议，对有异议的证据，应当在庭审时重点调查；无异议的，庭审时举证、质证可以简化。庭前会议的目的是追求一次性庭审，提升诉讼的效率。因此，A项正确。B项：交通肇事罪属于主观恶性不大的过失类犯罪案件，直接起诉而不采取逮捕措施，可以缩减程序，有利于提高诉讼效率。因此，B项正确。C项：附条件不起诉主要针对的是犯罪轻微（可能判处一年有期徒刑以下刑罚），有悔罪表现的未成年人，检察院会设置一段时间称为考验期，在考验期里会设置一定的义务让未成年人遵守，以此实现对未成年人的矫正，考验期满如果未成年人遵守了义务、表现良好，检察院会作出真正的不起诉决定；如果考验期内违反义务，或犯有新罪、漏罪，则应当撤销不起诉的决定，依法公诉。附条件不起诉实现了对未成年人案件的分流处理，不需要经过审判和执行程序，有利于提高诉讼效率。对未成年人的案件作不起诉的决定也是检察院对轻微案件起诉便宜主义的体现。因此，C项正确。D项：辩护人可通过申请在法庭审理中播放特定时间段的讯问录像的方式，来调查口供收集的合法性，主要体现了程序公正原则，将违反程序收集的证据依法排除，未体现效率理念。因此，D项错误。

名词解释

1. **答案**：刑事诉讼是指国家专门机关在当事人及其他诉讼参与人的参加下，依照法律规定的程序，追诉犯罪，解决被追诉人刑事责任的活动。由于刑事诉讼的核心问题是如何解决被追诉人的刑事责任问题，因此，刑事诉讼实质上就是国家为了实现刑罚权、维护统治秩序而进行的一种国家专门活动。在我国，刑事诉讼具备以下几个主要特征：（1）刑事诉讼是由国家专门机关主持进行的一种司法活动；（2）刑事诉讼是公安司法机关行使国家刑罚权的活动；（3）刑事诉讼是严格按照法律规定的程序和要求进行的活动；（4）刑事诉讼是在当事人和其他诉讼参与人的参加下进行的活动。刑事诉讼具有广义和狭义之分。狭义的刑事诉讼特指法院对刑事案件的审判活动。广义的刑事诉讼则指立案、侦查、起诉、审判和执行等活动的总称。外国刑事诉讼理论中一般采用狭义的解释，我国刑事诉讼理论中则普遍采用广义的解释。

2. **答案**：在刑事诉讼过程中，按照一定顺序进行的相互连接的一系列行为，可以划分为若干个独立的单元，称为刑事诉讼阶段。某一诉讼过程是否构成一个独立的诉讼阶段，主要看它是否具有自己的直接任务、参加诉讼的机关和个人的独特构成、进行诉讼行为的特殊方式、诉讼法律关系的特性以及与其他诉讼过程不同的总结性文件。按照上述标准，可以将我国的刑事诉讼划分为侦查、起诉、第一审及第二审和执行等阶段，此外还有死刑复核和审判监督两个特殊阶段。

3. **答案**：诉讼效率是现代刑事诉讼的基本理念和价值要求之一。诉讼效率是指诉讼中所投入的司法资源（包括人力、财力、设备等）与所取得的成果的比例。诉讼效率要求投入的司法资源取得尽可能多的诉讼成果，既降低诉讼成本，又提高工作效率，减少案件拖延和积压的现象。

4. **答案**：刑事诉讼的历史类型是指依照一定的标准，对历史上存在过的和现代的刑事诉讼进行的划分和分类。在理论上，刑事诉讼的历史类型有两种划分标准。一是刑事诉讼的阶级本质标准，即以刑事诉讼所维护的社会制度和阶级利益为标准。依此标准，刑事诉讼的历史类型可以划分为奴隶社会的刑事诉讼、封建社会的刑事诉讼、资本主义社会的刑事诉讼和社会主义社会的刑事诉讼。二是刑事诉讼的表面特征标准，即以诉讼的提起、法官和当事人的诉讼地位和相互关系、案件审理的方式等为标准。依此标准，刑事诉讼的历史类型可以划分为弹劾式诉讼、纠问式诉讼和混合式诉讼。

5. **答案**：刑事诉讼客体是指刑事诉讼主体实施一定诉讼行为、进行刑事诉讼活动所指向的对象。刑事诉讼客体是刑事诉讼法律关系得以产生和发展的直接依据。没有刑事诉讼客体的存在,刑事诉讼主体的诉讼行为就会失去应有的意义,刑事诉讼法律关系也就难以产生和发展。

📝 简答题

1. 答案：刑事诉讼职能,是指刑事诉讼中的国家专门机关和诉讼参与人进行诉讼活动所承担的功能及所发挥的特定作用。刑事诉讼职能的区分和确定,既是刑事诉讼规律的作用,同时又具有法律的规定性。每一个专门机关和诉讼参与人参加刑事诉讼,都有其特定的作用,不为其他的主体所替代;其诉讼行为也有不同于其他主体的特定方式,且具有刑事诉讼的特质。从我国刑事诉讼立法和实践的情况考察来看,我国刑事诉讼中的诉讼职能有:(1)控诉职能;(2)侦查职能;(3)辩护职能;(4)审判职能;(5)执行职能;(6)协助诉讼职能;(7)诉讼监督职能。

其中的控诉职能、辩护职能和审判职能属于刑事诉讼的基本职能,而其他四项职能可称为刑事诉讼的次要职能,之所以作出这种分类,是因为前三种诉讼职能具备了刑事诉讼的基本职能的条件和特点,具体包括以下几个方面的特征:(1)基本特征应反映本职能承担主体独立的实体权益和诉讼目标。例如,代表国家进行刑事追诉活动的检察官,其诉讼目标是证实被告人的罪行,促使法庭对他定罪和判刑;而作为检察官追诉对象的被告人,则是以证明检察官的指控不能成立,促使法院作出无罪或罪轻的裁判为诉讼目标。(2)基本职能的承担主体能够对刑事诉讼程序的开启、运作和终结产生决定性影响。如检察官的起诉,将直接引起刑事审判;而鉴定人参与刑事诉讼并不具有必然性,即使参加也不会对刑事诉讼的产生有决定性影响。(3)基本职能与刑事诉讼的基本任务有直接关系,其实现过程成为刑事诉讼的最重要的内容。(4)基本职能之间互相联系,彼此牵制,相辅相成,并以其整体性确保诉讼的完整性。同时,具备这些特征也是一种诉讼职能之所以为刑事诉讼基本职能的条件。

2. 答案：刑事诉讼程序价值的第一个方面在于保证实体价值的实现。如果程序的设计和实施是公正的,那么大多数情况下得出的实体结论会是公正的。我国的刑事诉讼法为了准确及时地查明犯罪事实,正确地定罪量刑,惩罚犯罪,保护无辜,从诉讼原则、规则、制度和程序方面作了设计。

程序价值的第二个方面在于它的独立价值,即程序公正本身直接体现出来的民主、法治、人权和文明的精神,它不依附于实现实体公正而存在,其本身就是社会正义的一种重要内容。公正的刑事诉讼程序,如文明取证、公开审理、保障辩护权等,即直接体现司法活动的民主和人权精神,体现看得见的正义,同时会使案件的处理客观公正。因此,程序公正既是手段,又是目的。程序公正与实体公正总体上说是统一的,但有时又不可避免地发生矛盾。在一定情况下应当采取程序优先原则,如非法证据排除规则;但在某种情况下,又必须采取实体优先原则。二者关系如车之两轮,鸟之两翼,互相依存、互相联系。

程序公正即过程公正,是指刑事诉讼程序方面体现的公正。刑事诉讼程序公正的具体要求是:(1)严格遵守刑事诉讼法的规定。(2)认真保障当事人和其他诉讼参与人,特别是犯罪嫌疑人、被告人和被害人的诉讼权利。(3)严禁刑讯逼供和以其他非法手段取证。(4)真正实现司法机关独立行使职权。(5)审判程序的尽量透明,审判程序的公开和中立。(6)按法定期限办案、结案。以上六点,第一点是形式上的程序公正,后五点是程序上的实质公正。

3. 答案：刑事诉讼法与民事诉讼法既有共同点也有各自的特殊性。首先,共同点表现为:两者都是程序法,都是为正确实施实体法而制定的,它们有着许多共同的原则、制度和程序,如司法机关依法独立行使职权,以事实为根据、以法律为准绳,审判公开,以民族语言文字进行诉讼、合议制,在程序上实行二审终审制,有一审程序、二审程序以及对已生效裁判的审判监督程序等。

其次,由于这两种诉讼法所要解决的实

体问题不同，因而它们在诉讼主体、原则、制度、举证责任、证明标准和具体程序上均有各自的特点。刑事诉讼法保证刑法的正确实施，所要解决的实体问题是追诉犯罪和犯罪嫌疑人、被告人的刑事责任问题；民事诉讼法保证民商法、经济法的正确实施，所要解决的是平等双方当事人之间的权利、义务争议。它们在诉讼原则、制度、程序等方面有以下区别点：

（1）诉讼主体不同。刑事诉讼法规定的国家专门机关为人民法院、人民检察院和公安机关，而民事诉讼法为人民法院。当事人在刑事诉讼中为被害人和犯罪嫌疑人、被告人以及附带民事诉讼的原告、被告；在民事诉讼中为原告、被告以及第三人。（2）诉讼原则不同。刑事诉讼法特有的原则为：未经人民法院依法判决对任何人都不得确定有罪，犯罪嫌疑人、被告人有权获得辩护。民事诉讼法特有的原则为：当事人平等，辩论原则，调解原则，处分原则。（3）证据制度不同。在举证责任上刑事诉讼法实行控诉方负举证责任，被告方不负举证责任。民事诉讼法一般情况下实行"谁主张，谁举证"，原告和被告都负有举证责任。在证明标准上，刑事诉讼法为：犯罪事实清楚，证据确实充分；民事诉讼法为：合法证据优势。（4）强制措施不同。刑事诉讼法规定对犯罪嫌疑人、被告人采取的强制措施有：拘传、取保候审、监视居住、拘留和逮捕。民事诉讼法对诉讼参与人和其他人可采取训诫、罚款、拘留，行政诉讼法还有责令具结悔过。（5）诉讼程序。民事诉讼的程序分为第一审、第二审、审判监督程序和执行程序。刑事诉讼则复杂得多，审判前有立案、侦查和起诉程序，审判程序中另有死刑复核程序。

💬 论述题

1. **答案**：刑事诉讼中，法官、原告和辩护人的关系就是裁判、控诉和辩护三方的法律关系，因此题中所描述的刑事诉讼中："法官、原告和辩护人都集中到一个人身上"的情形，即刑事诉讼模式的一种。

刑事诉讼模式又称为刑事诉讼结构、诉讼构造或者诉讼形式，是指国家专门机关在当事人和其他诉讼参与人的参加下进行刑事诉讼的基本方式，以及专门机关、诉讼参与人在刑事诉讼中形成的法律关系的格局。它反映的是刑事诉讼程序中控诉、辩护和裁判三方的法律地位和相互关系。历史上曾经出现过弹劾式刑事诉讼和纠问式刑事诉讼两大类型。

题中所指的"法官、原告和辩护人都集中到一个人身上"，系存在于封建社会的纠问式诉讼。纠问式诉讼，又称为审问式诉讼，其主要特征就是法官集侦查、控诉、审判职能于一身，不论是否有被害人或其他人的控告，根据职权主动追究犯罪，司法机关负责调查事实、收集证据，对被告人广泛采用刑讯、侦查和审判秘密进行。在这种诉讼形式中，被害人只是告发人；被告人只是诉讼客体，没有任何诉讼权利，只是被审问、受刑讯的对象。纠问式的诉讼盛行于中世纪后期欧洲大陆国家的君主专制时代和我国的封建时代。

纠问式诉讼模式的这种集中是和心理学的全部规律相矛盾的，法官身份的多重性使得法官裁判的公正性很难得到保障。法官依职权主动追究犯罪，是要追究犯罪嫌疑人的刑事责任，并为之讯问当事人、调查和收集证据，以证明犯罪嫌疑人有罪。而同时法官又被要求收集证明犯罪嫌疑人无罪的证据，充当辩护人的角色。这种反差使得法官在进行审判时无法中立地作出判断，因为法官自身收集的证据并不需要诉讼双方的质证而具有了当然的效力。

综上所述，纠问式诉讼模式是不符合现代刑事诉讼的要求的。在实践中也要注意消除这种旧有模式的思想影响，加强对犯罪嫌疑人和被告人诉讼主体地位的认识，保持法官作为消极仲裁者的中立地位。

2. **答案**：追究犯罪、惩罚犯罪是刑事诉讼的一个直接目的，也是我国制定刑事诉讼法宗旨中"惩罚犯罪、保护人民"的一个方面。否则，就不能保障公民的生命、财产和其他合法权利不受侵犯，就不能保障国家的安全和维护社会秩序的稳定，这就需要国家通过刑事诉讼行使刑罚权对犯罪加以惩罚。我国《刑事诉讼法》规定，公安机关或者人民检察院发现犯罪或者犯罪嫌疑人，应当立案侦查。人民检察院对公安机关应当立案侦查而不立案侦查的案件，应当通过法律监督促使公安机关对犯罪追究。对于犯罪事实清楚、证据确实充分的案件，公安机关应当移送检察机关审查起诉，检察院应当提起公诉，人民法院应当作出有罪判决。

刑事诉讼目的的另一个方面是保障人权。除了通过打击犯罪以保护人民的权利不受犯罪分子侵害以外，刑诉中的人权保障主要是指：第一，保证犯罪嫌疑人、被告人和被害人等当事人以及其他诉讼参与人的诉讼权利得到充分的尊重和行使；第二，保证无罪的人不受到刑事追究和惩罚；第三，保证有罪的人得到公正的惩罚。以上三点中，第一点是从诉讼过程上说的，第二点、第三点是从结局上说的，只有诉讼参与人权利在诉讼过程中得到保障，才能使诉讼结果的人权保障得到实现。但是，国家专门机关在追究、惩罚犯罪的过程中，容易超越权力甚至滥用权力，从而侵犯诉讼参与人的权利，特别是犯罪嫌疑人、被告人的权利，严重损害司法公正。正因如此，世界各国的刑事诉讼法，都规定了旨在保障人权的各种原则、制度和程序。我国的刑事诉讼法也是如此。它不仅规定了"保障无罪的人不受刑事追究"，而且规定了未经人民法院依法判决，对任何人都不得确定有罪的诉讼原则，规定了辩护权、诉讼参与人权利及其保障，规定了其他一系列保障人权的原则、制度和程序。

法律规定公民的义务，从根本上说是为了更好地保障公民的权利。刑事诉讼惩罚犯罪，从根本上说也是为了保护人民、保障人权。但刑事诉讼不可偏废惩治犯罪，因为刑事诉讼的进行是以存在犯罪并应当追究为前提的。当然，也不能以削弱、牺牲人权保障为代价去追求和强化揭露犯罪、惩罚犯罪的效果。总之，惩罚犯罪和人权保障，构成了刑事诉讼目的两个方面的对立统一体，两者并重，不可片面强调一面而忽视另一面。惩罚犯罪和保障人权应当有机结合在一起。

3. **答案**：（1）司法公正与司法效率的含义

公正，是人们评价和构建司法制度首要的价值标准。所谓司法公正，就是指国家司法机关依法进行司法活动，应当体现公平、维护社会正义，真正做到有法必依、执法必严、违法必究。它包括实体公正和程序公正两个方面，其中实体公正是国家司法活动所追求的直接目的，也是司法制度合理存在的价值基础之一。程序公正则是正确选择和适用法律，排除司法过程中的不当偏向，并体现法律正义的根本保障。司法公正包含了参与性、理性、公平性、及时性和终结性等价值追求，是一个多层次的完整体系。司法公正是司法体制改革的重要目标。至于效率，也叫效益，本来是经济学上的一个概念，指的是投入与产出、成本与收入的比率。但在司法程序中的效率，即司法效率中的诉讼成本，除法院和当事人的开支外，如诉讼费用、代理费用、法院及有关部门、证人的人力与物质消耗等，还包括因诉讼导致的当事人社会生活的不便与面临社会重新评价的风险。诉讼效率已经成为世界各国法律制度共同追求的重要价值目标，同时，它也直接关系到法律制度是否科学、合理。刑事诉讼领域里的司法效率的目标，就是以尽量少的诉讼成本耗费来完成刑事诉讼的任务，并实现刑事诉讼所追求的基本价值。

（2）司法公正与司法效率的关系

在刑事诉讼领域里，司法公正与司法效率是诉讼程序相互独立又相互关联的两大价值取向，二者之间既有相一致的一面，又有矛盾的一面。①司法效率与司法公正在一定程度上具有同一性。在刑事诉讼领域里，诉讼效率的实现，必须依靠诉讼程序运作具有经济合理性和相应措施来保障。司法公正确立的正当程序通过程序本身的参与性、理性、公平性、及时性和终结性等价值追求，可以有效地降低诉讼成本。实现诉讼程序的高效率，从而实现司法效率的价值。程序正义在大多数情况下，能满足诉讼效率最大化的要求。在一定程度上，司法效率是法律制度的生命之所在。诉讼效率是司法公正的保障。②司法效率与司法公正并不完全等同。司法公正要求诉讼程序充分满足公正追求的全部价值条件，诉讼效率则要求从中尽可能降低无效或重复性设计，由程序的高效率实现诉讼的高效率。在不少场合中，二者是相互矛盾的。追求司法公正，需要付出一定的代价，需要对司法有较多的投入，要消耗许多的资源。而追求效率，对诉讼程序的处理简单化，可能会导致司法不公，甚至司法腐败。

(3) 如何处理司法效率与司法公正的矛盾

在司法公正与司法效率发生矛盾时，效率应该服从于公正，公正高于效率，但也不能一味追求公正，不讲效率。在理解这二者的关系上，应坚持公正第一和公正效益兼顾的原则。正确处理二者的关系，必须具体问题具体分析研究，不能一概而论。要反对以下的错误倾向：①撇开公正追求效率。如为降低诉讼成本，片面追求效率而搞所谓所有案件"一步到庭"，或以"减少讼累"为借口为违反程序的做法辩护，以及在调解过程中以强迫、利诱手段促成结案等。②只要公正不讲效率；因简就繁，人为地增加当事人、法院与社会的负担。如程序适用上，刻意控制简易程序等较为简便的程序的适用，把程序正义变成形式主义和烦琐哲学，背离效率价值。实践中，简易程序和其他速决程序的运用范围逐步扩大，都是在保证司法公正的前提下；对司法效率的提高，节省了大量的人力、物力和财力，司法实践中应争取做到司法效率与司法公正的统一。

4. 答案：刑事诉讼价值，是指刑事诉讼立法及其实施能够满足国家、社会及其一般成员的特定需要而对其所具有的效用和意义。它包括公正、秩序、效益等多项内容，其中每项内容又包含着非常丰富的内涵。公正在刑事诉讼价值中居于核心的地位，包括实体公正和程序公正两个方面；秩序是刑事诉讼的重要价值，包括惩治犯罪以维护社会秩序和追究犯罪的活动本身必须是有序的两个方面；效益也是刑事诉讼价值不可缺少的一个方面，包括以一定的司法资源投入换取尽可能多的刑事案件的处理和保证社会生产方面所产生的效益。刑事诉讼目的，是指国家制定刑事诉讼法、进行刑事诉讼活动所期望达到的目标，是立法者根据国家和社会的需要并基于对刑事诉讼固有属性的认识预先设计的关于刑事诉讼结果的理想模式。它有根本目的和直接目的之分。前者在于维护国家的宪法体制和秩序；后者则包括惩罚犯罪和保障人权。刑事诉讼结构，是指刑事诉讼法所确立的进行刑事诉讼的基本方式以及专门机关、诉讼参与人在刑事诉讼中形成的法律关系的基本格局，它集中体现为控诉、辩护、裁判三方在刑事诉讼中的地位及其相互之间的法律关系。现代各国刑事诉讼中主要有职权主义、当事人主义和混合主义三种结构模式。刑事诉讼职能，是指根据法律规定，国家专门机关和诉讼参与人在刑事诉讼中所承担的职责、具有的作用和功能。现代刑事诉讼的职能主要有控诉、辩护和审判三种。

刑事诉讼价值是通过刑事诉讼法的制定和实施来实现的。一方面，刑事诉讼法保证刑法的正确实施，实现公正、秩序、效益价值，这是刑事诉讼法的工具价值；另一方面，刑事诉讼法的制定和适用本身也在实现着公正、秩序、效益价值，这是刑事诉讼法的独立价值。对刑事诉讼法价值的认识直接影响到刑事诉讼目的的确定和选择。刑事诉讼不但有工具价值，还有自身独立的价值，因而，《刑事诉讼法》在刑事诉讼目的的确定上，既强调惩罚犯罪，又注重保障人权，二者并重。

刑事诉讼目的是整个刑事程序的灵魂，目的不同，表明在刑事诉讼中保护的利益侧重点不同，体现出国家与个人之间法律上的相互关系也不同，进而影响到刑事诉讼职能的确定，结构的设定。刑事诉讼目的的不同，必然会在刑事诉讼的结构上反映出来。在偏重惩罚犯罪的刑事诉讼中，国家机关往往享有较大的权力，而在偏重保障个人权利的刑事诉讼中，犯罪嫌疑人和被告人往往被赋予较多的程序性权利。一般来说，如果以惩罚犯罪作为刑事诉讼的唯一目标或者首要目的，则立法者往往选择线性结构的职权主义模式；如果以保障人权为刑事诉讼的唯一目标或者首要目的，则立法者一般会选择三角结构的当事人主义模式；如果刑事诉讼目的兼顾惩罚犯罪和保障人权，则通常会选择双重结构的混合主义模式。同时，刑事诉讼目的的变化和调整，也必然影响到刑事诉讼结构。但刑事诉讼目的不是决定刑事诉讼结构的唯一因素，目的观基本相同的不同国家的刑事诉讼，在结构上仍然可能会有较大的不同。诉讼结构的形成和维持，还有诉讼传统、权力分立的具体方式、法治原则等多种因素的影响，不完全是由诉讼目的所决定的。相反，诉讼结构的不同必然引起诉讼功能的变化。

刑事诉讼结构直接制约着刑事诉讼职能的发挥。诉讼职能不能随便组合在一起，而是根据为实现一定诉讼目的的诉讼结构的整体需要来安排和组织的。在职权主义诉讼结构中，由于更加强调国家追诉机关和审判机关职权，忽视被告人的诉讼权利，将其视为诉讼客体。在这种诉讼结构中，控诉职能能够得到有效的实现，相反辩护职能处于一种极其萎缩的、可有可无的状态，无法发挥其应有的作用。在当事人主义的诉讼结构中，由于强调控、辩、审三方的平衡，法官处于一种居中裁判的地位，控辩双方实行平等对抗。在这种诉讼结构中，辩护职能能够得到较好的发挥，但是，审判职能会被一定程度的削弱。而在混合主义的诉讼结构中，由于较好地处理控、辩、审三方的地位和关系，特别是注重发挥审判职能，因而控诉、辩护、审判三种职能均能得到较好的实现。

刑事诉讼职能影响着刑事诉讼结构的确定。刑事诉讼职能是刑事诉讼结构的组成要素。组成一定诉讼结构的职能要素发生变化，会导致结构的改变，职能越多，诉讼结构以及相应的诉讼法律关系也就越复杂；其功能越进化、完备；同时，构成诉讼结构的职能要素不变，只是职能的地位和职能之间联系方式、时空关系的变化，也会导致结构的改变。

第二章 刑事诉讼法的历史发展

单项选择题

1. 答案：D。本题考查的是刑事诉讼历史类型的划分标准。划分刑事诉讼的历史类型有两种方法：一种是以刑事诉讼的阶级实质为标准进行划分，另一种是以刑事诉讼的表面特征为标准进行划分。以刑事诉讼的表面特征为标准，就是以刑事诉讼的提起、法官和当事人在诉讼中的地位和相互关系，以及审判的方式、方法等为标准，按这种标准，刑事诉讼的历史类型可以分为弹劾式诉讼、纠问式诉讼和混合式诉讼。综上，本题正确答案为 D。

2. 答案：D。《永徽律》总结了封建法律制度规定和司法实践的经验，分 12 篇，共 502 条，其中斗讼律规定了如何控告犯罪。

3. 答案：D。本题考查刑事诉讼构造。当事人主义诉讼将开始和推动诉讼的主动权委于当事人，控诉、辩护双方当事人在诉讼中居于主导地位。我国不论公诉案件还是自诉案件都是在职权主义基础上吸收了当事人主义的因素，自诉案件不适用当事人主义诉讼构造。故 A 项错误。被告人认罪案件审理中，控辩双方可能对罪名和量刑有异议，仍然存在控辩双方的对抗。故 B 项错误。我国侦查阶段只有侦查机关和犯罪嫌疑人两方参与，并无控、辩、审三方的构造。故 C 项错误。我国审查起诉阶段只有检察院与犯罪嫌疑人这两方参与，且只存在控辩关系，故 D 项正确。本题的正确答案为 D 项。

多项选择题

1. 答案：CD。中国古代的司法没有设立专门的控诉机关，在起诉方式上也不像现代诉讼那样只有公诉和自诉两种，古代的起诉实际上是指司法机关开始审理案件的缘由或依据。古有"亲亲相隐"制度。

2. 答案：ABCD。我国古代的审判制度已发展得非常完备，四选项所涉制度及原则已经确立。

名词解释

1. 答案：刑事诉讼构造又称为刑事诉讼结构、刑事诉讼形式或者刑事诉讼模式，是指控诉、辩护、裁判三方在刑事诉讼中的地位以及相互间的法律关系。在刑事诉讼中，控诉、辩护、裁判是三个基本的诉讼职能，分别由控诉方、辩护方、裁判者独立地行使。他们在刑事诉讼中的地位与法律关系如何直接决定了各种诉讼的主体进行刑事诉讼的基本方式或者基本格局。

2. 答案：弹劾式诉讼是指古巴比伦、古希腊、古罗马共和国等奴隶制国家以及欧洲封建制早期的一些国家实行的一种诉讼模式。其基本特征是：（1）控诉与审判职能分离，遵行"没有告诉人就没有法官"的不告不理原则。（2）审判以言词辩论的方式进行，诉讼中注重发挥争讼双方的作用，他们在法庭上地位平等、权利对等，可以相互对质和辩论。（3）法官处于裁判者的地位，只负责听取双方当事人提供的情况，审查他们提供的证据，认定案件事实和作出裁决。（4）在弹劾式诉讼中，利害相对的诉讼双方各执一词，是非曲直难以判断，法官遂求助于神，希望神灵给予一定的启示来甄别某些争议事实的真伪和双方主张的曲直。

3. 答案：职权主义诉讼是指主要由德国、法国等大陆法系国家所实行的一种刑事诉讼模式。职权主义诉讼模式继承了纠问式诉讼的某些特征，其主要特点是：（1）法官推进诉讼进程；（2）法官主动依职权调查证据，可以主动询问被告人、证人、鉴定人并采取一切必要的证明方法；（3）采取不变更原则，案件一旦起诉到法院，控诉方不能撤回起诉，诉讼的终止以法院的判决作为标志。

4. **答案**：正当程序模式的基本内容或者要求包括：（1）不受制约的国家权力必然被享有者滥用；（2）在刑事程序上限制国家的权力，就是对被告人权利的保护；（3）对不受抑制的行政性的程序持怀疑态度，而坚持司法性的事实认定程序，通过不服申诉最大限度地减少误判；（4）对控制犯罪的效率持消极态度，而关心对正当程序的执行和被告人权利的保护；（5）反对犯罪控制模式实际上奉行的是有罪推定，而坚持无罪推定的法理。

5. **答案**：正当法律程序又称为法律的正当程序，分为程序性正当程序和实体性正当程序两种。程序性正当程序是一种着重审查政府行为方式的程序审查，它专注于政府政策执行的方法和程序，保证政府施加管制或惩罚的过程的公正性。程序性正当程序要求，在一个人作为一方当事人时应当被正式告知一切程序活动，并且有得到公正审判的机会。

6. **答案**：神示证据制度是指法官根据神的启示、借助神的力量来判断是非曲直、确定诉讼争议的一种证据制度。神示证据制度主要实行于古代奴隶制和封建社会前期的弹劾式诉讼中，是证据发展史上最早出现的一种证据制度。神示证据制度的核心内容是证据的证明力由神来判断，其具体方法多种多样，如对神宣誓、水审、火审、决斗、十字形证明、抽签等。神示证据制度以宗教信仰为其思想基础，采用各种唯心主义的神明裁判方法，是由当时生产力发展水平比较落后以及人类的认识能力极其有限所决定的。神示证据制度尽管属于一种非科学的证据制度，但在一定情况下也可以起到查明案件事实的作用。

7. **答案**：法定证据制度又称为形式证据制度，是指法律根据各种证据的不同形式，对其证明力的大小以及如何审查判断和运用，都事先明文规定，法官审理案件必须据此作出判决，而不能自由评断和取舍的一种证据制度。法定证据制度流行于欧洲大陆中世纪，是封建君主专制政治体制与纠问式诉讼制度的产物。法定证据制度的特点表现在：法律预先规定各种证据的证明力和判断证据的规则；法律对于证据证明力和判断证据规则的规定，主要是根据证据的形式，而不是根据证据的具体内容；被告人供述是证据之王，刑讯逼供是取得被告人供述所普遍采用的合法形式；法律对证据证明力和判断证据规则的规定是审查判断证据绝对性的依据；法律关于证明力大小的规定体现了封建等级制度。法定证据制度有力地限制了法官的司法专横，但它是建立在形而上学的理论基础之上的一种证据制度，导致刑讯逼供盛行，是反科学的，具有浓厚封建性、残酷性和反动性的一种证据制度。

简答题

1. **答案**：中国古代的刑事诉讼制度，从夏商至明清，内容丰富，精华与糟粕并存，反映了以儒家为主导的古代思想的影响，也体现了古代司法活动长期积累的经验，并反映了在司法活动中的专制集权制度的本质和特征。其特点如下：（1）以儒家思想为刑事诉讼法制的思想基础；（2）君主掌握最高司法权；（3）司法与行政不分，行政官兼理司法；（4）维护封建特权和伦理纲常；（5）实体法与程序法不分，刑事诉讼法与民事诉讼法基本不分；（6）实行纠问式诉讼，刑讯具有法定性；（7）具有慎刑狱的司法精神。

2. **答案**：当事人主义诉讼模式又称为"对抗制诉讼""辩论主义诉讼""竞争主义诉讼"模式，是英美法系国家采用的诉讼模式。对抗制诉讼模式的主要特征是：（1）法官不主动依职权调查证据。（2）案件事实的发现通过控诉方和辩护方的举证和辩论，在法庭调查中实行交叉询问制度。（3）实行变更原则，允许控诉方变更、追加、撤回诉讼，允许控诉方与辩护方进行辩诉交易。（4）采用起诉认否程序，在刑事诉讼中如果被告人自愿而不是被强迫作出有罪的供述，则对案件事实无须进行举证和辩论，法官可以径行作出有罪的判决，被告人这种供述的效果与民事诉讼中的承认并无不同。（5）实行陪审团制度，由一定数量的非专业人士（通常为12人）组成陪审团，在没有法官出席的情况下负责对事实的有无进行裁决。陪审团制度对于对抗制诉讼程序的设置和诉讼规则的形成具有决定性作用。

3. **答案**：纠问式诉讼是继弹劾式诉讼之后出现并盛行于欧洲中世纪中后期的一种诉讼模式，其主要特征是：（1）法官主动依职权追究犯罪。（2）在纠问式诉讼中，控诉职能与审判职能不分，集于法官一身。（3）不实行"不告不理"原则，刑事诉讼的开始和推进，不取决于被害人的告诉，即使没有被害人的告诉，国家官吏也可以主动发现和追究犯罪。（4）在诉讼中，原告人和被告人都没有诉讼主体地位，被告人更是只承担诉讼义务的被追究的客体。纠问式诉讼与野蛮的刑讯紧密地结合在一起，被告人成为被拷讯的对象。（5）审判一般秘密进行，法庭审判一般也不公开。

4. **答案**：混合辩论式诉讼是在批判、继承弹劾式和纠问式诉讼的基础上产生的，是两种诉讼模式的结合，其特征有：（1）在侦查起诉阶段，纠问式特点有所体现，以国家追诉为主，嫌疑人、被告人的地位、权利及其与追诉者间的关系等，同审判阶段相比，差别较为明显，侦查起诉一般不公开，不通过辩论方式进行。（2）在审判阶段，弹劾式特点较为充分，实行"不告不理"原则，审判职能和控诉职能分开，当事人地位对等，都是诉讼主体，嫌疑人、被告人也是诉讼主体。

第三章　刑事诉讼的基本范畴

✓ 单项选择题

1. **答案**：A。《刑事诉讼法》第3条规定，对刑事案件的侦查、拘留、执行逮捕、预审，由公安机关负责。检察、批准逮捕、检察机关直接受理的案件的侦查、提起公诉，由人民检察院负责。因此控诉职能是人民检察院的主要职能。

2. **答案**：C。公正在刑事诉讼价值中居于核心的地位。刑事诉讼公正价值包括实体公正和程序公正两个方面。程序公正是指程序本身符合特定的公正标准，如强制措施的适用应当适度等。故AD两项表述正确。刑事诉讼秩序价值包括两方面含义：其一是通过惩治犯罪，维护社会秩序，即恢复被犯罪破坏的社会秩序及预防社会秩序被犯罪所破坏；其二是追究犯罪的活动是有序的。国家刑事司法权的行使，必须受到刑事程序的规范。故B项表述正确。刑事诉讼秩序、公正、效益价值是通过刑事诉讼法的制定和实施来实现的。一方面，刑事诉讼法保证刑法的正确实施，实现秩序、公正、效益价值，这是刑事诉讼法的工具价值；另一方面，刑事诉讼法的制定和适用本身也在实现着秩序、公正、效益价值，这是刑事诉讼法的独立价值。故C项表述不正确。本题符合题意的选项是C项。

3. **答案**：D。实体公正是指通过刑事诉讼过程而实现的结果上的实体公正和结果正义。具体要求主要是：（1）对有关定罪量刑的犯罪事实的认定，应当做到证据确实、充分。（2）正确适用刑法，准确认定犯罪嫌疑人、被告人是否有罪及其罪名，使有罪的人获得定罪，使无罪的人及时从被追诉中得到解脱。（3）按照罪刑相适应原则，依法适度判定刑罚。（4）对于错误处理的案件，通过救济程序及时纠正、及时弥补。注重发现案件事实、积极探求案件事实真相是追求实体公正的体现，在这一过程中，实际也达到了有效防止无辜者被错误定罪，体现的是消极实体真实主义。故本题选D。

✓ 多项选择题

1. **答案**：ABCD。《刑事诉讼法》第1条即表明了我国刑事诉讼法的立法目的。

2. **答案**：ABD。本题考查以审判为中心的诉讼制度改革、刑事审判的公开性、审判模式。《关于推进以审判为中心的刑事诉讼制度改革的意见》第13条强调发挥控辩双方的积极主动作用，有助于弱化法官的积极主动作用，促进控辩双方的积极对抗，朝着控辩式审判模式发展。故A项正确。

    《刑事诉讼法》第14条第1款规定，人民法院、人民检察院和公安机关应当保障犯罪嫌疑人、被告人和其他诉讼参与人依法享有的辩护权和其他诉讼权利。由此可见，在法庭辩论中，确保控辩意见发表在法庭，核心在于保障被告人和辩护人能充分发表意见。故B项正确。

    刑事审判的公开性是指审判活动应当公开进行，法庭的大门永远是敞开的，除为保护特定的社会利益依法不公开审理的案件外，都应当公开审理，将审判活动置于公众和社会的监督之下。即使依法不公开审理的案件，宣告判决也应当公开。这是摒除司法不公的最有力的手段。本题题干与刑事审判的公开性无关。故C项不当选。

    《刑事诉讼法解释》第278条第1款规定，对被告人认罪的案件，在确认被告人了解起诉书指控的犯罪事实和罪名，自愿认罪且知悉认罪的法律后果后，法庭调查可以主要围绕量刑和其他有争议的问题进行。故D项正确。

    本题的正确答案为ABD三项。

名词解释

1. 答案：刑事诉讼主体又称为刑事诉讼法律关系主体，是指在刑事诉讼过程中通过实施有目的的诉讼行为而享有一定诉讼权利、承担一定诉讼义务的机关或者个人。刑事诉讼主体可以分为三类：一是代表国家行使侦查权、起诉权和审判权的侦查机关、检察机关、审判机关及其侦查人员、检察人员和审判人员；二是诉讼当事人；三是其他诉讼参与人。承认诉讼参与人与专门机关的代表处于同等诉讼主体的地位，是现代刑事诉讼的基本要求。

2. 答案：职权主义诉讼模式的基本理念是"实体真实"，强调司法机关依职权主动查明案件的事实真相，法院最终对案件的事实负责，其基本特征可以概括为"职权推进主义"和"职权探知主义"。前者是指诉讼前的准备、诉讼活动的进行、证据的提供或审查、对证人或被告人的询（讯）问，主要由法院负责，控辩双方在程序上只起配合作用；后者是指法院在起诉的范围内有权利也有义务通过查阅案卷以及主动调查证据，查明案件的事实真相，不受控辩双方提供的证据的限制，因此案件的事实在很大程度上并非控诉方"证明"的，而是法院"查明"的。

3. 答案：审判中心主义是指整个刑事诉讼过程中都应该以审判为中心，为审判服务。其本质是树立司法审判的权威，保持控辩双方地位和权利平等。具体来说，审判中心主义有两层含义：一是在整个刑事程序中，审判程序是中心，只有在审判阶段才能最终决定特定被告人的刑事责任问题，侦查、起诉、预审等程序中主管机关对于犯罪嫌疑人的罪责的认定仅具有程序内的意义，对外不产生有罪的法律效果；二是在全部审判程序中，第一审法庭审判是中心，其他审判程序都是以第一审程序为基础和前提的，既不能代替第一审程序，也不能完全重复第一审的工作。

简答题

1. 答案："保障人权"作为刑事诉讼制度的目的之一，其基本含义就是指国家专门机关在追究犯罪、处罚犯罪的刑事诉讼活动中，必须遵循正当、合法的法律程序，其核心理念在于限制国家权力，防止国家权力的恣意滥用，保护涉讼公民的基本人权。

2. 答案：正当程序原则主要包括以下的内容：（1）刑事诉讼程序能得到遵守。（2）保障当事人和其他诉讼参与人，特别是犯罪嫌疑人、被告人和被害人的诉讼权利；另外，就是诉讼参与人对诉讼能充分有效地参与。（3）严禁刑讯逼供和以其他非法手段取证，同时，程序违法能得到救济。（4）人民法院依照法律规定独立行使审判权，人民检察院依照法律规定独立行使检察权。（5）保障诉讼程序的公开性和透明度。（6）按法定期限办案、结案。

第四章　刑事诉讼中的专门机关

✓ 单项选择题

1. **答案**：C。本题考查的是特定犯罪的侦查机关及其职权。《刑事诉讼法》第4条规定："国家安全机关依照法律规定，办理危害国家安全的刑事案件，行使与公安机关相同的职权。"根据《刑事诉讼法》第3条第1款的规定，公安机关在刑事诉讼中的职权为"对刑事案件的侦查、拘留、执行逮捕、预审"。国家安全机关在办理危害国家安全的案件时，也应当行使这些职权。根据我国《刑法》的规定，间谍罪属于危害国家安全的犯罪，因此该案应由国家安全机关立案并执行逮捕。综上，本题正确答案为C。

2. **答案**：D。本题考查拥有侦查权的机关。我国《刑事诉讼法》第19条第1款规定："刑事案件的侦查由公安机关进行，法律另有规定的除外。""法律另有规定"是指：（1）人民检察院根据本条第2款规定管辖的自侦刑事案件；（2）国家安全机关依法立案侦查的危害国家安全的刑事案件；（3）军队保卫部门依法立案侦查的军队内部发生的刑事案件；（4）监狱依法立案侦查的罪犯在监狱内犯罪的案件。据此，国家安全机关、军队保卫部门和人民检察院都拥有侦查权。而机关、人民团体和企事业单位的保卫部门不属于法律规定的其他拥有侦查权的机关，故本题应选D。

3. **答案**：C。本题考查的是有权批准或者决定逮捕的机关。《刑事诉讼法》第3条规定："……检察、批准逮捕、检察机关直接受理的案件的侦查、提起公诉，由人民检察院负责……"据此，人民检察院享有批准逮捕权。《刑事诉讼法》第165条规定："人民检察院直接受理的案件中符合本法第八十一条、第八十二条第四项、第五项规定情形，需要逮捕、拘留犯罪嫌疑人的，由人民检察院作出决定，由公安机关执行。"据此，人民检察院享有决定逮捕权。故本题正确答案为C。

4. **答案**：B。本题考查的是人民法院上下级之间在审判活动中的关系。我国《宪法》第132条第2款规定："最高人民法院监督地方各级人民法院和专门人民法院的审判工作，上级人民法院监督下级人民法院的审判工作。"可见人民法院上下级之间是监督与被监督的关系，而不像行政机关的上下级之间那样，是领导与被领导的关系。故本题正确答案为B。

✓ 多项选择题

1. **答案**：ABC。本题考查的是公安机关在刑事诉讼中的职权。我国《刑事诉讼法》第3条规定："对刑事案件的侦查、拘留、执行逮捕、预审，由公安机关负责……"由此可见，本题BC项正确。公安机关要行使侦查权，必然要先立案。公安机关的立案权具体规定在《刑事诉讼法》第109条："公安机关或者人民检察院发现犯罪事实或者犯罪嫌疑人，应当按照管辖范围，立案侦查。"故本题A项正确。法律监督权是检察机关的职权，不是公安机关的职权。故本题D项不正确。

2. **答案**：BC。本题考查的是地方各级人民法院的范围。中华人民共和国人民法院是一个完整的审判机关体系。由最高人民法院和地方各级人民法院、军事法院等专门人民法院组成。地方各级人民法院按行政区域设立，包括高级人民法院、中级人民法院和基层人民法院。地方各级人民法院中的基层人民法院，可以根据情况在乡、镇以及城市的街道派驻人民法庭，行使基层人民法院的部分审判权。但人民法庭不是一级人民法院，而是基层人民法院的派出机构。综上，本题正确答案为BC。

3. **答案**：ABC。《刑事诉讼法》第 155 条规定，应当逮捕的犯罪嫌疑人如果在逃，公安机关可以发布通缉令，采取有效措施，追捕归案。各级公安机关在自己管辖的地区以内，可以直接发布通缉令；超出自己管辖的地区，应当报请有权决定的上级机关发布。故 A 项正确。检察机关上下级之间是领导关系，奉行"检察一体，上命下从"的体制，整体独立于外部的行政机关、社会团体、个人。故 B 项正确。《刑事诉讼法》第 232 条第 2 款规定，上级人民检察院如果认为抗诉不当，可以向同级人民法院撤回抗诉，并且通知下级人民检察院。故 C 项正确。《刑事诉讼法》第 27 条规定，上级人民法院可以指定下级人民法院审判管辖不明的案件，也可以指定下级人民法院将案件移送其他人民法院审判。故 D 项错在后半句话，因为下级法院不能审理由上级法院管辖的案件。

4. **答案**：ACD。本题考查军队保卫部门、监狱、走私犯罪侦查机关在刑事诉讼中所享有的职权。根据《刑事诉讼法》和《监狱法》的有关规定，监狱在刑事诉讼过程中还享有一些其他职权，如对新发现罪行移送人民检察院处理的权力，对监外执行提出书面意见的权力，向人民法院提出减刑、假释建议的权力，向人民法院或人民检察院转交罪犯申诉的权力，等等。B 项的错误之处在于减刑、假释建议应当向人民法院提出，而不是向人民检察院提出。

5. **答案**：ABC。本题直接考查法条。法庭秩序，是指《中华人民共和国人民法院法庭规则》所规定的，为保证法庭审理的正常进行，诉讼参与人、旁听人员应当遵守的纪律和规定。《刑事诉讼法》第 199 条规定："在法庭审判过程中，如果诉讼参与人或者旁听人员违反法庭秩序，审判长应当警告制止。对不听制止的，可以强行带出法庭；情节严重的，处以一千元以下的罚款或者十五日以下的拘留。罚款、拘留必须经院长批准。被处罚人对罚款、拘留的决定不服的，可以向上一级人民法院申请复议。复议期间不停止执行。对聚众哄闹、冲击法庭或者侮辱、诽谤、威胁、殴打司法工作人员或者诉讼参与人，严重扰乱法庭秩序，构成犯罪的，依法追究刑事责任。"故选项 ABC 符合法律规定，选项 D 错误。综上，本题正确答案为 ABC。

6. **答案**：CD。本题考查上下级法院、检察院的关系。《刑事诉讼法》第 5 条规定，人民法院依照法律规定独立行使审判权，人民检察院依照法律规定独立行使检察权，不受行政机关、社会团体和个人的干涉。人民法院和人民检察院在上下级关系上有所不同。人民检察院上下级之间是领导与被领导的关系，上级人民检察院有权就具体案件对下级人民检察院作出命令、指示。独立行使检察权实质上是指整个检察系统作为一个整体独立行使检察权，这在理论上称为检察一体化。与检察系统不同，人民法院上下级之间是监督与被监督的关系，各具体法院在具体案件的审判过程中独立行使审判权，包括上级人民法院在内的其他人民法院无权干涉。上级人民法院对下级人民法院的监督必须通过法定的程序进行，如改变管辖、在第二审程序中撤销错误的判决等。本题中，AB 两项的错误在于，最高人民法院不得就尚未作出判决的个案对高级法院进行指导和监督。但是，最高人民检察院可以针对具体案件对下级检察院作出命令和指示。故 CD 两项正确。

名词解释

1. **答案**：刑事诉讼中的专门机关是指依照法定职权进行刑事诉讼活动的国家机关。在我国，刑事诉讼中的专门机关包括人民法院、人民检察院和公安机关。国家安全部门、军队保卫部门、监狱以及走私犯罪侦查部门在办理特定的刑事案件时，也属于刑事诉讼中的专门机关。刑事诉讼中的专门机关是国家机构的重要组成部分，在刑事诉讼中居于主导地位。

2. **答案**：审判机关是指代表国家依法行使审判权的国家机关，通常称为法院。在我国，审判机关包括最高人民法院、地方各级人民法院和专门法院。

3. **答案**：检察机关是指代表国家行使检察权的国家机关。在一些国家，检察机关一般就是公诉机关，代表国家行使检察权。在我国，检察机关是指行使检察权或者法律监督职能的人民检察院。

4. **答案**：侦查机关是享有国家赋予的侦查权，依法对刑事案件进行专门调查工作和有关强制性措施的国家机关。一个国家的侦查机关的构成由其法律加以确定。在我国，侦查机关包括公安机关、国家安全机关和人民检察院。军队保卫部门、监狱以及走私犯罪侦查部门在办理特定的刑事案件时，与上述侦查机关享有相同的职权，因此，它们也属于侦查机关范畴。

简答题

答案：人民检察院是国家的法律监督机关。检察、批准逮捕、检察机关直接受理的案件的侦查、提起公诉，都由人民检察院负责。人民检察院在刑事诉讼中的法律地位体现在以下三个方面。

（1）它是国家的刑事侦查机关之一。人民检察院在对诉讼活动实行法律监督中发现的司法工作人员利用职权实施的非法拘禁、刑讯逼供、非法搜查等侵犯公民权利、损害司法公正的犯罪，可以由人民检察院立案侦查。对于公安机关管辖的国家机关工作人员利用职权实施的重大犯罪案件，需要由人民检察院直接受理的时候，经省级以上人民检察院决定，可以由人民检察院立案侦查。

（2）它是国家唯一的公诉机关。除自诉案件外的所有刑事案件，均必须由人民检察院向人民法院提起公诉。

（3）它是专门的诉讼监督机关。人民检察院对人民法院、公安机关、监狱以及诉讼参与人的整个诉讼活动进行监督。

论述题

答案：人民陪审员制度是由在公民中选举产生的人民陪审员参加合议庭，审理第一审案件的审判制度。我国《刑事诉讼法》规定，人民法院审理案件，实行人民陪审员陪审的制度。人民陪审员由选举产生，在实践中，也可由人民法院根据审理案件的需要邀请具有某一领域专门知识的人来充当人民陪审员参加合议庭审理。

而在我国的人民陪审员制度中，人民陪审员参与案件的整个审判过程，对案件的事实问题和法律问题均参与审理，对被告人是否有罪、应否判刑及判处何种刑罚均可发表意见。合议庭应根据多数意见作出判决。人民陪审员和审判员在评议和表决方面享有平等的权利。

设立人民陪审员制度是人民当家作主、行使国家权力、参与诉讼的权利的体现，具有以下几点意义。

（1）人民陪审员参加刑事审判，是国家保障公民行使国家管理权和监督权的一种直接、有效的方式，有利于防止司法权力滥用；

（2）有些涉及重大的专业技术问题案件中邀请特定陪审员参加审判，有利于查明案情，正确适用法律；

（3）人民陪审员参加审判，有利于加强法治宣传教育，增强公民的法律意识。

尽管人民陪审员制度有其诸多的积极意义，为进一步提高人民法院发挥陪审员参审意识，对人民陪审员制度的改革重点是通过赋予人民陪审员与审判员完全相同的审判权，防止陪审员"陪而不审"的现象。人民陪审员的产生方式应该多样化，除按照传统的"单位推荐、人大批准、法院审查和任命"方式外，还应当有大量经法院聘请而参与审判的各方面的专家。另外，关于人民陪审员的资格、任免程序、参与法庭审理、评议、经济补偿等方面的制度，也应当完善和建立。

第五章 诉讼参与人

✓ 单项选择题

1. **答案**：A。本题考查的是主要的刑事诉讼主体。在我国，刑事诉讼主体可以分为三类：第一类，是代表国家追究犯罪、惩罚犯罪的公安机关、人民检察院和人民法院。第二类，是刑事诉讼的当事人，如被告人、被害人、自诉人等。他们直接影响诉讼的进程并且与诉讼的结果有直接的利害关系，因此是主要的诉讼主体。法律赋予他们广泛的诉讼权利，同时承担相应的诉讼义务。第三类，是其他的诉讼参与人，如证人、鉴定人、辩护人、诉讼代理人等。他们在刑事诉讼中起辅助或次要的作用。由此可见，本题正确答案为A。

2. **答案**：B。本题考查的是我国刑事诉讼中的诉讼参与人的概念。《刑事诉讼法》第108条第4项规定："'诉讼参与人'是指当事人、法定代理人、诉讼代理人、辩护人、证人、鉴定人和翻译人员。"该条第2项规定："'当事人'是指被害人、自诉人、犯罪嫌疑人、被告人、附带民事诉讼的原告人和被告人。"据此，可将诉讼参与人划分为当事人和其他诉讼参与人。由此可见，本题正确答案为B。

3. **答案**：B。本题考查的是刑事诉讼程序意义上的被害人的概念。根据我国《刑事诉讼法》的规定和刑事诉讼基本理论，被害人的概念有两种：一种是实体意义上的被害人，是指所有遭受犯罪行为直接侵害的人；另一种是程序意义上的被害人，仅指公诉案件的刑事被害人。据此，本题正确答案为B。

4. **答案**：D。本题考查的是当事人的诉讼权利。根据我国《刑事诉讼法》第108条第2项规定，"当事人"是指被害人、自诉人、犯罪嫌疑人、被告人、附带民事诉讼的原告人和被告人。除一些共同享有的诉讼权利外，不同的当事人还享有不同的诉讼权利。申请回避权是所有当事人共有的权利。《刑事诉讼法》第29条规定："审判人员、检察人员、侦查人员有下列情形之一的，应当自行回避，当事人及其法定代理人也有权要求他们回避……"故本题正确答案为D。

5. **答案**：B。本题考查的是刑事诉讼当事人的概念。根据我国《刑事诉讼法》第108条第2项的规定，"当事人"是指被害人、自诉人、犯罪嫌疑人、被告人、附带民事诉讼的原告人和被告人。本案中，马某是这起故意伤害案的犯罪嫌疑人，可能受到起诉，并可能被判处刑罚；张某是这起故意伤害案的被害人，可以要求对马某追究刑事责任，也可以就自己所受的物质损失请求赔偿。可见，马某与张某都是与本案的案件事实和诉讼结果有利害关系的人，是本案的当事人。当事人不要求是成年人，马某和张某为未成年人不影响其成为当事人。故本题正确答案为B。

6. **答案**：C。本题考查的是鉴定人的资格。鉴定人除需具有进行鉴定所需的专门知识外，还必须是与本案没有任何利害关系的人，这是为了保证鉴定意见的客观性和真实性。《刑事诉讼法》第29条规定："审判人员、检察人员、侦查人员有下列情形之一的，应当自行回避，当事人及其法定代理人也有权要求他们回避：（一）是本案的当事人或者是当事人的近亲属的；（二）本人或者他的近亲属和本案有利害关系的；（三）担任过本案的证人、鉴定人、辩护人、诉讼代理人的；（四）与本案当事人有其他关系，可能影响公正处理案件的。"第32条规定："本章关于回避的规定适用于书记员、翻译人员和鉴定人。辩护人、诉讼代理人可以依照本章的规定要求回避、申请复议。"据此，本题ABD项所述人员均无资格担任鉴定人。故本题C项正确。

7. 答案：D。本题考查的是诉讼代理人的资格。根据《刑事诉讼法》第47条的规定，委托诉讼代理人，参照适用第33条关于委托辩护人的规定。第33条第1款、第2款规定，下列人员可以被委托为辩护人：（1）律师；（2）人民团体或者犯罪嫌疑人、被告人所在单位推荐的人；（3）犯罪嫌疑人、被告人的监护人、亲友。正在被执行刑罚或者依法被剥夺、限制人身自由的人，不得担任辩护人。可见，本题ABC项所述人员都可以担任辩护人，而D项"正在服刑的罪犯"属于正在被执行刑罚的人，不得担任辩护人。因此，本题正确答案为D。

8. 答案：A。本题考查的是刑事诉讼中对特定诉讼参与人的资格要求。根据《刑事诉讼法》第29条和第32条第1款规定，翻译人员属于具有法定情形应当回避的范围，"是当事人的近亲属"属于这种情形；而根据《刑事诉讼法》的规定，"哥哥"属于近亲属的范围。故本题中被告人的哥哥不能担任该案的翻译人员。《刑事诉讼法》第33条第1款规定："犯罪嫌疑人、被告人除自己行使辩护权以外，还可以委托一至二人作为辩护人。下列的人可以被委托为辩护人……（三）犯罪嫌疑人、被告人的监护人、亲友。"据此，被告人的哥哥可以以近亲属的身份担任辩护人。综上，本题正确答案为A。

9. 答案：B。《刑事诉讼法》第46条第1款规定："公诉案件的被害人及其法定代理人或者近亲属，附带民事诉讼的当事人及其法定代理人，自案件移送审查起诉之日起，有权委托诉讼代理人。自诉案件的自诉人及其法定代理人，附带民事诉讼的当事人及其法定代理人，有权随时委托诉讼代理人。" A项中的涉嫌强奸罪被告人的父亲可以为被告人委托辩护人，行使辩护职能，但不能为被告人委托诉讼代理人，故A项不正确。B项中抢劫案被害人的胞妹是公诉案件被害人的近亲属，有权委托诉讼代理人，故B项正确。C项中伤害案中附带民事诉讼的被告人的胞弟不是附带民事诉讼的当事人或其法定代理人，不能委托诉讼代理人，故C项不正确。D项中虐待案自诉人的胞妹不是自诉案件的自诉人或其法定代理人，故D项不正确。

10. 答案：D。本题考查的是刑事诉讼法规定的近亲属的含义。《刑事诉讼法》第108条第6项规定："'近亲属'是指夫、妻、父、母、子、女、同胞兄弟姊妹。"据此，本题D项不属于近亲属，故为本题正确答案。

11. 答案：C。A选项的检察机关虽然承担控诉职能，但不是诉讼参与人，不符合题意，不选择。B选项的证人不承担任何刑事诉讼职能，不符合题意，不选择。自诉案件的自诉人承担控诉职能，符合题意，选择。D选项的被害人属于公诉案件的诉讼参与人，在公诉案件中，控诉职能由检察院承担，被害人及其法定代理人承担辅助性的控诉职能，不符合题意，不选择。本题答案是C。

12. 答案：D。刑事诉讼代理，是指代理人接受公诉案件的被害人及其法定代理人或近亲属、自诉案件的自诉人及其法定代理人以及附带民事诉讼的当事人及其法定代理人的委托，以被代理人的名义参加诉讼，进行活动，由被代理人承担代理行为法律后果的一项法律制度。诉讼代理人参与刑事诉讼是基于被代理人的委托，在双方签订的委托协议授权范围内进行代理，而不是依据法律的规定。据此，A选项、B选项均错误。但是，诉讼代理人不能代替被代理人作陈述，也不能代替被代理人承担与人身自由相关联的义务。据此，C选项错误。诉讼代理人只能在被代理人授权范围内进行诉讼活动，既不得超越代理范围，也不得违背被代理人的意志。诉讼代理人的职责是帮助被其代理的公诉案件被害人及其法定代理人或者近亲属、自诉案件自诉人及其法定代理人、附带民事诉讼案件当事人及其法定代理人等行使诉讼权利。D选项正确。综上，本题正确答案为D。

13. 答案：D。根据规定，证人因履行作证义务而支出的交通、住宿、就餐等费用，应当给予补助。证人作证的补助列入司法机关业务经费，由同级政府财政予以保障。因此，证人出庭作证的补助由同级政府财政予以保障，不是由康某支付。故 A 项错误。根据证人优先原则，一个人同时具证人和其他诉讼参与人身份时，应当首先担任证人。故 B 项错误。根据规定，辩护律师向被害人、被害人近亲属及其提供的证人取证：须经检察院、法院许可，且经证人本人同意。赵甲作为被害人的近亲属，若他不同意，康某的辩护律师则无权向其调查取证，故赵甲并没有义务协助。故 C 项错误。经人民法院通知，证人没有正当理由不出庭作证的，人民法院可以强制其到庭，但是被告人的配偶、父母、子女除外。D 选项中赵甲是被害人的父亲，不是被告人的配偶、父母、子女，无权拒绝强制出庭作证。综上，本题正确答案为 D。

14. **答案**：D。只有自然人才能做证人和鉴定人，所以，A 项的前半句话正确，后半句话错误。《刑事诉讼法》第 62 条规定，凡是知道案件情况的人，都有作证的义务。生理上、精神上有缺陷或者年幼，不能辨别是非、不能正确表达的人，不能作证人。故 B 项的前半句话正确。鉴定人要具备专门知识而且需要有鉴定人的资质，所以，生理上、精神上有缺陷的人若具有专门知识和鉴定人资格，也可以出具鉴定意见。故 B 项后半句话错误。《刑事诉讼法》第 192 条第 1 款、第 3 款规定，公诉人、当事人或者辩护人、诉讼代理人对证人证言有异议，且该证人证言对案件定罪量刑有重大影响，人民法院认为证人有必要出庭作证的，证人应当出庭作证。公诉人、当事人或者辩护人、诉讼代理人对鉴定意见有异议，人民法院认为有必要出庭的，鉴定人应当出庭作证。经人民法院通知，鉴定人拒不出庭作证的，鉴定意见不得作为定案的根据，故 C 项错误。《刑事诉讼法解释》第 91 条第 3 款规定，经人民法院通知，证人没有正当理由拒绝出庭或者出庭后拒绝作证的，法庭对其证言的真实性无法确认的，该证人证言不得作为定案的根据。

15. **答案**：D。《刑事诉讼法》第 46 条第 1 款规定，公诉案件的被害人及其法定代理人或者近亲属，附带民事诉讼的当事人及其法定代理人，自案件移送审查起诉之日起，有权委托诉讼代理人。自诉案件的自诉人及其法定代理人，附带民事诉讼的当事人及其法定代理人，有权随时委托诉讼代理人。故 A 项不正确。《刑事诉讼法》第 65 条第 1 款规定，证人因履行作证义务而支出的交通、住宿、就餐等费用，应当给予补助。证人作证的补助列入司法机关业务经费，由同级政府财政予以保障。故 B 项的错误在于，只需要补助证人，不需要补助被害人。《刑事诉讼法》第 305 条第 2 款规定，被决定强制医疗的人、被害人及其法定代理人、近亲属对强制医疗决定不服的，可以向上一级人民法院申请复议。故 C 项的错误在于，不是向作出决定的法院申请复议一次，而是向上一级法院申请复议。《刑事诉讼法》第 282 条第 2 款规定，对附条件不起诉的决定，公安机关要求复议、提请复核或者被害人申诉的，适用该法第 179 条、第 180 条的规定。第 180 条规定，对于有被害人的案件，决定不起诉的，人民检察院应当将不起诉决定书送达被害人。被害人如果不服，可以自收到决定书后 7 日以内向上一级人民检察院申诉，请求提起公诉。《全国人民代表大会常务委员会关于〈中华人民共和国刑事诉讼法〉第二百七十一条第二款的解释》规定，人民检察院办理未成年人刑事案件，在作出附条件不起诉的决定以及考验期满作出不起诉的决定以前，应当听取被害人的意见。被害人对人民检察院对未成年犯罪嫌疑人作出的附条件不起诉的决定和不起诉的决定，可以向上一级人民检察院申诉，不适用《刑事诉讼法》第 176 条关于被害人可以向人民法院起诉的规定。故 D 项正确。本题正确答案为 D 项。

16. **答案**：A。A 项：根据《人民检察院刑事诉讼规则》第 4 条第 1 款规定，人民检察院办理刑事案件，由检察官、检察长、检察委员会在各自职权范围内对办案事项作出决定，并依照规定承担相应司法责任。所以 A 项正确。B 项：根据《人民检察院刑事诉讼规则》第5条第1款规定，人民检察院办理刑事案件，根据案件情况，可以由一名检察官独任办理，也可以由两名以上检察官组成办案组办理。由检察官办案组办理的，检察长应当指定一名检察官担任主办检察官，组织、指挥办案组办理案件。所以B项错误。C项：根据《检察官法》第9条规定，检察官在检察长领导下开展工作，重大办案事项由检察长决定。检察长可以将部分职权委托检察官行使，可以授权检察官签发法律文书。第68条第1款规定，人民检察院的检察官助理在检察官指导下负责审查案件材料、草拟法律文书等检察辅助事务。据此，检察官助理只能草拟，不能签发。可知C项错误。D项：根据《人民检察院刑事诉讼规则》第389条规定，最高人民检察院对地方各级人民检察院的起诉、不起诉决定，上级人民检察院对下级人民检察院的起诉、不起诉决定，发现确有错误的，应当予以撤销或者指令下级人民检察院纠正。据此，上下级检察院是监督与被监督的关系，上级检察院发现下级检察院的决定错误可以通过撤销来纠正，撤销是一种监督的手段。本选项用撤回属于干扰选项，所谓撤回往往是启动主体自己主动撤回，从结果上而言等同于没做过，例如检察院公诉后发现被告人是无罪的，可以主动撤回诉讼；而撤销说明犯错被纠正，被纠正的行为主体还要为此承担责任。可知D项错误。

多项选择题

1. **答案**：BC。检察机关是国家唯一的公诉机关，代表国家行使公诉案件的公诉权，公诉人则代表检察机关出席法庭行使公诉职能，对触犯刑法应当判处刑罚的被告人进行控诉，请求人民法院依法惩处。被害人是其人身、财产或者其他权益遭受犯罪行为直接侵害的人，在人民检察院代表国家行使公诉权的刑事案件中，被害人以个人身份参与刑事诉讼，与检察机关共同行使控诉职能。在自诉案件中，自诉人的地位相当于原告，承担控诉职能。在刑事诉讼中，由于被告人的犯罪行为而遭受物质损害的被害人，有权提起附带民事诉讼，被害人的这些诉讼都体现了控诉职能。因此，BC项为正确答案。根据《刑事诉讼法》第108条第4项规定，"诉讼参与人"是指当事人、法定代理人、诉讼代理人、辩护人、证人、鉴定人和翻译人员，即诉讼参与人不包括公诉人，因此A项错误。D项控方证人只是提供证据，以证明某些事实，并未行使控诉职能。D项错误。综上，本题正确答案为BC。

2. **答案**：ABD。本题考查的是有权提起附带民事诉讼的诉讼参与人的范围。《刑事诉讼法解释》第175条第1款规定："被害人因人身权利受到犯罪侵犯或者财物被犯罪分子毁坏而遭受物质损失的，有权在刑事诉讼过程中提起附带民事诉讼；被害人死亡或者丧失行为能力的，其法定代理人、近亲属有权提起附带民事诉讼。"另外，根据《刑事诉讼法》的有关规定，自诉人一般情况下也是被害人。综上，本题ABD项正确。根据《刑事诉讼法》第101条、第108条的规定，人民检察院虽然可以在国家财产、集体财产遭受损失时，提起附带民事诉讼，但人民检察院不是诉讼参与人，故本题C项不正确。

3. **答案**：ABD。本题考查的是证人的资格。我国《刑事诉讼法》第62条规定："凡是知道案件情况的人，都有作证的义务。生理上、精神上有缺陷或者年幼，不能辨别是非、不能正确表达的人，不能作证人。"可见，我国《刑事诉讼法》对证人资格的条件只有两个，即能辨别是非和能正确表达，生理上、精神上有缺陷只是可能不能正确表达的原因，而非绝对不能作为证人的原因。故本题ABD项符合题目的要求，为应选项。盲、聋、哑人虽然生理上有缺陷，但如果能辨别是非，并且其生理缺陷不影响其正确表达，则可以作为证人，故本题C项不正确。

4. **答案**：CD。本题考查的是刑事诉讼中各种诉讼参与人的资格。证人的条件是了解案情或与案件有关的情况，并能辨别是非和正确表达。因此，证人必须是自然人。鉴定人如具有《刑事诉讼法》第29条所列情况，或发生

第 30 条所指情形时，必须回避。可见，我国《刑事诉讼法》要求鉴定人必须是与案件和当事人没有利害关系的公民个人，因此鉴定人只能是自然人，不能是单位。故本题 AB 项不正确。《刑法》规定了单位犯罪，据此，被告人可以是单位。附带民事诉讼的原告人是指因犯罪遭受物质损失而提起民事诉讼的人，可以是自然人，也可以是单位。故本题 CD 项正确。

5. 答案：ABCD。本题考查的是自诉人的权利。我国《刑事诉讼法》第 101 条第 1 款规定："被害人由于被告人的犯罪行为而遭受物质损失的，在刑事诉讼过程中，有权提起附带民事诉讼……"据此，本题 A 项正确。《刑事诉讼法》第 46 条第 1 款规定："……自诉案件的自诉人及其法定代理人，附带民事诉讼的当事人及其法定代理人，有权随时委托诉讼代理人。"据此，本题 B 项正确。《刑事诉讼法》第 212 条第 1 款规定："人民法院对自诉案件，可以进行调解；自诉人在宣告判决前，可以同被告人自行和解或者撤回自诉……"据此，本题 C 项正确。《刑事诉讼法》第 227 条第 1 款规定："被告人、自诉人和他们的法定代理人，不服地方各级人民法院第一审的判决、裁定，有权用书状或者口头向上一级人民法院上诉……"据此，本题 D 项正确。

6. 答案：AC。本题考查的是自诉人特有的诉讼权利。《刑事诉讼法》第 212 条第 1 款规定，人民法院对自诉案件，可以进行调解；自诉人在宣告判决前，可以同被告人自行和解或者撤回自诉。可见，自诉人对自诉案件有自己处分的权利，既可以撤回自诉，也可以与被告人和解。而其他诉讼参与人，如公诉案件的被害人，无权撤回对被告人的起诉，也无权与被告人和解。故本题 AC 项正确。

7. 答案：AC。根据《刑事诉讼法》第 108 条第 6 项的规定，近亲属是指夫、妻、父、母、子、女、同胞兄弟姊妹。乙被甲打成重伤丧失劳动能力，但是并非丧失行为能力，根据《刑事诉讼法》第 46 条第 1 款的规定："公诉案件的被害人及其法定代理人或者近亲属，附带民事诉讼的当事人及其法定代理人，自案件移送审查起诉之日起，有权委托诉讼代理人。自诉案件的自诉人及其法定代理人，附带民事诉讼的当事人及其法定代理人，有权随时委托诉讼代理人。"可以得知，作为一位普通的公诉案件被害人，有权为乙委托诉讼代理人的只有乙本人和他的母亲，乙的祖父和好友既不是法定代理人也不是近亲属，无权为乙委托诉讼代理人。因此选项 AC 正确，BD 错误。

8. 答案：ABC。本题考查的是公诉案件中被害人的法定代理人的诉讼权利。根据《刑事诉讼法》规定，被害人的法定代理人对于不起诉决定享有申诉权，故本题 A 项正确。《刑事诉讼法》第 46 条第 1 款规定："公诉案件的被害人及其法定代理人或者近亲属，附带民事诉讼的当事人及其法定代理人，自案件移送审查起诉之日起，有权委托诉讼代理人……"据此，本题 B 项正确。《刑事诉讼法》第 227 条第 2 款规定："附带民事诉讼的当事人和他们的法定代理人，可以对地方各级人民法院第一审的判决、裁定中的附带民事诉讼部分，提出上诉。"据此，本题 C 项正确。

9. 答案：ABC。本题考查的是当事人的诉讼权利。《刑事诉讼法》第 29 条规定："审判人员、检察人员、侦查人员有下列情形之一的，应当自行回避，当事人及其法定代理人也有权要求他们回避：……"第 198 条第 2 款规定："经审判长许可，公诉人、当事人和辩护人、诉讼代理人可以对证据和案件情况发表意见并且可以互相辩论。"第 227 条规定："被告人、自诉人和他们的法定代理人，不服地方各级人民法院第一审的判决、裁定，有权用书状或者口头向上一级人民法院上诉……附带民事诉讼的当事人和他们的法定代理人，可以对地方各级人民法院第一审的判决、裁定中的附带民事诉讼部分，提出上诉……"据此，本题 ABC 项正确。根据《刑事诉讼法》的规定，抗诉是人民检察院的权力，当事人无权提出抗诉，故本题 D 项不正确。

10. 答案：ABCD。本题考查的是刑事诉讼法规定的法定代理人的含义。《刑事诉讼法》第

108条第3项规定:"'法定代理人'是指被代理人的父母、养父母、监护人和负有保护责任的机关、团体的代表。"据此,本题正确答案为ABCD。

11. **答案**:BD。被害人在刑事诉讼中除享有诉讼参与人共有的诉讼权利外,还享有以下诉讼权利:(1)申请复议权。对侵犯其合法权利的犯罪嫌疑人、被告人,有权向公安机关、人民检察院或者人民法院报案或者控告,要求公安司法机关依法追究、惩罚犯罪,保护其合法权利。控告人对公安机关不立案的决定不服的,可以申请复议。(2)申诉权。包括三种情况:一是对公安机关不立案的申诉。对公安机关应当立案而不立案的,有权向人民检察院提出,请求人民检察院责令公安机关向检察机关说明不立案的理由。人民检察院应当要求公安机关说明不立案的理由。人民检察院认为其理由不能成立的,应当通知公安机关立案,公安机关则必须立案。二是对检察机关不起诉决定的申诉。对人民检察院作出的不起诉决定不服的,有权向上一级人民检察院提出申诉。三是对生效裁判的申诉。不服地方各级人民法院的生效裁判的,有权提出申诉。(3)委托诉讼代理人的权利。自刑事案件移送审查起诉之日起,有权委托诉讼代理人。(4)自诉权。如有证据证明公安机关、人民检察院对于侵犯其人身权利、财产权利的行为应当追究刑事责任而不予追究的,有权直接向人民法院起诉。(5)申请抗诉权。不服地方各级人民法院的第一审判决的,有权请求人民检察院抗诉。本题中,A项的错误在于,公诉案件的被害人有申请回避的权利,但是没有撤回起诉的权利。C项的错误在于,被害人有申请复议的权利,但是,没有提起上诉的权利。BD两项均正确。

12. **答案**:ABCD。本题考查的是自诉案件被害人死亡或者丧失行为能力的,有权向人民法院起诉的人员范围。《刑事诉讼法解释》第317条第1款规定:"本解释第一条规定的案件,如果被害人死亡、丧失行为能力或者因受强制、威吓等无法告诉,或者是限制行为能力人以及因年老、患病、盲、聋、哑等不能亲自告诉,其法定代理人、近亲属告诉或者代为告诉的,人民法院应当依法受理。"根据《刑事诉讼法》第108条第3项和第6项的规定,"法定代理人"是指被代理人的父母、养父母、监护人和负有保护责任的机关、团体的代表;"近亲属"是指夫、妻、父、母、子、女、同胞兄弟姊妹。据此,本题正确答案为ABCD。

13. **答案**:AD。《刑事诉讼法》第192条第1款、第2款规定:"公诉人、当事人或者辩护人、诉讼代理人对证人证言有异议,且该证人证言对案件定罪量刑有重大影响,人民法院认为证人有必要出庭作证的,证人应当出庭作证。人民警察就其执行职务时目击的犯罪情况作为证人出庭作证,适用前款规定。"故选项A正确,选项B明显错误。《刑事诉讼法》第193条规定:"经人民法院通知,证人没有正当理由不出庭作证的,人民法院可以强制其到庭,但是被告人的配偶、父母、子女除外。证人没有正当理由拒绝出庭或者出庭后拒绝作证的,予以训诫,情节严重的,经院长批准,处以十日以下的拘留。被处罚人对拘留决定不服的,可以向上一级人民法院申请复议。复议期间不停止执行。"据此,D选项正确。C选项中强制了解案件情况的人出庭作证应当排除被告人的配偶、父母、子女,故C选项错误。综上,本题正确答案为AD。

14. **答案**:AB。本题考查诉讼参与人的范围。依据《刑事诉讼法》第108条第4项的规定,"诉讼参与人"是指当事人、法定代理人、诉讼代理人、辩护人、证人、鉴定人和翻译人员。诉讼参与人指的是专门机关以外的人。本题中A项的翻译人员、B项作为鉴定人的法医,都属于诉讼参与人。但是,C项的侦查人员是专门机关的人,不属于诉讼参与人。D项的"有专门知识的人"尽管参加诉讼,但不是诉讼参与人。本题的正确答案为AB两项。

15. **答案**:BCD。本题考查犯罪嫌疑人、被告人诉讼权利的分类。刑事诉讼中犯罪嫌疑人、被告人享有广泛的诉讼权利。这些诉讼权利按其性质和作用的不同,可分为防御性权利和救济性权利两种。所谓防御性权利,是指犯罪嫌疑人、被告人为对抗追诉方的指控、抵消其控诉效果所享有的诉讼权利。防御性权利主要包括:(1)有权使用本民族语言文字进行诉讼;(2)辩护权;(3)拒绝回答权;(4)被告人有权在开庭前10日内收到起诉书副本;(5)参加法庭调查权;(6)参加法庭辩论权;(7)最后陈述权;(8)反诉权。所谓救济性权利,是指犯罪嫌疑人、被告人对国家专门机关所作的对其不利的行为、决定或裁判,要求另一专门机关予以审查并作出改变或撤销的诉讼权利。救济性权利主要包括:(1)申请复议权;(2)控告权;(3)申请变更、解除强制措施权;(4)上诉权;(5)申诉权。故本题中BCD三项正确,A项属于防御性权利。

不定项选择题

答案:(1)A。本题考查单位犯罪的诉讼代表人。《刑事诉讼法解释》第336条第1款规定,被告单位的诉讼代表人,应当是法定代表人、实际控制人或者主要负责人;法定代表人、实际控制人或者主要负责人被指控为单位犯罪直接责任人员或者因客观原因无法出庭的,应当由被告单位委托其他负责人或者职工作为诉讼代表人。但是,有关人员被指控为单位犯罪直接责任人员或者知道案件情况、负有作证义务的除外。

(2)B。本题考查刑事诉讼代理人的权限。诉讼代理人与法定代理人不同,其参与刑事诉讼是基于被代理人的委托,而不是法律的规定。诉讼代理人只能在被代理人授权的范围内进行诉讼活动,既不能超越代理范围,也不能违背被代理人的意志,更不能以自己的名义进行诉讼活动。

(3)ABC。本题考查法律对单位犯罪嫌疑人、被告人的特别规定。现在,单位犯罪已经成为一种普遍的社会现象。《刑事诉讼法解释》第335条到第346条对单位犯罪的诉讼程序作了一定程度的规定。其中包括"单位诉讼代表人有出庭的义务""人民法院对单位代表人有权进行拘传",等等。但并没有规定"人民法院对单位代表人有权决定逮捕"。

(4)ABCD。本题考查刑事代理与刑事辩护的区别。刑事诉讼代理人与刑事辩护人虽然都属于刑事诉讼中的其他诉讼参与人,但两者在委托主体、产生方式、法律地位和承担职能等方面都是不一样的,对此应当注意。

名词解释

1. **答案:**犯罪嫌疑人是指公诉案件立案以后,在被人民检察院提起公诉以前,因涉嫌犯罪而受到刑事追究的当事人。犯罪嫌疑人的诉讼地位具有以下特点:第一,犯罪嫌疑人在刑事诉讼中处于当事人地位。第二,犯罪嫌疑人是被追诉的对象,大多数被采取强制措施,失去人身自由。第三,犯罪嫌疑人的供述和辩解可以成为一种重要的证据来源。第四,犯罪嫌疑人的诉讼地位随着诉讼的进行,而发生一定的变化。

2. **答案:**刑事诉讼中的被告人是指被人民检察院提起公诉或者自诉人提起自诉以后,在判决宣告以前,因受到刑事追究而参加法庭审判的当事人。构成被告人必须同时具备以下两个条件:一个是受到人民检察院或者自诉人的控诉,另一个是人民检察院或者自诉人要求追究其刑事责任的控诉是向人民法院提出的。

3. **答案:**被害人是指其人身、财产及其他权益遭受犯罪行为侵害的人。被害人在诉讼中可能担当多种诉讼角色。被害人在刑事诉讼中具有以下特点:第一,被害人作为遭受犯罪行为侵害的人,与案件结局有着直接的利害关系。第二,被害人基于实现使被告人受到合法的报应这一要求,具有积极主动地参与诉讼过程、影响裁判结局的愿望。第三,被害人作为诉讼当事人,与被告人居于大致相同的诉讼地位,也拥有许多与被告人相对应的诉讼权利。第四,被害人的陈述本身也是法定的证据来源之一。第五,被害人既可以是自然人,也可以是法人。第六,由于被害人的身份是由犯罪行为决定的，所以具有不可替代性。

4. **答案**：自诉人是指在自诉案件中，以个人名义直接向人民法院提起刑事诉讼，请求追究被告人刑事责任的一方当事人。根据《刑事诉讼法》及有关司法解释规定，自诉人是自诉案件的原告人，自诉案件原则上由被害人提起，如果被害人死亡、丧失行为能力或者因受强制、威吓等原因无法告诉，或者是限制行为能力人以及由于年老、患病、盲、聋、哑等原因不能亲自告诉，由其法定代理人、近亲属代为告诉。

简答题

答案：(1) 被害人在公诉程序中的法律地位

中国刑事诉讼中被害人的地位具有特殊性，被害人是当事人，但并非具有独立地位的当事人，不能对刑事诉讼的产生、发展、结果有决定性作用。无独立的起诉权、上诉权，不具备与被告人自我防御权相应的较强的自我救济权。被害人在诉讼中从属于公诉机关，虽然可与公诉人一道行使控诉罪犯的权利，但案件起诉权、撤销公诉和不起诉的权利却在公诉机关，被害人并不享有这些权利。在判决后，被告人不服，可以上诉，可是被害人及其法定代理人如果不服地方各级人民法院第一审判决的，则只能在收到判决书后五日以内，请求人民检察院提出抗诉，而不能直接上诉。因此，在公诉案件中，被害人并非具有独立地位的当事人，尽管他是刑事公诉案件中不可或缺的诉讼主体之一。被害人是遭到罪犯直接侵害、与案件审理结果具有切身利害关系的人，尽管也是了解案件情况的人，也有义务向公安机关、司法机关如实陈述自己所知道的案件，被害人陈述也是刑事诉讼法定证据种类之一，但是被害人并不仅仅限于自然人，也可能是单位、团体、社会组织等，而且可能是生理上或精神上有缺陷或者年幼的人。因此，被害人也不是严格意义上的证人。可以说，我国刑事诉讼中公诉案件被害人是一种特殊的刑事诉讼主体。

(2) 被害人在自诉程序中的法律地位

在自诉案件中被害人除完全享有以上权利（除不服立案决定的救济权、不服不起诉决定向上一级人民检察院的申诉权）外，还享有自诉案件犯罪的追诉权，对起诉后的案件与被告人和解、撤诉的权利，对未生效判决提起上诉的权利，以及申请法院进行财产保全的权利。

(3) 被害人在附带民事诉讼中的法律地位

在附带民事诉讼当中，被害人可以是完全意义上的当事人。但是，根据《刑事诉讼法解释》的规定，提起附带民事诉讼有两种情况：第一，因人身权利受到犯罪侵犯而遭受物质损害的；第二，因财物被犯罪分子毁坏而遭受物质损害的。另外，对于被害人因犯罪行为遭受精神损失而提起附带民事诉讼的，人民法院不予受理。

论述题

1. **答案**：自诉人是指在自诉案件中以个人名义直接向人民法院提起刑事诉讼，请求追究被告人刑事责任的自然人。公诉案件的被害人，是指公诉案件中遭受犯罪行为直接侵害的人。

(1) 自诉人与公诉案件被害人的相同点

①一般情况下，都是遭受犯罪行为直接侵害的人。公诉案件的被害人无疑是遭受犯罪行为直接侵害的人。自诉人通常也是被害人。少有的例外情况是，《刑事诉讼法》第114条规定，对于自诉案件，被害人有权向人民法院直接起诉。被害人死亡或者丧失行为能力的，被害人的法定代理人、近亲属有权向人民法院起诉。人民法院应当依法受理。在告诉才处理的案件中，如果被害人因受强制、威吓而无法告诉的，被害人的近亲属也可以为被害人提起自诉。②都与案件事实和处理结果有切实的利害关系。由于自诉人和被害人都是受到犯罪行为直接侵害的人，惩罚犯罪分子对于抚慰其精神创伤具有重要意义。自诉人提起自诉的目的就是行使法律赋予的控诉权利，追究被告人的刑事责任；被害人通过国家专门机关提起公诉和进行审判来实现惩罚犯罪分子、抚慰自己的精神损害

的目的。③都享有一定的诉讼权利，是作为刑事诉讼法律关系主体的诉讼参与人。例如，自诉人和公诉案件的被害人都有权申请回避；有权委托诉讼代理人帮助其参加诉讼；有权提起附带民事诉讼。

（2）自诉人与公诉案件被害人的不同点

①自诉人是独立行使控诉职能的一方当事人，可以自行提起诉讼；公诉案件的被害人则不是，公诉案件中行使控诉权的是人民检察院，具体体现在人民检察院对侦查机关移送的案卷材料进行审查后，决定向人民法院提起公诉，并在审判中派员出庭支持公诉。②自诉人与公诉案件的被害人除享有一些相同的诉讼权利（如委托诉讼代理人、申请回避等）外，还各自享有一些与其诉讼地位相适应的不同的诉讼权利。自诉人享有起诉权，即有权自行决定提起诉讼；在诉讼过程中，还有权请求法院调解，可以与被告人自行和解或者撤回自诉。而公诉案件的被害人没有起诉权，即无权自行提起诉讼，对犯罪嫌疑人刑事责任的追究须通过人民检察院提起公诉来进行。被害人对于人民检察院的不起诉决定不服的，只能提出申诉；如不经申诉直接向人民法院提起诉讼，则其地位已变成自诉人，而不是公诉案件的被害人。公诉案件的被害人也无权撤诉，或与被告人和解。自诉人对第一审判决不服，还可以自行提出上诉。被害人对第一审判决不服，无权提出上诉，只能请求人民检察院提出抗诉，是否抗诉，由人民检察院决定。

2. **答案**：刑事诉讼活动是一种旨在对犯罪嫌疑人、被告人的刑事责任问题作出权威确定的活动。没有犯罪嫌疑人、被告人的参与，刑事诉讼就无法进行。犯罪嫌疑人、被告人一旦死亡，刑事诉讼活动即告终止。可以说，犯罪嫌疑人、被告人是刑事诉讼中的核心人物，是十分重要的诉讼角色。

在古代纠问式诉讼中，被告人居于"诉讼客体"的地位，他们只是受追诉和被刑讯的对象，是国家用来惩治犯罪、维护社会秩序的工具，而不拥有辩护权和参与诉讼的机会，甚至也不具有人格尊严。现代各国刑事诉讼制度普遍废止了这种做法，确立了被告人的诉讼主体地位，并不断通过刑事司法改革使这种诉讼主体地位得到巩固、提高和加强。在某种程度上，刑事诉讼的发展史实际是被告人人权保障不断得到加强的历史，也就是被告人诉讼地位不断得到提高的历史。在现代刑事诉讼中，被告人一方面是拥有一系列诉讼权利的诉讼主体，另一方面又处于被追诉的地位。这两种身份和地位之间经常发生冲突。各国刑事司法改革的一个重要目的就在于不断地调和这种冲突，使之得到平衡。

在我国，对犯罪嫌疑人和被告人的诉讼地位问题，可以从以下几个方面加以理解。

①犯罪嫌疑人、被告人是拥有一系列诉讼权利的诉讼主体，居于当事人的地位。这一地位标志着他们不是被动地接受传讯、追诉和审判，消极地等待国家专门机关处理的客体，而是可通过积极主动的防御活动与追诉一方展开对抗，并对裁判一方施加积极影响的独立一方当事人。

②犯罪嫌疑人、被告人与案件结局有着直接利害关系，他们居于被追诉者的地位，国家追诉机关发动刑事诉讼的直接目的就在于通过对犯罪嫌疑人、被告人实施追诉，使那些在法律上构成犯罪的人受到定罪、判刑，从而剥夺其财产、自由乃至生命。作为被追诉者，犯罪嫌疑人、被告人在一定程度上负有接受追诉部门强制处分、协助国家专门机关顺利进行刑事诉讼的义务，如承受逮捕、拘留、拘传等强制措施，接受讯问、搜查、扣押等调查措施，接受传唤，按时出庭接受审判，等等。

③犯罪嫌疑人、被告人本身还可以成为重要的证据来源。根据《刑事诉讼法》的规定，犯罪嫌疑人、被告人所作供述和辩解是法定的重要证据。法律严禁以刑讯逼供和以威胁、引诱、欺骗及其他非法方式收集证据，以确保犯罪嫌疑人、被告人的供述出于自愿而不受强迫。尽管如此，犯罪嫌疑人应在侦查人员对其讯问时如实陈述，这是其法定的义务。

案例分析题

1. 答案：本案诉讼中的专门机关为：
（1）侦查机关：县公安局。
（2）审查起诉机关：县人民检察院。
（3）审判机关：第一审为县人民法院，第二审为市中级人民法院。

本案诉讼中的诉讼参与人为：
（1）被告人：张某。
（2）被害人：路某。
（3）证人：景某。
（4）鉴定人：马某。
（5）辩护人：王某。

2. 答案：本案中，周某是刑事被告人，同时也是附带民事诉讼被告人；吴某是被害人，同时也是附带民事诉讼原告人；周母是周某的法定代理人；吴父是吴某的法定代理人；郑某是证人；王某是鉴定人；蒋律师是辩护人；沈律师是附带民事诉讼原告人的诉讼代理人。

第六章 刑事诉讼的基本原则

✓ 单项选择题

1. 答案：B。 侵占属于告诉才处理的案件，即只能由被害人一方向法院提起诉讼。本案无人告诉，属于《刑事诉讼法》第16条法定不予追究刑事责任的情形之一。根据《刑事诉讼法》的规定，在任何一个阶段遇到《刑事诉讼法》第16条的情形之一，都应当作出否定性的处理决定。具体而言，根据《刑事诉讼法解释》第295条第1款第9项的规定，属于告诉才处理的案件，应当裁定终止审理，并告知被害人有权提起自诉。结合本案，审理中发现属于侵占的，原则上应当作出裁定终止的处理，并告知被害人自己向法院起诉。所以B项正确。

2. 答案：C。 刑事审判的原则主要有：审判公开原则，言词审理原则，集中审理原则，辩论原则。集中审理原则又称为不中断审理原则，是指法院开庭审理案件，应在不更换审判人员的条件下连续进行，不得中断审理的诉讼原则，因此合议庭组成人员确定后，除因回避或者其他特殊情况不能继续参加案件审理外，不得在案件审理过程中更换属于集中审理原则，答案C正确。审判公开原则是指人民法院审理案件和宣告判决，都公开进行，允许公民到法庭旁听，允许新闻记者采访和报道，即把法庭审判的全过程，除休庭评议案件外，都公布于众。言词审理原则是指法庭审理须以口头陈述的方式进行，凡是未经口头调查的证据，不得作为定案的根据。辩论原则是指，在法庭审理中，控辩双方应以口头的方式进行辩论，法院裁判的作出应以充分辩论为必经程序。因此答案A、B、D不正确，本题正确答案为C。

3. 答案：C。 本题考查的是"对于一切公民，在适用法律上一律平等"原则和区别对待的关系。《刑事诉讼法》第6条规定了"对于一切公民，在适用法律上一律平等"的原则，该原则与在法律规定范围内区别对待的刑事政策并不矛盾。从公平角度和社会利益的角度来看，对青少年犯罪进行区别对待都是合理的。这并不违反适用法律人人平等原则。故本题正确答案为C。

4. 答案：D。 本题考查的是刑事诉讼的依据。《刑事诉讼法》第6条规定："人民法院、人民检察院和公安机关进行刑事诉讼，必须依靠群众，必须以事实为根据，以法律为准绳……"这是对刑事诉讼依据的表述。故本题D项正确。

5. 答案：B。 根据我国《刑事诉讼法》第3条第1款的规定，审判权由人民法院行使。人民法院排他地拥有审判权，但并不意味着其他机关就不能在审判中发挥任何作用。根据《刑事诉讼法》的有关规定，人民检察院对刑事诉讼依法行使监督权。无论是人民法院的生效判决还是未生效判决，如果人民检察院认为确有错误，都可以依照法定程序提起抗诉。对于人民检察院抗诉的案件，如果是未生效判决，人民法院应当进行第二审审理；如果是已生效判决，人民法院应当按照审判监督程序重新审理。故本题正确答案为B。

6. 答案：C。 本题考查的是"各民族公民都有用本民族语言文字进行诉讼的权利"原则。我国《刑事诉讼法》第9条规定："各民族公民都有用本民族语言文字进行诉讼的权利。人民法院、人民检察院和公安机关对于不通晓当地通用的语言文字的诉讼参与人，应当为他们翻译……"据此，本题中汉族当事人有权选择使用汉语进行诉讼，蒙古族当事人有权选择使用蒙古语进行诉讼。本题正确答案为C。

7. 答案：B。 本题考查的是《刑事诉讼法》中对未成年人权利的特殊保护。我国《刑事诉讼法》第281条第1款规定："对于未成年人刑事案件，在讯问和审判的时候，应当通知未成年犯罪嫌疑人、被告人的法定代理人到场。无法通知、法定代理人不能到场或者法定代理人是共犯的，也可以通知未成年犯罪嫌疑人、被告人的其他成年亲属，所在学校、单位、居住地基层组织或者未成年人保护组织的代表到场，并将有关情况记录在案。到场的法定代理人可以代为行使未成年犯罪嫌疑人、被告人的诉讼权利。"第285条规定："审判的时候被告人不满十八周岁的案件，不公开审理。但是，经未成年被告人及其法定代理人同意，未成年被告人所在学校和未成年人保护组织可以派代表到场。"故本题B项正确。

8. 答案：C。本题考查的是"侦查权、检察权、审判权由专门机关依法行使"原则。我国《刑事诉讼法》第3条规定："对刑事案件的侦查、拘留、执行逮捕、预审，由公安机关负责……"因为盗窃案的侦查权应由公安机关行使，该单位领导的正确做法是，向公安机关报案，并说明对王某怀疑的理由，由公安机关决定是否对王某进行讯问或采取强制措施。该单位领导将王某关禁，并派人进行"讯问"，不仅侵犯了公安机关依法享有的侦查权，还侵犯了公民的人身权利。综上，本题正确答案为C。

9. 答案：B。我国《刑事诉讼法》第17条规定："对于外国人犯罪应当追究刑事责任的，适用本法的规定。对于享有外交特权和豁免权的外国人犯罪应当追究刑事责任的，通过外交途径解决。"据此，本题正确答案为B。

10. 答案：C。我国《刑事诉讼法》第12条规定："未经人民法院依法判决，对任何人都不得确定有罪。"这是1996年修正后的《刑事诉讼法》新确立的一项基本原则，该原则吸收了无罪推定原则的精神，尽管没有使用"无罪推定"这种表述。但是，这种推定是可以被推翻的，如果控诉方能够以法律要求的证明标准证明被追诉人有罪，法院就可以作出有罪判决，被追诉人就会成为罪犯。故本题C项正确。

11. 答案：A。本题考查的是审判公开原则。《刑事诉讼法》第11条规定："人民法院审判案件，除本法另有规定的以外，一律公开进行……"审判公开是指人民法院审理案件和宣告判决都公开进行，不仅对公民公开，允许公民到庭旁听；还向社会公开，允许新闻记者采访和报道。故本题表述正确且全面的只有A项。

12. 答案：C。我国《刑事诉讼法》规定，侦查权、检察权和审判权由专门机关依法行使，对于发生在监狱的刑事案件由监狱负责侦查，而在本案中张某的故意杀人行为是在监狱中进行的，因此对于这一行为也应该由监狱负责侦查。

13. 答案：D。本题考查的是无罪推定原则在我国刑事诉讼中的体现。我国《刑事诉讼法》第12条规定："未经人民法院依法判决，对任何人都不得确定有罪。"这里包含两个要素：一是要经过法定的专门审判机关人民法院判决；二是人民法院的判决必须依法作出。只有符合这两个要素，才能确定公民有罪。据此，本题正确答案为D。

14. 答案：B。本题考查的是对具有法定不予追究刑事责任的情形的处理。《刑事诉讼法》第16条规定："有下列情形之一的，不追究刑事责任，已经追究的，应当撤销案件，或者不起诉，或者终止审理，或者宣告无罪……（四）依照刑法告诉才处理的犯罪，没有告诉或者撤回告诉的……"而本案是侮辱案，属于依照刑法告诉才处理的犯罪，自诉人林某要求撤诉，人民法院应当终止审理。故本题正确答案为B。

15. 答案：D。本题考查的是审判公开原则及其例外。《刑事诉讼法》第188条第1款规定："人民法院审判第一审案件应当公开进行。但是有关国家秘密或者个人隐私的案件，不公开审理；涉及商业秘密的案件，当事人申请不公开审理的，可以不公开审理。"第285条规定："审判的时候被告人不满十八周岁的案件，不公开审理……"由此可见，有关国家秘密的案件、有关个人隐私的案件和审判时不满18周岁的未成年人犯罪的案件，一律不公开审理，而不是"一般"不公开审理。故本题正确答案为D。

16. 答案：B。直接言词原则，是指法官必须在法庭上亲自听取当事人、证人及其他诉讼参与人的口头陈述，案件事实和证据必须由控辩双方当庭口头提出并以口头辩论和质证的方式进行调查。直接言词原则包括直接原则和言词原则两项，故B项体现直接言词原则的要求。A项仅体现直接原则中的直接采证原则，不符合题意。C项体现的是集中审理原则。D项体现的是审判公开原则。

17. 答案：B。自白任意规则又称为非任意自白排除规则，是指在刑事诉讼中，只有基于被追诉人自由意志而作出的自白（承认有罪的供述），才具有可采性；违背当事人意愿或违反法定程序而强制作出的供述不是自白，而是逼供，不具有可采性，必须予以排除。2012年修正后的《刑事诉讼法》第50条（现行《刑事诉讼法》第52条）增加了"不得强迫任何人证实自己有罪"的内容。《刑事诉讼法》第54条至第58条以及《最高人民法院、最高人民检察院、公安部、国家安全部、司法部关于办理刑事案件排除非法证据若干问题的规定》也明确规定了排除非法证据的具体程序。这些表明我国已经基本确立了自白任意规则。综上，本题正确答案为B。

18. 答案：C。本题考查的是两审终审制。两审终审制的实质是允许一个案件经过两级法院审理，且最多只能经过两级法院审理的审级限制。但我国的两审终审制有以下三种例外：（1）最高人民法院审理的第一审案件为一审终审，其判决、裁定一经作出，立即发生法律效力，不存在启动二审程序的问题。（2）判处死刑的案件，必须依法经过死刑复核程序核准后，判处死刑的裁判，才能发生法律效力，交付执行。（3）地方各级人民法院根据《刑法》第63条第2款规定在法定刑以下判处刑罚的案件，必须经最高人民法院的核准，其判决、裁定才能发生法律效力并交付执行。故本题的正确答案为C项。

✓ 多项选择题

1. 答案：AC。本题考查的是我国《刑事诉讼法》对少数民族诉讼参与人诉讼权利的特殊规定。《刑事诉讼法》第9条规定："各民族公民都有用本民族语言文字进行诉讼的权利。人民法院、人民检察院和公安机关对于不通晓当地通用的语言文字的诉讼参与人，应当为他们翻译。在少数民族聚居或者多民族杂居的地区，应当用当地通用的语言进行审讯，用当地通用的文字发布判决书、布告和其他文件。"据此，本题正确答案为AC。

2. 答案：BCD。本题考查的是我国的人民陪审员陪审制度。《刑事诉讼法》第13条规定："人民法院审判案件，依照本法实行人民陪审员陪审的制度。"我国《刑事诉讼法》对人民陪审员的资格没有任何限制性规定，人民陪审员不要求是某一领域的专家，更不要求是法律领域的专家。故BC项说法不正确。根据《人民陪审员法》第2条第2款的规定，人民陪审员在执行职务时，享有同审判员同等的权利，而不是与所有法院工作人员同样的权利，故D项说法也不正确。我国人民陪审员陪审制度不同于其他国家的陪审团制度，故A项说法正确。综上，本题正确答案为BCD。

3. 答案：ABC。《刑事诉讼法》第183条第1款和第2款规定："基层人民法院、中级人民法院审判第一审案件，应当由审判员三人或者由审判员和人民陪审员共三人或者七人组成合议庭进行，但是基层人民法院适用简易程序、速裁程序的案件可以由审判员一人独任审判。高级人民法院审判第一审案件，应当由审判员三人至七人或者由审判员和人民陪审员共三人或者七人组成合议庭进行。"可见刑事一审案件，无论法院的级别，都可以有人民陪审员作为合议庭成员参加。A项正确。《人民陪审员法》第17条规定："第一审刑事案件被告人、民事案件原告或者被告、行政案件原告申请由人民陪审员参加合议庭审判的，人民法院可以决定由人民陪审员和法官组成合议庭审判。"因此B项正确。第6条规定："下列人员不能担任人民陪审员：

(一)人民代表大会常务委员会的组成人员、监察委员会、人民法院、人民检察院、公安机关、国家安全机关、司法行政机关的工作人员；(二)律师、公证员、仲裁员、基层法律服务工作者；(三)其他因职务原因不适宜担任人民陪审员的人员。"因此C项正确。第19条第2款规定："中级人民法院、高级人民法院审判案件需要由人民陪审员参加合议庭审判的，在其辖区内的基层人民法院的人民陪审员名单中随机抽取确定。"选项D错误。综上，本题正确答案为ABC。

4. **答案**：ABC。本题考查的是犯罪嫌疑人、被告人有权获得辩护的原则。《刑事诉讼法》第11条规定："……被告人有权获得辩护，人民法院有义务保证被告人获得辩护。"第33条对这种辩护权作了具体规定："犯罪嫌疑人、被告人除自己行使辩护权以外，还可以委托一至二人作为辩护人……"未经人民法院依法审判不得确定任何人有罪，也是我国刑事诉讼法的一项基本原则，这是由《刑事诉讼法》第12条规定的。由《刑事诉讼法》第281条第1款规定可知，对于未成年人刑事案件，在讯问和审判的时候，应当通知未成年犯罪嫌疑人的法定代理人到场。故本题ABC项正确。D项不符合法律规定，故不选。

5. **答案**：AB。本题考查的是刑事诉讼的基本原则，兼及刑事诉讼与民事诉讼的区别。处分原则和调解原则都是民事诉讼的基本原则，而非刑事诉讼的基本原则。"审判公开"和"保障诉讼参与人诉讼权利"是刑事诉讼基本原则，分别规定在《刑事诉讼法》第11条和第14条。故本题正确答案为AB。

6. **答案**：BD。《刑事诉讼法》第12条规定："未经人民法院依法判决，对任何人都不得确定有罪。"按照这一原则的精神，受到刑事追诉的人在侦查阶段和审查阶段，一律称为"犯罪嫌疑人"，而从检察机关提起公诉以后，则改称为"被告人"，而罪犯则是经过法院判决以后被告人的称呼。

7. **答案**：ABD。本题考查的是依法不公开审理案件的范围。《刑事诉讼法》第188条第1款规定："……有关国家秘密或者个人隐私的案件，不公开审理……"另外，《刑事诉讼法解释》第222条规定："审判案件应当公开进行。案件涉及国家秘密或者个人隐私的，不公开审理；涉及商业秘密，当事人提出申请的，法庭可以决定不公开审理……"据此，本题正确答案为ABD。

8. **答案**：BD。公诉案件中，犯罪嫌疑人与被害人之间就刑事责任进行的交易不影响公诉机关的追诉行为，故A项不正确。《刑事诉讼法》第16条规定："有下列情形之一的，不追究刑事责任，已经追究的，应当撤销案件，或者不起诉，或者终止审理，或者宣告无罪：(一)情节显著轻微、危害不大，不认为是犯罪的；(二)犯罪已过追诉时效期限的；(三)经特赦令免除刑罚的；(四)依照刑法告诉才处理的犯罪，没有告诉或者撤回告诉的；(五)犯罪嫌疑人、被告人死亡的；(六)其他法律规定免予追究刑事责任的。"根据《刑法》第270条的规定，侵占案属于告诉才处理的案件，B项中的甲侵占案，被害人乙没有起诉，符合前述第4项规定，故B项正确。C项中高某的行为已经构成犯罪，不属于前述第1项的规定，除非增加条件"依照刑法规定不需要判处刑罚或免除刑罚"才能经由检察委员会作出不起诉决定，故C项不正确。D项中犯罪嫌疑人白某在被抓获前身亡，符合前述第5项规定，故D项正确。本题正确答案是BD。

9. **答案**：BD。本题考查的是人民检察院可以作出不起诉决定的情况。《刑事诉讼法》第177条规定："犯罪嫌疑人没有犯罪事实，或者有本法第十六条规定的情形之一的，人民检察院应当作出不起诉决定。对于犯罪情节轻微，依照刑法规定不需要判处刑罚或者免除刑罚的，人民检察院可以作出不起诉决定……"据此，本题BD项属于人民检察院可以作出不起诉决定的情形，故为本题正确答案。而AC项属于第16条规定的情形，人民检察院"应当"不起诉，而不是"可以"不起诉。

10. **答案**：ABC。按照我国《刑事诉讼法》第14条规定："人民法院、人民检察院和公安机关应当保障犯罪嫌疑人、被告人和其他诉讼参与人依法享有的辩护权和其他诉讼权利。诉讼参与人对于审判人员、检察人员和侦查人员侵犯公民诉讼权利和人身侮辱的行为，有权提出控告。"因此在刑事诉讼过程中，委托他进行鉴定的市公安局，负责对侦查活动进行监督的人民检察院以及对案件进行审判的人民法院都有责任保护该鉴定人的诉讼权利，而该大学不是司法机关，没有这项义务。

11. 答案：ABCD。本题考查具有法定情形的不予追究刑事责任的原则。根据《刑事诉讼法》第16条的规定，法定不追究刑事责任的情形是：（1）情节显著轻微、危害不大，不认为是犯罪的；（2）犯罪已过追诉时效期限的；（3）经特赦令免除刑罚的；（4）依照刑法告诉才处理的犯罪，没有告诉或者撤回告诉的；（5）犯罪嫌疑人、被告人死亡的；（6）其他法律规定免予追究刑事责任的。本题中ABD三项的情形都是依照《刑法》规定可能被免除处罚的，但不属于法定不起诉的情形。至于C项，根据《刑事诉讼法》第177条的规定，仅仅是可以依法酌定不起诉的情形而不是法定不起诉的情形。故本题正确答案为ABCD。

12. 答案：ABCD。本题考查人民检察院依法对刑事诉讼实行法律监督原则的基本内容。《刑事诉讼法》第8条规定："人民检察院依法对刑事诉讼实行法律监督。"人民检察院对《刑事诉讼法》实行的法律监督包括在立案阶段、审查批捕阶段、审查起诉阶段、审判阶段、执行阶段对公安机关、审判机关、执行机关所进行的法律监督。

13. 答案：ABD。程序法定原则包括两层含义：一是立法方面的要求，即刑事诉讼程序应当由法律事先明确规定；二是司法方面的要求，即刑事诉讼活动应当依据国家法律规定的刑事程序来进行。故A项正确。大陆法系国家，程序法定原则与罪刑法定原则共同构成法定原则的内容。也就是说，法定原则既包括实体上的罪刑法定原则，也包括程序上的程序法定原则。故B项正确。在英美法系国家，刑事程序法定原则具体表现为正当程序原则。故C项不正确。从我国《宪法》和《刑事诉讼法》"以法律为准绳"等项规定来看，可以说，我国法律已基本确立了刑事程序法定原则。故D项正确。因此，本题正确答案为ABD三项。

14. 答案：ABC。本题考查保障诉讼参与人的诉讼权利原则、被害人的诉讼权利。《刑事诉讼法》第14条规定，人民法院、人民检察院和公安机关应当保障犯罪嫌疑人、被告人和其他诉讼参与人依法享有的辩护权和其他诉讼权利。诉讼参与人对于审判人员、检察人员和侦查人员侵犯公民诉讼权利和人身侮辱的行为，有权提出控告。该原则的基本含义是：（1）诉讼权利是诉讼参与人享有的法定权利，法律予以保护，公安司法机关不得以任何方式加以剥夺。诉讼参与人在诉讼权利受到侵害时，有权采用法律手段依法保护自己的诉讼权利，如控告或请求公安司法机关予以制止，有关机关对于侵犯公民诉讼权利的行为应当认真查处。（2）公安司法机关有义务保障诉讼参与人充分行使诉讼权利，对于刑事诉讼中妨碍诉讼参与人行使诉讼权利的各种行为，公安司法机关有义务采取措施予以制止。（3）诉讼参与人在享有诉讼权利的同时，还应当承担法律规定的诉讼义务。公安司法机关有义务保障诉讼参与人的诉讼权利，也有权力要求诉讼参与人履行相应的诉讼义务。故AC两项正确。从《刑事诉讼法》第14条的表述来看，保障诉讼参与人的诉讼权利，核心在于保护犯罪嫌疑人、被告人的辩护权。故B项的表述正确。D项的错误在于，公诉案件中受犯罪侵害的人没有上诉权。

15. 答案：BD。诉讼效率是指诉讼中所投入的司法资源（包括人力、财力、物力）、诉讼时间与案件处理数量的比例。诉讼效率不仅是一种诉讼理念，也是一项诉讼原则。其核心要素：一是时间上要高效；二是司法成本较低或者司法资源的投入较少。结合选项，人民陪审是司法民主的体现，也是坚持走群众路线诉讼原则的要求，与诉讼效率无关，因此 A 项错误。B 选项的"短期之内无法回国"包含着时间要素，表明法院审判活动受审判期间或诉讼效率的约束。因此，准许证人不出庭作证，体现了诉讼效率原则的要求，B 项正确。值班律师提供法律帮助体现的是辩护制度的要求，是对犯罪嫌疑人诉讼权利保障的需要，与诉讼效率没有直接关系，所以 C 项错误。就 D 选项而言，采用远程审讯，而不利用实体性法庭进行审判，很显然是出于节约司法资源的考虑，符合诉讼效率原则的要求，D 项正确。综上，本题正确答案为 BD。

名词解释

1. **答案**：无罪推定的基本含义包括两个方面：一是只有法院经法定的程序才能判定某人有罪；二是被告人在未被法院依法确定有罪之前，应当被视为或推定为无罪的人。无罪推定是刑事诉讼重要的原则之一，是刑事诉讼科学化、民主化的一个重要表现，在维护司法公正，保障被追诉者充分行使诉讼权利，保障任何人免受无根据或不公正的追究方面发挥着重大作用。

2. **答案**：疑罪从无原则是指法院在审理刑事案件时，当控方无法提出足够的证据证明被告人有罪时，应当判决被告人无罪。疑罪从无原则体现了无罪推定原则的基本精神，是现代刑事诉讼的重要组成部分。

3. **答案**：不得强迫自证其罪又称为反对自我归罪，是指如果一个人在回答司法机关的提问时，有可能使自己陷入不利或者被证明有犯罪的危险境地，那么他有拒绝回答的权利。对被告人而言，不得强迫自证其罪包含如下一些基本含义：被告人没有义务向追诉方或者法庭提供任何有可能使自己陷入不利境地的陈述和其他证据，追诉方也不得采取非人道或有损被告人人格尊严的方法强迫被告人就某一案件事实作出供述或者提供证据。

4. **答案**：禁止双重危险原则的基本内容在于，对被追究者的同一行为，一旦作出有罪或无罪的确定判决，即不得再次对同一行为予以审判或处罚。它主要适用于两个方面：一是侦控机关不得依同一理由重复侦查或起诉已作处理的行为；二是审判机关对上述行为不得再次审理，更不能予以处理。

5. **答案**：审判中立原则又称为法官中立原则，是指法院在审判案件过程中，应当对发生争议的双方当事人保持一种超然的和无偏袒的态度的地位，而不得对任何一方当事人存在偏见和歧视。审判中立有三项基本要求：（1）与案件有牵连的人不得担任本案的法官；（2）法官不得与案件处理结果或者一方当事人具有任何利益上的或者其他方面的关系；（3）法官不应当有支持或者反对某一方当事人的偏见。

6. **答案**：平等对抗原则是指控辩双方在刑事诉讼活动中地位平等，诉讼权利、义务相同，以平等的姿态围绕案件事实和证据，展开诉讼攻防活动的一项诉讼原则。其基本内容包括两个方面：一是控辩平等，即控诉方与辩护方在诉讼中的法律地位平等，诉讼权利、义务相等，彼此都不能凌驾于对方之上；二是控诉方、辩护方在平等的基础上进行对抗，即控辩双方在法庭审判过程中，平等地对案件争议点展开攻防转换活动，论证各自的诉讼主张，并反驳对方的主张，以便裁判方接受对自己有利的观点。

7. **答案**：诉讼及时原则是指为了实现保护被追诉者的合法权益，提高诉讼效率，节约诉讼成本，或者及时查明案件事实真相等目的，司法机关应当尽可能快地进行各项刑事诉讼活动，而不能故意拖延。

8. **答案**：直接言词原则是指审判人员在审理案件过程中，应直接审查所有证据，听取证人、被害人、鉴定人陈述。该原则包括言词原则与直接原则两项内容。言词原则，即证人、被害人、鉴定人等应当以言词形式在法庭上提供口头陈述。该原则要求法官、当事人和其他诉讼参与人均须到庭，法庭调查应以口头方式进行。该原则体现了司法的亲历性，即法官判案必须亲自出庭，亲自听取案件证据展示。亲历性还强调证人、被害人、鉴定人的出庭，要求陈述事实的人到法庭给法官亲自讲明情况。直接原则，是指审判人员在审理案件过程中，应直接审查所有的证据，听取证人、被害人、鉴定人的陈述。这个原则还有审理不间断的含义。

简答题

1. 答案：《刑事诉讼法》第 17 条规定："对于外国人犯罪应当追究刑事责任的，适用本法的规定。对于享有外交特权和豁免权的外国人犯罪应当追究刑事责任的，通过外交途径解决。"这一规定是确立刑事司法国家主权原则的法律依据。

刑事司法国家主权原则，即司法主权原则，是指我国司法机关在追究外国人犯罪的刑事责任时，应当适用我国《刑事诉讼法》的原则。这也是国家主权原则在刑事诉讼中的体现，也叫作追究外国人犯罪适用我国《刑事诉讼法》的原则。

它包括以下两个方面的内容：(1) 外国人在我国领域内犯罪，或在我国领域外对我国国家和公民犯罪的，凡应当追究刑事责任的，应由我国司法机关依照我国《刑事诉讼法》规定的程序进行追究；这里的外国人包括具有外国国籍的人、无国籍的人和国籍不明的人。(2) 对享有外交特权和豁免权的外国人犯罪应当追究刑事责任的，通过外交途径解决。这是法律的一个例外规定，是保证某些从事外交工作的外国人执行职务的需要，也是国际惯例和国与国之间平等互惠原则的要求。

实行司法主权原则的意义在于：(1) 表明了我国《刑事诉讼法》对外国人的效力范围，体现了国家主权原则。(2) 采用外交途径来处理享有外交特权和豁免权的外国人的犯罪问题，符合国际惯例，有利于维护国家之间的平等互惠的原则，也有利于我国的正常对外交往和自身的发展。

2. 答案：在刑事诉讼中，人民检察院除了享有法律监督权以外，还行使审查批捕、提起公诉等权力。可以看出我国人民检察院所享有的检察职权是广泛而多样的。但人民检察院行使法律监督权与其行使其他职权是有区别的。第一，人民检察院在履行其他与法律监督权无关的职权时，不仅要享有各种权力，而且应履行相应的义务，接受其他专门机关的制约。不能因为自己具有法律监督的职权而凌驾于其他机关之上。第二，检察机关虽然可在履行法定检察职责时行使监督权，但不应该放弃与其他机关的配合及制约，法律监督属于事后监督，法律监督意见应在履行法定检察职责之后提出，不能因为行使检察监督权而妨碍诉讼的顺利进行。如果两者混淆，会使监督权成为不受任何制约的权利而造成滥用。

3. 答案：犯罪嫌疑人、被告人有权获得辩护是我国《刑事诉讼法》的一项重要原则。《宪法》第 130 条规定："人民法院审理案件，除法律规定的特别情况外，一律公开进行。被告人有权获得辩护。"《刑事诉讼法》第 11 条规定："……被告人有权获得辩护，人民法院有义务保证被告人获得辩护。"法律虽未规定犯罪嫌疑人有权获得辩护，但犯罪嫌疑人在刑事诉讼中享有同被告人相同的诉讼地位，对其辩护权的保障应当等同于对被告人辩护权的保障。因此，我们称之为"犯罪嫌疑人、被告人有权获得辩护原则"。辩护，是指犯罪嫌疑人、被告人及其辩护人针对控诉一方的指控而进行的论证犯罪嫌疑人、被告人无罪、罪轻，减轻或免除罪责的反驳和辩解，是保护其合法权益的诉讼行为。

我国法律赋予犯罪嫌疑人、被告人辩护权，并在制度上和程序上进行了充分的保障。刑事诉讼中的专门机关应当保障犯罪嫌疑人、被告人的辩护权。在任何情况下，对任何犯罪嫌疑人、被告人，都不得以任何理由限制或剥夺其辩护权。犯罪嫌疑人、被告人行使辩护权的方式是多样的，在各个诉讼阶段，犯罪嫌疑人、被告人都可以进行辩护，从人民检察院审查起诉阶段开始，可以委托辩护人为其进行辩护。

保证犯罪嫌疑人、被告人获得辩护，尤其是获得辩护人的辩护，具有以下几个方面的积极意义：(1) 确保犯罪嫌疑人、被告人充分参与刑事诉讼活动，有效地对抗司法警察和检察机关的刑事追诉活动，并最终影响法院的司法裁判。（2）确保司法警察、检察机关和法院严格依法进行诉讼活动，防止出现任意采取强制措施、专门调查、起诉和裁判的情况，避免使犯罪嫌疑人、被告人的自由和权益受到无理的限制和剥夺。（3）确保犯罪嫌疑人、被告人以及社会公众对国家专门机关的诉讼活动保持最大限度的信任和尊重。

4. 答案： 保障诉讼参与人的诉讼权利体现在《刑事诉讼法》第14条的规定："人民法院、人民检察院和公安机关应当保障犯罪嫌疑人、被告人和其他诉讼参与人依法享有的辩护权和其他诉讼权利。诉讼参与人对于审判人员、检察人员和侦查人员侵犯公民诉讼权利和人身侮辱的行为，有权提出控告。"此项原则的含义是：（1）诉讼权利是诉讼参与人所享有的法定权利，法律予以保护，公安司法机关不得以任何方式加以剥夺，并且有义务保障诉讼参与人充分行使其诉讼权利，对于刑事诉讼中妨碍诉讼参与人的各种行为，有责任采取措施予以制止；（2）诉讼参与人的诉讼权利受到侵害的时候，有权使用法律手段维护自己的诉讼权利，如控告或请求公安司法机关予以制止，有关机关对于侵犯诉讼权利的行为应当认真查处；（3）诉讼参与人的诉讼权利应当被保障，并不意味着诉讼参与人可以放弃其应承担的诉讼义务。公安司法机关有义务保障诉讼参与人的诉讼权利，也有权力要求诉讼参与人履行相应的诉讼义务，以保障刑事诉讼的顺利进行。

依法保障公民的诉讼权利，是我国刑事诉讼的一贯原则，是我国刑事诉讼民主、公正和文明的标志。只有切实保障诉讼参与人的诉讼权利，才能使诉讼参与人的合法权益不受侵犯，才能使诉讼参与人积极参加诉讼，保证办案质量，实现刑事诉讼的任务和目的。同时，保障诉讼参与人的诉讼权利，也有利于促进公、检、法三机关不断改进和完善自己的工作，充分行使职权，顺利进行诉讼。

5. 答案：《刑事诉讼法》第8条规定："人民检察院依法对刑事诉讼实行法律监督。"这是根据我国《宪法》关于"中华人民共和国人民检察院是国家的法律监督机关"的规定，而体现在《刑事诉讼法》中的一项基本原则，反映了我国《刑事诉讼法》的社会主义性质和特色。人民检察院对刑事诉讼实行法律监督是贯穿于刑事诉讼全过程的一项基本原则，但在不同诉讼阶段，监督的对象、内容、方式和程序是不完全相同的。人民检察院行使法律监督时，必须严格按照法律的规定进行。概括起来，人民检察院对刑事诉讼的法律监督包括以下四个方面的内容：

（1）立案监督。人民检察院认为公安机关对应当立案侦查的案件而不立案的，或者被害人认为公安机关对应当立案侦查的案件而不立案侦查，向人民检察院提出的，人民检察院应当要求公安机关说明不立案的理由；人民检察院如果认为公安机关不立案理由不能成立的，应当通知公安机关立案，公安机关在接到通知后应当立案。

（2）侦查监督。人民检察院在审查批捕、审查起诉过程中，应当对公安机关的侦查活动是否合法进行监督，发现有违法情况的，应当通知公安机关纠正，公安机关应当将纠正情况通知人民检察院；同时，人民检察院根据需要可以派员参加公安机关对于重大案件的讨论和其他侦查活动，发现违法行为时，应当监督纠正；人民检察院在审查案件时，还可以要求公安机关提供法庭审判所必要的证据材料。

（3）审判监督。人民法院按照普通程序审判公诉案件时，人民检察院应当派员出庭支持公诉，并对庭审活动是否合法进行监督，如果发现庭审活动违反法定的诉讼程序，应当由人民检察院在庭审以后向人民法院提出纠正意见；人民检察院认为人民法院的判决、裁定确有错误的，可以通过第二审程序或者审判监督程序提出抗诉。

（4）执行监督。人民检察院对执行机关执行刑罚的活动是否合法实行监督，如果发现有违法的情况，应当通知执行机关纠正；如果认为主管机关对罪犯监外执行的决定或者人民法院对罪犯的减刑、假释裁定不当，应当依法提出纠正意见，有关机关必须在法定期限内重新审查处理。

检察机关作为独立于行政机关之外，与同级行政机关和人民法院具有同等宪法地位的专门法律监督机关，而不像资本主义国家那样把检察机关作为单纯的公诉机关，隶属于政府行政系统。与这种性质和地位相适应，检察机关在刑事诉讼中不仅拥有公诉权和必要的侦查权，而且对整个刑事诉讼的合法性负有监督职责。人民检察院依法对刑事诉讼实行法律监督具有重要的意义。首先，这是保障公、检、法三机关依法进行刑事诉讼活动的需要。刑事诉讼活动是一个系统工程，从立案到执行，前后一共有五个基本的诉讼阶段。参加诉讼的除公、检、法三机关外，还有国家安全机关、监狱等，这些机关都具有一定的职权，规定检察机关对刑事诉讼实行法律监督原则，目的在于让检察机关对其他机关的诉讼活动进行检查、督促，保证其依法办事，使刑事诉讼有序进行。其次，这是保障诉讼参与人依法享有诉讼权利的需要。诉讼参与人，特别是当事人，虽然也是诉讼的主体，但他们要在公、检、法三机关的指引下进行诉讼，这些机关依法执法，直接关系到他们的合法权益能否得到实现。检察机关依法监督其他机关的诉讼活动，另外，也维护诉讼参与人的合法权益。最后，这是保障人权的需要。刑事诉讼的目的是揭露犯罪、证实犯罪、惩罚犯罪的活动。由于刑事诉讼直接涉及公民的人身权利、民主权利等基本权利，一方面，出于与犯罪作斗争的需要，国家赋予公安司法机关采取专门的侦查手段和强制措施的职权；另一方面，要注意诉讼中的人权保障，保证这些权力的正当行使，保障公民的合法权益。这就需要对公安司法机关刑事诉讼活动的合法性进行监督，防止司法工作人员滥用职权、知法犯法。

当前，要将人民检察院对刑事诉讼的法律监督真正落到实处，真正发挥作用，必须改变轻视监督的观念，强化监督手段，明确监督目的，规定监督职责。就监督的制度构建而言，检察机关对刑事诉讼活动的监督是应限定在立案、侦查、执行活动范围内的监督，即对公安机关、监狱等机关的刑事诉讼活动是否合法进行监督。由于检察机关本身是刑事诉讼中的主体，是与被告人相对的一方，其主张本身要受中立的第三者——法院的审查和裁判。当然，人民法院的审判活动如果严重违反程序，或者裁判错误，检察机关可通过法律途径提出抗诉。但这属于其作为公诉机关的固有权力的范围，而非狭义上的法律监督的内容。

论述题

1. 答案：刑事诉讼中的两审终审制度，是指一个刑事案件最多经过两级人民法院的审判即告终结的制度。

我国法院组织设置分为四级，即最高人民法院、高级人民法院、中级人民法院和基层人民法院。专门人民法院设置相当于地方三级法院的设置。所以，两审终审，也可以称为四级两审终审。

我国两审终审原则的主要内容包括：

（1）只适用于地方各级人民法院和专门人民法院审判的第一审案件。最高人民法院第一审也是终审，因此，不适用最高人民法院审判的第一审案件。

（2）合法的上诉和抗诉是引起第二审程序必须具备的前提。法定期限内，没有合法的上诉和抗诉，地方各级人民法院和专门人民法院的一审裁判，也将发生法律效力，无须两审终审。

（3）判处死刑案件，凡应依法核准的，必须经过死刑复核程序核准后，裁判才生效。

两审终审原则符合我国国情。凡属公诉案件，在法院审判前，已经过立案侦查、提起公诉两个阶段，法院审判中，再经过两级两审，基本上都能得到正确处理，加上我国幅员辽阔，不宜实行更多的审级。当然也不宜一审终审，这不利于切实保障案件质量和当事人诉讼权利的实现。

实行两审终审原则，既可以保障当事人的诉讼权利和案件质量，又方便了群众，节省了人力和物力。

2. 答案：（1）所谓审判公开，是指人民法院审理刑事案件和宣告判决都公开进行；允许公民到法庭旁听，允许新闻记者采访和报道，即把法庭审理的全过程，除休庭评议案件外，都公布于众。根据我国的法律规定，我国的审判公开，不仅向当事人或其他诉讼参与人公开，而且向公民公开，向社会公开。需要指出的是，这里所讲到的"向公民公开"，是指向中国公民公开。对外国人或无国籍人一般是不公开的。

（2）审判公开原则的法律依据：我国《刑事诉讼法》第11条规定，人民法院审判案件，除本法另有规定的以外，一律公开进行。《宪法》第130条也有相同的规定。

（3）审判公开原则的适用例外。审判公开原则适用于绝大多数刑事案件，但是少数案件，由于存在特殊情况，如果公开进行审判，会在社会上产生不良影响，给国家和当事人带来损失。因此，《刑事诉讼法》第188条和第285条规定以下几类案件不公开审判：①有关国家秘密的案件；②有关公民个人隐私的案件；③审判时被告人不满18周岁的案件；④涉及商业秘密的案件，经当事人申请不公开审理，可以不公开审理，审判人员应当当庭说明不公开审理的理由。与案件审判无关的法院工作人员，也不能出庭旁听。

（4）审判公开原则的基本要求。审判公开原则是我国刑事审判中的重要原则，这个原则要求人民法院做到以下几点：

①对于依法应当公开审判的案件，人民法院在开庭3日前，应当将案件的案由、被告人姓名以及开庭的时间、地点，以适当的方式公布于众，使群众有可能前来旁听。审判公开并不以有无旁听公民和有无新闻记者采访或者报道为转移，只要法院事先公布了该案的案由、被告人姓名以及开庭的时间和地点，就表明该案的审判是公开进行的。在司法实践中，公布案由、被告人姓名、开庭的时间和地点的方式方法，多是采用在法院门前公告牌公告的形式。②法庭审判对群众公开，对社会也公开。对于前来旁听的群众，人民法院不能无故刁难，阻碍他们进入法庭旁听。法院应当建立一套与审判公开原则相配套的，便于群众旁听、记者采访的具体工作制度，如旁听证发放制度、安全检查及法庭安全保卫制度等，在保证审判顺利进行的条件下为旁听群众或采访记者提供方便。③人民法院必须防止"审判公开"走过场，不能使审判公开"摆样子""走形式"，失去其实际意义。④不论是否公开审理的案件，宣告判决一律公开进行。

（5）贯彻审判公开原则的意义

审判公开是保障审判的民主性和公正性的关键措施。人民法院贯彻执行各项诉讼原则和制度应当以审判公开为重心，通过认真实行审判公开，使其他各项诉讼原则和制度得到全面贯彻执行。由于审判是诉讼的中心环节和主要阶段，审判前的各项诉讼活动的质量，在审判中都将得到表现和检验，所以，审判公开原则虽然只适用于审判阶段，但是它对于促使侦查、起诉机关严格依法办案和保证诉讼质量，都有重要作用。此外，认真、全面地贯彻审判公开原则，对于防止片面性、客观全面地查明案件情况、正确处理案件、维护被告人及其他诉讼参与人的合法权益、实现刑事诉讼的法治宣传教育任务、减少和预防犯罪，都有重要意义。

3. 答案： 控审分离原则是刑事诉讼职能论中的重要内容，是现代刑事诉讼法定原则中居于核心地位的原则之一。控诉职能与审判职能的分离被认为是刑事诉讼职能区分赖以维持的重要保障，为现代刑事诉讼合理结构的形成提供了前提。

现代意义上的控审分离原则包括以下内容：

（1）控诉职能和审判职能分别由国家不同专门机关承担。

（2）控诉职能主要由检察机关承担，审判职能主要由审判机关承担。检察机关行使控诉权，审判机关行使审判权。检察机关不能分享审判权，审判机关也不能分割控诉权。控诉权和审判权的独立性应一样受到法律和人们同等的关护。

（3）不告不理，它是控审分离原则的核

心。其实质是控诉权的效力问题,包括程序和实体双重内容。程序上,体现在控诉权作为一种请求法院对被告人进行审判并追究其刑事责任的请求权,并在发动审判程序上具有主动性。相对于控诉权来说,审判权的行使具有被动性特点。实体上,包括对人的效力和对事的效力两个方面。对人的效力方面,审判只限于起诉书中载明的犯罪嫌疑人;对事的效力方面,审判只限于起诉书中载明的犯罪事实。也就是说,法院根据起诉书中载明的内容才能审理和判决。

控审分离原则在刑事程序中具有重要价值。从保持诉讼构造平衡的角度看,只有控诉与审判分离,实现司法机关依法独立行使职权,才有可能真正实现辩护与控诉的平衡对抗。从认识论的角度看,控诉与审判分离使得通过审判这一再认识过程对侦查、起诉阶段形成的认识进行检验成为可能,有利于纠正实体形成过程中的错误。从心理学的角度看,控诉与审判分离可以避免因一个主体兼控诉、审判两种职能所导致的固执性及被追诉主体心理的不平衡。

案例分析题

1. **答案**:合议庭的做法不正确。这违背了我国《刑事诉讼法》"各民族公民都有用本民族语言文字进行诉讼的权利"的原则。《刑事诉讼法》第9条规定:"各民族公民都有用本民族语言文字进行诉讼的权利。人民法院、人民检察院和公安机关对于不通晓当地通用的语言文字的诉讼参与人,应当为他们翻译。在少数民族聚居或者多民族杂居的地区,应当用当地通用的语言进行审讯,用当地通用的文字发布判决书、布告和其他文件。"本案中金某是朝鲜族人,他在法庭上提出用本民族语言文字进行陈述,这是符合法律规定的,合议庭应当同意他的请求,允许他使用朝鲜语进行陈述,在合议庭成员不懂朝鲜语的情况下,应当为金某聘请或指派翻译人员。应当注意的是,虽然金某会讲汉语,但根据《刑事诉讼法》的规定,他仍享有使用本民族语言文字进行诉讼的权利,人民法院不得据此剥夺他的这项权利。

2. **答案**:本案应适用中国《刑事诉讼法》进行审理,不能通过外交途径解决。

本案涉及刑事诉讼中的国家司法主权原则。《刑事诉讼法》第17条第1款规定:"对于外国人犯罪应当追究刑事责任的,适用本法的规定。"根据该规定,外国人在我国管辖的区域内涉嫌犯罪,我国司法机关应依照我国《刑事诉讼法》规定的程序对其进行追诉。当然,在诉讼过程中,他与我国公民应受到同样的对待,即享有同样的诉讼权利,履行同样的诉讼义务,按照同样的程序和步骤参与侦查、起诉和审判等诉讼活动。

这里值得注意的是,根据《刑事诉讼法》第17条第2款的规定,对于享有外交特权和豁免权的外国人犯罪应当追究刑事责任的,则应通过外交途径进行解决。根据我国法律,享有外交特权和豁免权的外国人主要有以下5种:(1)外国派驻中国的外交代表、大使、公使、代办和外交职员以及他们的家属;(2)外国派来中国参加国际会议的代表;(3)外国为各种目的来中国的高级官员;(4)途经或暂时留在中国的各国驻第三国的外交官;(5)其他按照国际惯例应当享受外交特权或豁免权的人员。

本案被告人不属于享有外交特权和豁免权的人员,因此,人民法院应依据我国《刑法》和《刑事诉讼法》的相关规定追究A的刑事责任。这正是我国《刑事诉讼法》的国家司法主权原则得以贯彻执行的体现。

第七章 管 辖

✓ **单项选择题**

1. 答案：B。 本题考查的是对于被害人有证据证明的轻微刑事案件的管辖。《刑事诉讼法解释》第1条规定："人民法院直接受理的自诉案件包括……（二）人民检察院没有提起公诉，被害人有证据证明的轻微刑事案件……本项规定的案件，被害人直接向人民法院起诉的，人民法院应当依法受理。对其中证据不足、可以由公安机关受理的，或者认为对被告人可能判处三年有期徒刑以上刑罚的，应当告知被害人向公安机关报案，或者移送公安机关立案侦查……"据此，本题B项正确。

2. 答案：C。 本题考查的是人民检察院直接立案侦查案件的范围。《刑事诉讼法》第19条第2款规定："人民检察院在对诉讼活动实行法律监督中发现的司法工作人员利用职权实施的非法拘禁、刑讯逼供、非法搜查等侵犯公民权利、损害司法公正的犯罪，可以由人民检察院立案侦查……"徇私舞弊不征、少征税款案件属于渎职犯罪案件，其犯罪主体只能是国家机关工作人员（税务机关工作人员），因此属于上述人民检察院直接立案侦查案件的范围。故本题正确答案为C。

3. 答案：A。 本题考查的是人民法院审理刑事案件的级别管辖。《刑事诉讼法》第20条规定："基层人民法院管辖第一审普通刑事案件，但是依照本法由上级人民法院管辖的除外。"该法第21条规定："中级人民法院管辖下列第一审刑事案件……（二）可能判处无期徒刑、死刑的案件。"第22条规定："高级人民法院管辖的第一审刑事案件，是全省（自治区、直辖市）性的重大刑事案件。"第23条规定："最高人民法院管辖的第一审刑事案件，是全国性的重大刑事案件。"本案虽然涉外，但犯罪嫌疑人不是外国人，仅被害人是外国人，仍应由基层人民法院管辖。本案并非全省性或全国性的重大案件，故也不应适用第22条和第23条的规定。故本题正确答案为A。

4. 答案：B。 本题考查的是能够直接受理刑事案件的机关的范围。直接受理刑事案件的机关一般是侦查机关，但对于自诉案件，则是人民法院。故本题C项不正确。享有侦查权的机关一般是公安机关，但不仅仅是公安机关。《刑事诉讼法》第4条规定："国家安全机关依照法律规定，办理危害国家安全的刑事案件，行使与公安机关相同的职权。"据此，国家安全机关能够直接受理危害国家安全的刑事案件，故本题D项不正确。由上述可见，A项也不正确。《刑事诉讼法》第308条第3款规定："对罪犯在监狱内犯罪的案件由监狱进行侦查。"据此，监狱也能够直接受理罪犯在监狱内犯罪的案件。故本题B项正确。

5. 答案：A。 本题考查的是划分地域管辖的主要依据。《刑事诉讼法》第25条规定："刑事案件由犯罪地的人民法院管辖。如果由被告人居住地的人民法院审判更为适宜的，可以由被告人居住地的人民法院管辖。"第26条规定："几个同级人民法院都有权管辖的案件，由最初受理的人民法院审判。在必要的时候，可以移送主要犯罪地的人民法院审判。"可见，划分地域管辖的主要依据是犯罪地。故本题正确答案为A。

6. 答案：D。 本题考查的是人民法院的级别管辖。《刑事诉讼法》第21条规定："中级人民法院管辖下列第一审刑事案件……（二）可能判处无期徒刑、死刑的案件。"《刑事诉讼法解释》第14条规定："人民检察院认为可能判处无期徒刑、死刑，向中级人民法院提起公诉的案件，中级人民法院受理后，认为不需要判处无期徒刑、死刑的，应当依法审判，不再交基层人民法院审判。"据此，本题正确答案为D。

7. **答案**：D。本题考查的是人民法院审理刑事案件的级别管辖以及对不属于本院管辖范围的案件的处理。《刑事诉讼法》第21条规定："中级人民法院管辖下列第一审刑事案件……（二）可能判处无期徒刑、死刑的案件。"本题中，某区人民法院认为该案被告人可能被判处无期徒刑，则该案不属于该区人民法院的管辖范围，而属于市中级人民法院的管辖范围。《刑事诉讼法解释》第219条规定："人民法院对提起公诉的案件审查后，应当按照下列情形分别处理：（一）不属于本院管辖的，应当退回人民检察院……"据此，本题正确答案为D。

8. **答案**：C。本题考查的是刑事案件审判的专门管辖。目前我国已经建立的专门人民法院有军事法院、铁路运输法院等。铁路运输法院管辖的案件是铁路系统公安机关和检察机关负责侦破的刑事案件，主要有危害和破坏铁路运输和生产的案件，破坏铁路交通设施的案件，以及列车上发生的犯罪案件等。据此，本案虽然发生在天津市静海区地段，但由于发生在列车上，属于铁路运输系统专门管辖的案件，故本题正确答案为C。

9. **答案**：A。本题考查的是在中国领域以外的中国船舶上犯罪的管辖。《刑事诉讼法解释》第7条规定："在中华人民共和国领域外的中国船舶内的犯罪，由该船舶最初停泊的中国口岸所在地或者被告人登陆地、入境地的人民法院管辖。"故本案应由威海市法院管辖。另外，根据《刑事诉讼法》第20条至第23条规定，本案应属基层法院的管辖范围，故本题正确答案为A。

10. **答案**：D。根据《刑事诉讼法》第20~23条，本案应属基层法院的管辖范围。本题考查的是人民检察院立案管辖的范围。《刑事诉讼法》第19条第2款规定，司法工作人员利用职权实施的非法拘禁、刑讯逼供、报复陷害、非法搜查的侵犯公民人身权利的犯罪以及侵犯公民民主权利的犯罪，由人民检察院立案侦查。对于国家机关工作人员利用职权实施的其他重大的犯罪案件，需要由人民检察院直接受理的时候，经省级以上人民检察院决定，可以由人民检察院立案侦查。国家机关工作人员的走私犯罪不属于该条列举的应由人民检察院立案侦查的范围，而属于"国家机关工作人员利用职权实施的重大犯罪案件"，如由人民检察院立案侦查，须经省级以上人民检察院决定。故本题正确答案为D。

11. **答案**：C。本题考查的是对于告诉才处理的案件，人民检察院提起公诉的条件。告诉才处理的案件，又称为"亲告乃论"案件。根据有关法律的规定，在我国刑事诉讼中，告诉才处理的案件是指只有被害人或其法定代理人提出控告和起诉，人民法院才予受理并审判的案件。但是如果被害人因受到强制、威吓而无法提出告诉，国家就应积极地介入，予以帮助。故有关法律规定，在这种情况下，人民检察院或者被害人的近亲属也可以告诉。如是人民检察院代为告诉，该案就成为公诉案件。故本题正确答案为C。

12. **答案**：D。本题考查刑事诉讼中关于一些特殊情况的审判管辖。根据《刑事诉讼法解释》第6条到第12条的规定，在中华人民共和国领域外的中国船舶内的犯罪，由该船舶最初停泊的中国口岸所在地的人民法院管辖。在中华人民共和国领域外的中国航空器内的犯罪，由该航空器在中国最初降落地的人民法院管辖。在国际列车上的犯罪，根据我国与相关国家签订的协定确定管辖；没有协定的，由该列车最初停靠的中国车站所在地或者目的地的铁路运输法院管辖。中国公民在中国驻外使领馆内的犯罪，由其主管单位所在地或者原户籍地的人民法院管辖。中国公民在中华人民共和国领域外的犯罪，由其入境地或者离境前居住地的人民法院管辖；被害人是中国公民的，也可由被害人离境前居住地的人民法院管辖。外国人在中华人民共和国领域外对中华人民共和国国家或者公民犯罪，根据《刑法》应当受处罚的，由该外国人入境地、入境后居住地或者被害中国公民离境前居住地的人民法院管辖。对中华人民共和国缔结或者参加的国际条约所规定的罪行，中华人民共和国在所承担条约义务的范围内，行使刑事管辖权的，由被告人被抓获地的人民法院管辖。

可见，在国际列车上的犯罪，协议管辖是优先的。

13. **答案**：A。《刑事诉讼法》第21条规定："中级人民法院管辖下列第一审刑事案件：（一）危害国家安全、恐怖活动案件；（二）可能判处无期徒刑、死刑的案件。"本案中，尽管被告人之一是外国人，属于外国人犯罪的刑事案件，但是按照2018年修改后的规定，该种犯罪也不属于中级人民法院管辖。而且，私藏枪支、弹药罪和妨害公务罪都不属于可能判处无期徒刑以上刑罚的案件，所以选项A正确，选项BCD均错误。故本题答案为A。

14. **答案**：D。M市中级人民法院、A区人民法院都与案件存在利害关系可能影响案件的公正处理，不宜行使案件的管辖权。但是请注意，法院与被告人之间存在利害关系，不意味着当事人可以申请法院的法官整体回避，因为在我国只能申请正在参与具体案件办理的人回避。当A区人民法院的审判人员无论是谁参与案件审理都会被申请回避时，那就意味着A区人民法院不宜行使案件的管辖权。而在本题中不仅仅是A区人民法院，M市中级人民法院也不宜行使对案件的管辖权，根据《刑事诉讼法解释》第18条规定："有管辖权的人民法院因案件涉及本院院长需要回避或者其他原因，不宜行使管辖权的，可以请求移送上一级人民法院管辖。上一级人民法院可以管辖，也可以指定与提出请求的人民法院同级的其他人民法院管辖。"所以本案应当层报甲省高级人民法院，由甲省高级人民法院指定M市中级人民法院以外的法院来审理此案。所以A、B项错误，D项正确。根据《刑事诉讼法解释》第22条的规定，公诉案件管辖权发生改变时，案卷材料应当退回检察院，即从哪来，回到哪里去。公诉案件管辖权转移时禁止法院之间直接移交案卷材料。所以，C项错误。综上所述，本题正确答案为D。

15. **答案**：D。本题考查立案管辖、期间的计算、审查起诉后的处理方式。重婚案件如果是公诉案件，则由公安机关侦查，检察院无管辖权。故A项不正确。《公安机关办理刑事案件程序规定》第151条规定："在侦查期间，发现犯罪嫌疑人另有重要罪行的，应当自发现之日起五日以内报县级以上公安机关负责人批准后，重新计算侦查羁押期限，制作变更羁押期限通知书，送达看守所，并报批准逮捕的人民检察院备案。前款规定的'另有重要罪行'，是指与逮捕时的罪行不同种的重大犯罪以及同种犯罪并将影响罪名认定、量刑档次的重大犯罪。"但是，B项中的重婚罪并非重大罪行，故B项不正确。因为不起诉针对人，而不是行为，所以，尽管田某不构成重婚罪，但构成挪用公款罪，所以，对田某只能起诉，故C项不正确。因为重婚罪属于"被害人有证据证明的轻微刑事案件"，既可以公诉，也可以自诉，故D项表述正确。

✅ 多项选择题

1. **答案**：ABCD。本题考查的是刑事案件主要由犯罪地人民法院管辖的理由。根据《刑事诉讼法》第25条的规定，刑事案件一般应由犯罪地人民法院管辖，这是确定地域管辖的首要原则。地域管辖之所以要以犯罪地人民法院管辖为主，是因为犯罪地是进行犯罪活动的地方，便于依靠群众；便于人民法院就地调查核实有关证据，迅速查明案情，及时审判；便于就地传唤和通知诉讼参与人出庭参与诉讼，节约诉讼成本；便于当地群众旁听案件的审理，平息民愤；便于通过审判当地发生的案件，教育群众自觉遵守法律，积极同犯罪行为作斗争，扩大法治宣传效果。综上，本题应当全选。

2. **答案**：BCD。本题考查的是对单位犯罪的管辖。《刑事诉讼法解释》第3条第2款规定："被告单位登记的住所地为其居住地。主要营业地或者主要办事机构所在地与登记的住所在地不一致的，主要营业地或者主要办事机构所在地为其居住地。"据此，可知本题 BC 项正确。《刑事诉讼法》第 27 条规定："上级人民法院可以指定下级人民法院审判管辖不明的案件，也可以指定下级人民法院将案件移送其他人民法院审判。"据此，可知本题 D 项正确。本题 A 项于法无据，不当选。

3. **答案**：ABC。本题考查的是中级人民法院管辖第一审刑事案件的范围。《刑事诉讼法》第 21 条规定："中级人民法院管辖下列第一审刑事案件：（一）危害国家安全、恐怖活动案件；（二）可能判处无期徒刑、死刑的案件。"据此，本题 ABC 项正确。D 项"涉外刑事案件"不准确，因为中国人对外国人犯罪的案件也属于涉外刑事案件，但属于该条所规定应由中级人民法院管辖的范围，只有外国人犯罪的涉外刑事案件才属于中级人民法院管辖的范围。

4. **答案**：BD。本题考查的是刑事案件的立案管辖。《刑事诉讼法》第 19 条第 1 款规定："刑事案件的侦查由公安机关进行，法律另有规定的除外。"据此，凡法律没有特别规定的刑事案件，都由公安机关管辖。因此，本题实际上考查的是人民法院和人民检察院直接受理案件的范围。BD 项不属于根据有关规定应由人民法院或者人民检察院管辖的案件范围，因而应由公安机关立案侦查。故本题正确答案为 BD。

5. **答案**：ABC。本题考查的是人民法院审判刑事案件的级别管辖以及移送管辖。《刑事诉讼法》第 20 条规定："基层人民法院管辖第一审普通刑事案件，但是依照本法由上级人民法院管辖的除外。"第 21 条规定："中级人民法院管辖下列第一审刑事案件：（一）危害国家安全、恐怖活动案件；（二）可能判处无期徒刑、死刑的案件。"据此，可知本题 BC 项都属于中级人民法院管辖的案件范围，故基层人民法院需要将其移送给中级人民法院。《刑事诉讼法》第 24 条规定："上级人民法院在必要的时候，可以审判下级人民法院管辖的第一审刑事案件；下级人民法院认为案情重大、复杂需要由上级人民法院审判的第一审刑事案件，可以请求移送上一级人民法院审判。"据此，本题 ABC 三项正确。

6. **答案**：BCD。本题考查的是人民法院审理刑事案件的地域管辖。《刑事诉讼法》第 25 条规定："刑事案件由犯罪地的人民法院管辖。如果由被告人居住地的人民法院审判更为适宜的，可以由被告人居住地的人民法院管辖。"第 27 条规定："上级人民法院可以指定下级人民法院审判管辖不明的案件，也可以指定下级人民法院将案件移送其他人民法院审判。"据此，本案应由犯罪行为实施地伊春市人民法院管辖，但如由被告人居住地黑河市人民法院管辖更为适宜，则可以由黑河市人民法院管辖。故 BC 项正确。另外，黑龙江省高级人民法院也可以指定本案的管辖法院，故 D 项正确。

7. **答案**：BCD。本题既考查审判组织，又涉及中级人民法院管辖案件的范围。《刑事诉讼法》第 183 条第 1 款规定："基层人民法院、中级人民法院审判第一审案件，应当由审判员三人或者由审判员和人民陪审员共三人或者七人组成合议庭进行，但是基层人民法院适用简易程序、速裁程序的案件可以由审判员一人独任审判。"第 4 款规定："人民法院审判上诉和抗诉案件，由审判员三人或者五人组成合议庭进行。"据此，由中级人民法院审判的第一审案件和第二审案件，不适用独任制审判。而根据《刑事诉讼法》第 21 条的规定，中级人民法院审判的第一审案件包括危害国家安全案件和可能判处死刑的案件。综上，本题 BCD 项案件都不能适用独任制，故为本题正确答案。

8. **答案**：ACD。本题考查的是地域管辖。《刑事诉讼法》第 25 条规定："刑事案件由犯罪地的人民法院管辖。如果由被告人居住地的人民法院审判更为适宜的，可以由被告人居住地的人民法院管辖。"所谓"由被告人居住地的人民法院审判更为适宜"的情形，法律没有作出规定，从实际情况看，被告人流窜作案或者有其他难以确定犯罪地的情形，由居住地法院管辖更为适宜。此外，如对被告人可能判处管制，由居住地法院管辖也更为适宜，因为这有利于执行。综上，本题正确答案为ACD。

9. 答案：AD。本题考查的是人民法院管辖争议的解决方式。《刑事诉讼法》第27条规定："上级人民法院可以指定下级人民法院审判管辖不明的案件，也可以指定下级人民法院将案件移送其他人民法院审判。"据此，本题正确答案为AD。

10. 答案：CD。《刑事诉讼法解释》第17条第1款规定，基层人民法院对可能判处无期徒刑、死刑的第一审刑事案件，应当移送中级人民法院审判。第15条规定，一人犯数罪、共同犯罪或者其他需要并案审理的案件，其中一人或者一罪属于上级人民法院管辖的，全案由上级人民法院管辖。但是，本题题干是未成年人和成年人共同犯罪。依据《刑事诉讼法解释》第551条第1款规定，对分案起诉至同一人民法院的未成年人与成年人共同犯罪案件，可以由同一个审判组织审理；不宜由同一个审判组织审理的，可以分别审理。所以，可以将赵某移送中级法院审理，其余被告人继续在县法院审理，也可以将全案一并移送中级法院审理。故AB两项的错误在于，不是"应当"，而是"可以"。《刑事诉讼法解释》第17条第3款规定，需要将案件移送中级人民法院审判的，应当在报请院长决定后，至迟于案件审理期限届满15日前书面请求移送。中级人民法院应当在接到申请后10日内作出决定。不同意移送的，应当下达不同意移送决定书，由请求移送的人民法院依法审判；同意移送的，应当下达同意移送决定书，并书面通知同级人民检察院。故CD两项正确。本题的正确答案为CD两项。

11. 答案：ABC。《刑事诉讼法解释》第10条规定："中国公民在中华人民共和国领域外的犯罪，由其登陆地、入境地、离境前居住地或者现居住地的人民法院管辖；被害人是中国公民的，也可以由被害人离境前居住地或者现居住地的人民法院管辖。"由于张三、李四离境前的居住地均是甲市，被告人张三的入境地是乙市，所以AB项正确。另外，《刑事诉讼法解释》第11条规定，外国人在中华人民共和国领域外对中华人民共和国国家或者公民犯罪，根据《刑法》应当受处罚的，由该外国人登陆地、入境地或者入境后居住地的人民法院管辖，也可以由被害人离境前居住地或者现居住地的人民法院管辖。结合本题，丙市是共同犯罪案件中外国人入境后的居住地，所以C项正确。综上，本题正确答案是ABC。

不定项选择题

1. 答案：（1）ACD。在地域管辖问题上，我国《刑事诉讼法》是实行以犯罪地法院管辖为主，被告人居住地法院管辖为辅的原则，因此B市法院和A市法院都有权管辖，而且我国《刑事诉讼法》还规定了指定管辖制度，即在发生人民法院因管辖不明出现争议或推诿或者有人民法院不宜行使管辖权的现象时，立法上赋予了上级人民法院确定或改变管辖的权力。因此本题应该选ACD。

（2）C。按照《刑事诉讼法解释》第17条规定，基层人民法院对可能判处无期徒刑、死刑的第一审刑事案件，应当移送中级人民法院审判。因此应该选择C项。

（3）A。这是考查了在共同犯罪中量刑的差异而导致的管辖问题，《刑事诉讼法解释》第15条规定："一人犯数罪、共同犯罪或者其他需要并案审理的案件，其中一人或者一罪属于上级人民法院管辖的，全案由上级人民法院管辖。"因此本案应该由中级人民法院管辖。

2. 答案：BC。本题考查级别管辖、地区管辖。《刑事诉讼法解释》第15条规定，一人犯数罪、共同犯罪或者其他需要并案审理的案件，其中一人或者一罪属于上级人民法院管辖的，全案由上级人民法院管辖。A项中故意杀人案和非法拘禁案均由中级人民法院审理，该项错误。《刑事诉讼法》第25条规定，刑事案件由犯罪地的人民法院管辖。如果由被告人居住地的人民法院审判更为适宜的，可以由被告人居住地的人民法院管辖。非法拘禁属于持续犯，其所经过的地方均是犯罪地，因此，B 项正确。

《刑事诉讼法解释》第 7 条规定，在中华人民共和国领域外的中国船舶内的犯罪，由该船舶最初停泊的中国口岸所在地的人民法院管辖。故 C 项正确，D 项错误。

名词解释

1. 答案：优先管辖是指几个同级人民法院都有权管辖的案件，由最初受理的人民法院审判的一种管辖制度。优先管辖并非绝对，在必要的时候，最初受理的人民法院可以将案件移送主要犯罪地的人民法院审判。所谓必要的时候，一般应从是否有利于准确及时查明案情，正确处理案件，是否有利于同犯罪作斗争，是否更有利于发挥审判活动的教育作用，以及是否有利于有关群众参加诉讼活动等方面来考虑确定。所谓主要犯罪地是指数个罪行中的主要罪行的犯罪地，也包括一种罪行的某个主要事实情节的犯罪地。如犯罪行为的实施地，或者犯罪行为所造成的结果地等。

2. 答案：移送管辖是指没有管辖权的公安司法机关将案件移送至有管辖权的机关立案或者审判的一种管辖制度。移送管辖既体现在立案管辖上，也体现在审判管辖上。立案管辖中的移送管辖是指：公安机关、人民检察院、人民法院对于报案、控告、检举和犯罪人的自首等立案材料，都应当接受，对于不属于自己管辖的，应当移送主管机关或者有管辖权的机关进行处理。审判管辖中的移送管辖是指：人民法院经过审查，将不属于自己管辖的刑事案件，移送给有管辖权的人民法院审判。

3. 答案：指定管辖是指上级人民法院在管辖不明或者管辖存在争议等特殊情况下，将某一案件指定由下级人民法院进行审判的一种管辖制度。指定管辖是级别管辖和地域管辖的一种变通规定，一般适用于两类刑事案件：一类为地区管辖不明的刑事案件，另一类为由于各种原因，原来有管辖权的法院不适宜或者不能审判的刑事案件。

4. 答案：共同管辖又称为竞合管辖，是指按照法律的规定，两个以上的公安司法机关对同一个案件都有管辖权。在刑事诉讼中，共同管辖常常发生在以下场合：犯罪地不在同一个立案侦查或者审判管辖区域之内；同一犯罪人在不同地区犯同一罪行。《刑事诉讼法》第 26 条的规定是共同管辖的一种体现，即几个同级人民法院都有权管辖的案件，由最初受理的人民法院审判。在必要的时候，可以移送主要犯罪地的人民法院审判。

5. 答案：合并管辖又称为牵连管辖，是指对某个案件有管辖权的公安司法机关可以一并立案侦查或者审判与该案件有牵连的其他案件。合并管辖是因为对某个案件有管辖权的公安司法机关，基于另外案件与该案件存在某种牵连关系，有必要进行合并立案侦查或者审判而获得对该另外案件管辖权的管辖。合并管辖的一般原则是：在级别管辖上就高不就低，在地域管辖上适用从犯随主犯，在罪行上适用次罪随主罪，在法院属性上适用普通法院随专门法院。

6. 答案：专属管辖是指法律强制规定某些特殊案件由特定的专门机关负责立案侦查或者审判的一种管辖制度。专属管辖具有排他性，即凡是法律规定专属管辖的案件只能由特定的专门机关负责管辖。专属管辖可以分为立案侦查中的专属管辖和审判中的专属管辖两种。

7. 答案：管辖权的转移是指经上级人民法院决定或者同意，将某个案件的管辖权由上级人民法院转交给下级人民法院，或者由下级人民法院转交给上级人民法院。管辖权的转移有两种情况：一种是提审，即上级人民法院在必要的时候，可以审判下级人民法院管辖的第一审刑事案件；另一种是报请，即下级人民法院认为案情重大、复杂需要由上级人民法院审判的第一审刑事案件，可以请求移送上一级人民法院审判。

8. 答案：立案管辖是专门机关依法行使职权原则在直接受理刑事案件问题上的具体体现。它根据侦查、检察、审判三机关的不同职能和刑事案件的不同情况，解决哪些案件应由公安机关、安全机关、军队保卫部门、监狱或者人民检察院立案侦查，哪些案件应由人民法院直接受理的问题。因此，立案管辖又称为职能管辖或部门管辖。

9. **答案**：地区管辖是指同级人民法院之间在审判第一审刑事案件权限上的划分。根据法律的规定，地区管辖的划分原则如下：（1）以犯罪地人民法院管辖为主，被告人居住地人民法院管辖为辅。所谓犯罪地，一般是指实施犯罪的一切必要行为的地点，具体包括犯罪行为预备地、犯罪行为实施地、犯罪结果发生地和销赃地等。（2）以最初受理的人民法院审判为主，主要犯罪地人民法院审判为辅。

简答题

1. **答案**：刑事诉讼中的管辖一般是根据刑事案件的性质、情节的轻重、复杂程度、发生地点、影响大小等不同特点和司法机关在刑事诉讼中的职责确定的。我国《刑事诉讼法》关于公、检、法机关管辖权划分的基本出发点是保证刑事诉讼任务的顺利实现。确立管辖应当遵循的原则有依法管辖的原则、准确及时的原则、便利诉讼的原则、维护合法权益的原则、原则性与灵活性相结合的原则。

2. **答案**：刑事诉讼中的立案管辖，在诉讼理论上又称为职能管辖或部门管辖，是指人民法院、人民检察院和公安机关各自直接受理刑事案件的职权范围，也就是人民法院、人民检察院和公安机关之间，在直接受理刑事案件范围上的权限划分。立案管辖主要解决的是哪类刑事案件应当由公安司法机关中的哪一个机关立案受理的问题。具体地讲也就是确定哪些刑事案件不需要侦查，而由人民法院直接受理；哪些刑事案件由人民检察院直接受理立案侦查；哪些刑事案件由公安机关立案侦查。立案管辖主要是根据司法机关在刑事诉讼中的职责分工，以及刑事案件的性质、案情的轻重、复杂程度等不同情况确定的。

论述题

答案：审判管辖就是指人民法院组织系统内在审判第一审刑事案件上的分工，它包括级别管辖、地区管辖和专门管辖。

级别管辖，是指各级人民法院之间，即基层人民法院、中级人民法院、高级人民法院和最高人民法院之间，在审判第一审刑事案件上的分工。确定级别管辖要考虑的因素有法院级别之高低、案件性质、可以判处刑罚的轻重、社会影响的大小。级别管辖的特点是：法律对中级人民法院的管辖范围规定得比较具体，对其他各级法院的管辖范围只作了概括的规定；大量的第一审刑事案件，由基层人民法院审判；原则性和灵活性相结合。

地区管辖，是指同级的人民法院之间在审判第一审刑事案件上的分工。确定地区管辖主要考虑是否有利于人民法院就地调查，节约人力、时间，及时查明案情，便于诉讼参与人出庭和扩大宣传教育等。地区管辖实行以犯罪地人民法院为主；以被告人居住地人民法院管辖为辅的原则。

专门管辖，是指专门人民法院的管辖范围，它所要解决的是专门人民法院同地方人民法院之间、专门法院之间以及各专门法院系统内部在受理刑事案件上的分工。

案例分析题

1. **答案**：根据《刑事诉讼法》的有关规定，本案在以下方面违反了《刑事诉讼法》的规定：

（1）黄某的行为构成间谍罪，依法应由国家安全机关立案侦查，不应由公安机关立案侦查；

（2）危害国家安全案件以及可能判处无期徒刑的案件应由中级人民法院管辖，不能由B区人民法院管辖；

（3）中级人民法院审理二审案件，认为应当判处死刑的，应当按照管辖规定，作为第一审案件审理；

（4）中级人民法院判处死刑的第一审案件，被告人不上诉的，应当由高级人民法院复核后，报请最高人民法院核准。

2. **答案**：（1）审判管辖包括级别管辖、地域管辖、专门管辖和指定管辖。本案与军队和铁路运输无关，也未发生管辖不明，需要指定管辖的情形，因而不存在专门管辖和指定管辖问题。

关于级别管辖，根据综合立案的情况和《刑法》的有关规定，赵某、李某、孙某的犯罪行为不足以判处无期徒刑或死刑，因此，本案的级别管辖应为基层人民法院。

关于地域管辖，我国刑事案件的地域管辖以犯罪地为主，以被告居住地为辅。本案中，城西区、城南区、城北区均为犯罪地。此时，管辖地的确定应采取另一原则：以最初受理地为主，以主要犯罪地为辅。本案中，被告人在城北区被捕，城北区人民法院成为最初受理地法院，且被告人在城北区盗窃数额最大，该区又是本案的主要犯罪地。因而本案的审判管辖应该是某市城北区基层人民法院。

（2）根据本题假设，孙某放火，使商场损失20余万元，且烧死一人，其性质严重、影响恶劣，是有可能被判处无期徒刑或死刑的犯罪。根据《刑事诉讼法》的规定，本案应由某市中级人民法院管辖。城北区人民法院应将案件移送，实行级别管辖上的"就高不就低"原则。

保安人员姜某、井某的犯罪地，应是城北区某商场。玩忽职守罪属不作为犯罪，依照相关的法律规定，不作为犯罪的犯罪地是其应作为的地点。

（3）服刑地法院的做法是错误的，本案应由罪犯服刑地即某1市某基层法院管辖。具体理由如下：

其一，发现服刑罪犯在判决时没有发现的罪行，并需要审理的案件，应由服刑地法院受理。

其二，由服刑地人民法院受理，可以提高诉讼效率，省去往返押送罪犯的麻烦，有利于对罪犯的教育和改造，因而由服刑地人民法院管辖无疑是更为适宜的。

因此，服刑地法院的做法是错误的，是不符合《刑事诉讼法》第25条的规定的。

3. 答案：（1）根据《刑事诉讼法》的有关司法解释，故意伤害案（轻伤）由人民法院直接受理。但本案中尚某左眼失明，脑功能严重受损，属于重伤案，应当由公安机关立案管辖。

（2）根据《刑事诉讼法》的规定，被害人有证据证明对被告人侵犯自己人身、财产权利的行为，应当依法追究刑事责任，而公安机关或人民检察院不予追究被告人刑事责任的案件，被害人可以直接向人民法院起诉。本案中，公安机关在接到人民检察院的立案通知后，仍不予立案的做法是错误的，被害人可以依法直接向人民法院起诉，又根据《刑事诉讼法》的规定，对于自诉案件，被害人有权向人民法院直接起诉，被害人死亡或丧失行为能力的，被害人的法定代理人、近亲属有权向人民法院起诉，人民法院应当受理。所以，本案中，尚父可以直接向人民法院起诉。

（3）《刑事诉讼法》第101条第1款规定："被害人由于被告人的犯罪行为而遭受物质损失的，在刑事诉讼过程中，有权提起附带民事诉讼。被害人死亡或者丧失行为能力的，被害人的法定代理人、近亲属有权提起附带民事诉讼。"所以在本案中，尚父有权提起附带民事诉讼，请求法院判决梁某赔偿尚某被伤而造成的经济损失，但无权就精神损害提起附带民事诉讼。

（4）《刑事诉讼法》第212条第1款规定："人民法院对自诉案件，可以进行调解；自诉人在宣告判决前，可以同被告人自行和解或者撤回自诉。本法第二百一十条第三项规定的案件不适用调解。"本案属于《刑事诉讼法》第210条第3项规定的案件，因此不适用调解。尚父不可以在宣告判决前撤回自诉。

（5）《刑事诉讼法》规定了三类可以适用简易程序的案件：第一类是特定的公诉案件；第二类是告诉才处理的案件；第三类是被害人起诉的有证据证明的轻微刑事案件。本案不属于这三类案件之一，所以不能适用简易程序。

4. 答案：根据《刑事诉讼法》的有关规定，刑事案件由犯罪地的人民法院管辖，相应地，刑事案件也应由犯罪地的公安机关或者人民检察院立案侦查并由犯罪地的人民检察院提起公诉。同时，任何一级公安机关、人民检察院或者人民法院对于报案、控告、举报、犯罪人的自首，都应当接受。即使案件不属于自己管辖，也应当先接受，再按照级别管辖、立案管辖、地区管辖的分工移送主管机关处理，同时通知报案人、控告人、举报人等。

本案中，甲县公安局对于不属于自己管辖的案件，应该移送乙县公安局，但其不应该先立案再移送，而应该接受后即告知乙县公安局。甲县公安局对不属于自己管辖的案件行使了立案管辖权，其做法是错误的，此案应经甲县公安局移送后，由乙县公安局立案侦查。

第八章　回　避

☑ **单项选择题**

1. 答案：C。 我国《刑事诉讼法》规定，担任过本案的证人、鉴定人、辩护人、诉讼代理人的属于回避的法定情形。本案中，王某先前担任过鉴定人当然就不能再担任审判人员。

2. 答案：A。 本题考查的是回避的概念。根据我国有关法律的规定，刑事诉讼中的回避是指，侦查人员、检察人员、审判人员等如与案件有法定的利害关系或者其他可能影响案件公正处理的关系，即不得参与办理该案件或者参与该案件的其他诉讼活动的制度。所谓"不得参与办理该案件"，即不得参与该案件的立案、侦查、批捕、预审、审查起诉、提起公诉、出庭支持公诉、审判，也不得在上述活动中担任记录工作。所谓"不得参与该案的其他诉讼活动"，是指不得以诉讼参与人的身份从事该案的翻译与鉴定工作。由此可见，本题A项正确。

3. 答案：C。 被害人作为当事人有回避申请权，根据《刑事诉讼法解释》第38条规定："法官助理、书记员、翻译人员和鉴定人适用审判人员回避的有关规定，其回避问题由院长决定。"即当事人可以申请书记员回避，另根据《刑事诉讼法解释》第27条规定："审判人员具有下列情形之一的，应当自行回避，当事人及其法定代理人有权申请其回避……（四）与本案的辩护人、诉讼代理人有近亲属关系的……"因此，A表述错误，不符合题意，不选择；C表述正确，符合题意，选择。根据《刑事诉讼法解释》第36条规定："当事人及其法定代理人申请出庭的检察人员回避的，人民法院应当区分情况作出处理：（一）属于刑事诉讼法第二十九条、第三十条规定情形的回避申请，应当决定休庭，并通知人民检察院尽快作出决定；（二）不属于刑事诉讼法第二十九条、第三十条规定情形的回避申请，应当当庭驳回，并不得申请复议。"B选项属于第2项的情形，即不是法定回避理由，正确做法是驳回回避申请，因此，B表述错误，不符合题意，不选择。证人具有优先性和不可替代性，同时，证人不是回避对象，D表述错误，不符合题意，不选择。

4. 答案：B。 本题考查的是对特定人员的回避问题有权作出决定的主体。我国《刑事诉讼法》第28条规定："专门人民法院案件的管辖另行规定。"据此，本题正确答案为B。

5. 答案：D。 本题考查的是申请回避的时间和方式。我国《刑事诉讼法》没有对当事人申请审判人员回避的时间作出任何要求，因此可以认为，当事人在法庭审理的任何阶段都可以提出回避申请。故A项不正确。我国实行有因回避，当事人申请回避必须说明理由，而且必须属于法定理由。故B项不正确。《刑事诉讼法解释》第32条第1款规定："审判人员自行申请回避，或者当事人及其法定代理人申请审判人员回避的，可以口头或者书面提出，并说明理由，由院长决定。"据此，C项不正确，D项正确。

6. 答案：A。 本题考查的是侦查人员的回避程序。我国《刑事诉讼法》第31条第3款规定："对驳回申请回避的决定，当事人及其法定代理人可以申请复议一次。"但没有明确应向哪一个机关申请复议。《公安机关办理刑事案件程序规定》第37条规定："当事人及其法定代理人对驳回申请回避的决定不服的，可以在收到驳回申请回避决定书后五日以内向作出决定的公安机关申请复议。公安机关应当在收到复议申请后五日以内作出复议决定并书面通知申请人。"据此，本题正确答案为A。

7. 答案：C。 本题考查的是对不具有法定理由的回避申请的处理。《刑事诉讼法解释》第35条第2款规定："……不属于刑事诉讼法

第二十九条、第三十条规定情形的回避申请，由法庭当庭驳回，并不得申请复议。"根据《刑事诉讼法》第29条和第30条的规定，本题被告人的回避申请理由不属于法定情形，应由法庭当庭驳回，并不得申请复议。故本题正确答案为C。

8. **答案：B。**本题考查的是应当自行回避的情况。《刑事诉讼法》第29条规定："审判人员、检察人员、侦查人员有下列情形之一的，应当自行回避，当事人及其法定代理人也有权要求他们回避：（一）是本案的当事人或者是当事人的近亲属的……"本案中，某县人民法院审判员乙是被害人丙的父亲，属于当事人的近亲属，故在该案的审判中应自行回避。故本题B项正确，C项不正确。因乙不是本案的当事人，丁不是本案的被害人，故本题AD项不正确。

9. **答案：A。**本题考查的是辩护律师的权利，兼及申请回避权的主体。根据《刑事诉讼法》的有关规定，辩护律师享有拒绝辩护权、申请延期审理权以及申请通知新的证人到庭、调取新的物证权。而根据《刑事诉讼法》第29条的规定，只有当事人及其法定代理人才有权申请回避，辩护律师不享有这项权利。故本题正确答案为A。

10. **答案：B。**本题考查的是鉴定人的回避。《刑事诉讼法》第29条规定："审判人员、检察人员、侦查人员有下列情形之一的，应当自行回避，当事人及其法定代理人也有权要求他们回避……（三）担任过本案的证人、鉴定人、辩护人、诉讼代理人的……"第32条第1款规定："本章关于回避的规定适用于书记员、翻译人员和鉴定人。"据此，第29条规定的回避理由也适用于鉴定人。故本题正确答案为B。

11. **答案：B。**本题考查的是对特定人员的回避问题有权作出决定的人员。我国《刑事诉讼法》第29条和第30条规定了适用回避的人员范围和法定理由。其第31条第1款规定："审判人员、检察人员、侦查人员的回避，应当分别由院长、检察长、公安机关负责人决定……"第32条第1款规定："本章关于回避的规定适用于书记员、翻译人员和鉴定人。"据此，人民法院的书记员应适用对审判人员回避的规定，即其回避问题由本院院长决定。故本题正确答案为B。

12. **答案：C。**《人民检察院刑事诉讼规则》[①] 第36条规定："被决定回避的检察长在回避决定作出以前所取得的证据和进行的诉讼行为是否有效，由检察委员会根据案件具体情况决定。被决定回避的其他检察人员在回避决定作出以前所取得的证据和进行的诉讼行为是否有效，由检察长根据案件具体情况决定。被决定回避的公安机关负责人在回避决定作出以前所进行的诉讼行为是否有效，由作出决定的人民检察院检察委员会根据案件具体情况决定。"本题中，蔡某因是被害人的胞兄而经申请被决定回避，对于其在侦查阶段收集的证据，应由检察长根据案件具体情况决定，所以正确答案是C。

13. **答案：C。**选项A说法正确，《高检规则》第25条规定，检察人员自行回避的，应当书面或者口头提出，并说明理由。口头提出的，应当记录在案。据此可知，王某自行回避的，可以以口头方式提出申请。选项B说法正确，《刑事诉讼法》第31条第2款规定，对侦查人员的回避作出决定前，侦查人员不能停止对案件的侦查。选项C说法错误，根据人民检察院《高检规则》第13条第1款规定可知，刑讯逼供罪由人民检察院直接立案侦查。因此，王某是检察院的工作人员，而不是公安机关的工作人员。《刑事诉讼法》第31条第1款规定，审判人员、检察人员、侦查人员的回避，应当分别由院长、检察长、公安机关负责人决定。据此可知，王某的回避应由检察长决定，而不是由公安机关负责人决定。选项D说法正确，《刑事诉讼法》第31条第3款规定，对驳回申请回避的决定，当事人及其法定代理人可以申请复议一次。

---

① 为行文简洁，以下简称《高检规则》。

14. **答案**：B。本题考查的是指定管辖与回避问题。《刑事诉讼法解释》第 18 条规定，有管辖权的人民法院因案件涉及本院院长需要回避等原因，不宜行使管辖权的，可以请求移送上一级人民法院管辖。上一级人民法院可以管辖，也可以指定与提出请求的人民法院同级的其他人民法院管辖。本题中，王某与本案有利害关系，所以，B 区人民法院受理该案后应请求上级法院指定管辖。故 B 项正确。

15. **答案**：A。本题考查发回重新审判案件的回避规定。根据规定，发回重新审判的案件，应当另行组成合议庭，且发回重审和再审均不适用独任庭。合议庭由法官或者由法官和人民陪审员组成。另行组成合议庭的含义为组成原合议庭的所有法官，以及参与原案审理的法官助理、书记员等审判辅助人员，均不得参与后案的办理工作。故 A 项正确。

多项选择题

1. **答案**：CD。本题考查的是适用回避制度的诉讼参与人。《刑事诉讼法》第 29 条规定："审判人员、检察人员、侦查人员有下列情形之一的，应当自行回避，当事人及其法定代理人也有权要求他们回避……"第 32 条第 1 款规定："本章关于回避的规定适用于书记员、翻译人员和鉴定人。"据此，本题正确答案为 CD。

2. **答案**：ABC。本题考查的是我国刑事诉讼中回避的种类。我国《刑事诉讼法》第 29 条规定："审判人员、检察人员、侦查人员有下列情形之一的，应当自行回避，当事人及其法定代理人也有权要求他们回避：……"据此，我国刑事诉讼法规定了两种回避：自行回避和申请回避。此外，《刑事诉讼法解释》第 34 条规定："应当回避的审判人员没有自行回避，当事人及其法定代理人也没有申请其回避的，院长或者审判委员会应当决定其回避。"据此，我国刑事诉讼中还存在一种"指令回避"。综上，本题正确答案为 ABC，D 项不正确，我国不实行无因回避。

3. **答案**：ABCD。本题考查的是申请回避权的主体。我国《刑事诉讼法》第 29 条规定："审判人员、检察人员、侦查人员有下列情形之一的，应当自行回避，当事人及其法定代理人也有权要求他们回避……"据此，申请回避权的主体是当事人及其法定代理人。另外，《刑事诉讼法》第 108 条规定："本法下列用语的含意是……（二）'当事人'是指被害人、自诉人、犯罪嫌疑人、被告人、附带民事诉讼的原告人和被告人；（三）'法定代理人'是指被代理人的父母、养父母、监护人和负有保护责任的机关、团体的代表……"据此，被害人、被告人作为当事人有权申请回避，未成年被告人的父母作为法定代理人有权申请回避。故本题正确答案为 ABCD。

4. **答案**：AB。本题考查的是提出回避申请的方式。《刑事诉讼法解释》第 35 条第 1 款规定："对当事人及其法定代理人提出的回避申请，人民法院可以口头或者书面作出决定，并将决定告知申请人。"据此，本题正确答案为 AB。

5. **答案**：ABD。本题考查的是适用回避制度的人员范围。《刑事诉讼法》第 29 条规定："审判人员、检察人员、侦查人员有下列情形之一的，应当自行回避，当事人及其法定代理人也有权要求他们回避：……"第 32 条第 1 款规定："本章关于回避的规定适用于书记员、翻译人员和鉴定人。"据此，本题 ABD 项正确。由于证人是以其所感知的案件事实向公安司法机关提供证据的人员，具有不可替代性，故证人不适用回避制度，否则会给查明案件事实带来很大困难，故本题 C 项不正确。

6. **答案**：AB。《刑事诉讼法解释》第 27 条规定，审判人员具有下列情形之一的，应当自行回避，当事人及其法定代理人有权申请其回避：（1）是本案的当事人或者是当事人的近亲属的；（2）本人或者其近亲属与本案有利害关系的；（3）担任过本案的证人、鉴定人、辩护人、诉讼代理人、翻译人员的；（4）与本案的辩护人、诉讼代理人有近亲属关系的；（5）与本案当事人有其他利害关系，可能影响公正审判的。《最高人民法院关于审判人员在诉讼活动中执行回避制度若干问题的规定》第 1 条规定，审判人员具有下列情形之一的，应当自行回避，当事人及其法定代理人有权以口头或者书面形式申请其回避：（1）是本案的当事人或者与当事人有近亲属关系的；（2）本人或者其近亲属与本案有利害关系的；（3）担任过本案的证人、翻译人员、鉴定人、勘验人、诉讼代理人、辩护人的；（4）与本案的诉讼代理人、辩护人有夫妻、父母、子女或者兄弟姐妹关系的；（5）与本案当事人之间存在其他利害关系，可能影响案件公正审理的。本规定所称近亲属，包括与审判人员有夫妻、直系血亲、三代以内旁系血亲及近姻亲关系的亲属。通过这两个规定可以发现，A项属于"与本案的辩护人、诉讼代理人有近亲属关系的"情形，故A项正确。C项中审判长丙尽管与当事人黄某有其他利害关系，但是没有达到可能影响公正审判的程度，故C项不正确。B项中"一审书记员乙系林某的表弟"属于法定回避理由，乙应当回避，但是其没有回避，依据《刑事诉讼法》第238条的规定，第二审人民法院发现第一审人民法院的审理有下列违反法律规定的诉讼程序的情形之一的，应当裁定撤销原判，发回原审人民法院重新审判：（1）违反本法有关公开审判的规定的；（2）违反回避制度的；（3）剥夺或者限制了当事人的法定诉讼权利，可能影响公正审判的；（4）审判组织的组成不合法的；（5）其他违反法律规定的诉讼程序，可能影响公正审判的。所以，二审法院可以此为由裁定发回原审法院重审。故B项正确。《刑事诉讼法解释》第29条规定，参与过本案调查、侦查、审查起诉工作的监察、侦查、检察人员，调至人民法院工作的，不得担任本案的审判人员。在一个审判程序中参与过本案审判工作的合议庭组成人员或者独任审判员，不得再参与本案其他程序的审判。但是，发回重新审判的案件，在第一审人民法院作出裁判后又进入第二审程序或者死刑复核程序的，原第二审程序或者死刑复核程序中的合议庭组成人员不受本款规定的限制。故D项不正确。本题的正确答案为AB两项。

7. **答案**：ABCD。本题考查的是适用回避制度的检察人员范围。由于回避制度的目的是通过与案件法定利害关系或其他可能影响案件公正审理的关系的人不参加对案件的处理，来保证案件的公正处理，故凡负责、参与案件处理工作的人员都应属于回避制度的适用范围。故本题正确答案为ABCD。

8. **答案**：ABCD。本题考查的是适用回避制度的审判人员范围。由于回避制度的目的是通过与案件法定利害关系或其他可能影响案件公正审理的关系的人不参加对案件的处理，来保证案件的公正处理，故凡有权参与对案件的处理的人员，都应属于回避制度适用的范围。据此，本题正确答案为ABCD。

9. **答案**：AD。本题考查的是由检察委员会决定回避的人员范围。《刑事诉讼法》第31条第1款规定："审判人员、检察人员、侦查人员的回避，应当分别由院长、检察长、公安机关负责人决定；院长的回避，由本院审判委员会决定；检察长和公安机关负责人的回避，由同级人民检察院检察委员会决定。"据此，本题正确答案为AD。

10. **答案**：ABCD。《刑事诉讼法》第29条规定，审判人员、检察人员、侦查人员有下列情形之一的，应当自行回避，当事人及其法定代理人也有权要求他们回避：（1）是本案的当事人或者是当事人的近亲属的；（2）本人或者他的近亲属和本案有利害关系的；（3）担任过本案的证人、鉴定人、辩护人、诉讼代理人的；（4）与本案当事人有其他关系，可能影响公正处理案件的。第32条规定，本章关于回避的规定适用于书记员、翻译人员和鉴定人。辩护人、诉讼代理人可以依照本章的规定要求回避、申请复议。本题中，黄某是辩护人，袁某是自诉人（属于当事人之一），袁某的儿子是诉讼代理人，小付的父亲是被告人的法定代理人，这四个人均有权申请回避。故本题的正确答案为ABCD四项。

名词解释

1. **答案**：自行回避是指审判人员、检察人员、侦查人员等在诉讼过程中遇有法定回避情形时，自行主动地要求退出刑事诉讼活动的制度。这种制度的实质是通过司法人员的职业自律和自我约束意识，消除导致案件得到不公正处理的可能性，使符合法定回避情形的司法人员自觉退出诉讼活动。

2. 答案： 申请回避是指案件当事人及其法定代理人认为审判人员、检察人员、侦查人员等具有法定回避情形，而向他们所在的机关提出申请，要求他们回避。申请司法人员回避，是当事人及其诉讼代理人的一项重要的诉讼权利。公安司法机关有义务保证当事人及其法定代理人充分有效地行使这一权利。

3. 答案： 指令回避是指审判人员、检察人员、侦查人员等遇有法定的回避情形而没有自行回避，当事人及其法定代理人也没有申请其回避，人民法院、人民检察院、公安机关等有关组织或行政负责人有权作出决定，令其退出诉讼活动。指令回避是回避制度的重要组成部分，是对自行回避和申请回避的必要补充。

4. 答案： 有因回避又称为附理由的回避，是指拥有回避申请权的诉讼参与者只有在案件具备法定的回避理由的情况下，才能提出要求有关司法人员回避的申请。我国《刑事诉讼法》规定的回避属于有因回避。

5. 答案： 无因回避又可称为强制回避或不附理由的回避，是指有权提出回避申请的人无须提出任何理由，即可要求法定数量的司法人员回避，这种申请一旦提出，即可导致这些司法人员回避。

简答题

1. 答案： 回避制度是指法律所规定的与案件当事人有某种利害关系的审判人员、检察人员、侦查人员，以及书记员、鉴定人、翻译人员，不得参加该案件诉讼活动的一种诉讼制度。回避的适用情形包括：

（1）是本案的当事人或者是当事人的近亲属的；

（2）本人或者他的近亲属和本案有利害关系的；

（3）担任过本案的证人、鉴定人、辩护人、诉讼代理人的；

（4）与本案当事人有其他关系，可能影响公正处理案件的；

（5）审判人员、检察人员、侦查人员等接受当事人及其委托人的请客送礼，违反规定会见当事人及其委托人的。

2. 答案： 回避的人员范围是指在法律明确规定的回避情形下应当回避的公安司法人员的范围。只有属于这一范围的人员才可以自行主动回避，或者被当事人等申请回避。根据《刑事诉讼法》第29条和第32条的规定，适用回避的人员包括审判人员、检察人员、侦查人员以及参加侦查、起诉、审判活动的书记员、翻译人员和鉴定人。对于检察委员会委员和审判委员会委员的回避问题，我国《刑事诉讼法》没有作出明确的规定。但从理论上讲，检察委员会委员和审判委员会委员也应当被列入回避的人员范围。因为他们分别作为对检察工作和审判工作集体领导的检察组织和审判组织，他们所进行的讨论案件的活动具有正式的检察活动和审判活动的性质。如果某一检察委员会委员或审判委员会委员与当事人或案件有某种利害关系或其他特殊关系，他在讨论和决定案件时就很难做到公正无私，以至于影响案件进行公正、客观的处理。

论述题

答案： （1）回避的概念

刑事诉讼中的回避，是指侦查人员、检察人员和审判人员，因与案件或案件的当事人具有某种利害关系或其他特殊关系，可能影响刑事案件的公正处理，而不得参加对该案进行的诉讼活动的一项诉讼制度。

回避制度是现代各国刑事诉讼法普遍确立的一项诉讼制度。诉讼理论中有一项著名的"自然公正"原则，即要求任何人不得担任以自己为当事人的案件的裁判者，否则由他主持进行的诉讼活动不具备法律效力。回避制度的建立，旨在确保法官、陪审员在诉讼中保持中立无偏的地位，使当事人受到公正的对待，尤其获得公正审判的机会。因而，回避的对象主要限于那些制作裁判的法官和陪审员，回避也主要在法庭审判阶段适用。

（2）回避的意义

①确保刑事案件得到客观公正的处理。

这是回避制度的实体意义。刑事诉讼的主要目的之一在于，确保司法人员在及时、准确地查明案件事实真相的前提下，正确适用刑事实体法，使有罪的被告人受到公正的定罪和判刑，使无罪者免受定罪的判刑。建立回避制度，使与案件或当事人存有法定利害关系或其他可能影响案件公正处理关系的司法人员及时退出诉讼过程，将有利于案件得到公正、客观的处理，避免案件误判的发生。

②确保当事人在刑事诉讼中受到公正的对待。这是回避制度的程序意义。为确保刑事诉讼程序的公正性，法律必须建立一种旨在使公安司法人员中立无偏的机制，回避制度即为这一机制的一个重要环节。通过确保那些与案件有利害关系或其他不当关系的司法人员及时退出诉讼的进程，当事人各方将可能免受其偏袒、歧视或其他不公正对待，从而平等地、充分地享受诉讼权利、参与诉讼活动。回避制度正是通过对司法人员中立性以及当事人各方的平等参与性的维护，来确保刑事诉讼过程的公正性的。

③确保法律制度和法律实施过程得到当事人和社会公正的普遍尊重。"正义不仅要得到实现，而且要以人们都能看得见的方式得到实现。"回避制度的实施，使当事人拥有对他们不信任的司法人员申请回避的机会，这在一定程度上可以使当事人拥有对主持或参与案件侦查、起诉或审判的司法人员进行选择的权利。这会消除当事人对司法人员的不信任感，有助于他们对司法程序和裁判结果的尊重和自愿接受，即使这种结果事实上对其不利。同时，回避制度的实施及其所保障的程序公正价值，还可唤起社会公众对法律制度和法律实施过程的普遍尊重，从而有助于法治秩序的建立和维护。

案例分析题

1. **答案：**（1）不充分。根据我国《刑事诉讼法》第29条的规定，审判人员、检察人员、侦查人员有下列情形之一的，应当自行回避，当事人及其法定代理人也有权要求他人回避：①是本案当事人或当事人的近亲属；②本人或他的近亲属和本案有利害关系的；③担任过本案的证人、鉴定人、辩护人、诉讼代理人的；④与本案当事人有其他关系，可能影响公正处理案件的。由于乙女与丙并不认识，虽然生活在同一个县城里，这一事实不可能影响案件的公正审理，因而甲男提出的回避理由并不充分。

（2）应由法院院长决定。我国《刑事诉讼法》第31条第1款规定，审判人员、检察人员、侦查人员的回避，应当分别由院长、检察长、公安机关负责人决定；院长的回避，由本院审判委员会决定；检察长和公安机关负责人的回避，由同级人民检察院检察委员会决定。因而本案中，审判长直接驳回甲男对审判员丙的回避申请的做法是错误的，正确的做法应当是由法庭报请该法院院长决定审判员丙是否继续担任该合议庭的组成人员。

2. **答案：**（1）代某应当回避。因为代某是本案的证人。根据《刑事诉讼法》第29条之规定，其应当回避。

（2）代某的回避决定应由公安机关的负责人作出。在回避决定作出前，根据《刑事诉讼法》第31条第2款的规定，侦查人员代某不能停止对本案的侦查。

（3）雷某是承办该案的审判人员，其接受当事人一方请客吃饭的行为是违反法律规定的，胡某申请其回避符合《刑事诉讼法》第30条的规定。

（4）因为胡某的申请理由是法律规定的情形之一，因此，对雷某是否回避应由院长作出决定，审判长无权驳回申请。《刑事诉讼法》第31条第1款规定，审判人员、检察人员、侦查人员的回避，应当分别由院长、检察长、公安机关负责人决定；院长的回避，由本院审判委员会决定；检察长和公安机关负责人的回避，由同级人民检察院检察委员会决定。

（5）关于回避申请的复议，《刑事诉讼法》第31条第3款规定，对驳回申请回避的决定，当事人及其法定代理人可以申请复议一次。因此，胡某如不服驳回申请回避的决定，有权申请复议。

（6）胡某提出申请后，法院作出决定前，雷某应当暂停审判工作。

第九章　辩护与代理

✅ 单项选择题

1. **答案**：B。本题考查的是犯罪嫌疑人可以委托辩护人的时间。我国《刑事诉讼法》第34条第1款规定："犯罪嫌疑人自被侦查机关第一次讯问或者采取强制措施之日起，有权委托辩护人；在侦查期间，只能委托律师作为辩护人。被告人有权随时委托辩护人。"本案是由人民检察院立案侦查的案件，正确答案为B。

2. **答案**：D。本题考查的是自诉案件被告人可以委托辩护人的时间。我国《刑事诉讼法》第34条第1款规定："犯罪嫌疑人自被侦查机关第一次讯问或者采取强制措施之日起，有权委托辩护人；在侦查期间，只能委托律师作为辩护人。被告人有权随时委托辩护人。"故本题正确答案为D。

3. **答案**：B。本题考查的是犯罪嫌疑人、被告人可以委托的辩护人的人数。我国《刑事诉讼法》第33条规定："犯罪嫌疑人、被告人除自己行使辩护权以外，还可以委托一至二人作为辩护人……"据此，本题正确答案为B。

4. **答案**：A。本题考查的是有权委托诉讼代理人的人员范围。我国《刑事诉讼法》第46条第1款规定："公诉案件的被害人及其法定代理人或者近亲属，附带民事诉讼的当事人及其法定代理人，自案件移送审查起诉之日起，有权委托诉讼代理人。自诉案件的自诉人及其法定代理人，附带民事诉讼的当事人及其法定代理人，有权随时委托诉讼代理人。"据此，本题BCD项所述人员都有权委托诉讼代理人。根据上述规定，自诉人的法定代理人有权委托诉讼代理人，而自诉人的近亲属无此权利。故本题正确答案为A。

5. **答案**：C。本题考查的是法律援助辩护的情形。根据《刑事诉讼法解释》第48条第1项之规定，共同犯罪案件中，其他被告人已经委托辩护人的。本案为共同犯罪案件，因为被告人江某已委托辩护人，所以人民法院可以为另一被告人贺某指定辩护人，而不论其是否因经济困难而未委托辩护人。故本题正确答案为C。

6. **答案**：D。本题考查辩护人的范围和人数。根据《刑事诉讼法》第33条第1款规定，犯罪嫌疑人、被告人除自己行使辩护权外，还可以委托一至二人作为辩护人。故C项错误。《最高人民法院、最高人民检察院、公安部、国家安全部、司法部、全国人大常委会法制工作委员会关于实施刑事诉讼法若干问题的规定》第4条第2款规定，一名辩护人不得为两名以上的同案犯罪嫌疑人、被告人辩护，不得为两名以上的未同案处理但实施的犯罪存在关联的犯罪嫌疑人、被告人辩护。故B项错误。《刑事诉讼法解释》第41条规定，审判人员和人民法院其他工作人员从人民法院离任后二年内，不得以律师身份担任辩护人。审判人员和人民法院其他工作人员从人民法院离任后，不得担任原任职法院所审理案件的辩护人，但作为被告人的监护人、近亲属进行辩护的除外。审判人员和人民法院其他工作人员的配偶、子女或者父母不得担任其任职法院所审理案件的辩护人，但作为被告人的监护人、近亲属进行辩护的除外。故A项错误，D项正确。本题的正确选项为D项。

7. **答案**：C。本题考查的是犯罪嫌疑人、被告人实现其辩护权的基本方式。根据我国《刑事诉讼法》的规定，犯罪嫌疑人、被告人实现其辩护权有三种方式：自行辩护、委托辩护和法律援助辩护。自行辩护是指犯罪嫌疑人、被告人自己针对指控进行反驳、申辩和辩解的行为。自行辩护是最基本的辩护方式，可以在刑事诉讼的各个阶段进行。而其他种类的辩护都受到各种限制，如犯罪嫌疑人在侦查阶段，只能委托律师作为辩护人为其提供法律帮助；法律援助辩护只适用于具有法定情形的被告人。故本题正确答案为C。

8. **答案**：B。本题考查的是辩护人的资格。《刑事诉讼法》第33条第1款、第2款规定："犯罪嫌疑人、被告人除自己行使辩护权以外，还可以委托一至二人作为辩护人。下列的人可以被委托为辩护人：（一）律师；（二）人民团体或者犯罪嫌疑人、被告人所在单位推荐的人；（三）犯罪嫌疑人、被告人的监护人、亲友。正在被执行刑罚或者依法被剥夺、限制人身自由的人，不得担任辩护人。"据此，本题正确答案为B。

9. **答案**：C。按照我国《刑事诉讼法》第33条和《刑事诉讼法解释》第40条的规定，人民法院、人民检察院、公安机关、国家安全机关、监狱的现职人员以及外国人或者无国籍人不得被委托担任辩护人，但如果是被告人的近亲属或者监护人，由被告人委托担任辩护人的，人民法院可以准许。对于C项，其哥哥虽为人民检察院的现职人员但为其近亲属，因此可以担任其辩护人。

10. **答案**：B。本题考查的是人民法院应当告知自诉案件的被告人有权委托辩护人的时间。《刑事诉讼法》第34条第2款规定："……人民法院自受理案件之日起三日以内，应当告知被告人有权委托辩护人……"据此，本题正确答案为B。

11. **答案**：B。本题考查的是人民检察院应当告知犯罪嫌疑人有权委托辩护人的时间。《刑事诉讼法》第34条第2款规定："……人民检察院自收到移送审查起诉的案件材料之日起三日以内，应当告知犯罪嫌疑人有权委托辩护人……"据此，本题正确答案为B。

12. **答案**：B。本题考查的是应当提供法律援助辩护的情形以及对被告人当庭拒绝法律援助辩护的处理方式。我国《刑事诉讼法》第45条规定："在审判过程中，被告人可以拒绝辩护人继续为他辩护，也可以另行委托辩护人辩护。"《刑事诉讼法解释》第564条规定："审判时不满十八周岁的未成年被告人没有委托辩护人的，人民法院应当通知法律援助机构指派熟悉未成年人身心特点的律师为其提供辩护。"第50条规定："被告人拒绝法律援助机构指派的律师为其辩护，坚持自己行使辩护权的，人民法院应当准许。属于应当提供法律援助的情形，被告人拒绝指派的律师为其辩护的，人民法院应当查明原因。理由正当的，应当准许，但被告人应当在五日以内另行委托辩护人；被告人未另行委托辩护人的，人民法院应当在三日以内通知法律援助机构另行指派律师为其提供辩护。"故本题正确答案为B。

13. **答案**：D。本题考查刑事诉讼中的法律援助。刑事法律援助是指刑事案件中的犯罪嫌疑人、被告人，如果符合法律规定的具体条件，可以申请法律援助。根据《律师法》第42条、《刑事诉讼法》第35条的规定，前三项的陈述与法律规定都是相符合的；"犯罪嫌疑人、被告人因经济困难或者其他原因没有委托辩护人的，本人及其近亲属可以向法律援助机构提出申请。对符合法律援助条件的，法律援助机构应当指派律师为其提供辩护。"这里是"符合法律援助条件的"，才应当提供法律援助。

14. **答案**：D。本题考查辩护律师的会见权、通信权、调查取证权、提出量刑意见的权利。根据《关于依法保障律师执业权利的规定》第7条第4款规定，辩护律师可以带一名律师助理协助会见。故A项错误。《关于依法保障律师执业权利的规定》第13条规定，看守所应当及时传递辩护律师同犯罪嫌疑人、被告人的往来信件。看守所可以对信件进行必要的检查，但不得截留、复制、删改信件，不得向办案机关提供信件内容，但信件内容涉及危害国家安全、公共安全、严重危害他人人身安全以及涉嫌串供、毁灭证据等情形的除外。故B项的表述有例外，该项错误。《关于依法保障律师执业权利的规定》第18条规定，辩护律师申请人民检察院、人民法院收集、调取证据的，人民检察院、人民法院应当在三日以内作出是否同意的决定，并通知辩护律师。辩护律师书面提出有关申请时，办案机关不同意的，应当书面说明理由；辩护律师口头提出申请的，办案机关可以口头答复。故C项错误。《关于依法保障律师执业权利的规定》第35条规定，辩护律师作无罪辩护的，可以当庭就量刑问题发表辩护意见，也可以庭后提交量刑辩护意见。故D项正确。

15. 答案：C。本题考查辩护人的特定证据开示义务。《刑事诉讼法》第42条规定，辩护人收集的有关犯罪嫌疑人不在犯罪现场、未达到刑事责任年龄、属于依法不负刑事责任的精神病人的证据，应当及时告知公安机关、人民检察院。故C项正确。A项的错误在于，应当告知的内容不是被害人而是犯罪嫌疑人属于依法不负刑事责任的精神病人的证据。B项不需要告知。D项的错误在于，该项不属于未达到刑事责任年龄的证据。

16. 答案：D。综合《刑事诉讼法》、相关司法解释和司法文件的规定，在侦查阶段，辩护律师不享有阅卷权、调查取证权（含申请检察院、法院调取证据）以及核实证据的权利，ABC项明显错误，不选择。《刑事诉讼法》第42条规定："辩护人收集的有关犯罪嫌疑人不在犯罪现场、未达到刑事责任年龄、属于依法不负刑事责任的精神病人的证据，应当及时告知公安机关、人民检察院。"可见，D项正确。综上，本题正确答案为D。

17. 答案：C。A、B项：A项错误，办案机关讯问犯罪嫌疑人的时候，无论是辩护律师还是值班律师都不可以派员在场；B项错误，审查起诉阶段犯罪嫌疑人及检察院就认罪认罚协商完毕后，原则上都需要签署认罪认罚具结书，而签署认罪认罚具结书时需要辩护人或者值班律师在场，他们在场起到的是见证、监督的作用，以保证认罪认罚具结书的自愿性和合法性。所以如果签署之前未委托辩护人的，由值班律师在场，之后委托辩护人并不影响认罪认罚具结书的效力。C项正确，值班律师能够提供的具体帮助内容有（1）提供法律咨询：主要介绍刑法和刑诉法的具体规定，使犯罪嫌疑人、被告人了解自己涉嫌的犯罪案件性质、可能出现的后果及要进行的程序；（2）程序选择建议：同为一审程序，根据繁简程度不同可分为一审普通程序、简易程序、速裁程序，值班律师可以给出犯罪嫌疑人、被告人建议；（3）申请变更强制措施：主要从羁押变更为非羁押的状态；（4）对案件的处理提出意见：针对定罪、量刑、程序向侦查机关、审查起诉机关、审判机关提出意见；（5）认罪认罚从宽案件中，值班律师应当对涉嫌的犯罪事实、罪名及适用的法律规定，从轻、减轻或者免除处罚等从宽处罚的建议，认罪认罚后案件审理适用的程序以及其他相关事项向人民检察院提出意见；（6）对犯罪嫌疑人、被告人提出的刑讯逼供、非法取证可以代理申诉、控告。因此，值班律师可以为犯罪嫌疑人、被告人代为申请变更强制措施。D项：D项错误，考生只需要记住一个是免费的一个是收费的，所以其权利义务必然不一样，值班律师只提供有限的具有普适性的最低意义的法律帮助，不会提供更进一步的法律帮助，例如其不提供出庭服务、不提供上诉服务等。

18. 答案：D。A项错误，值班律师可以在审查起诉阶段查阅案卷材料、了解情况，但不可以摘抄和复制案卷。B项错误，值班律师会见犯罪嫌疑人、被告人时不被监听，故不可派人陪同。C项错误，值班律师不具有独立的诉讼地位，值班律师对人民检察院量刑建议、程序适用有异议的，检察官应当听取其意见，告知其确认犯罪嫌疑人认罪认罚的自愿性后应当在具结书上签字。D项正确，根据规定，值班律师办理案件时，可以应犯罪嫌疑人、被告人的约见进行会见，也可以经办案机关允许主动会见。

多项选择题

1. 答案：BCD。本题考查的是刑事诉讼相关含义。《刑事诉讼法》第108条第5项规定："'诉讼代理人'是指公诉案件的被害人及其法定代理人或者近亲属、自诉案件的自诉人及其法定代理人委托代为参加诉讼的人和附带民事诉讼的当事人及其法定代理人委托代为参加诉讼的人。"据此，本题正确答案为BCD。

2. **答案：ACD**。有效辩护原则的确立，体现了犯罪嫌疑人、被告人刑事诉讼主体地位的确立和人权保障的理念，有助于维系控辩平等对抗和审判方居中"兼听则明"的刑事诉讼构造。故A项正确。有效辩护原则应包括以下几个方面的内容：（1）犯罪嫌疑人、被告人作为刑事诉讼的当事人在整个诉讼过程中应当享有充分的辩护权。（2）允许犯罪嫌疑人、被告人聘请合格的能够有效履行辩护职责的辩护人为其辩护，这种辩护同样应当覆盖从侦查到审判甚至到执行阶段的整个刑事诉讼过程。（3）国家应当保障犯罪嫌疑人、被告人自行辩护权的充分行使，并通过设立法律援助制度确保犯罪嫌疑人、被告人能够获得符合最低标准并具有实质意义的律师帮助。故B项错误、D项正确。辩护应当对保护犯罪嫌疑人、被告人的权利具有实质意义，而不仅仅是形式上的，这就是有效辩护原则的基本要求。故C项正确。

3. **答案：BD**。《刑事诉讼法》第38条规定，辩护律师在侦查期间可以为犯罪嫌疑人提供法律帮助；代理申诉、控告；申请变更强制措施；向侦查机关了解犯罪嫌疑人涉嫌的罪名和案件有关情况，提出意见。第39条第3款至第5款规定，危害国家安全犯罪、恐怖活动犯罪案件，在侦查期间辩护律师会见在押的犯罪嫌疑人，应当经侦查机关许可。上述案件，侦查机关应当事先通知看守所。辩护律师会见在押的犯罪嫌疑人、被告人，可以了解案件有关情况，提供法律咨询等；自案件移送审查起诉之日起，可以向犯罪嫌疑人、被告人核实有关证据。辩护律师同被监视居住的犯罪嫌疑人、被告人会见、通信，适用第1款、第3款、第4款的规定。A项的错误在于公安机关不是此案的侦查机关，不是经公安机关许可。B项属于申请变更强制措施。C项的错误在于，在侦查阶段，律师会见被监视居住的犯罪嫌疑人，不能向其核实有关证据。D项表述正确。本题的正确答案为BD两项。

4. **答案：BCD**。本题考查的是辩护律师可以采用的取证方式。《刑事诉讼法》第43条规定："辩护律师经证人或者其他有关单位和个人同意，可以向他们收集与本案有关的材料，也可以申请人民检察院、人民法院收集、调取证据，或者申请人民法院通知证人出庭作证……"据此，本题BCD项是辩护律师可以采用的取证方式。A项不正确，辩护律师向证人收集证据必须经证人本人同意，而不能强制收集。

5. **答案：BCD**。本题考查的是被告人拒绝辩护人继续为其辩护的权利。《刑事诉讼法》第45条规定："在审判过程中，被告人可以拒绝辩护人继续为他辩护，也可以另行委托辩护人辩护。"据此，本题正确答案为BCD。

6. **答案：BCD**。本题考查的是对于未委托辩护人的被告人，人民法院应当提供法律援助的情形。《刑事诉讼法》第35条第2款规定："犯罪嫌疑人、被告人是盲、聋、哑人，或者是尚未完全丧失辨认或者控制自己行为能力的精神病人，没有委托辩护人的，人民法院、人民检察院和公安机关应当通知法律援助机构指派律师为其提供辩护。"《刑事诉讼法解释》第47条规定："对下列没有委托辩护人的被告人，人民法院应当通知法律援助机构指派律师为其提供辩护：（一）盲、聋、哑人；（二）尚未完全丧失辨认或者控制自己行为能力的精神病人；（三）可能被判处无期徒刑、死刑的人。高级人民法院复核死刑案件，被告人没有委托辩护人的，应当通知法律援助机构指派律师为其提供辩护……"据此，本题BCD项属于人民法院应当提供法律援助的情形，为本题正确答案。

7. **答案：ABCD**。本题考查的是在审查起诉阶段，辩护律师可以查阅、摘抄、复制的材料范围。我国《刑事诉讼法》第40条规定："辩护律师自人民检察院对案件审查起诉之日起，可以查阅、摘抄、复制本案的案卷材料。其他辩护人经人民法院、人民检察院许可，也可以查阅、摘抄、复制上述材料。"据此，辩护律师自人民检察院对案件审查起诉之日起，可以查阅、摘抄、复制的材料是本案的案卷材料。故应全选。

8. **答案**：ABD。本题考查的是法律援助辩护的条件以及可以担任辩护人的人员范围。我国《刑事诉讼法》第35条第2款规定："犯罪嫌疑人、被告人是盲、聋、哑人，或者是尚未完全丧失辨认或者控制自己行为能力的精神病人，没有委托辩护人的，人民法院、人民检察院和公安机关应当通知法律援助机构指派律师为其提供辩护。"《刑事诉讼法解释》第564条规定："审判时不满十八周岁的未成年被告人没有委托辩护人的，人民法院应当通知法律援助机构指派熟悉未成年人身心特点的律师为其提供辩护。"据此，犯罪时未满18周岁，但开庭时已满18周岁的被告人，如未委托辩护人，不属于法律援助辩护的范围。故本题中，人民法院可以不为徐某提供法律援助辩护。故本题A项正确。《刑事诉讼法》第33条第1款规定："犯罪嫌疑人、被告人除自己行使辩护权以外，还可以委托一至二人作为辩护人。下列的人可以被委托为辩护人……（三）犯罪嫌疑人、被告人的监护人、亲友。"据此，徐某可以委托其朋友阮某为辩护人。故本题B项正确。《刑事诉讼法解释》第40条规定："人民法院审判案件，应当充分保障被告人依法享有的辩护权利。被告人除自己行使辩护权以外，还可以委托辩护人辩护。下列人员不得担任辩护人：（一）正在被执行刑罚或者处于缓刑、假释考验期间的人；（二）依法被剥夺、限制人身自由的人；（三）被开除公职或者被吊销律师、公证员执业证书的人；（四）人民法院、人民检察院、监察机关、公安机关、国家安全机关、监狱的现职人员；（五）人民陪审员；（六）与本案审理结果有利害关系的人；（七）外国人或者无国籍人；（八）无行为能力或者限制行为能力的人。前款第三项至第七项规定的人员，如果是被告人的监护人、近亲属，由被告人委托担任辩护人的，可以准许。"据此，虽然徐某的姐姐是人民法院的现职工作人员，但其可以被告人近亲属的身份担任辩护人。故本题D项正确。C项不正确，因为"表兄"不属于近亲属，只要在人民检察院工作，就属于不得担任辩护人的人员范围。

9. **答案**：ABC。本题考查的是自诉案件委托诉讼代理人的手续以及诉讼代理人的诉讼权利。《刑事诉讼法解释》第66条规定："诉讼代理人接受当事人委托或者法律援助机构指派后，应当在三日以内将委托手续或者法律援助手续提交人民法院。"据此，本题A项正确。根据刑事诉讼代理的一般理论，诉讼代理人可以代被代理人出庭参加法庭审理。故本题B项正确。《刑事诉讼法》第198条第2款规定："经审判长许可，公诉人、当事人和辩护人、诉讼代理人可以对证据和案件情况发表意见并且可以互相辩论。"据此，本题C项正确。根据《刑事诉讼法》第227条的规定，有权对一审判决提出上诉的人员不包括自诉案件的诉讼代理人，故本题D项不正确。

10. **答案**：CD。本题考查了拒绝辩护和强制辩护问题，根据《刑事诉讼法》第278条的规定，不满18周岁的未成年人属于强制辩护的对象，因此其拒绝辩护之后，必须另行委托或接受法律援助机构另行指派律师为其提供辩护，对此《刑事诉讼法解释》第50条有详细规定。

11. **答案**：AD。根据《法律援助法》第48条的规定："有下列情形之一的，法律援助机构应当作出终止法律援助的决定：（一）受援人以欺骗或者其他不正当手段获得法律援助；（二）受援人故意隐瞒与案件有关的重要事实或者提供虚假证据；（三）受援人利用法律援助从事违法活动；（四）受援人的经济状况发生变化，不再符合法律援助条件；（五）案件终止审理或者已经被撤销；（六）受援人自行委托律师或者其他代理人；（七）受援人有正当理由要求终止法律援助；（八）法律法规规定的其他情形。法律援助人员发现有前款规定情形的，应当及时向法律援助机构报告。"由此可见，A表述正确。《高检规则》第465条第2款、第3款规定："讯问未成年犯罪嫌疑人，应当通知其法定代理人到场……无法通知、法定代理人不能到场或者法定代理人是共犯的，也可以通知未成年犯罪嫌疑人的其他成年亲属，所在学校、单位或者居住地的村民委员会、居民委员会、未成年人保护组织的代表到场，并将有关情况记录在案。未成年犯罪嫌疑人明确拒绝法定代理人以外的合适成年人到场，且有正当理由的，人民检察院可以准许，但应当在征求其意见后通知其他合适成年人到场。"由此可见，B表述错误。由于未成年人犯罪案件实行强制指派辩护，在有辩护人的前提下，是不可能有值班律师参加诉讼的，因此，C表述错误。《刑事诉讼法解释》第577条规定："未成年被告人最后陈述后，法庭应当询问其法定代理人是否补充陈述。"因此，D表述正确。

12. 答案：AC。本题考查的是辩护律师在审查起诉阶段的诉讼权利。《刑事诉讼法》第39条第1款规定："辩护律师可以同在押的犯罪嫌疑人、被告人会见和通信。其他辩护人经人民法院、人民检察院许可，也可以同在押的犯罪嫌疑人、被告人会见和通信。"据此，辩护律师同在押的犯罪嫌疑人会见和通信都不需经人民检察院许可。故本题正确答案为AC。

13. 答案：BD。本题考查的是对辩护人资格的限制和要求。《刑事诉讼法》第33条第2款规定："正在被执行刑罚或者依法被剥夺、限制人身自由的人，不得担任辩护人。"剥夺政治权利也是一种刑罚，因此正在被剥夺政治权利人员，即使是被告人的近亲属、监护人，也不得担任辩护人，故本题A项不正确。由于证人和辩护人的职责有冲突，鉴定人属于法定应当回避的人员，这两种人都不能担任辩护人，故B项正确。可能被判处死刑的被告人只有在其没有委托辩护人的情况下，才由法律援助机构指派律师为其提供辩护，故本题C项不正确。根据《刑事诉讼法解释》第40条第2款的规定，公、检、法机关的现职工作人员，以及人民陪审员，不得担任辩护人，但如果是被告人的近亲属或者监护人，则可以担任辩护人，故D项正确。

14. 答案：AC。本题是考查了律师的调查取证权，我国《刑事诉讼法》第43条："辩护律师经证人或者其他有关单位和个人同意，可以向他们收集与本案有关的材料，也可以申请人民检察院、人民法院收集、调取证据，或者申请人民法院通知证人出庭作证。辩护律师经人民检察院或者人民法院许可，并且经被害人或者其近亲属、被害人提供的证人同意，可以向他们收集与本案有关的材料。"《刑事诉讼法解释》第58条规定："辩护律师申请向被害人及其近亲属、被害人提供的证人收集与本案有关的材料，人民法院认为确有必要的，应当签发准许调查书。"第59条规定："辩护律师向证人或者有关单位、个人收集、调取与本案有关的证据材料，因证人或者有关单位、个人不同意，申请人民法院收集、调取，或者申请通知证人出庭作证，人民法院认为确有必要的，应当同意。"另外，我们应该注意律师取证权是其他辩护人所不具有的。

15. 答案：BCD。本题考查的是辩护律师的诉讼权利。《刑事诉讼法》第39条、第40条规定："辩护律师可以同在押的犯罪嫌疑人、被告人会见和通信。其他辩护人经人民法院、人民检察院许可，也可以同在押的犯罪嫌疑人、被告人会见和通信。辩护律师持律师执业证书、律师事务所证明和委托书或者法律援助公函要求会见在押的犯罪嫌疑人、被告人的，看守所应当及时安排会见，至迟不得超过四十八小时。危害国家安全犯罪、恐怖活动犯罪案件，在侦查期间辩护律师会见在押的犯罪嫌疑人，应当经侦查机关许可。上述案件，侦查机关应当事先通知看守所。辩护律师会见在押的犯罪嫌疑人、被告人，可以了解案件有关情况，提供法律咨询等；自案件移送审查起诉之日起，可以向犯罪嫌疑人、被告人核实有关证据。辩护律师会见犯罪嫌疑人、被告人时不被监听。辩护律师同被监视居住的犯罪嫌疑人、被告人会见、通信，适用第一款、第三款、第四款的规定。""辩护律师自人民检察院对案件审查起诉之日起，可以查阅、摘抄、复制本案的案卷材料。其他辩护人经人民法院、人民检察院许可，也可以查阅、摘抄、复制上述材料。"《刑事诉讼法》第43条第1款规定："辩护律师经证人或者其他有关单位和个人同意，可以向他们收集与本案有关的材料，也可以申请人民检察院、人民法院收集、调取证据，或者申请人民法院通知证人出庭作证。"据此，本题BCD项正确。根据《刑事诉讼法》第44条的规定，辩护律师不得威胁、引诱证人改变证言，违者追究法律责任。故本题A项不正确。

16. **答案**：BC。按照我国《刑事诉讼法》第33条和《刑事诉讼法解释》第40条的规定，被宣告缓刑和刑罚尚未执行完毕的人、依法被剥夺或限制人身自由的人不得被委托为辩护人，因此我们应该排除甲和丁，而乙和丙为马某的亲友，是可以被委托为辩护人的。

17. **答案**：ABCD。本题考查的是律师在侦查阶段的权利。我国《刑事诉讼法》第34条规定："犯罪嫌疑人自被侦查机关第一次讯问或者采取强制措施之日起，有权委托辩护人；在侦查期间，只能委托律师作为辩护人。被告人有权随时委托辩护人。侦查机关在第一次讯问犯罪嫌疑人或者对犯罪嫌疑人采取强制措施的时候，应当告知犯罪嫌疑人有权委托辩护人。人民检察院自收到移送审查起诉的案件材料之日起三日以内，应当告知犯罪嫌疑人有权委托辩护人。人民法院自受理案件之日起三日以内，应当告知被告人有权委托辩护人。犯罪嫌疑人、被告人在押期间要求委托辩护人的，人民法院、人民检察院和公安机关应当及时转达其要求。犯罪嫌疑人、被告人在押的，也可以由其监护人、近亲属代为委托辩护人。辩护人接受犯罪嫌疑人、被告人委托后，应当及时告知办理案件的机关。"第38条规定："辩护律师在侦查期间可以为犯罪嫌疑人提供法律帮助；代理申诉、控告；申请变更强制措施；向侦查机关了解犯罪嫌疑人涉嫌的罪名和案件有关情况，提出意见。"据此，本题ABCD项正确。

18. **答案**：ACD。本题考查刑事诉讼中拒绝辩护的相关规定。根据《刑事诉讼法》、《律师法》以及最高人民法院的司法解释，ACD三项的表述都是正确的；被告人坚持自己行使辩护权，拒绝法律援助机构指派的律师为其辩护的，人民法院应当准许，并记录在案。

19. **答案**：AD。《刑事诉讼法》第45条规定："在审判过程中，被告人可以拒绝辩护人继续为他辩护，也可以另行委托辩护人辩护。"《刑事诉讼法解释》第311条第2款至第5款规定，被告人当庭拒绝辩护人辩护，要求另行委托辩护人或者指派律师的，合议庭应当准许。被告人拒绝辩护人辩护后，没有辩护人的，应当宣布休庭；仍有辩护人的，庭审可以继续进行。有多名被告人的案件，部分被告人拒绝辩护人辩护后，没有辩护人的，根据案件情况，可以对该被告人另案处理，对其他被告人的庭审继续进行。重新开庭后，被告人再次当庭拒绝辩护人辩护的，可以准许，但被告人不得再次另行委托辩护人或者要求另行指派律师，由其自行辩护。被告人属于应当提供法律援助的情形，重新开庭后再次当庭拒绝辩护人辩护的，不予准许。被告人要求人民法院另行指定辩护律师，合议庭同意的，应当宣布延期审理。因此在审判过程中被告人要求另行委托辩护人的，法庭应当准许，而被告人要求另行指定的不是应当同意，只有根据《刑事诉讼法》符合应当指定辩护人情形，经审查拒绝的理由正当的才应当同意并宣布延期审理。因此选项A正确、BC错误。根据《刑事诉讼法解释》第313条第1款规定："依照前两条规定另行委托辩护人或者通知法律援助机构指派律师的，自案件宣布休庭之日起至第十五日止，由辩护人准备辩护，但被告人及其辩护人自愿缩短时间的除外。"因此D项也正确。

20. **答案**：ABCD。本题考查辩护人介入刑事诉讼的时间。根据《刑事诉讼法》第34条、

第 38 条的规定，题目中四个选项的陈述都是符合法律规定的。

21. 答案：ABCD。《刑事诉讼法》第 37 条规定，辩护人的责任是根据事实和法律，提出犯罪嫌疑人、被告人无罪、罪轻或者减轻、免除其刑事责任的材料和意见，维护犯罪嫌疑人、被告人的合法权益。辩护人在刑事诉讼中的法律地位是独立的诉讼参与人，是犯罪嫌疑人、被告人合法权益的专门维护者。辩护人具有独立的诉讼参与人的身份，依自己的意志依法进行辩护，独立履行职责，维护犯罪嫌疑人、被告人的合法权益，但不得为委托人谋取非法利益。由此，辩护人独立于公安司法机关，也独立于犯罪嫌疑人和被告人。

22. 答案：BC。《刑事诉讼法》第 46 条第 1 款规定，公诉案件的被害人及其法定代理人或者近亲属，附带民事诉讼的当事人及其法定代理人，自案件移送审查起诉之日起，有权委托诉讼代理人。自诉案件的自诉人及其法定代理人，附带民事诉讼的当事人及其法定代理人，有权随时委托诉讼代理人。因此正确答案为 BC。

不定项选择题

答案：（1）ABCD。按照我国法律的有关规定，犯罪嫌疑人要委托律师，无须经过侦查机关的批准，故公安机关不得拒绝其委托律师的申请。对于不属于《刑事诉讼法》第 39 条第 3 款所列情形的案件，律师要会见犯罪嫌疑人，不需要经过许可。

（2）B。关于辩护律师之外的其他辩护人的会见通信权是受到一定的限制的。故人民检察院可以拒绝小刘的申请，B 项正确。

名词解释

1. 答案：刑事法律援助制度是指在刑事诉讼过程中，国家对因经济困难或者其他因素而难以聘请律师的犯罪嫌疑人和被告人，减少或者免除收费，为其提供法律帮助的一项法律保障制度。由于被牵涉进刑事诉讼的人是最需要法律帮助的，因此刑事法律援助制度也是法律援助制度中最重要的组成部分。

2. 答案：辩护权是法律赋予犯罪嫌疑人、被告人的一项专属的诉讼权利，即犯罪嫌疑人、被告人针对指控进行辩解，以维护自己合法权益的一种诉讼权利。辩护权是犯罪嫌疑人、被告人所享有的最基本、最关键的一项诉讼权利。在犯罪嫌疑人、被告人的各项诉讼权利中，辩护权居于核心地位。犯罪嫌疑人、被告人有权获得辩护是世界各国公认的一项宪法性原则。犯罪嫌疑人、被告人既可以自行行使辩护权，也可以委托辩护人帮助其行使辩护权。

简答题

1. 答案：（1）刑事诉讼中的代理，是指诉讼代理人接受公诉案件的被害人及其法定代理人或者近亲属，附带民事诉讼的当事人及其法定代理人的委托，以被代理人的名义参加诉讼，在授权范围内进行活动，由被代理人承担代理行为法律后果的一项法律制度。

（2）代理的特征是：①诉讼代理人必须以被代理人的名义而不是以自己的名义进行诉讼；②诉讼代理人必须在被代理人的授权范围内进行诉讼，超过授权范围进行诉讼活动所产生的结果，除非得到被代理人的追认，否则被代理人不予承担；③诉讼代理人必须根据被代理人的意志，为维护他们的合法权益而进行诉讼。

（3）我国刑事代理的种类有：①公诉案件被害人的代理，即公诉案件被害人及其法定代理人或者近亲属的代理；②自诉案件自诉人的代理，即自诉案件自诉人及其法定代理人的代理；③附带民事诉讼当事人的代理，即附带民事诉讼原告人和被告人及其法定代理人的代理。在我国，刑事代理人的范围包括律师和其他公民。根据刑事代理种类的不同，被代理人身份的不同，刑事代理人的诉讼地位、权利和义务有所不同。

（4）刑事代理不同于刑事辩护，代理人的诉讼权利依赖于当事人的授权，受当事人授权范围的制约。

（5）建立和完善一国的刑事代理制度对于保障刑事诉讼的顺利进行非常重要。首先，刑事代理有利于及时、准确地惩罚犯罪；其次，有利于保护当事人的合法权益；最后，有利于诉讼活动的顺利进行。

2. 答案：刑事诉讼中哪些人可以充当辩护人也即辩护人的范围问题。辩护人的范围是指哪些人可以接受犯罪嫌疑人、被告人的委托，担任他们的辩护人。我国《刑事诉讼法》第33条和相关司法解释对辩护人的范围作了全面的规定，既规定了辩护人的正面范围，又规定了辩护人的禁止范围。首先我国刑事辩护人的正面范围包括：律师，人民团体或者犯罪嫌疑人、被告人所在单位推荐的人，犯罪嫌疑人、被告人的监护人、亲友。同时我国《刑事诉讼法》还规定了辩护人的消极范围即下列人员不得担任辩护人：正在被执行刑罚或者依法被剥夺、限制人身自由的人；被宣告缓刑的人；无行为能力或限制行为能力的人；与本案审理结果有利害关系的人；外国人或无国籍人；律师担任各级人大常委会组成人员期间，不得执业；法院、检察院、公安机关、国家安全机关、监狱的现职人员；人民陪审员；曾担法官检察官的律师，离任后两年内。

除上述法律规定外，学术界还普遍认为本案的证人、鉴定人、翻译人员不宜同时担任本案的辩护人，因为这些人与辩护人的诉讼地位、诉讼权利和诉讼义务是相矛盾的。

论述题

答案：（1）控辩平衡的内涵

①控辩平衡之内涵的要点在于：必须以辩方为出发点，即基于控辩双方在刑事诉讼中已存在的不平衡，首先考虑如何使辩方有能力与控方对抗。

②控辩平衡的基本要求在于：尽量为辩方提高地位、创造条件、提供机会，即赋予被告人一系列权利甚至"特殊权利"；同时，限制控方的一些权利，以达到让辩方具有与控方均衡对抗能力的目的。这一点，为控辩平衡原则的实质内涵，即先有权利之对等，才有对抗之均衡，如无对抗能力而谈均衡对抗是空谈。

③赋予辩方更广泛的权利及"特殊权利"，其根据在于现实中控辩双方的不平衡。控辩平衡原则，必须以辩方（相对于控方为弱者）为出发点，其具体要求为赋予其更多权利，提高其抗辩能力。

（2）实现控辩平衡的途径

实现控辩平衡的要旨是鉴于控辩双方在刑事诉讼中实质上的不平等，而强化辩方之对抗力，同时适当限制控方之权力行使。要实现控辩平衡，应在刑事诉讼中确立以下原则和制度。

①无罪推定原则。无罪推定作为一项保障被告人权利的假设性法律推定，其根本要义在于通过赋予被告人在审判机关对其作出有罪判决之前处于无罪公民的推定身份与地位，确保其享有一系列的特殊权利和保障，使其拥有足以与控方相抗衡的能力。同时，无罪推定要求在刑事诉讼中，证明被告人有罪的责任由控方承担且不可移转，被告人不得被强迫自证其罪。

②犯罪嫌疑人、被告人及时获知被控罪名和理由。保证被告人及时获知被控的性质和原因有两个基本目的：一是通过使被告人及时了解被控的罪名和理由，确保其有效地进行防御准备；二是确保被告人切实有效地行使这一权利。

③辩护权的保障。这一保障原则是实现控辩平衡最根本、最主要的途径。结合我国刑事诉讼立法与司法实践，从以下几个方面进行探讨：1）辩护权的及时告知。2）侦查阶段律师法律帮助权的实现。3）辩护律师调查取证权的实现。4）证据开示，或称为"证据预先展示""证据先悉"。这是对控辩平衡具有重大意义的一种制度。在美国，所谓"证据开示"的做法是，由检察官和被告方互相向对方提出各种问题，要求提供各种文件和其他证据。通过审查对方提供的回答和文件证据，双方可以了解对方掌握的证据及对方在审判中将被询问的证人等，并因此做好应对准备。5）庭审中的公平质证。质证之公平其实是建立在前述的取证平衡基础之上的，具体而言，在保障、扩大辩护律师

取证权、取证范围、确立证据开示制度的基础上,排除控方书面证言,保证、协助辩方证人出庭,确立交叉询问规则等。6)不得强迫自证其罪。

既然控方在实质上与辩方是不平等的,而如果一味强调限制控方权力,与惩罚犯罪、保障无辜的实体正义要求不符,但建立在这种不平等基础上的控辩对抗仍然无法达到实体真实之要求,更不符合程序正义之要求。唯一的途径在于加强对被告人的特殊保护,强化其诉讼权利,加强其对抗力,同时,适当限制控方权力,使双方趋于平衡,即通过"平等武装",达到"均衡对抗",最终达到"控辩平衡",从而实现实体正义与程序正义。

案例分析题

1. **答案**:(1)人民检察院不允许某造纸厂以被害人的身份委托诉讼代理人是不对的。《刑事诉讼法》规定的被害人并没有排除单位,也没有规定被害单位不能委托诉讼代理人。另外,人民检察院认为以附带民事诉讼原告人的身份委托诉讼代理人只能等到人民法院受理案件之后,也是不对的。根据《刑事诉讼法》第46条第1款的规定,公诉案件中,附带民事诉讼的当事人及其法定代理人自案件移送审查起诉之日起即有权委托诉讼代理人。

   (2)人民法院有权不允许严某查阅、复制有关资料。因为严某是监狱的现职工作人员,且不是委托人的近亲属或者监护人,根据《刑事诉讼法解释》第35条的规定,不能担任诉讼代理人。

   (3)不正确。法律上并无此规定。根据《刑事诉讼法》第46条的规定,可知公诉案件中附带民事诉讼的当事人及其法定代理人自案件移送审查起诉之日起即有权委托诉讼代理人。在进入法庭审理阶段后,某造纸厂理应有权再委托诉讼代理人。

2. **答案**:(1)在侦查阶段,自吕某第一次被讯问或者采取强制措施之日起,吕某有权委托律师,被委托的律师有权同在押的犯罪嫌疑人会见或者通信。侦查人员的说法是错误的。

   (2)人民检察院应当在收到移送审查起诉的案件材料之日起3日以内告知犯罪嫌疑人有权委托辩护人,本案在第6日告知,违反了法律的规定。

   (3)在审查起诉阶段,人民检察院有义务通知法律援助机构为吕某指派辩护律师。法律援助辩护发生在刑事诉讼全过程。

   (4)人民法院为吕某提供法律援助辩护是正确的,因为吕某是未成年人,依照《刑事诉讼法》的规定,人民法院应当为其提供法律援助。

   (5)人民法院在吕某没有律师的情况下进行审判是错误的。被告人在开庭审理时是不满18周岁的未成年人,拒绝法律援助机构指派的辩护律师为其辩护,有正当理由的,人民法院应当准许,但被告人须另行委托辩护人,或者人民法院应当通知法律援助机构为其另行指派辩护律师。

第十章 证据概述

✓ 单项选择题

1. 答案：D。 本题考查证明责任分担。证明责任是提供证据责任与说服责任的统一。所谓提供证据的责任，即双方当事人在诉讼过程中，应当根据诉讼进行的状态，就主张的事实或者反驳的事实提供证据加以证明。所谓说服责任，即负有证明责任的诉讼当事人应当承担运用证据对案件事实进行说明、论证，使法官形成对案件事实的确信的责任。由此可见，仅仅提出证据并不等于履行了证明责任，还必须尽可能地说服裁判者相信所主张的事实存在或不存在。在我国，证明责任的承担主体首先是控诉机关和负有证明责任的当事人，即公诉案件中的公诉人和自诉案件中的自诉人，只有他们才应依照法定程序承担证明犯罪事实是否发生，被告人有罪、无罪以及犯罪情节轻重的责任，这是证明责任理论中"谁主张，谁举证"的古老法则在刑事诉讼中的直接体现。此外，根据"否认者不负证明责任"的古老法则和现代无罪推定原则的要求，犯罪嫌疑人、被告人不负证明自己无罪的责任。故AB两项错误。从整体上看，刑事诉讼中的证明责任是一个专属于控诉方的概念。但是，在少数持有类的特定案件中，如巨额财产来源不明、非法持有枪支等案件中，犯罪嫌疑人、被告人也负有提出证据的责任。故C项错误，D项正确。

2. 答案：C。 本题考查的是证据的分类和种类。根据刑事诉讼证据理论，物证是指以其外部特征、存在场所和物质属性证明案件事实的实物和痕迹。书证是指以文字、符号、图画等记载的内容和表达的思想来证明案件事实的书面文件和其他物品。本题中，侦查人员根据遗书记载的内容，推断出死者的家庭、身份，此时遗书是以其所记载的内容来证明案件事实的，故属于书证。同时，侦查人员又根据笔迹鉴定，推断出遗书确系死者所写，此时遗书是以其外部特征对案件事实起证明作用的，故又属于物证。故本题C项正确。

3. 答案：D。 本题考查的是证据的种类。根据我国《刑事诉讼法》第50条的规定，物证和视听资料都属于法定证据种类。物证是指以其外部特征、存在场所和物质属性证明案件事实的一切物品和痕迹。故本题AB项说法正确。视听资料，是指以录音、录像、电子计算机以及其他高科技设备所储存的信息证明案件情况的资料。本题中，监视系统所拍摄的资料正是以其所储存的信息来证明案件事实，属于视听资料，故本题C项说法正确。光盘是盗窃的赃物，以其外部特征、存在场所和物质属性证明案件事实，而不是以其所记载的内容来证明案件事实，故属于物证而不属于视听资料。故本题D项说法错误，当选。

4. 答案：B。 本题考查的是法定证据种类中鉴定意见的概念。鉴定意见，是指公安机关、人民检察院、人民法院为了解决案件中某些专门性问题，指派或聘请具有专门知识和技能的人，对这些问题进行分析判断后所作的书面意见。应当注意的是，被害人自己到医院所作的有关伤害情况的诊断书、鉴定书，不属于鉴定意见。故本题正确答案为B。

5. 答案：C。 本题考查被害人陈述的特点、类别以及认证程序等。作为定罪根据的被害人陈述，必须经过法庭审理中的审查核实，接受当庭质证，必要时也可以在有充分准备的前提下与犯罪嫌疑人、被告人进行对质。可见，与犯罪嫌疑人、被告人进行对质并不是认定被害人陈述的必要条件。

6. 答案：B。 本题考查刑事诉讼中鉴定意见的概念和特点。鉴定意见是指受公安司法机关指派或聘请的鉴定人，对案件的专门性问题进行鉴定后作出的书面意见。鉴定意见与医疗单位的诊断证明在产生的程序上有原则的区别，目的和作用也完全不同，在刑事诉讼中，简单地以诊断证明代替鉴定意见是不被允许的。

7. 答案：C。证据的关联性，是指证据必须与案件事实有客观联系，对证明刑事案件事实具有某种实际意义；反之，与本案无关的事实或者材料，都不能成为刑事证据。故 A 项错误。证据的关联性是证据证明力的原因。所谓证明力，也就是证据对证明案件事实的证明作用和证据对证明案件事实的价值。证据对案件事实有无证明力以及证明力的大小，取决于证据本身与案件事实有无联系以及联系的紧密、强弱程度。一般来说，如果证据与案件事实之间的联系紧密，则该证据的证明力较强，在诉讼中所起的作用也较大。故 C 项正确。没有关联性的证据不具有可采性，但具有关联性的证据未必都具有可采性，仍有可能出于利益考虑，或者由于某种特殊规则，而不具有可采性。故 B 项不正确。一般而言，英美证据法认为下列几种证据不具有关联性，不得作为认定案件事实的依据：（1）品格证据；（2）类似行为；（3）特定的诉讼行为；（4）特定的事实行为；（5）被害人过去的行为。故 D 项不正确。本题正确答案为 C 项。

8. 答案：D。本题考查的是证据的分类。根据证据与案件主要事实的证明关系的不同，可以将证据划分为直接证据和间接证据。刑事案件的主要事实就是犯罪嫌疑人、被告人是否实施了犯罪行为。凡可以单独直接证明案件主要事实的证据，就属于直接证据。而间接证据是不能独立地直接证明案件的主要事实，只能证明案件事实的某种情况的证据。本题中，D 项"被害人陈述"可以单独直接证明案件主要事实，因而属于直接证据。故本题正确答案为 D。

9. 答案：A。本题考查的是刑事证据的分类和具体判断。根据证据与案件主要事实的证明关系的不同，可以将证据划分为直接证据和间接证据。凡可以单独直接证明案件主要事实的证据，就属于直接证据。而间接证据是不能独立地直接证明案件的主要事实，只能证明案件事实的某种情况的证据。本题中，甲的证言可以单独直接证明张三实施犯罪行为的事实，因而属于直接证据。故本题 A 项正确。

10. 答案：B。本题考查的是证据的分类。根据证据与案件主要事实的证明关系的不同，可以将证据划分为直接证据和间接证据。凡可以单独直接证明案件主要事实的证据，就属于直接证据。而间接证据是不能独立地直接证明案件的主要事实，只能证明案件事实的某种情况的证据。根据证据来源的不同，可以将证据划分为原始证据和传来证据。凡直接来自原始出处，即直接来源于案件事实的证据，叫作原始证据。凡不是直接来源于案件事实，而是从间接的非第一来源获得的证据，称为传来证据。本题中，B 项"被害人关于张某抢劫其财物的陈述"，能够直接证明案件主要事实，又是直接来源于案件事实的，故既属于直接证据，又属于原始证据，故为本题正确答案。

11. 答案：C。根据证据材料的来源的不同，可以分为原始证据和传来证据。凡是来自原始出处，即直接来源于案件事实的证据材料，叫作原始证据，也称为第一手材料；凡是不直接来源于案件事实，而是从间接的非第一来源获得的证据材料，称为传来证据，即通常所称的第二手材料。ACD 三项均属于原始证据，B 项属于传来证据。根据证据与案件主要事实的证明关系的不同，可以将证据划分为直接证据与间接证据。刑事案件的主要事实就是犯罪嫌疑人、被告人是否实施了犯罪行为。证明关系的不同，是指某一证据是不是可以单独地、直接地证明案件的主要事实。凡是可以单独直接证明案件主要事实的证据，属于直接证据。它的含义是指某一项证据的内容，不必经过推理过程就可以直观地说明指控的犯罪行为是否发生，这种犯罪行为是否为正在被追诉的人所实施的。凡是必须与其他证据相结合才能证明案件主要事实的证据，属于间接证据。ABD 三项均属于间接证据，C 项则能直接否定犯罪的发生，属于直接证据。故本题的正确答案为C项。

12. **答案：D**。本题考查见证人、物证的排除。根据《刑事诉讼法解释》第80条规定："下列人员不得担任见证人：（一）生理上、精神上有缺陷或者年幼，不具有相应辨别能力或者不能正确表达的人；（二）与案件有利害关系，可能影响案件公正处理的人；（三）行使勘验、检查、搜查、扣押、组织辨认等监察调查、刑事诉讼职权的监察、公安、司法机关的工作人员或者其聘用的人员……由于客观原因无法由符合条件的人员担任见证人的，应当在笔录材料中注明情况，并对相关活动进行全程录音录像。"故本题中虽无见证人到场，但有勘验过程全程录像并在笔录中已注明理由，因此不予排除。故D项正确。

13. **答案：B**。传闻证据规则，即如无法定理由，任何人在庭审期间以外及庭审准备期间以外的陈述，不得作为认定被告人有罪的证据。本题的B项即属于庭审期间以外证人所做的证言，系传闻证据，当选。ACD三项均是在法庭上所做的陈述，不属于传闻证据。

14. **答案：A**。本题考查辨认、辨认笔录的排除。《刑事诉讼法解释》第105条规定："辨认笔录具有下列情形之一的，不得作为定案的根据：（一）辨认不是在调查人员、侦查人员主持下进行的；（二）辨认前使辨认人见到辨认对象的；（三）辨认活动没有个别进行的；（四）辨认对象没有混杂在具有类似特征的其他对象中，或者供辨认的对象数量不符合规定的；（五）辨认中给辨认人明显暗示或者明显有指认嫌疑的；（六）违反有关规定，不能确定辨认笔录真实性的其他情形。"故BC两项错误。《公安机关办理刑事案件程序规定》第260条规定，辨认时，应当将辨认对象混杂在特征相类似的其他对象中，不得在辨认前向辨认人展示辨认对象及其影像资料，不得给辨认人任何暗示。辨认犯罪嫌疑人时，被辨认的人数不得少于七人；对犯罪嫌疑人照片进行辨认的，不得少于十人的照片。辨认物品时，混杂的同类物品不得少于五件；对物品的照片进行辨认的，不得少于十个物品的照片。对场所、尸体等特定辨认对象进行辨认，或者辨认人能够准确描述物品独有特征的，陪衬物不受数量的限制。故A项正确，D项错误。

15. **答案：C**。本题考查刑事证据规则、证据能力和证明力的问题。从内容上看，证据规则大体包括两类：一类是调整证据能力的规则，如传闻证据规则、非法证据排除规则、意见证据规则、最佳证据规则等；另一类是调整证明力的规则，如关联性规则、补强证据规则等。故本题的C项中"关联性规则"是调整证明力的规则。而传闻证据规则、非法证据排除规则、意见证据规则都是调整证据能力的规则。本题的正确答案为C项。

多项选择题

1. **答案：ABC**。本题考查的是刑事证据的分类和具体判断。根据证据事实的表现形式可以将证据分为言词证据和实物证据。凡是通过人的陈述，即以言词作为表现形式的证据，就是言词证据。证人证言，被害人陈述，犯罪嫌疑人、被告人的供述和辩解，显然属于言词证据。鉴定意见虽然具有书面形式，但是按其本质来说，是鉴定人就鉴定的专门性问题所表达的个人意见，而且在法庭审理时要求鉴定人对鉴定意见作口头解释，并当庭回答当事人和辩护人等的发问。所以，鉴定意见属于言词证据。故本题ABC项正确。

2. **答案：CD**。行政机关在行政执法和查办案件过程中收集的物证、书证、视听资料、电子数据、鉴定意见、勘验、检查笔录等证据材料，在刑事诉讼中可以作为证据使用；经法庭查证属实，且收集程序符合有关法律、行政法规规定的，可以作为定案的根据。换言之，除鉴定意见以外的其他言词类行政证据，都不得作为定案的依据。A项的情况说明不属于上述任何一种证据，故不得作为证据使用，A项错误。B项的讯问笔录属于言词类行政证据，不得作为定案的依据，B项错误。C项属于视听资料，D项是鉴定意见，都符合要求，只要经转化查证属实，可作为定案依据，故 CD 项正确。

3. **答案**：AB。本题考查证明对象和免证事项。《刑事诉讼法解释》第 72 条规定："应当运用证据证明的案件事实包括：（一）被告人、被害人的身份；（二）被指控的犯罪是否存在；（三）被指控的犯罪是否为被告人所实施；（四）被告人有无刑事责任能力，有无罪过，实施犯罪的动机、目的；（五）实施犯罪的时间、地点、手段、后果以及案件起因等；（六）是否系共同犯罪或者犯罪事实存在关联，以及被告人在犯罪中的地位、作用；（七）被告人有无从重、从轻、减轻、免除处罚情节；（八）有关涉案财物处理的事实；（九）有关附带民事诉讼的事实；（十）有关管辖、回避、延期审理等的程序事实；（十一）与定罪量刑有关的其他事实。认定被告人有罪和对被告人从重处罚，适用证据确实、充分的证明标准。"故本题的 AB 均属于证明对象，当选。C 项属于证据事实，不是证明对象，故不当选。《高检规则》第 401 条规定："在法庭审理中，下列事实不必提出证据进行证明：（一）为一般人共同知晓的常识性事实；（二）人民法院生效裁判所确认并且未依审判监督程序重新审理的事实；（三）法律、法规的内容以及适用等属于审判人员履行职务所应当知晓的事实；（四）在法庭审理中不存在异议的程序事实；（五）法律规定的推定事实；（六）自然规律或者定律。"本题的 D 属于上述第 4 项规定的免证事项，不当选。

4. **答案**：ACD。本题考查的是有关鉴定意见的规定。《刑事诉讼法》第 148 条规定，侦查机关应当将用作证据的鉴定意见告知犯罪嫌疑人、被害人。据此，本题 A 项正确。《刑事诉讼法》第 195 条规定："公诉人、辩护人应当向法庭出示物证，让当事人辨认，对未到庭的证人的证言笔录、鉴定人的鉴定意见、勘验笔录和其他作为证据的文书，应当当庭宣读……"据此，本题 C 项正确。《刑事诉讼法》第 192 条第 3 款规定："公诉人、当事人或者辩护人，诉讼代理人对鉴定意见有异议，人民法院认为鉴定人有必要出庭的，鉴定人应当出庭作证。经人民法院通知，鉴定人拒不出庭作证的，鉴定意见不得作为定案的根据。"从该条可以看出，鉴定人一般应当出庭对鉴定过程和内容作出说明，故本题 D 项正确。法律没有要求公安司法机关将鉴定意见告知诉讼代理人，故本题 B 项不正确。

5. **答案**：AC。本题考查证据的关联性、证据的理论分类、意见证据规则。《刑事诉讼法解释》第 88 条第 2 款规定，证人的猜测性、评论性、推断性的证言，不得作为证据使用，但根据一般生活经验判断符合事实的除外。本题的 D 项属于不符合一般生活经验的推断性的证言，应排除，该项不当选。直接证据是能够单独、直接证明案件主要事实的证据。也就是说，某一项证据的内容，无须经过推理过程，即可以直观地说明犯罪行为是否为犯罪嫌疑人、被告人所实施。故 B 项属于间接证据。凡是来自原始出处，即直接来源于案件事实的证据材料，是原始证据。凡是不直接来源于案件事实，而是从间接的非第一来源获得的证据材料，称为传来证据。故 C 项正确。关联性也称为相关性，是指证据必须与案件事实有客观联系，对证明刑事案件事实具有某种实际意义；反之，与本案无关的事实或材料，都不能成为刑事证据。在理论上，特定的事实行为不具有关联性。例如，关于事件发生后某人实施补救措施的事实，一般情况下不得作为行为人对该事实负有责任的证据加以采用。故 A 项的行为不具有关联性。

6. **答案**：BCD。本题是考查了对几个证据分类的理解。传来证据是间接来源于案件事实，经过复制、转述的证据；有罪证据是指凡是能够证明犯罪事实存在和犯罪行为系犯罪嫌疑人、被告人所为的证据；言词证据是指凡是表现为人的陈述，即以言词作为表现形式的证据。直接证据是指能够单独地直接证明案件主要事实的证据；间接证据是指不能单独地直接指明案件主要事实，需要和其他证据结合才能证明的证据。从这里我们可以看出，张某的言论为直接证据，而非间接证据，故应该排除 A 项。

7. 答案：BD。根据证据与案件主要事实证明关系的不同，可以将证据划分为直接证据与间接证据。所谓刑事案件的主要事实，是指犯罪行为是否系犯罪嫌疑人、被告人所实施；所谓证明关系的不同，是指某一证据是否可以单独、直接地证明案件的主要事实。直接证据是能够单独、直接证明案件主要事实的证据，直接证据分为无罪直接证据和有罪直接证据。间接证据是不能单独、直接证明刑事案件主要事实，需要与其他证据相结合才能证明的证据。甲与杨某的通话记录有两种可能性，要么交流的是毒品买卖、存储、运输等问题，要么与毒品无关，不管是肯定性的，还是否定性的，都属于直接证据，A 不符合题意，不选择。BD 属于物证，物证是"哑巴证据"，只能证明犯罪事实，不能"张嘴"说谁是犯罪人，只能是间接证据，符合题意，选择。C 辩解属于无罪的辩驳，系无罪直接证据，不符合题意，不选择。综上所述，本题答案为 BD。

8. 答案：ABCD。本题考查刑事诉讼中证人的义务。根据《刑事诉讼法》的相关规定，四个选项的陈述都是刑事诉讼中证人的义务。除此之外，证人还有义务回答公安司法人员的询问。

9. 答案：ABD。《刑事诉讼法》第 64 条第 1 款规定，对于危害国家安全犯罪、恐怖活动犯罪、黑社会性质的组织犯罪、毒品犯罪等案件，证人、鉴定人、被害人因在诉讼中作证，本人或者其近亲属的人身安全面临危险的，人民法院、人民检察院和公安机关应当采取以下一项或者多项保护措施：（1）不公开真实姓名、住址和工作单位等个人信息；（2）采取不暴露外貌、真实声音等出庭作证措施；（3）禁止特定的人员接触证人、鉴定人、被害人及其近亲属；（4）对人身和住宅采取专门性保护措施；（5）其他必要的保护措施。故本题中的 AB 两项均正确。C 项中的侦查人员是"出庭说明情况"，而并非作为证人"出庭作证"，所以，不受证人保护法律规范的约束。故 C 项不正确。《刑事诉讼法》第 154 条规定，依照本节规定采取侦查措施收集的材料在刑事诉讼中可以作为证据使用。如果使用该证据可能危及有关人员的人身安全，或者可能产生其他严重后果的，应当采取不暴露有关人员身份、技术方法等保护措施，必要的时候，可以由审判人员在庭外对证据进行核实。故 D 项也正确。本题的正确答案为 ABD 三项。

10. 答案：ABCD。本题考查电子数据的收集、提取、移送和运用。《最高人民法院、最高人民检察院、公安部关于办理刑事案件收集提取和审查判断电子数据若干问题的规定》第 8 条第 1 款规定，收集、提取电子数据，能够扣押电子数据原始存储介质的，应当扣押、封存原始存储介质，并制作笔录，记录原始存储介质的封存状态。故 A 项正确。

《最高人民法院、最高人民检察院、公安部关于办理刑事案件收集提取和审查判断电子数据若干问题的规定》第 16 条第 2 款规定，电子数据检查，应当对电子数据存储介质拆封过程进行录像，并将电子数据存储介质通过写保护设备接入到检查设备进行检查；有条件的，应当制作电子数据备份，对备份进行检查；无法使用写保护设备且无法制作备份的，应当注明原因，并对相关活动进行录像。故 B 项正确。

《最高人民法院、最高人民检察院、公安部关于办理刑事案件收集提取和审查判断电子数据若干问题的规定》第 19 条规定，对侵入、非法控制计算机信息系统的程序、工具以及计算机病毒等无法直接展示的电子数据，应当附电子数据属性、功能等情况的说明。对数据统计量、数据同一性等问题，侦查机关应当出具说明。本题中，甲涉嫌利用木马程序盗取 Q 币并转卖他人，就属于本条规定的情形，所以应当附有该木马程序如何盗取账号密码的说明。故 C 项正确。

《最高人民法院、最高人民检察院、公安部关于办理刑事案件收集提取和审查判断电子数据若干问题的规定》第 27 条规定，电子数据的收集、提取程序有下列瑕疵，经补正或者作出合理解释的，可以采用；不能补正或者作出合理解释的，不得作为定案的根据：(1) 未以封存状态移送的；(2) 笔录或者清单上没有侦查人员、电子数据持有人（提供人）、见证人签名或者盖章的；(3) 对电子数据的名称、类别、格式等注明不清的；(4) 有其他瑕疵的。故 D 项正确。

本题的正确答案为 ABCD 四项。

11. **答案**：BD。A 项不正确，根据《公安机关办理刑事案件程序规定》第 170 条的规定："公安机关对扭送人、报案人、控告人、举报人、投案人提供的有关证据材料等应当登记，制作接受证据材料清单，由扭送人、报案人、控告人、举报人、投案人签名，并妥善保管。必要时，应当拍照或者录音录像。"据此，报案时提交的证据会记录在案，只要审查认定符合法定要求的即可以作为证据使用。B 项正确，根据《公安机关办理刑事案件程序规定》第 66 条第 1 款、第 2 款的规定，收集、调取电子数据，能够扣押电子数据原始存储介质的，应当扣押原始存储介质，并制作笔录、予以封存。确因客观原因无法扣押原始存储介质的，可以现场提取或者网络在线提取电子数据。本案中并未出现无法扣押提取的情形。C 项不正确，只有财物被毁坏才能提起附带民事诉讼，本案诈骗属于非法占有类型的案件，只能通过追缴及责令杨某退赔来解决。D 项正确，两罪属于刑法上的牵连犯，应当择一重罪处罚。

12. **答案**：BC。《刑事诉讼法》第 54 条第 2 款规定："行政机关在行政执法和查办案件过程中收集的物证、书证、视听资料、电子数据等证据材料，在刑事诉讼中可以作为证据使用。"在本案中，询问笔录作为行政证据，依法不属于可以作为刑事证据的情形，A 不符合题意，不选择。营业执照是书证，依法可以作为刑事证据使用，B 符合题意，选择。《刑事诉讼法解释》第 100 条规定："因无鉴定机构，或者根据法律、司法解释的规定，指派、聘请有专门知识的人就案件的专门性问题出具的报告，可以作为证据使用。"由此可见，C 符合题意，选择。行政机关制作的甲代表 A 公司签署的认罪认罚具结书，不属于刑事证据，不符合题意，不选择。综上所述，本题答案为 BC。

✗ 不定项选择题

1. **答案**：(1) BD。证人证言是指证人就自己所知道的案件情况向公安司法机关所做的陈述。证人证言一般是口头陈述，以证人证言笔录加以固定；经办案人员同意由证人亲笔书写的书面证词，也是证人证言。

    (2) C。视听资料是指以录音录像、电子计算机以及其他高科技设备储存的信息证明案件情况的资料。勘验笔录是指办案人员对与犯罪有关的场所、物品、尸体等进行勘察、检验后所做的记录。而淫秽录像带就是以录像制品这一高科技设备将里面的画面表现出的，因此是视听资料。

    (3) AD。物证是指以其外部特征、存在场所和物质属性证明案件事实的实物和痕迹。本案中对许某的录像设备及录像带拍成的照片是固定物证的一种形式，依然属于物证。传来证据是指间接来源于案件事实，经过复制、转述的证据，如物证的复制品等。

    (4) CD。间接证据是指不能单独地直接证明案件主要事实，需要和其他证据结合才能证明的证据。

2. **答案**：(1) D。本题考查刑事诉讼中勘验、检查笔录的概念及其与鉴定意见的区别。勘验、检查笔录作为一种独立的证据形式，在概念上、适用上有其自身的特点，与鉴定意见相比，两种证据的制作主体、主要内容、针对问题都是不一样的。但两者同样都需要进一步的审查核实之后，才能作为定案的证据。

    (2) B。本题考查刑事诉讼中勘验笔录的概念和种类。勘验笔录，是指办案人员对于与犯罪有关的场所、物品、痕迹、尸体等在勘查、检验中所作的记载。勘验笔录可以分为现场勘验笔录、物证检验笔录、尸体检验笔录、侦查实验笔录等。对于人身的某些特征、伤害情况或生理状态所作的记载是检查笔录。

    (3) ACD。本题考查鉴定意见的种类、形式、适用等。运用鉴定意见要注意肯定性意见和倾向性意见两种鉴定意见。实践中大多数鉴定书都是对鉴定问题提出肯定性意见,但有时因为材料不充分或鉴定条件不能满足等原因,鉴定人只能提出倾向性意见而不能作出肯定性结论。后者不是严格意义上的鉴定意见,不能作为定案的根据使用,只能供办案人员参考。

(4) ABCD。本题考查刑事诉讼中视听资料作为证据的特点。视听资料,是指以录音、录像、电子计算机或其他高科技设备所存储的信息证明案件真实情况的资料。题目中对其特点的描述都是正确的。

3. 答案:A。本题考查电子数据的认定和提取、证据的关联性。《最高人民法院、最高人民检察院、公安部关于办理刑事案件收集提取和审查判断电子数据若干问题的规定》第1条规定:"电子数据是案件发生过程中形成的,以数字化形式存储、处理、传输的,能够证明案件事实的数据。电子数据包括但不限于下列信息、电子文件:(一)网页、博客、微博客、朋友圈、贴吧、网盘等网络平台发布的信息;(二)手机短信、电子邮件、即时通信、通讯群组等网络应用服务的通信信息;(三)用户注册信息、身份认证信息、电子交易记录、通信记录、登录日志等信息;(四)文档、图片、音视频、数字证书、计算机程序等电子文件。以数字化形式记载的证人证言、被害人陈述以及犯罪嫌疑人、被告人供述和辩解等证据,不属于电子数据。确有必要的,对相关证据的收集、提取、移送、审查,可以参照适用本规定。"故A项正确。第9条规定:"具有下列情形之一,无法扣押原始存储介质的,可以提取电子数据,但应当在笔录中注明不能扣押原始存储介质的原因、原始存储介质的存放地点或者电子数据的来源等情况,并计算电子数据的完整性校验值:(一)原始存储介质不便封存的;(二)提取计算机内存数据、网络传输数据等不是存储在存储介质上的电子数据的;(三)原始存储介质位于境外的;(四)其他无法扣押原始存储介质的情形。对于原始存储介质位于境外或者远程计算机信息系统上的电子数据,可以通过网络在线提取。为进一步证明有关情况,必要时,可以对远程计算机信息系统进行网络远程勘验。进行网络远程勘验,需要采取技术侦查措施的,应当依法经过严格的批准手续。"故B项错误。C项不是该电子数据作为定案根据的必备条件。D项中该电子数据是具有关联性的,故不当选。

4. 答案:B。本题考查证据的法定种类。物证是指证明案件真实情况的一切物品和痕迹。书证是指以记载的内容和反映的思想来证明案件真实情况的书面材料或其他物质材料。本题中A项是扣押清单,不是书证。B项和C项均属于书证。因此,AC两项错误。B项正确。D项中因部分失窃药材不宜保存而在法庭上出示的药材照片,这种照片是以其内容证明案件真实情况,因而属于书证。故D项错误。本题的正确答案为B项。

名词解释

答案:所谓内心确信是指审判人员心理上对案件所作的结论的正确性和可靠性的信念。审判人员的内心确信是主客观因素互相作用的结果。内心确信证据制度以辩证唯物主义为指导,以社会主义法律意识为依据,具有一定的进步性,但仍然没有超越主观意识的范畴,难以避免司法者的主观臆断。

简答题

1. 答案:证人证言,就是证人把自己所知道的有关案件的情况向司法机关所作的陈述。鉴定意见,是具有专门知识和技能的人,根据司法机关的指派或聘请,对诉讼中需要解决的某些专门性问题进行鉴定后所提出的结论性意见。二者存在重大的差别:

(1) 鉴定意见的证据价值在于对案件中的专门性问题进行分析判断后作出的符合事实和科学的结论,而不在于对所见事实的客观描述;但证人证言的证据价值则恰恰为所感知或亲历事实的描述,而对描述的事实发表看法则毫无证据价值。

(2) 为保证鉴定意见的科学性,弥补司

法人员有关专门知识的不足，首先要求鉴定人具有有关的专门知识和技能；而证人证言的提供者则不要求具有专门知识和技能，即使是生理上、精神上有缺陷或者年幼的人，只要能够辨别是非，能够正确表达，同样可以作证人。

（3）鉴定人事先并不了解案件事实，他是在案件发生后的诉讼中，由司法机关根据需要指派或者聘请以解决所遇到的专门性问题的，他既可以选择，也可以更换。当鉴定人与本案或本案当事人有利害关系或其他法定情况时，便应当回避，不能接受指派或被聘请做鉴定人。而证人由于感知案件事实而参与诉讼，陈述其所感知的案件事实，是由案件本身决定的，具有不可选择性和不可替代性。不论其与案件有无利害关系或与当事人、被害人有无利害关系，都应依法作证，不发生回避的问题。

（4）鉴定人为了提供科学的结论，可以要求了解有关案情或阅览有关的案卷材料，几个鉴定人共同鉴定时，可以相互讨论，如果意见一致，可以共同写出鉴定意见，共同签名。证人没有阅卷的权利，对于询问证人，法律明确规定应当个别进行，不能互相讨论，以免互相影响，导致证言失实。

2. 答案：（1）证明责任是指对于被告人是否有罪以及犯罪情节轻重，应由谁提出证据并加以证明的责任，也叫举证责任。证明责任经过长期的发展，形成了由控诉一方承担的规则。在我国体现在下面三个方面：

第一，证明犯罪嫌疑人、被告人有罪的责任，由执行控诉职能的国家专门机关承担，即由人民检察院和公安机关承担。承担证明犯罪嫌疑人、被告人有罪的责任就是提出证据并证实犯罪嫌疑人、被告人有罪的责任。如果不能做到，其后果就是犯罪嫌疑人、被告人无罪的结论当然成立。具体来说就是人民检察院对公诉案件负有证明责任，公安机关只对其立案侦查的案件负有证明责任，依法应由监狱或军队保卫部门负责侦查的案件自然由监狱或军队保卫部门承担证明责任。

第二，自诉案件的自诉人应对控诉承担证明责任。在自诉案件中，自诉人处于原告的地位，独立地执行控诉职能，对自己提出的指控被告人犯有某种罪行的主张，理应承担证明责任。

第三，犯罪嫌疑人、被告人应当如实陈述，但除法律另有规定的外，不承担证明自己无罪的责任。

《刑事诉讼法》第120条第1款规定，犯罪嫌疑人对侦查人员的提问，应当如实回答。但是这绝不意味着法律要求犯罪嫌疑人、被告人承担证明责任。《刑事诉讼法》第52条规定，不得强迫任何人证实自己有罪。犯罪嫌疑人、被告人如果要拒绝回答向其提出的与案件有关的问题或者在侦查和审判中一直保持沉默，仅仅这种行为本身并不构成犯罪。如果最终证明是有罪的，则上述行为应当是从重量刑的一个情节。如果最终没能证明其有罪，则不能因其没有如实回答或者一直保持沉默，而要其承担刑事责任。

（2）在"巨额财产来源不明"案件中，具体适用的就是上述第三点——"法律另有规定的除外"（除外条款），即"国家工作人员的财产、支出明显超过合法收入，差额巨大的，可以责令该国家工作人员说明来源"，即犯罪嫌疑人要承担证明自己无罪的责任。如果不能说明其来源是合法的，则犯有巨额财产来源不明罪的结论当然成立。

在这里公诉人要证明犯罪嫌疑人、被告人的财产或者支出的具体数额和其合法收入及支出的具体数额，以验证其是否有巨额财产。而犯罪嫌疑人、被告人则要承担证明自己的财产来源的责任。

3. 答案：无罪推定原则是在否定以犯罪嫌疑人或者被告人有罪为出发点的纠问制刑事程序的基础上形成并发展起来的一项法律原则，是现代刑事诉讼制度的基础之一。它首先出现于英国普通法的诉讼理论中。在大陆法系国家，意大利法学家贝卡里亚最早在理论上提出了无罪推定的思想。他指出："在法官判决之前，一个人是不能被称为罪犯的。"法国1789年《人权宣言》第9条规定，"任何人在其未被宣告为罪犯以前，应当被假定为无罪"，从而把无罪推定正式确定为一项法治原则。1948年联合国《世界人权宣言》第11条第1款规定："凡受刑事控告者，在未经获得辩护上所需的一切保证的公开审判依法证实有罪以前，有权被视为无罪。"这是首次在联合国文件中确认无罪推定原则，为在全球范围内贯彻这一原则提供了法律依据。1966年联合国《公民权利与政治权利国际公约》再次确认了无罪推定原则，在第14条第2款规定："凡受刑事控告者，在未依法证实有罪之前，应有权被视为无罪"，要求各缔约国采取必要措施予以保障。

我国《刑事诉讼法》第12条吸取了无罪推定原则的基本精神，确立了未经人民法院依法判决不得确定有罪的原则。

我国《刑事诉讼法》确立了非法证据排除制度。所谓非法证据排除规则一般是指拥有证据调查权的主体违反法律规定的权限和程序所取得的证据材料不具有可采性，不能作为定罪与量刑的根据。这也是无罪推定原则的重要保障。我国《刑事诉讼法》第52条规定"严禁刑讯逼供和以威胁、引诱、欺骗以及其他非法方法收集证据"，对于犯罪嫌疑人、被告人提出的对控诉方证据的合法性的合理怀疑，由控诉方承担举证责任。

4. 答案：（1）证据能力是大陆法系证据理论的概念，也就是有无充当证据的资格。某一材料是否在严格的证明环境中被用来证明控辩双方所主张的，并且需要由事实的裁判者加以判断的事实，完全由充当证据的证据能力来决定。在司法实践中，一般要求证据能力具有证据的合法性：一是证据必须具有合法的形式；二是证据必须经法定人员依法定程序收集和提取；三是证据的内容和来源必须合法。对证据"可采性"的判断就是对证据能力的判断，对证据合法性的判断。

证据的证明力表现证据的价值，是证据在认定事实上发挥作用的力量，是证据对于待证事实有无证明作用以及证明作用有多大的表现。证明力包含证据的可信性和狭义的证明力两个方面。可信性是撇开证据与待证事实之间的关系，来判断证据本身是否值得相信；狭义证明力则是指证据在同待证事实的关系上，能否证明待证事实以及在多大程度上证明待证事实。

它们之间的联系表现在，一个证据是否具有证据能力和证明力，最终都取决于证据与待证事实之间的关联性。证据能力与证明力的区别在于：证据能力是从形式上解决证据资格问题，证明力则是从实质上解决证据有无价值以及有多大价值的问题。有证据能力的证据不一定有证明力，如被告人的口供虽然出于本人的自愿，但是虚假的；而没有证据能力的证据可能具有证明力，如运用刑讯的方法获得的真实口供。作为定案根据的证据必须既有证据能力，又有证明力。审判人员在审查判断证据时，应当先审查证据有无证据能力，然后再对确认有证据能力的证据的证明力进行判断，对于没有证据能力的证据，不必考虑其有无证明力。在英美法系陪审团参加的审判程序中，关于证据能力的问题，由职业法官裁定；证明力则由陪审团本着理性和经验自由判断。在大陆法系及我国的参审制下，证据能力与证明力都由法官与陪审员共同审查判断。

（2）证人证言的特征：

①由知晓案件情况的当事人以外的第三人陈述的内容；

②所陈述的内容必须与案件有关；

③应当就案件有关情况向承办案件的人员陈述。

由此可见，证人证言转化为定案依据的条件：

①法律规定证据必须经过庭审质证，才能作为定案的依据。

②该证人证言具有证明能力，即形式合法、收集程序合法。

③该证人证言具有证明力，即能够证明待证事实。

④证人必须出庭，尤其是警察应该出庭，建立警察出庭作证制度。

⑤不存在其他违反证据取得以及效力的情况，不存在刑讯逼供等。

论述题

答案：间接证据具有以下特点：

（1）任何一个间接证据，都不能直接和单独地对案件主要事实作出说明，只有把它同案件内其他证据联系起来，经过综合判断，才能说明案件的主要事实。这是最显著的特点。

（2）间接证据一般比直接证据更容易获得。无论犯罪行为多么诡秘和隐蔽，都不可避免地留下某些物质痕迹，只要犯罪事实存在，它的某些情况就不可避免地会被人们察觉。

（3）有些案件，没有证人、没有被害人或被害人死亡，同时被告人、犯罪嫌疑人拒绝供认，这样，收集到的证据可能只是间接证据。间接证据有足够数量，经过查证属实，达到充分确实的要求，可以用其定罪判刑。

正由于以上间接证据的特点，运用间接证据应当注意：由于间接证据都是个别的、局部的案件事实的反映，都是一些"片段"，所以，各个证据之间反映犯罪客观过程的联系，就只有通过正确的理性思维来把握，正确运用推理，才能将"片段"的若干间接证据连接起来，形成证据体系或证据锁链，进而证明案件事实。所以必须注意：①每个间接证据都必须客观、确实可靠。证据体系中不允许有虚假的证据存在。②每个间接证据同案情之间必须有某种客观联系。③间接证据之间必须协调一致，不能有矛盾。④对若干协调一致的间接证据进行综合分析之后，所得出的结论只有一个。

间接证据必须构成完整严密的证据体系，并排除一切合理怀疑，才能得出只有犯罪嫌疑人、被告人实施了犯罪的结论。

案例分析题

1. 答案：本案中，属于物证的有：①被害人的尸体；②被害人的血迹；③被害人骑的摩托车；④被害人手上被摔坏的手表；⑤路面上刹车的痕迹；⑥解放牌大卡车；⑦解放牌大卡车漆皮脱落的痕迹。

属于书证的有：①被害人手上指明时间的手表；②该市某运输公司的出车表；③表明离某市15公里的里程碑。

直接证据有：①妇女张某的证言；②司机刘某的供述；③与司机同车的赵某的证言；④勘验现场的事故全景照片。

无罪证据有：①路面上刹车的痕迹；②摔坏的手表、里程碑和出车表三个书证所证明的内容（共同构成一个无罪证据）；③某市交通管理局查明5点50分左右共有两辆解放牌大卡车经过事故现场；④司机刘某的陈述；⑤与司机同车的赵某的证言。

2. 答案：（1）本案有六种法定证据。①物证：女尸，纸条，挎包，空钱包；②犯罪嫌疑人的供述和辩解：李的供述；③证人证言：被告人的邻居王某的证言；④勘验、检查笔录：现场勘验检查记录；⑤鉴定意见：怀孕死亡时间、字迹鉴定；⑥视听资料：电话录音带。

（2）不能。本案缺乏直接证据，只有间接证据，根据本案现有的间接证据不能定案。具体是：间接证据不具有一致性，空钱包仅表明本案有图财性，而其他证据则指向情杀方面，间接证据不能形成锁链。即对在废弃工棚中的事实缺乏证据加以证明，间接证据不具有排他性。依靠现有证据，不能排除他人在13日晚8时至10时之间杀人的可能性。

第十一章 证 明

☑ 单项选择题

1. 答案：A。本题考查的是刑事自诉案件中的举证责任。在自诉案件中，自诉人负有举证责任。根据《刑事诉讼法》第210条、第211条的规定，自诉人在向人民法院提出自诉时，必须提出证据来支持自己的控诉。如果人民法院认为缺乏罪证，而自诉人又提不出补充证据时，人民法院应当说服自诉人撤回自诉，或者裁定驳回自诉。在自诉案件中，被告人不承担举证责任，也就是说没有提出证据证明自己无罪的义务。据此，本题正确答案为A。

2. 答案：A。本题考查的是立案的证明要求。我国《刑事诉讼法》第112条规定："人民法院、人民检察院或者公安机关对于报案、控告、举报和自首的材料，应当按照管辖范围，迅速进行审查，认为有犯罪事实需要追究刑事责任的时候，应当立案……"据此，立案的证明要求是"有犯罪事实需要追究刑事责任"，故本题正确答案为A。

3. 答案：B。本题考查的是询问证人应当遵循的规则。《公安机关办理刑事案件程序规定》第210条第2款规定："询问证人、被害人应当个别进行。"第211条规定："询问前，应当了解证人、被害人的身份，证人、被害人、犯罪嫌疑人之间的关系。询问时，应当告知证人、被害人必须如实地提供证据、证言和有意作伪证或者隐匿罪证应负的法律责任。侦查人员不得向证人、被害人泄露案情或者表示对案件的看法，严禁采用暴力、威胁等非法方法询问证人、被害人。"根据上述规定，证言中的矛盾，自然应由证人自己解释；另外，因为证人证言属于言词证据，自然应以口头方式取证。综上，本题ACD项说法都是正确的。而B项说法不正确，当选。

4. 答案：C。本题考查证人证言的收集程序。收集证人证言的方法是询问证人，收集证人证言必须依法定程序进行，必须保证证人提供证言的真实性。严禁对证人采用拘留、刑讯、威胁、利诱、欺骗等非法方法收集证言，在询问证人前，不得先由办案人员具体介绍案情，以暗示证人如何提供证言。

5. 答案：C。本题考查刑事诉讼中证据收集的合法性要求。根据《刑事诉讼法》第43条第1款、第52条、第54条第1款的规定："辩护律师经证人或者其他有关单位和个人同意，可以向他们收集与本案有关的材料，也可以申请人民检察院、人民法院收集、调取证据，或者申请人民法院通知证人出庭作证。""审判人员、检察人员、侦查人员必须依照法定程序，收集能够证实犯罪嫌疑人、被告人有罪或者无罪、犯罪情节轻重的各种证据。严禁刑讯逼供和以威胁、引诱、欺骗以及其他非法方法收集证据……""人民法院、人民检察院和公安机关有权向有关单位和个人收集、调取证据。有关单位和个人应当如实提供证据。"因此答案为C。

6. 答案：A。本题考查刑事诉讼证据收集中的证据保全的概念和方法。证据保全是和证据收集密切相关的一项主要工作，从一般意义上讲，证据保全是指司法机关在刑事诉讼过程中，为了保持证据的真实性和完整性，对已经收集到的证据材料，通过法定的保全方法使其稳定化、固定化。这里，当事人收集、保全证据的行为不属于严格意义上的证据保全。因此，本题正确答案为A。

7. 答案：B。本题考查的是人民法院受理自诉案件的证明要求。《刑事诉讼法解释》第316条规定："人民法院受理自诉案件必须符合下列条件：（一）符合刑事诉讼法第二百一十条、本解释第一条的规定；（二）属于本院管辖；（三）被害人告诉；（四）有明确的被告人、具体的诉讼请求和证明被告人犯罪事实的证据。"据此，本题正确答案为B。

8. **答案：C**。A 选项属于品格证据，不得作为犯罪嫌疑人、被告人是否构成犯罪的证据使用，A 表述错误，不符合题意，不选择。根据《刑事诉讼法解释》第 98 条的规定，鉴定意见一旦有任何瑕疵或者问题，都不得作为定案根据，B 表述错误，不符合题意，不选择。《刑事诉讼法解释》第 86 条第 1 款规定："在勘验、检查、搜查过程中提取、扣押的物证、书证，未附笔录或者清单，不能证明物证、书证来源的，不得作为定案的根据。"C 选项的涉案电脑来源不明，表述正确，符合题意，选择。《刑事诉讼法解释》第 277 条第 1 款规定："审判期间，合议庭发现被告人可能有自首、坦白、立功等法定量刑情节，而人民检察院移送的案卷中没有相关证据材料的，应当通知人民检察院在指定时间内移送。"可见，D 表述错误，正确做法是要求检察院移送。综上所述，本题答案为 C。

多项选择题

1. **答案：AD**。本题考查的范围较广，涉及证明要求、举证责任和证据的运用规则。我国《刑事诉讼法》第 162 条第 1 款规定："公安机关侦查终结的案件，应当做到犯罪事实清楚，证据确实、充分，并且写出起诉意见书，连同案卷材料、证据一并移送同级人民检察院审查决定；同时将案件移送情况告知犯罪嫌疑人及其辩护律师。"本案公安机关没有做到犯罪事实清楚，证据确实、充分，不应对本案移送审查起诉，故本题 A 项正确。《刑事诉讼法》第 55 条第 1 款规定："……只有被告人供述，没有其他证据的，不能认定被告人有罪和处以刑罚……"本案即属"只有被告人陈述，没有其他证据"的情况，人民法院不应对其定罪量刑，故本题 D 项正确。

2. **答案：ACD**。本题考查的是刑事诉讼的证明要求。我国《刑事诉讼法》第 162 条第 1 款规定："公安机关侦查终结的案件，应当做到犯罪事实清楚，证据确实、充分，并且写出起诉意见书，连同案卷材料、证据一并移送同级人民检察院审查决定；同时将案件移送情况告知犯罪嫌疑人及其辩护律师。"第 171 条规定："人民检察院审查案件的时候，必须查明：（一）犯罪事实、情节是否清楚，证据是否确实、充分，犯罪性质和罪名的认定是否正确……"第 200 条规定"……（一）案件事实清楚，证据确实、充分，依据法律认定被告人有罪的，应当作出有罪判决……"故本题 ACD 项正确。

3. **答案：ABCD**。本题考查的是收集调取物证的规则。《刑事诉讼法解释》第 83 条规定："据以定案的物证应当是原物。原物不便搬运、不易保存、依法应当返还或者依法应当由有关部门保管、处理的，可以拍摄、制作足以反映原物外形和特征的照片、录像、复制品。必要时，审判人员可以前往保管场所查看原物。物证的照片、录像、复制品，不能反映原物的外形和特征的，不得作为定案的根据。物证的照片、录像、复制品，经与原物核对无误、经鉴定或者以其他方式确认真实的，可以作为定案的根据。"本题正确答案为 ABCD。

4. **答案：BC**。本题考查的是刑事诉讼的证明责任。在我国，根据刑事诉讼法的有关规定和司法实践经验，证明责任是指公安司法机关应当收集证据、提供证据证明案件事实的责任。公安机关在提请批准逮捕时，应当提供能够证明逮捕犯罪嫌疑人的证据，即公安机关负有证明责任。相应地，人民检察院对这些案卷材料、证据进行审查，认为应当逮捕的，作出批准逮捕的决定，这也是一个运用证据进行证明的过程。故本题 BC 项正确。

5. **答案：AB**。《高检规则》第 401 条规定："在法庭审理中，下列事实不必提出证据进行证明：（一）为一般人共同知晓的常识性事实；（二）人民法院生效裁判所确认并且未依审判监督程序重新审理的事实；（三）法律、法规的内容以及适用等属于审判人员履行职务所应当知晓的事实；（四）在法庭审理中不存在异议的程序事实；（五）法律规定的推定事实；（六）自然规律或者定律。"被弃尸的河流从案发村镇穿过的事实属于一般人共同知晓的常识性事实，故 A 项正确。刑法关于杀人罪的法律规定属于审判人员履行职务所应当知晓的事实，故 B 项正确。检察机关和石某都没有异议的案件基本事实涉及的是犯罪构成事实而非程序事实，需要证明，故 C 项不正确。石某的精神状态关系到其是否具备刑事责任能力，属于犯罪构成事实，需要证明，故 D 项不正确。本题正确答案是 AB。

6. **答案**：ABCD。本题考查的是证人证言作为定案根据的条件。《刑事诉讼法》第 61 条规定："证人证言必须在法庭上经过公诉人、被害人和被告人、辩护人双方质证并且查实以后，才能作为定案的根据……"据此，本题正确答案为 ABCD。

7. **答案**：ABCD。本题考查刑事证据的审查。刑事证据的审查是运用证据查明案件事实的重要活动，对正确运用证据查明案件有重要意义。题目中对刑事证据审查的概念、主要内容、步骤以及对象的表述都是正确的。

8. **答案**：ABCD。最高人民法院、最高人民检察院、公安部等《关于办理死刑案件审查判断证据若干问题的规定》第 5 条第 3 款规定："办理死刑案件，对于以下事实的证明必须达到证据确实、充分：（一）被指控的犯罪事实的发生；（二）被告人实施了犯罪行为与被告人实施犯罪行为的时间、地点、手段、后果以及其他情节；（三）影响被告人定罪的身份情况；（四）被告人有刑事责任能力；（五）被告人的罪过；（六）是否共同犯罪及被告人在共同犯罪中的地位、作用；（七）对被告人从重处罚的事实。"由此可知，选项 AB 正确。第 36 条第 1 款规定："在对被告人作出有罪认定后，人民法院认定被告人的量刑事实，除审查法定情节外，还应审查以下影响量刑的情节：（一）案件起因；（二）被害人有无过错及过错程度，是否对矛盾激化负有责任及责任大小；（三）被告人的近亲属是否协助抓获被告人；（四）被告人平时表现及有无悔罪态度；（五）被害人附带民事诉讼赔偿情况，被告人是否取得被害人或者被害人近亲属谅解；（六）其他影响量刑的情节。"因此，选项 CD 正确。综上，本题答案为 ABCD。

9. **答案**：ABD。本题考查刑事诉讼的证明主体。刑事诉讼证明的主体是国家公诉机关和诉讼当事人。公安机关和人民法院不是证明的主体。A 项中的附带民事诉讼原告人和 B 项的反诉人（即反诉中的自诉人）都是当事人，是证明主体。故 AB 都是证明主体。C 项中的警察是公安机关的侦查人员，不是证明主体。故 C 项错误。刑事诉讼主体是所有参与刑事诉讼活动，在刑事诉讼中享有一定权利、承担一定义务的国家专门机关和诉讼参与人。其中承担基本诉讼职能的专门机关和当事人是主要的诉讼主体，其他诉讼参与人是一般诉讼主体。故 D 项中的证明主体包括公诉机关和当事人，都是刑事诉讼主体。D 项正确。本题的正确答案为 ABD。

名词解释

1. **答案**：免证事实是指在诉讼过程中，当事人无须证明的事实。理论界一般认为，下列事实属于免证事实：众所周知的事实；自然规律与定理；生效裁判认定的事实；推定的事实；经过公证证明的事实；当事人承认的事实；司法认知的事实等。

2. **答案**：司法认知又称为审判上的认知，是指在案件审判过程中，法官对某些特定的事项直接确认其真实性，而无须证据证明的一种诉讼证明方式。

3. **答案**：在刑事诉讼中，证明责任可界定为：由公安司法机关或某些当事人负责，他们必须提供证据证明自己所主张的案件事实。否则，他们将承担其控告、认定或主张不能成立的后果。具体而言，我国刑事诉讼中的证明责任，可以从两个层面上去理解：（1）在法庭审判阶段，控诉方（公诉人或自诉人）负有证明被告人有罪的责任，被告人原则上不负有证明自己无罪的责任。（2）在整个刑事诉讼过程中，公安司法机关及其司法工作人员在追究犯罪嫌疑人、被告人的刑事责任时，应当负职务上的证明责任。

4. **答案**：推定在诉讼理论上是一个颇具争议的概念。代表性的观点认为，推定是指依照法律规定或者由法院按照经验法则，从已知的基础事实推断未知的推定事实存在，并允许当事人提出反证予以推翻的一种证据法则。推定的基本要素包括：（1）推定涉及两种事实，即已知事实和未知事实，或者基础事实和推定事实。（2）推定发生的根据是法律的规定或者经验法则。（3）推定的救济方法是反证。即允许当事人提出反证，推翻推定事实，进而使推定规则失去效用。

5. **答案**：认证是指法官在法庭审判过程中，对诉讼双方当事人提供的证据，或者法官自行收集的证据，进行审查判断，确认其证据能力和证明力的诉讼活动。其主要特点是：（1）认证的主体是法官；（2）认证的客体是双方当事人向法庭提交的证据；（3）认证的内容是证据的证据能力和证明力。

6. **答案**：证据保全是指在诉讼过程中，对于可能灭失、失真或以后难以取得的证据，司法机关根据当事人的申请，或者主动依照职权，采取一定的措施先行加以固定和保护的诉讼行为。证据保全的目的在于保持证据被发现时的原状，防止证据因时过境迁或者人为的干扰、破坏，而不能或者难以取得或者发生变化。

简答题

1. **答案**：（1）疑案是指刑事诉讼中对案件事实的证明证据不足，没有达到证明标准，因而难以决断的案件的简称。在司法实践中有时由于条件的限制或各种主客观原因，有些案件虽然有一定的有罪证据，但未能查得水落石出，或因案情错综复杂，一时难以查清，法定期限已过，因而出现疑案是不可避免的。

    （2）对于疑案的处理，在实行有罪推定的封建专制主义诉讼制度下按照"疑罪从有"来处理；与有罪推定相对的是无罪推定即被告人有罪无罪难以确定时，按被告人无罪来处理；被告人罪重罪轻难以确定时，按被告人罪轻处理。我国在相当长的时间里没有确认无罪推定的原则，有罪推定的影响还比较严重，在疑案的处理上，"久押不决"甚至"挂"起来、"留尾巴"的情况时有发生。《刑事诉讼法》第12条明确规定，"未经人民法院依法判决，对任何人都不得确定有罪"。这一规定吸收了"疑罪从无"的疑案处理精神，具体来讲在新修改的刑事诉讼法中关于疑案处理方式体现在，不仅明确规定，把退回补充侦查限制在二次各一个月的时间里，而且规定对于补充侦查的案件，人民检察院仍然认为证据不足、不符合起诉条件的，可以作出不起诉的决定；另外人民法院移送起诉的案件，经法庭审理后，对于证据不足，不能认定被告人有罪的，应当作出证据不足、指控的犯罪不能成立的无罪判决。

2. **答案**：我国刑事诉讼中的证明责任可界定为：由公安司法机关或某些当事人负责，他们必须提供证据证明自己所主张的案件事实。否则，他们将承担其控告、认定或主张不能成立的后果。

    具体而言，我国刑事诉讼中的证明责任，可以从两个层面上去理解：

    （1）在法庭审判阶段，控诉方（公诉人或自诉人）负有证明被告人有罪的责任，被告人原则上不负有证明自己无罪的责任。

    （2）在整个刑事诉讼过程中，公安司法机关及其司法工作人员在追究犯罪嫌疑人、被告人的刑事责任时，应当负职务上的证明责任。犯罪嫌疑人、被告人原则上不负证明自己无罪的责任。

    我国《刑事诉讼法》第52条规定："审判人员、检察人员、侦查人员必须依照法定程序，收集能够证实犯罪嫌疑人、被告人有罪或者无罪、犯罪情节轻重的各种证据。严禁刑讯逼供和以威胁、引诱、欺骗以及其他非法方法收集证据，不得强迫任何人证实自己有罪……"第54条规定："人民法院、人民检察院和公安机关有权向有关单位和个人收集、调取证据……"从以上规定中我们可以清楚地看到，刑事诉讼证明责任的原则主要是：（1）证明责任首先应当由提出诉讼主张的侦查人员和检察人员共同负担；（2）否定诉讼主张的犯罪嫌疑人、被告人没有证明责任；（3）侦查人员、检察人员、审判人员不仅调查、收集有罪和罪重的证据，同时还调查、收集无罪和罪轻的证据；(4) 犯罪嫌疑人、被告人提出无罪、罪轻和免予刑事处罚的证据，是他们依法行使辩护权利，而不是义务，不能把证明责任转移到犯罪嫌疑人、被告人身上；(5) 不能用刑讯逼供等非法手段强迫犯罪嫌疑人、被告人证明自己有罪。

论述题

1. 答案：(1) 刑事诉讼证明标准的概念和意义

刑事诉讼证明标准，也叫作审查判断证据的标准，是指认定证据是否确实、充分时所依据的原则或尺度。任何证明或判断都必须依据一定的标准进行，没有标准就没有证明，没有判断，这是思维形式逻辑的一条普遍规律。对证据的审查判断也必须依据一定的标准。所以，确立证明或判断证据的标准就成为证据制度的核心问题之一。

(2) 客观真实与法律真实

我国《刑事诉讼法》规定的刑事诉讼证明标准是"案件事实清楚，证据确实、充分"，对此如何理解以及应该确立何种的刑事诉讼证明标准，学界有客观真实和法律真实两种对立的观点。

传统观点认为，"客观真实"是诉讼证明的标准，这种标准不但有必要达到，而且完全可能达到。这种观点提出，要按照"物质存在第一，认识第二"的辩证唯物主义基本观点，把客观真实作为判断证据的标准。其客观真实的含义有二：案件事实、情节清楚；证据确实充分。所谓案件事实、情节清楚就是指有关案件事实、情节已经查清。所谓证据确实充分是指：①据此定案的每一个证据都已查证属实，具有客观真实性；②据此定案的证据与案件事实之间存在客观联系；③证据和证据之间、证据与案件事实之间的矛盾得到合理排除；④案件的事实情节都有相应的一定数量的证据予以证明。其证明标准可以表述为"排他性"的证明标准。

所谓法律真实，则是指在实现和认定案件事实过程中，必须尊重体现一定价值的刑事程序的要求，在对案件事实的认识达到法律要求的标准时，即可定罪量刑，否则应当宣布被追诉人无罪。所谓法律要求的标准，是指法律认为对事实的认识达到据此可以对被告人定罪的标准，这种标准可以表述为"排除合理怀疑的标准"，但不要求是绝对的客观上的真实。

客观真实和法律真实所对应的证明目标——客观事实和法律事实是两种性质不同的事实。诉讼过程中，实际上存在三种事实状态，即客观事实、主观事实和法律事实。客观事实是发生在过去的事实，具有不可回复性；主观事实是发生在参加诉讼人员头脑中的事实，具有多变性；法律事实则是通过诉讼程序最终认定的事实，具有"合理的可接受性"。这三种事实之间存在密切的内在联系，主观事实、法律事实，都从客观事实衍生而来；这三种事实在很大程度上应当是重合的。但要注意它们具有不同的性质和特征，不能互相取代。由于客观事实是不可回复的，因此如果坚持客观真实的标准观，最后只能陷入对主观事实的追求当中，而只有法律真实具有的合理的可接受性，既包含与客观事实相一致的极大可能性，也包含通过程序而获得的正当性，还包含国家为定分止争所表现出来的强制性。

(3) 选择法律真实的依据和意义

我国刑事诉讼证明的任务和要求应该确定为法律真实，这也有着理论和实践上的依据：

①诉讼证明追求法律真实与我国《刑事诉讼法》规定的宗旨和任务相一致。从《刑事诉讼法》的规定来看，我国刑事诉讼的首要功能和根本任务，就是保证我国《刑法》的正确实施，以准确、及时地惩罚犯罪，保护人民，保障无罪的人不受刑事追究。诉讼证明的任务和要求必须与刑事诉讼的宗旨与任务相一致，整个证明活动必须紧紧围绕我国《刑法》所规定的各种犯罪构成要件进行，对于各种证据的收集、调查和审查判断，最终结果必须符合刑法各罪要件的标准和要求。因此，以法律真实作为刑事诉讼证明的任务和要求，不仅于法有据，而且符合情理。

②法律真实简明扼要，具体明确，可操

作性强，易于实用。法律真实的标准明确，易于操作，整个证明活动只需围绕构成本罪的实体要件进行，并且符合《刑事诉讼法》的规定就可以了。

③法律真实为证据的调查和运用指明了方向，澄清了在运用证据过程中容易混淆的环节和概念。凡是与刑事实体法各罪的构成要件相关的证据，并且符合《刑事诉讼法》《证据法》的规定，均具有可采性。

④法律事实与客观事实有着密切联系，法律真实的证明要求和任务为客观事实向法律事实转化提供了明确的标准。实现法律真实，诉讼证明活动在某种程序上只需紧紧围绕实体法事实的有无进行就可以了。

⑤采用客观真实的证明标准观。

（4）刑事诉讼证明的标准

如上所述，客观真实观提供的证明标准不但实现不了，而且在现实中还有消极影响。法律真实观则必然要求"排除合理怀疑的证明标准"，即要具有合理的可接受性。这一标准一方面可以使案件结论达到一定的确定性，另一方面又尊重了法律尤其是刑事程序的规定及其价值。它也更能精确地说明《刑事诉讼法》中规定的"案件事实清楚，证据确实、充分"的含义：

①排除合理怀疑的标准本身就不低于案件事实清楚的标准，因为案件事实中的合理怀疑被排除之后，它就应该也必然是清楚的。

②案件事实清楚，从正面很难把握，如果不经过合理怀疑的排除过程，这种确实性就可能是不完善的。

③排除合理怀疑的证明标准更加注意被告人对案件事实的发现和形成的参与，更重视法律程序的作用和价值。

④在司法实践中，很多司法人员正是依据排除合理怀疑这一思路进行判断的。

所以说，用排除合理怀疑的标准来解释我国《刑事诉讼法》规定的证明标准，是非常贴切的，这对于我国刑事诉讼的司法实践也具有重要的指导作用。

2. **答案**：证明责任是由控方证明被告有罪的一种举证责任。

刑事推定的实质，是刑事诉讼中证明责任与证明方式的问题，是部分减轻控方的证明责任和证明难度，并将部分证明义务转移由被告人承担。

有关二者之间关系的争论主要体现在三个方面：第一，推定是不是证明责任存在的前提。第二，推定能不能决定证明责任的分配。第三，推定能不能引起证明责任的转移。

推定与证明责任关系密切，推定的类别不同对证明责任的影响则不同。我国法学界一般把推定区分为法律上的推定与事实上的推定，法律上的推定可以分为推论推定与直接推定两种。法律上的推论推定是指法律规定应当从某一已知事实的存在，作出与之相关的另一未知事实存在（或不存在）的假定，这种推定在各类推定中最具有典型性，而直接推定是一种暂定的真实，即法律不依赖于任何基础事实，便假定某一事实存在的推定，如刑事诉讼中的无罪推定，因此二者的显著区别在于推定是否依据基础事实。

另外，还可以结合刑法中的持有型犯罪和巨额财产来源不明罪来分析推定与证明责任的关系。

第十二章 证据规则

✓ 单项选择题

1. 答案：D。 本题考查的是证据的基本特征。根据证据的一般原理，证据的特征表现在两个基本的方面，一是证据的证明力，二是证据的证明能力。证据的证明力，是指证据事实对案件事实是否具有证明作用和作用的程度。证据的证明力是证据本身固有的属性，是客观存在的。证据的证明能力，即证明资格，是指证据资料在法律上允许其作为证据的资格。在英美法系国家，则被称为证据的可采性，指证据必须为法律所允许，可用于证明诉讼中的待证事实。据此，本题正确答案为D。

2. 答案：D。《刑事诉讼法》第55条规定，对一切案件的判处都要重证据，重调查研究，不轻信口供。只有被告人供述，没有其他证据的，不能认定被告人有罪和处以刑罚，由此延伸出了证据法学上的"补强证据规则"和"孤证不能定案"的规则。A项中甲供认自己强奸了乙，乙否认，该案没有其他证据，即仅有甲的供述，而无其他证据验证，故不能作出有罪认定，A不选。B项中甲指认乙强奸了自己，乙坚决否认，该案没有其他证据，即仅有被害人陈述，而无其他证据验证，同样不能作出有罪认定，B不选。《刑事诉讼法》第200条规定："在被告人最后陈述后，审判长宣布休庭，合议庭进行评议，根据已经查明的事实、证据和有关的法律规定，分别作出以下判决：（一）案件事实清楚，证据确实、充分，依法律认定被告人有罪的，应当作出有罪判决……"据此，有罪认定的标准是"犯罪事实清楚，证据确实、充分"。C项中某单位资金30万元去向不明，会计说局长用了，局长说会计用了，该案没有其他证据，犯罪主体这一要件无法查清，未能达到"事实清楚"的证明标准。D项中虽然无法确定打伤丙的是谁，但故意杀人或故意伤害案的构成要件不要求犯罪结果，只要证明两人均实施故意杀人或伤害之行为即可，现足以证明两人均向丙开枪，已经达到"犯罪事实清楚"之定罪标准，故D为正确答案。

3. 答案：C。 本题考查的是人民检察院决定提起公诉的证明要求。《高检规则》第355条第1款规定，人民检察院认为犯罪嫌疑人的犯罪事实已经查清，证据确实、充分，依法应当追究刑事责任的，应当作出起诉决定。据此，人民检察院决定提起公诉的证明要求是：犯罪事实清楚，证据确实、充分。故本题正确答案为C。

4. 答案：D。 本题考查的是证据的完整性、准确性。《公安机关办理刑事案件程序规定》第134条规定："有证据证明有犯罪事实，是指同时具备下列情形：（一）有证据证明发生了犯罪事实；（二）有证据证明该犯罪事实是犯罪嫌疑人实施的；（三）证明犯罪嫌疑人实施犯罪行为的证据已有查证属实的。前款规定的'犯罪事实'既可以是单一犯罪行为的事实，也可以是数个犯罪行为中任何一个犯罪行为的事实。"据此，本题正确答案为D。

5. 答案：B。 我国要求作为诉讼证据，必须保证具有三性，即客观性、关联性、合法性，合法性要求收集运用证据必须依法进行，主体、来源、程序、形式都要合法，所以B的陈述是错误的。

6. 答案：D。 补强证据规则是指为了防止误认事实或发生其他危险性，而在运用某些证明力显然薄弱的证据认定案情时，必须有其他证据补强其证明力，才能被法庭采信为定案根据。

一般来说，在刑事诉讼中需要补强的不仅包括被追诉人的供述，而且包括证人证言、被害人陈述等特定证据。补强证据必须满足以下条件：(1) 补强证据必须具有证据能力；(2) 补强证据本身必须具有担保补强对象真实的能力；(3) 补强证据必须具有独立的来源。本题中 AB 两项均是证明证据的合法性，即证据能力，而非补强证据的证明力。C 项与补强对象之间重叠，不具有独立来源，因此不属于补强证据。D 项属于补强证据。本题正确答案为 D 项。

7. **答案**：B。按照《刑事诉讼法》第 86 条、第 94 条的规定，不论是拘留还是逮捕，都应当在抓捕后 24 小时内讯问，而且讯问时间一般不超过 12 小时，从凌晨到天亮显然没有超过 12 小时，因此，A 选项的供述合法，不予排除。最高人民法院、最高人民检察院、公安部等《关于办理刑事案件严格排除非法证据若干问题的规定》第 2 条规定："采取殴打、违法使用戒具等暴力方法或者变相肉刑的恶劣手段，使犯罪嫌疑人、被告人遭受难以忍受的痛苦而违背意愿作出的供述，应当予以排除。"呛水属于变相肉刑，由此获得的供述应当排除，符合题意，B 选项当选。《关于办理刑事案件严格排除非法证据若干问题的规定》第 3 条规定："采用以暴力或者严重损害本人及其近亲属合法权益等进行威胁的方法，使犯罪嫌疑人、被告人遭受难以忍受的痛苦而违背意愿作出的供述，应当予以排除。"C 选项的威胁只是普通的威胁，没有达到"难以忍受的痛苦"的标准，C 选项错误。证人证言如果没有证人核对确认并签字的，应当不采信，即予以排除。但是就辨认笔录而言，没有签字，可以补正或者合理解释，不是必须排除，D 选项错误。综上，本题正确答案为 B。

多项选择题

1. **答案**：ABC。本题考查的是人民法院运用证据的规则。我国《刑事诉讼法》第 55 条规定："……只有被告人供述，没有其他证据的，不能认定被告人有罪和处以刑罚……"据此，本题 A 项正确。《刑事诉讼法》第 200 条规定："……（三）证据不足，不能认定被告人有罪的，应当作出证据不足、指控

犯罪不能成立的无罪判决。"据此，本题 B 项正确。《刑事诉讼法解释》第 295 条第 1 款第 5 项规定，案件部分事实清楚，证据确实、充分的，应当作出有罪或者无罪的判决；对事实不清，证据不足部分，不予认定。据此，当被告人罪重罪轻难以确定时，人民法院应当只认定有充足证据证明的案件事实部分，从而作出轻罪判决，故本题 C 项正确。

2. **答案**：AB。本题考查的是证据的特性。根据刑事证据理论，证据具有客观性、相关性和法律性。客观性是指，证据是客观存在的事实。相关性是指，证据是同案件事实有某种关联并对证明案情有实际意义的事实。法律性是指，证据是依法收集、依法查证属实并以合法形式表现出来的事实。本题中带有血迹的匕首不同于其他两把是其带有血迹的客观性，以及血迹与死者血液的血型和 DNA 相符这种相关性，因而能够作为本案的证据。故本题 AB 项正确。因为这三把匕首是在同一次搜查中被一起搜得的，故均有收集程序的合法性和收集人员的合法性特征，故本题 CD 项不正确。

3. **答案**：ABD。本题考查共犯口供的适用问题。共犯口供的性质仍然是口供，共犯不能互为证人，对待共犯口供同样适用《刑事诉讼法》第 55 条的规定。但是，当确实无法取得其他证据的情况下，如果同时具备下列情形，可以将共犯口供作为定案依据：各被告人分别关押；各被告人的口供都是在没有任何违法的条件下取得的；各共犯供述的犯罪事实细节基本一致；共犯为三人以上；有其他种类的证据加以补强。

4. **答案**：ABC。《刑事诉讼法》第 58 条规定："法庭审理过程中，审判人员认为可能存在本法第五十六条规定的以非法方法收集证据情形的，应当对证据收集的合法性进行法庭调查。当事人及其辩护人、诉讼代理人有权申请人民法院对以非法方法收集的证据依法予以排除。申请排除以非法方法收集的证据的，应当提供相关线索或者材料。"第 59 条第 1 款规定："在对证据收集的合法性进行法庭调查的过程中，人民检察院应当对证据收

集的合法性加以证明。"故 ABC 选项符合法律规定。《刑事诉讼法》第 60 条规定："对于经过法庭审理，确认或者不能排除存在本法第五十六条规定的以非法方法收集证据情形的，对有关证据应当予以排除。"选项 D 不包含不能排除存在的情形，说法错误。综上，本题正确答案为 ABC。

5. **答案**：BCD。依据《刑事诉讼法》以及《公安机关办理刑事案件程序规定》，在侦查中可以更换侦查人员进行讯问。故 A 项未违法。

依据《公安机关办理刑事案件程序规定》第 207 条的规定，犯罪嫌疑人请求自行书写供述的，应当准许；必要时，侦查人员也可以要求犯罪嫌疑人亲笔书写供词。犯罪嫌疑人应当在亲笔供词上逐页签名、捺指印。侦查人员收到后，应当在首页右上方写明"于某年某月某日收到"，并签名。故 B 项违法。

依据《刑事诉讼法》第 34 条第 2 款的规定，侦查机关在第一次讯问犯罪嫌疑人或者对犯罪嫌疑人采取强制措施的时候，应当告知犯罪嫌疑人有权委托辩护人。故 C 项违法。

《刑事诉讼法》第 119 条第 2 款规定，传唤、拘传持续的时间不得超过 12 小时；案情特别重大、复杂，需要采取拘留、逮捕措施的，传唤、拘传持续的时间不得超过 24 小时。本案属于危险驾驶案件，不属于案情特别重大、复杂，持续时间不超过 12 小时。故 D 项违法。

本题的正确答案为 BCD 三项。

名词解释

1. **答案**：关联性规则又称相关性规则，是指只有与诉讼中待定事实具有关联性的证据才可以采纳，一切没有关联性的证据均不予采纳。检验证据的关联性通常有以下几个标准：第一，所提出的证据是用来证明什么的？第二，这是本案的实质性问题吗？第三，所提的证据对该问题有证明性吗？一般而言，除非法律另有特殊规定，具有关联性的证据一般都具有可采性。

2. **答案**：传闻证据排除规则又称传闻法则。根据该项法则，传闻证据一般不具有可采性，不得提交法庭进行调查质证；已经在法庭上出示的，不得提交陪审团作为评议的根据。之所以排除传闻证据，一般是因为：传闻证据有误传的危险，其内容的真实性值得怀疑；传闻证据是未经宣誓提出的，又不受交叉询问，其真实性无法得到证实，因而无法保障审判的公正性和证据的可靠性；传闻证据并非在裁判官面前的陈述，如果传闻证据可以采纳，势必造成诉讼的拖延和司法资源的浪费。

3. **答案**：自白规则又称为非任意自白排除规则，是指在刑事诉讼中，只有基于被追诉人自由意志而作出的自白（承认有罪的陈述），才具有证据能力；缺乏任意性或者具有非任意性怀疑的口供，均不具有可采性。最初排除非任意自白是基于证明力的考虑，目的在于排除虚假陈述。

4. **答案**：品格证据规则是指一个人的品格或者品格特征方面的证据在证明这个人于特定环境实施了与此品格相一致的行为问题上不具有关联性。但是如果被告人首先提出了关于其品格或者被害人品格方面的证据，那么控诉方提出的反驳被告人的品格证据具有可采性。品格证据规则是关联性规则的限制。

5. **答案**：补强证据规则是指为了防止误认事实或发生其他危险性，而在运用某些证明力显然薄弱的证据认定案情时，必须有其他证据补强其证明力，才可以作为定案根据的规则。

论述题

答案：英美法系国家在长期的诉讼发展中确立了一套证据规则来规范采用证据和判断证据的活动。证据规则复杂而精密是英美法系证据制度的突出特点。英美法系国家的证据规则可以追溯到中世纪，绝大多数的证据规则是以 17 世纪至 18 世纪的判例为基础的。19 世纪和 20 世纪，英美国家进行了一系列法律改革，证据制度得到进一步发展。英美国家的证据法并不预先具体规定各种证据的证明力，而是确立一整套证据规则用以规范采用证据和判断证据的活动。

在英美法系国家，证据规则主要是由排除规则构成的。排除规则通常适用于两种情况：一是排除那些与争议事实无关的证据；二是排除那些虽然具有相关性，但与案件事实只有微弱的联系、不值得花费时间去核实的证据，或者与案件事实相关甚至也很重要，但由于其自身的特点，往往会使一般人误以为其对事实的证明力比其实际具有的更大的证据以及违反正当程序、损害公民受法律保障的权利而取得的证据。

在英美法系国家，证据规则主要有：诱导性询问规则、意见证据规则、证据的相关性规则、最佳证据规则、传闻证据规则、非法证据排除规则等。

英美法系国家的一整套证据规则，通常是在解决具体问题中确立起来的，其宗旨是保障发现案件的真实，防止冤枉无辜。一些证据规则，如米兰达规则，体现了当实质真实与正当程序存在矛盾时将正当程序置于实质真实之上的价值取向。另外，证据规则与诉讼机制的设置存在密切关系，在英美国家，由于陪审团成员的非专业化，使法庭不得不建立起许多规则，以排除某些看起来容易使他们受到错误引导的证据。

证据规则通常由相应的判例所确立，这些证据规则内容烦琐、复杂，而且至今仍在不断地丰富和发展。英美法系国家通过一系列判例确立的证据规则，极大地丰富了诉讼证据法和诉讼证据法学，并对英美法系以外的国家的立法和司法实践产生了积极的影响。

第十三章 强制措施

☑ 单项选择题

1. 答案：B。本题考查的是刑事诉讼强制措施适用的对象。《刑事诉讼法》第66条规定："人民法院、人民检察院和公安机关根据案件情况，对犯罪嫌疑人、被告人可以拘传、取保候审或者监视居住。"可见，刑事诉讼强制措施只对犯罪嫌疑人、被告人适用，不能对自诉人和证人适用，故本题CD项不正确。该条规定的"犯罪嫌疑人、被告人"不限于公诉案件的犯罪嫌疑人、被告人，故本题A项不正确，B项正确。

2. 答案：C。本题考查的是拘传的适用。《刑事诉讼法》第66条规定："人民法院、人民检察院和公安机关根据案件情况，对犯罪嫌疑人、被告人可以拘传、取保候审或者监视居住。"据此，人民检察院有权决定拘传，故A项不正确。《刑事诉讼法》没有规定拘传应由公安机关执行，因此，拘传可以由作出拘传决定的人民检察院执行，故B项不正确。刑事诉讼不同于民事诉讼，可以不经过传唤而直接拘传，故D项不正确。《刑事诉讼法》第119条第2款规定："传唤、拘传持续的时间不得超过十二小时……"故人民检察院对白某的拘传长至1日是错误的，白某可以此为由提出申诉。故本题正确答案为C。

3. 答案：C。本题考查被取保候审人的法定义务和酌定义务。《刑事诉讼法》第71条第1款、第2款规定："被取保候审的犯罪嫌疑人、被告人应当遵守以下规定：（一）未经执行机关批准不得离开所居住的市、县；（二）住址、工作单位和联系方式发生变动的，在二十四小时以内向执行机关报告；（三）在传讯的时候及时到案；（四）不得以任何形式干扰证人作证；（五）不得毁灭、伪造证据或者串供。人民法院、人民检察院和公安机关可以根据案件情况，责令被取保候审的犯罪嫌疑人、被告人遵守以下一项或者多项规定：（一）不得进入特定的场所；（二）不得与特定的人员会见或者通信；（三）不得从事特定的活动；（四）将护照等出入境证件、驾驶证件交执行机关保存。"其中，第1款规定了5项法定义务，第2款规定了4项酌定义务。本题中的ABD三项均属于被取保候审人的酌定义务，不当选，C项属于被取保候审人的法定义务，当选。

4. 答案：D。本题考查的是取保候审的实施方式。《刑事诉讼法》第68条规定："人民法院、人民检察院和公安机关决定对犯罪嫌疑人、被告人取保候审，应当责令犯罪嫌疑人、被告人提出保证人或者交纳保证金。"据此，本题正确答案为D。

5. 答案：D。本题考查取保候审的适用条件。取保候审的自动解除有以下几种情况：（1）取保候审依法变更为监视居住、拘留、逮捕，并已开始执行。（2）检察院作出不起诉决定的。（3）法院作出无罪、免罚或不负刑事责任的判决、裁定已经发生法律效力的。（4）被判处管制或者适用缓刑，社区矫正已经开始执行的。（5）被单处附加刑，判决已经开始发生法律效力的。（6）被判处监禁刑，刑罚已经开始执行的。公安机关的撤销不属于以上几种情形。此外，根据规定，对于发现不应当追究被取保候审人刑事责任并作出撤销案件或者终止侦查决定的，决定机关应当及时作出解除取保候审决定，并送交执行机关。A项表述错误。公安机关决定取保候审的，应当及时通知被取保候审人居住地的派出所执行。被取保候审人居住地在异地的，应当及时通知居住地公安机关，由其指定被取保候审人居住地的派出所执行。本案中向某的居住地在H市，应当由H市的派出所执行。B项表述错误。根据规定，对犯罪嫌疑人、被告人决定取保候审的，应当责令其提出保证人或者交纳保证金。对同一犯罪嫌疑人、被告人决定取保候审的，不得同时使用保证人保证和保证金保证。对未成年人取保候审的，应当优先适用保证人保证。本题中对向某采取取保候审时其非未成年人。C选项表述错误。根据规定，决定取保候审时，可以根据案件情况责令被取保候审人不得与下列"特定的人员"会见或者通信：证人、鉴定人、被害人及其法定代理人和近亲属，因此，公安机关可以要求向某不得向被害人吕某发送短信。据此，本题正确答案为D。

6. **答案**：A。本题考查的是公安机关提请批准逮捕的程序。《刑事诉讼法》第91条第3款规定："人民检察院应当自接到公安机关提请批准逮捕书后的七日以内，作出批准逮捕或者不批准逮捕的决定。人民检察院不批准逮捕的，公安机关应当在接到通知后立即释放，并且将执行情况及时通知人民检察院。对于需要继续侦查，并且符合取保候审、监视居住条件的，依法取保候审或者监视居住。"据此，本题正确答案为A。

7. **答案**：C。本题考查的是人民法院可以采取的强制措施。根据《刑事诉讼法》第66条和《刑事诉讼法解释》第150条的规定，本题中人民法院可以对被告人臧某取保候审、监视居住或者决定逮捕，并且可以对已被检察机关取保候审的臧某重新取保候审。《刑事诉讼法》第82条规定："公安机关对于现行犯或者重大嫌疑分子，如果有下列情形之一的，可以先行拘留……"而该法未规定人民法院有权决定拘留，故人民法院不能对被告人臧某决定拘留。综上，本题正确答案为C。

8. **答案**：C。本题考查的是强制措施的适用。《刑事诉讼法》第67条第1款第2项、第74条第1款第2项和第81条分别规定："可能判处有期徒刑以上刑罚，采取取保候审不致发生社会危险性的；""怀孕或者正在哺乳自己婴儿的妇女；""对有证据证明有犯罪事实，可能判处徒刑以上刑罚的犯罪嫌疑人、被告人，采取取保候审尚不足以防止发生下列社会危险性的，应当予以逮捕：（一）可能实施新的犯罪的；（二）有危害国家安全、公共安全或者社会秩序的现实危险的；（三）可能毁灭、伪造证据，干扰证人作证或者串供的；（四）可能对被害人、举报人、控告人实施打击报复的；（五）企图自杀或者逃跑的……对有证据证明有犯罪事实，可能判处十年有期徒刑以上刑罚的，或者有证据证明有犯罪事实，可能判处徒刑以上刑罚，曾经故意犯罪或者身份不明的，应当予以逮捕。被取保候审、监视居住的犯罪嫌疑人、被告人违反取保候审、监视居住规定，情节严重的，可以予以逮捕。"本题中，刘某涉嫌组织卖淫罪，可能被判处有期徒刑以上刑罚，属于应当逮捕的情况，但因其正在怀孕，可以采取取保候审或者监视居住。故本题C项正确。应当注意的是，这里是"可以"，而不是"应当"。

9. **答案**：D。本题考查的是有权为被羁押的犯罪嫌疑人、被告人申请取保候审的人员范围。《刑事诉讼法》第97条规定："犯罪嫌疑人、被告人及其法定代理人、近亲属或者辩护人有权申请变更强制措施……"根据《刑事诉讼法》第108条第6项的规定，"近亲属"是指夫、妻、父、母、子、女、同胞兄弟姊妹。综上，本题正确答案为D。

10. **答案**：C。适用强制措施应当遵循必要性原则和相当性原则。必要性原则是指只有在为保证刑事诉讼的顺利进行而有必要时方能采取，若无必要，不得随意适用强制措施。相当性原则，又称为比例原则，是指适用何种强制措施，应当与犯罪嫌疑人、被告人的人身危险性程度和涉嫌犯罪的轻重程度相适应。故AB项表述均正确。《刑事诉讼法》第95条规定，犯罪嫌疑人、被告人被逮捕后，人民检察院仍应当对羁押的必要性进行审查。对不需要继续羁押的，应当建议予以释放或者变更强制措施。有关机关应当在10日以内将处理情况通知人民检察院。因此，C项错误在于，检察院经羁押必要性审查认为不需要继续羁押的，无权直接决定释放或变更为其他非羁押强制措施，而应当建议予以释放或者变更强制措施。《刑事诉讼法解释》第 170 条规定，被逮捕的被告人具有下列情形之一的，人民法院应当立即释放；必要时，可以依法变更强制措施：（1）第一审人民法院判决被告人无罪、不负刑事责任或者免予刑事处罚的；（2）第一审人民法院判处管制、宣告缓刑、单独适用附加刑，判决尚未发生法律效力的；（3）被告人被羁押的时间已到第一审人民法院对其判处的刑期期限的；（4）案件不能在法律规定的期限内审结的。故 D 项的表述正确。本题符合题意的选项为 C 项。

11. **答案**：A。本题考查的是拘留的条件。《刑事诉讼法》第 82 条规定："公安机关对于现行犯或者重大嫌疑分子，如果有下列情形之一的，可以先行拘留……（三）在身边或者住处发现有犯罪证据的……"据此，本题正确答案为 A。

12. **答案**：B。本题考查的是有关拘留后讯问的规定。《刑事诉讼法》第 86 条规定："公安机关对被拘留的人，应当在拘留后的二十四小时以内进行讯问……"据此，本题正确答案为 B。

13. **答案**：A。本题考查的是关于公安机关异地执行拘留、逮捕的规定。《刑事诉讼法》第 83 条规定："公安机关在异地执行拘留、逮捕的时候，应当通知被拘留、逮捕人所在地的公安机关，被拘留、逮捕人所在地的公安机关应当予以配合。"据此，本题正确答案为 A。

14. **答案**：C。本题考查的是提请批准逮捕期限的延长。《刑事诉讼法》第 91 条规定："公安机关……对于流窜作案、多次作案、结伙作案的重大嫌疑分子，提请审查批准的时间可以延长至三十日……"据此，本题正确答案为 C。

15. **答案**：D。本题考查的是公安机关对犯罪嫌疑人可以拘留的最长时限。《刑事诉讼法》第 91 条规定："公安机关……对于流窜作案、多次作案、结伙作案的重大嫌疑分子，提请审查批准的时间可以延长至三十日。人民检察院应当自接到公安机关提请批准逮捕书后的七日以内，作出批准逮捕或者不批准逮捕的决定……"据此，对于流窜作案、多次作案、结伙作案的重大嫌疑分子，提请批准逮捕的时间加上人民检察院作出决定的时间，共 37 日，即犯罪嫌疑人在这种情况下可以被拘留 37 日。故本题正确答案为 D。

16. **答案**：A。本题考查的是公安机关发现逮捕不当时的处理方式。《刑事诉讼法》第 96 条规定："人民法院、人民检察院和公安机关如果发现对犯罪嫌疑人、被告人采取强制措施不当的，应当及时撤销或者变更。公安机关释放被逮捕的人或者变更逮捕措施的，应当通知原批准的人民检察院。"据此，本题正确答案为 A。

17. **答案**：C。本题中提到的报复陷害罪，由检察院立案侦查。而且，依据《刑事诉讼法》第 67 条的规定，本题中的取保候审应由公安机关执行，故 A 项错误。根据《关于取保候审若干问题的规定》第 4 条第 2 款的规定，对同一犯罪嫌疑人、被告人决定取保候审的，不得同时使用保证人保证和保证金保证。故 B 项错误。《刑事诉讼法》第 71 条第 1 款规定，被取保候审的犯罪嫌疑人、被告人应当遵守以下规定：……（2）住址、工作单位和联系方式发生变动的，在 24 小时以内向执行机关报告……故 D 项错误。《刑事诉讼法》第 71 条第 2 款规定，人民法院、人民检察院和公安机关可以根据案件情况，责令被取保候审的犯罪嫌疑人、被告人遵守以下一项或者多项规定：（1）不得进入特定的场所……故 C 项正确。

18. **答案**：D。《公安机关办理刑事案件程序规定》第 124 条规定，公安机关对于现行犯或者重大嫌疑分子，有下列情形之一的，可以先行拘留：（1）正在预备犯罪、实行犯罪或者在犯罪后即时被发觉的；（2）被害人或者在场亲眼看见的人指认他犯罪的；（3）在身边或者住处发现有犯罪证据的；（4）犯罪后企图自杀、逃跑或者在逃的；（5）有毁灭、伪造证据或者串供可能的；（6）不讲真实姓名、住址，身份不明的；（7）有流窜作案、多次作案、结伙作案重大嫌疑的。第 125 条规定，拘留犯罪嫌疑人，应当填写呈请拘留报告书，经县级以上公安机关负责人批准，制作拘留证。执行拘留时，必须出示拘留证，并责令被拘留人在拘留证上签名、捺指印，拒绝签名、捺指印的，侦查人员应当注明。紧急情况下，对于符合本规定第124条所列情形之一的，经出示人民警察证，可以将犯罪嫌疑人口头传唤至公安机关后立即审查，办理法律手续。故A项的错误在于，紧急情况下，对于符合先行拘留情形的，不用出示拘留证即可拘留。《刑事诉讼法》第85条第2款规定，拘留后，应当立即将被拘留人送看守所羁押，至迟不得超过24小时。故B项错误。《刑事诉讼法》第118条第2款规定，犯罪嫌疑人被送交看守所羁押以后，侦查人员对其进行讯问，应当在看守所内进行。该条只是要求侦查人员讯问应当在看守所内进行，故C项的表述过于绝对。《刑事诉讼法》第138条规定，进行搜查，必须向被搜查人出示搜查证。在执行逮捕、拘留的时候，遇有紧急情况，不用搜查证也可以进行搜查。《公安机关办理刑事案件程序规定》第224条规定，执行拘留、逮捕的时候，遇有下列紧急情况之一的，不用搜查证也可以进行搜查：（1）可能随身携带凶器的；（2）可能隐藏爆炸、剧毒等危险物品的；（3）可能隐匿、毁弃、转移犯罪证据的；（4）可能隐匿其他犯罪嫌疑人的；（5）其他突然发生的紧急情况。章某携带管制刀具，即属于紧急情况，故D项正确。

19. **答案**：B。本题直接考查法条。《刑事诉讼法》第88条规定："人民检察院审查批准逮捕，可以讯问犯罪嫌疑人；有下列情形之一的，应当讯问犯罪嫌疑人：（一）对是否符合逮捕条件有疑问的；（二）犯罪嫌疑人要求向检察人员当面陈述的；（三）侦查活动可能有重大违法行为的。人民检察院审查批准逮捕，可以询问证人等诉讼参与人，听取辩护律师的意见；辩护律师提出要求的，应当听取辩护律师的意见。"另外，第280条第1款规定："对未成年犯罪嫌疑人、被告人应当严格限制适用逮捕措施。人民检察院审查批准逮捕和人民法院决定逮捕，应当讯问未成年犯罪嫌疑人、被告人，听取辩护律师的意见。"故本题正确答案为B。

20. **答案**：B。《刑事诉讼法》第85条规定："公安机关拘留人的时候，必须出示拘留证。拘留后，应当立即将被拘留人送看守所羁押，至迟不得超过二十四小时。除无法通知或者涉嫌危害国家安全犯罪、恐怖活动犯罪通知可能有碍侦查的情形以外，应当在拘留后二十四小时以内，通知被拘留人的家属。有碍侦查的情形消失以后，应当立即通知被拘留人的家属。"第86条规定："公安机关对被拘留的人，应当在拘留后的二十四小时以内进行讯问……"第91条规定："公安机关对被拘留的人，认为需要逮捕的，应当在拘留后的三日以内，提请人民检察院审查批准……"题中ACD项皆符合《刑事诉讼法》的相关规定。B选项中黑社会性质组织犯罪不属于不予通知的情形，故"决定暂不通知"违法，综上，本题为选非题，正确答案为B。

21. **答案**：A。本题考查申请变更强制措施的主体、移送审查起诉的告知、讯问犯罪嫌疑人、分案起诉、审理。对于A项，《刑事诉讼法》第97条规定，犯罪嫌疑人、被告人及其法定代理人、近亲属或者辩护人有权申请变更强制措施。钱乙作为钱甲的非律师辩护人，可以申请取保候审即变更强制措施。故A项正确。《刑事诉讼法》第162条第1款规定，公安机关侦查终结的案件，应当做到犯罪事实清楚、证据确实、充分，并且写出起诉意见书，连同案卷材料、证据一并移送同级人民检察院审查决定；同时将案件移送情况告知犯罪嫌疑人及其辩护律师。本题中钱乙不是律师，不得在侦查阶段担任钱甲的辩护人，公安机关也无须将案件移送情况告知钱乙。故B项错误。我国刑事诉讼法未规定检察人员讯问犯罪嫌疑人时律师在场。故C项中武某不得在场。因此C项错误。《刑事诉讼法解释》第551条第1款规定，对分案起诉至同一人民法院的未成年人与成年人共同犯罪案件，可以由同一个审判组织审理；不宜由同一个审判组织审理的，可以分别审理。故 D 项错误在于，如检察院对钱甲和小沈分案起诉，法院可以由同一审判组织审理而不是"可并案审理"。本题的正确答案为 A。

✅ 多项选择题

1. **答案**：CD。本题考查的是具有执行取保候审、监视居住职能的机关。《刑事诉讼法》第 67 条第 2 款和第 74 条第 3 款规定，取保候审、监视居住由公安机关执行。第 4 条规定："国家安全机关依照法律规定，办理危害国家安全的刑事案件，行使与公安机关相同的职权。"据此，国家安全机关在办理危害国家安全的刑事案件中，也应具有执行取保候审、监视居住的职权。而人民法院和人民检察院不具有这种职权。故本题正确答案为 CD。

2. **答案**：ABCD。本题考查的是犯罪嫌疑人在侦查阶段享有的诉讼权利。根据《刑事诉讼法》第 33 条规定，贾某作为本案犯罪嫌疑人，在侦查阶段享有自行辩护的权利，故本题 A 项正确。根据《刑事诉讼法》第 34 条的规定，贾某自被拘传之日起，可以聘请律师为其提供法律咨询，故本题 B 项正确。根据《刑事诉讼法》第 120 条第 1 款的规定，贾某对与本案无关的问题，可以拒绝回答。故本题 D 项正确。根据《刑事诉讼法》第 34 条的规定，贾某在侦查阶段有权委托辩护人。故本题 C 项正确。

3. **答案**：AB。本题考查的是人民检察院对提请批准逮捕可以作出的决定。《刑事诉讼法》第 90 条规定："人民检察院对于公安机关提请批准逮捕的案件进行审查后，应当根据情况分别作出批准逮捕或者不批准逮捕的决定……"《最高人民法院、最高人民检察院、公安部、国家安全部、司法部、全国人大常委会法制工作委员会关于实施刑事诉讼法若干问题的规定》第 17 条规定："对于人民检察院批准逮捕的决定，公安机关应当立即执行，并将执行回执及时送达批准逮捕的人民检察院。如果未能执行，也应当将回执送达人民检察院，并写明未能执行的原因。对于人民检察院决定不批准逮捕的，公安机关在收到不批准逮捕决定书后，应当立即释放在押的犯罪嫌疑人或者变更强制措施，并将执行回执在收到不批准逮捕决定书后的三日内送达作出不批准逮捕决定的人民检察院。"据此，本题正确答案为 AB。

4. **答案**：ABCD。本题考查的是被监视居住人应遵守的规定。《刑事诉讼法》第 77 条规定："被监视居住的犯罪嫌疑人、被告人应当遵守以下规定：（一）未经执行机关批准不得离开执行监视居住的住处；（二）未经执行机关批准不得会见他人或者通信；（三）在传讯的时候及时到案；（四）不得以任何形式干扰证人作证；（五）不得毁灭、伪造证据或者串供；（六）将护照等出入境证件、身份证件、驾驶证件交执行机关保存。被监视居住的犯罪嫌疑人、被告人违反前款规定，情节严重的，可以予以逮捕；需要予以逮捕的，可以对犯罪嫌疑人、被告人先行拘留。"据此，本题正确答案为 ABCD。

5. **答案**：AB。本题考查的是刑事拘留的适用。《刑事诉讼法》第 86 条规定："公安机关对被拘留的人，应当在拘留后的二十四小时以内进行讯问。在发现不应当拘留的时候，必须立即释放，发给释放证明。"据此，本题 AB 项正确。根据《刑事诉讼法》第 85 条第 2 款的规定，拘留后 24 小时内的通知不是无条件的，必须是在不妨碍侦查的情况下，才应当通知；在有碍侦查的情况下，可以不通知。故本题 D 项不正确。

6. **答案**：ABCD。《刑事诉讼法》第 82 条规定："公安机关对于现行犯或者重大嫌疑分子，如果有下列情形之一的，可以先行拘留：（一）正在预备犯罪、实行犯罪或者在犯罪后即时被发觉的；（二）被害人或者在场亲眼看见的人指认他犯罪的；（三）在身边或者住处发现有犯罪证据的；（四）犯罪后企图自杀、逃跑或者在逃的；（五）有毁灭、伪造证据或者串供可能的；（六）不讲真实姓名、住址，身份不明的；（七）有流窜作案、多次作案、结伙作案重大嫌疑的。"为投毒而买毒药的甲属于第1项规定的重大嫌疑分子，故A正确。在其住处发现赃金项链的乙，符合第3项规定的重大嫌疑分子，故B正确。被举报挪用公款企图逃跑的丙，符合第4项规定的重大嫌疑分子，故C正确。不讲真实姓名、住址，身份不明的丁属于第6项规定的重大嫌疑分子，故D正确。本题正确答案是ABCD。

7. 答案：BCD。本题考查的是刑事诉讼强制措施中的取保候审和监视居住。《刑事诉讼法》第66条规定："人民法院、人民检察院和公安机关根据案件情况，对犯罪嫌疑人、被告人可以拘传、取保候审或者监视居住。"根据《刑事诉讼法》第67条的规定，取保候审可以适用于可能判处有期徒刑以上刑罚的犯罪嫌疑人、被告人，故本题A项不正确。刑事诉讼法没有对这两种措施适用的犯罪作出限制，故B项正确。取保候审只能由公安机关执行，故C项正确。公安机关、人民检察院、人民法院都有权决定采取取保候审和监视居住措施，故D项正确。

8. 答案：BD。本题考查强制措施的变更和解除。《刑事诉讼法解释》第169条规定："被逮捕的被告人具有下列情形之一的，人民法院可以变更强制措施：（一）患有严重疾病、生活不能自理的；（二）怀孕或者正在哺乳自己婴儿的；（三）系生活不能自理的人的唯一扶养人。"第170条规定："被逮捕的被告人具有下列情形之一的，人民法院应当立即释放；必要时，可以依法变更强制措施：（一）第一审人民法院判决被告人无罪、不负刑事责任或者免予刑事处罚的；（二）第一审人民法院判处管制、宣告缓刑、单独适用附加刑，判决尚未发生法律效力的；（三）被告人被羁押的时间已到第一审人民法院对其判处的刑期期限的；（四）案件不能在法律规定的期限内审结的。"故BD两项当选。

9. 答案：ABCD。《关于取保候审若干问题的规定》第5条第2款规定，决定机关应当综合考虑保证诉讼活动正常进行的需要，被取保候审人的社会危险性，案件的情节、性质、可能判处刑罚的轻重，被取保候审人的经济状况等情况，确定保证金的数额。故ABCD均符合题意。

10. 答案：ABC。本题考查的是逮捕的条件和证明要求。根据《刑事诉讼法》第81条第1款的规定："对有证据证明有犯罪事实，可能判处徒刑以上刑罚的犯罪嫌疑人、被告人，采取取保候审尚不足以防止发生下列社会危险性的，应当予以逮捕……"由此可见，逮捕的证明要求是"有证据证明有犯罪事实"。《高检规则》第128条第2款规定，有证据证明有犯罪事实是指同时具备下列情形：（1）有证据证明发生了犯罪事实；（2）有证据证明该犯罪事实是犯罪嫌疑人实施的；（3）证明犯罪嫌疑人实施犯罪行为的证据已查证属实。据此，本题ABC项正确。

11. 答案：ABC。本题考查的是对被取保候审人违反规定的处理。《刑事诉讼法》第70条第2款规定："被保证人有违反本法第七十一条规定的行为，保证人未履行保证义务的，对保证人处以罚款，构成犯罪的，依法追究刑事责任。"根据《刑事诉讼法》第71条的规定，赵某的串供行为违反了被取保候审人的法定义务，而保证人赵父对此知情不报，也违反了保证人的义务。根据《刑事诉讼法》第67条第2款的规定，取保候审由公安机关执行，故公安机关应当对保证人处以罚款；可以责令赵某具结悔过；重新提出保证人。由于本案是人民检察院立案侦查的案件，采取强制措施的职权属于人民检察院，变更强制措施的决定权也应当在人民检察院，故公安机关不能决定对赵某转为监视居住。综上，本题正确答案为ABC。

12. 答案：ABCD。本题考查的是有权要求解除超过法定期限的强制措施的人员范围。《刑事诉讼法》第99条规定："……犯罪嫌疑人、被告人及其法定代理人、近亲属或者辩护人对于人民法院、人民检察院或者公安机关采取强制措施法定期限届满的，有权要求解除强制措施。"据此，本题正确答案为ABCD。

13. 答案：ABCD。本题考查的是被取保候审人应遵守的规定。《刑事诉讼法》第71条第1款规定："被取保候审的犯罪嫌疑人、被告人应当遵守以下规定：（一）未经执行机关批准不得离开所居住的市、县；（二）住址、工作单位和联系方式发生变动的，在二十四小时以内向执行机关报告；（三）在传讯的时候及时到案；（四）不得以任何形式干扰证人作证；（五）不得毁灭、伪造证据或者串供。"本题中 A 项违反第 4 项，B 项违反第 1 项，C 项违反第 5 项，D 项违反第 3 项，故本题正确答案为全选。

14. **答案**：ABD。本题考查的是保证人的义务。《刑事诉讼法》第 70 条第 1 款规定："保证人应当履行以下义务：（一）监督被保证人遵守本法第七十一条的规定；（二）发现被保证人可能发生或者已经发生违反本法第七十一条规定的行为的，应当及时向执行机关报告。"第 71 条第 1 款规定："被取保候审的犯罪嫌疑人、被告人应当遵守以下规定：（一）未经执行机关批准不得离开所居住的市、县；（二）住址、工作单位和联系方式发生变动的，在二十四小时以内向执行机关报告；（三）在传讯的时候及时到案；（四）不得以任何形式干扰证人作证；（五）不得毁灭、伪造证据或者串供。"据此，本题正确答案为 ABD。

15. **答案**：ABCD。本题考查的是对被取保候审人违反规定的处理。《刑事诉讼法》第 71 条第 3 款规定："被取保候审的犯罪嫌疑人、被告人违反前两款规定，已交纳保证金的，没收部分或者全部保证金，并且区别情形，责令犯罪嫌疑人、被告人具结悔过，重新交纳保证金、提出保证人，或者监视居住、予以逮捕。"据此，本题正确答案为 ABCD。

16. **答案**：AB。本题考查的是刑事拘留的执行机关。《刑事诉讼法》第 3 条第 1 款规定："对刑事案件的侦查、拘留、执行逮捕、预审，由公安机关负责……除法律特别规定的以外，其他任何机关、团体和个人都无权行使这些权力。"第 4 条规定："国家安全机关依照法律规定，办理危害国家安全的刑事案件，行使与公安机关相同的职权。"据此，具有刑事拘留权的机关有公安机关和国家安全机关。故本题正确答案为 AB。

17. **答案**：ABC。本题考查的是受理公民扭送的机关。《刑事诉讼法》第 84 条规定："对于有下列情形的人，任何公民都可以立即扭送公安机关、人民检察院或者人民法院处理：……"据此，公安机关、人民检察院和人民法院可以受理公民的扭送。故本题正确答案为 ABC。

18. **答案**：AB。本题考查的是采取特定强制措施的通知。《刑事诉讼法》第 85 条规定："公安机关拘留人的时候，必须出示拘留证。拘留后，应当立即将被拘留人送看守所羁押，至迟不得超过二十四小时。除无法通知或者涉嫌危害国家安全犯罪、恐怖活动犯罪通知可能有碍侦查的情形以外，应当在拘留后二十四小时以内，通知被拘留人的家属。有碍侦查的情形消失以后，应当立即通知被拘留人的家属。"第 93 条规定："公安机关逮捕人的时候，必须出示逮捕证。逮捕后，应当立即将被逮捕人送看守所羁押。除无法通知的以外，应当在逮捕后二十四小时以内，通知被逮捕人的家属。"据此，本题正确答案为 AB。

19. **答案**：BC。本题考查的是逮捕的程序。《刑事诉讼法》第 87 条规定："公安机关要求逮捕犯罪嫌疑人的时候，应当写出提请批准逮捕书，连同案卷材料、证据，一并移送同级人民检察院审查批准。必要的时候，人民检察院可以派人参加公安机关对于重大案件的讨论。"据此，本题正确答案为 BC。

20. **答案**：CD。《刑事诉讼法》第 71 条第 1 款规定，被取保候审的犯罪嫌疑人、被告人应当遵守以下规定：（一）未经执行机关批准不得离开所居住的市、县；（二）住址、工作单位和联系方式发生变动的，在二十四小时以内向执行机关报告；（三）在传讯的时候及时到案；（四）不得以任何形式干扰证人作证；（五）不得毁灭、伪造证据或者串供。选项 A 错误，执行机关是公安机关，不是法院。选项 B 错误，"未经执行机关批准不得会见他人"是被监视居住的犯罪嫌疑人、被告人应当遵守的义务，不是被取保候审的犯罪嫌疑人、被告人应当遵守的义务。

21. 答案：CD。《最高人民法院、最高人民检察院、公安部、国家安全部、司法部、全国人大常委会法制工作委员会关于实施刑事诉讼法若干问题的规定》第17条规定，对于人民检察院批准逮捕的决定，公安机关应当立即执行，并将执行回执及时送达批准逮捕的人民检察院。如果未能执行，也应当将回执送达人民检察院，并写明未能执行的原因。对于人民检察院决定不批准逮捕的，公安机关在收到不批准逮捕决定书后，应当立即释放在押的犯罪嫌疑人或者变更强制措施，并将执行回执在收到不批准逮捕决定书后的三日内送达作出不批准逮捕决定的人民检察院。因此，本题的正确答案是CD。

22. 答案：ABC。《刑事诉讼法》第74条第1款规定："人民法院、人民检察院和公安机关对符合逮捕条件，有下列情形之一的犯罪嫌疑人、被告人，可以监视居住：（一）患有严重疾病、生活不能自理的；（二）怀孕或者正在哺乳自己婴儿的妇女；（三）系生活不能自理的人的唯一扶养人；（四）因为案件的特殊情况或者办理案件的需要，采取监视居住措施更为适宜的；（五）羁押期限届满，案件尚未办结，需要采取监视居住措施的。"据此，ABC选项符合法律规定，D选项中聋哑人不属于法定监视居住的对象。综上，本题正确答案为ABC。

23. 答案：ACD。本题考查强制措施适用的变更性原则。变更性原则是指强制措施的适用，需要随着诉讼的进展，犯罪嫌疑人、被告人及案件情况的变化而及时变更或解除。本题的B项只是改变了取保候审的保证方式，并没有改变强制措施的种类或者解除，所以，未体现强制措施的变更性原则。本题的ACD三项符合强制措施变更性原则的要求。本题正确答案为ACD。

24. 答案：BD。《刑事诉讼法解释》第170条规定："被逮捕的被告人具有下列情形之一的，人民法院应当立即释放；必要时，可以依法变更强制措施：（一）第一审人民法院判决被告人无罪、不负刑事责任或者免予刑事处罚……"可见，A选项错误，B选项正确。《刑法》第47条规定："有期徒刑的刑期，从判决执行之日起计算；判决执行以前先行羁押的，羁押一日折抵刑期一日。"可见，D选项正确。赵某被判处无期徒刑，不存在折抵刑期的问题，C选项错误。综上，本题正确答案为BD。

25. 答案：ACD。根据《刑事诉讼法》第71条的规定，人民法院、人民检察院和公安机关可以根据案件情况，责令被取保候审的犯罪嫌疑人、被告人遵守以下一项或者多项规定：（1）不得进入特定的场所；（2）不得与特定的人员会见或者通信；（3）不得从事特定的活动；（4）将护照等出入境证件、驾驶证件交执行机关保存。被取保候审的犯罪嫌疑人、被告人违反前两款规定，已交纳保证金的，没收部分或者全部保证金，并且区别情形，责令犯罪嫌疑人、被告人具结悔过、重新交纳保证金、提出保证人，或者监视居住、予以逮捕。上交驾驶证属于取保候审的酌定义务，公安机关可以决定其遵守，但是公安机关不可以要求被取保候审人上交身份证，因为取保候审的活动范围是市、县，随时可能用到身份证。D项正确。A项正确，违反义务的是没收部分或者全部保证金，本案中没收8000元属于没收部分。B项属于重复性考点，属于错误选项，因为保证金保证和保证人保证只能二选一，不能并用。B项错误。C项正确，同一阶段数次适用取保候审应当累计计算不得超过12个月。但是如果侦查阶段被决定适用取保候审，案件移送审查起诉后，检察院依然能决定对其适用取保候审，但是时间为重新计算12个月。

不定项选择题

1. 答案：ABCD。《高检规则》第294条规定："外国人、无国籍人涉嫌危害国家安全犯罪的案件或者涉及国与国之间政治、外交关系的案件以及在适用法律上确有疑难的案件，需要逮捕犯罪嫌疑人的，按照刑事诉讼法关于管辖的规定，分别由基层人民检察院或者设区的市级人民检察院审查并提出意见，层报最高人民检察院审查。最高人民检察院认为需要逮捕的,经征求外交部的意见后,作出批准逮捕的批复;认为不需要逮捕的,作出不批准逮捕的批复。基层人民检察院或者设区的市级人民检察院根据最高人民检察院的批复,依法作出批准或者不批准逮捕的决定。层报过程中,上级人民检察院认为不需要逮捕的,应当作出不批准逮捕的批复。报送的人民检察院根据批复依法作出不批准逮捕的决定。基层人民检察院或者设区的市级人民检察院认为不需要逮捕的,可以直接依法作出不批准逮捕的决定。外国人、无国籍人涉嫌本条第一款规定以外的其他犯罪案件,决定批准逮捕的人民检察院应当在作出批准逮捕决定后四十八小时以内报上一级人民检察院备案,同时向同级人民政府外事部门通报。上一级人民检察院经审查发现批准逮捕决定错误的,应当依法及时纠正。"因此ABCD全部为正确答案。

2. **答案**:(1)ABD。本题考查逮捕的批准、决定程序。《高检规则》第148条、第294条、第295条规定了对几类特殊犯罪嫌疑人进行逮捕的审批程序。其中第148条第4款规定:"对担任下级人民代表大会代表的犯罪嫌疑人决定采取强制措施的,可以直接报请该代表所属的人民代表大会主席团或者常务委员会许可,也可以委托该代表所属的人民代表大会同级的人民检察院报请许可。"除C项外,其他三项的表述都符合第148条的规定。

(2)ACD。本题考查逮捕的通知程序。《刑事诉讼法》第93条规定:"公安机关逮捕人的时候,必须出示逮捕证。逮捕后,应当立即将被逮捕人送看守所羁押。除无法通知的以外,应当在逮捕后二十四小时以内,通知被逮捕人的家属。"负责将逮捕王某的原因和羁押场所通知王某的家属或者所在单位的机关包括:提请批准逮捕的公安机关、执行逮捕的公安机关、批准或决定逮捕的人民检察院或人民法院。

(3)ABC。本题考查逮捕的变更、撤销、解除。根据《刑事诉讼法解释》第169条规定:"被逮捕的被告人具有下列情形之一的,人民法院可以变更强制措施:(一)患有严重疾病、生活不能自理的;(二)怀孕或者正在哺乳自己婴儿的;(三)系生活不能自理的人的唯一扶养人。"第170条规定:"被逮捕的被告人具有下列情形之一的,人民法院应当立即释放;必要时,可以依法变更强制措施:(一)第一审人民法院判决被告人无罪、不负刑事责任或者免予刑事处罚的;(二)第一审人民法院判处管制、宣告缓刑、单独适用附加刑,判决尚未发生法律效力的;(三)被告人被羁押的时间已到第一审人民法院对其判处的刑期期限的;(四)案件不能在法律规定的期限内审结的。"此外,对于不符合逮捕条件的也应当变更、撤销、解除。

(4)CD。本题考查逮捕的变更、撤销、解除。《刑事诉讼法解释》第170条规定:"被逮捕的被告人具有下列情形之一的,人民法院应当立即释放;必要时,可以依法变更强制措施:(一)第一审人民法院判决被告人无罪、不负刑事责任或者免予刑事处罚的;(二)第一审人民法院判处管制、宣告缓刑、单独适用附加刑,判决尚未发生法律效力的;(三)被告人被羁押的时间已到第一审人民法院对其判处的刑期期限的;(四)案件不能在法律规定的期限内审结的。"

3. **答案**:BCD。本题考查强制措施的适用。《刑事诉讼法》第85条规定,公安机关拘留人的时候,必须出示拘留证。拘留后,应当立即将被拘留人送看守所羁押,至迟不得超过二十四小时。除无法通知或者涉嫌危害国家安全犯罪、恐怖活动犯罪通知可能有碍侦查的情形以外,应当在拘留后二十四小时以内,通知被拘留人的家属。有碍侦查的情形消失以后,应当立即通知被拘留人的家属。第86条规定,公安机关对被拘留的人,应当在拘留后的二十四小时以内进行讯问。在发现不应当拘留的时候,必须立即释放,发给释放证明。故A项错误,C项正确。《刑事诉讼法》第81条第3款规定,对有证据证明有犯罪事实,可能判处十年有期徒刑以上刑罚的,或者有证据证明有犯罪事实,可能判处徒刑以上刑罚,曾经故意犯罪或者身份不明的,应当予以逮捕。故B项正确。《刑事诉讼法》第74

条第1款规定:"人民法院、人民检察院和公安机关对符合逮捕条件,有下列情形之一的犯罪嫌疑人、被告人,可以监视居住:(一)患有严重疾病、生活不能自理的;(二)怀孕或者正在哺乳自己婴儿的妇女;(三)系生活不能自理的人的唯一扶养人;(四)因为案件的特殊情况或者办理案件的需要,采取监视居住措施更为适宜的;(五)羁押期限届满,案件尚未办结,需要采取监视居住措施的。"故D项正确。

简答题

1. **答案**:逮捕是在一定时间内完全剥夺犯罪嫌疑人、被告人的人身自由并解送到一定场所予以羁押的一种强制措施。它在各种强制措施中是最严厉的。刑事拘留是指公安机关、人民检察院遇有紧急情况,暂时限制现行犯或重大嫌疑人的人身自由的一种强制措施。

　　逮捕与刑事拘留都是刑事诉讼中采用的羁押方法,由公安机关执行的强制措施。但两者有所区别:

　　(1)实施的对象和条件不同。逮捕是对有证据证明有犯罪事实,可能判处徒刑以上刑罚,又有逮捕必要的犯罪嫌疑人、被告人采用的一种强制措施;刑事拘留是对该逮捕的现行犯或重大嫌疑人在紧急情况下采用的一种强制措施。

　　(2)批准和决定的机关不同。逮捕的批准或决定权在检察院和法院,刑事拘留的决定权在公安机关。

　　(3)羁押期限不同。逮捕的羁押期限较长,虽然现行法律没有规定最长的期限,但一般逮捕的羁押期限都以数月计算;刑事拘留的羁押期限较短,一般为14日,最长不超过37日。

2. **答案**:取保候审是指人民法院、人民检察院、公安机关依法责令犯罪嫌疑人或者被告人提供保证人或者交纳保证金并出具保证书,保证其不逃避或者妨碍侦查、起诉、审判并随传随到的一种强制措施。根据我国刑事诉讼法的规定,对于具有下列情形之一的犯罪嫌疑人、被告人,可以取保候审:① 可能判处管制、拘役或者独立适用附加刑的;② 可能判处有期徒刑以上刑罚,采取取保候审不致发生社会危险性的;③ 应当逮捕的犯罪嫌疑人、被告人患有严重疾病,或者是正在怀孕、哺乳自己婴儿的妇女的;④ 对被拘留的犯罪嫌疑人需要逮捕而证据还不充足的;⑤ 法定羁押期限届满尚不能结案的。

3. **答案**:刑事诉讼中的强制措施是指公安机关、人民检察院和人民法院为了保证刑事诉讼的顺利进行,依法对刑事案件的犯罪嫌疑人、被告人的人身自由进行限制或剥夺的各种强制性方法。我国刑事诉讼中的强制措施具有以下几个特点:(1)有权适用强制措施的主体是公安机关(包括其他侦查机关)、人民检察院和人民法院,其他任何国家机关、团体或个人都无权采取强制措施。(2)强制措施适用对象是犯罪嫌疑人、被告人,对于诉讼参与人和案外人不得采用强制措施。公安司法机关在适用强制措施的过程中,要严格控制强制措施的适用对象,不得扩大其适用范围。(3)强制措施的内容是限制或者剥夺犯罪嫌疑人、被告人的人身自由,而不包括对物的强制处分。(4)强制措施的性质是预防性措施,而不是惩戒性措施。即适用强制措施的目的是保证刑事诉讼的顺利进行,防止犯罪嫌疑人、被告人逃避侦查、起诉和审判,进行毁灭、伪造证据、继续犯罪等妨害刑事诉讼的行为。(5)强制措施是一种法定措施,我国刑事诉讼法对各种强制措施的适用机关、适用条件和程序都进行了严格的规定。(6)强制措施是一种临时性措施,随着刑事诉讼的进程,强制措施可根据案件的进展情况而予以变更或者解除。

4. **答案**:犯罪嫌疑人、被告人或其法定代理人、近亲属、被聘请的律师提出取保候审的申请后对符合条件的应当责令提出保证人。保证人的特点是以保证人的信誉来保证,不涉及金钱。根据《刑事诉讼法》第69条的规定,保证人的条件是:(1)与本案无牵连;(2)有能力履行保证义务;(3)享有政治权利,人身自由未受限制;(4)有固定的住处和收入。公安司法机关对于保证人的这四个方面的条件要严格审查，只有经审查合格的，才有资格作保证人。被确定为犯罪嫌疑人、被告人的保证人应当保证承担如下义务：监督被保证人遵守《刑事诉讼法》第71条的规定；发现被保证人可能发生或已经发生违反《刑事诉讼法》第71条规定的行为的，及时向执行机关报告。同时执行机关发现保证人丧失了担保条件时，应书面通知决定机关，决定机关收到书面通知后，应当责令被取保候审人重新提出保证人。

5. 答案：刑事拘留与行政拘留的区别：（1）法律性质不同。刑事拘留是刑事诉讼中的保障性措施，是一种诉讼行为，本身不具有惩罚性；行政拘留是治安管理的一种处罚方式，实质上是一种行政制裁。（2）法律根据不同。刑事拘留是依据刑事诉讼法的规定而采用的；行政拘留则是根据治安管理处罚条例等行政法规而采用的。（3）适用对象不同。刑事拘留适用于刑事诉讼中的现行犯或者重大嫌疑分子；行政拘留则适用于尚未构成犯罪的一般违法行为人。（4）羁押期限不同。刑事拘留一般不超过10日，案件重大、复杂的不超过14日，对流窜作案、多次作案、结伙作案的重大嫌疑分子的拘留期限，不超过37日；行政拘留的期限则为1日至15日。

　　刑事拘留与民事拘留的区别：（1）法律性质不同。刑事拘留是一种预防性措施，它是针对可能出现妨碍刑事诉讼的行为而采用的；民事拘留则是一种排除性措施，是针对已经出现的妨碍民事诉讼程序的严重行为而采取的。（2）法律根据不同。刑事拘留是根据刑事诉讼法的规定而采用的；民事拘留则是根据民事诉讼法的规定而采用的。（3）适用机关不同。刑事拘留由公安机关或人民检察院决定，由公安机关执行；民事拘留则由人民法院决定，并由人民法院的司法警察执行，然后交公安机关有关场所看管。（4）适用对象不同。刑事拘留只适用于现行犯或重大嫌疑分子；民事拘留则适用于实施了妨碍民事诉讼程序行为的所有人员。（5）羁押期限不同。刑事拘留期限已于前述；民事拘留则最长为15日。（6）与判决的关系不同。刑事拘留的羁押期限可以折抵刑期；民事拘留与判决结果不发生关系。

6. 答案：强制措施，是指公安机关、人民检察院和人民法院为保证刑事诉讼的顺利进行，依法对犯罪嫌疑人、被告人所采取的在一定期限内暂时限制或剥夺其人身自由的强制方法。刑罚，是指国家为惩罚犯罪而制定的、由专门机关对犯罪分子适用的处罚方法。管制、拘役、有期徒刑等刑罚与强制措施有许多共同点：如均以国家权力为后盾，均限制或剥夺适用对象的人身自由，均是同犯罪作斗争的手段。但是，二者有以下重大区别：

　　（1）适用目的不同。适用强制措施的目的在于保障侦查、起诉和审判的顺利进行，具有程序上的保障和防范作用；而适用刑罚是为了惩罚和改造已经确定有罪的犯罪分子，使其不再犯罪，同时也警示社会上的潜在犯罪人。

　　（2）适用依据不同。适用强制措施的法律依据是程序法，要严格按照刑事诉讼法规定的程序实施；适用刑罚的法律依据是实体法，定罪科刑必须以刑法为依据。

　　（3）适用对象不同。强调措施适用于被公、检、法机关追诉但没有被人民法院确定为有罪的犯罪嫌疑人、被告人；而刑罚只能适用于经人民法院审判确定为有罪的人。

　　（4）适用机关不同。除拘留由公安机关和人民检察院行使外，公安机关、人民检察院和人民法院均有权决定是否对犯罪嫌疑人、被告人采用强制措施；而刑罚只有人民法院才有权判处。

　　（5）适用时间不同。强制措施适用于整个刑事诉讼过程中，始于立案、止于人民法院作出生效裁判；而刑罚的适用时间是人民法院确定的有罪判决生效之后。

　　（6）适用后果不同。被采取强制措施的人，最终不一定有罪，不能成为以后犯罪的从重处罚的条件；而刑罚的后果，使受刑罚的人有了刑法上的前科，可能成为构成累犯的条件，导致从重处罚的后果。

7. 答案：拘留必须同时符合两个条件：一是拘留的对象是现行犯或者是重大嫌疑分子。现行犯是指正在进行犯罪的人，重大嫌疑分子是指有证据证明其有重大犯罪嫌疑的人。二是具有法定的紧急情形之一，即符合《刑事诉讼法》第 82 条规定的 7 种情形之一：（1）正在预备犯罪、实行犯罪或者在犯罪后即时被发觉的；（2）被害人或者在场亲眼看到的人指认他犯罪的；（3）在身边或者住处发现有犯罪证据的；（4）犯罪后企图自杀、逃跑或者在逃的；（5）有毁灭、伪造证据或者串供可能的；（6）不讲真实姓名、住址，身份不明的；（7）有流窜作案、多次作案、结伙作案重大嫌疑的。

论述题

答案：拘传，是指公安机关、人民检察院和人民法院对于未被羁押的犯罪嫌疑人、被告人，依法强制其到案接受讯问的一种强制方法，它在我国刑事诉讼强制措施体系是最轻的。拘传的特点是：（1）拘传的对象是未被羁押的犯罪嫌疑人、被告人，对已被拘留、逮捕的犯罪嫌疑人、被告人可以直接讯问，不需要经过拘传程序；（2）拘传的目的是强制就讯，而不是强制待侦、待诉、待审，因此拘传没有羁押的效力，在讯问后，应当将被拘传人立即放回。拘传不同于传唤，传唤是指人民法院、人民检察院和公安机关使用传票通知犯罪嫌疑人、被告人在指定的时间自行到指定的地点接受讯问。拘传和传唤的目的是一致的，即都是要求犯罪嫌疑人、被告人按指定的时间、地点接受讯问。但两者具有很大的不同：首先，强制力不同，传唤是自动到案，拘传则是强制到案，拘传的强度要比传唤的强度大得多；其次，适用的对象不同，传唤适用于所有当事人，包括犯罪嫌疑人、被告人、自诉人、被害人、附带民事诉讼的原告人和被告人。拘传则仅适用于犯罪嫌疑人、被告人。

在实践中，拘传一般是在传唤以后采用的，即当传唤以后，犯罪嫌疑人、被告人无正当理由而不到案时，才使用拘传。所谓正当理由是指被传唤人患有重病、出门在外或因不可抗力的理由被阻断交通等。但是根据《刑事诉讼法》第 66 条的规定，也可以根据案件的具体情况，不经传唤，直接拘传犯罪嫌疑人、被告人，即由于案件侦查、起诉和审理的需要，为防止犯罪嫌疑人、被告人毁灭或隐匿证据、与他人互相串通、订立攻守同盟，阻挠或妨碍诉讼活动，可以不经传唤而直接拘传犯罪嫌疑人、被告人。

案例分析题

1. 答案：（1）司法机关在处理本案时存在以下错误：

①在拘留的第二天也就是 5 月 6 日才进行第一次讯问。我国《刑事诉讼法》第 86 条规定："公安机关对被拘留的人，应当在拘留后的二十四小时以内进行讯问……"因而本案中，公安机关于 5 月 4 日拘留，5 月 6 日才第一次提讯的做法显然是错误的。

②人民检察院审查批准逮捕的时间超过了法定期限。《刑事诉讼法》第 91 条第 3 款规定："人民检察院应当自接到公安机关提请批准逮捕书后的七日以内，作出批准逮捕或者不批准逮捕的决定……"本案中公安机关在 5 月 7 日向人民检察院提请逮捕，人民检察院在 5 月 17 日才作出逮捕决定，用了十天时间，显然违法。

③在发现乙无罪之后，公安机关、人民检察院都没有释放乙。《刑事诉讼法》第 163 条规定："在侦查过程中，发现不应对犯罪嫌疑人追究刑事责任的，应当撤销案件；犯罪嫌疑人已被逮捕的，应当立即释放，发给释放证明，并且通知原批准逮捕的人民检察院。"本案中的公安机关既没有释放无罪公民乙，又没有通知县人民检察院，显然违法。

根据《刑事诉讼法》第 177 条第 1 款规定，犯罪嫌疑人属于依法不应追究刑事责任的，人民检察院应当作出不起诉决定。第 178 条规定："……如果被不起诉人在押，应当立即释放。"而本案中，人民检察院在接到公安机关移送的全部案卷材料（包含证明乙无罪的材料）后，没有决定将乙释放，而是直接向人民法院提起公诉，使无罪的公民乙受到司法机关的追究、面临被判刑的风险。

人民检察院的这种行为显然违法。

（2）合议庭有权当庭释放乙，但程序不合法。《刑事诉讼法》第200条第2项规定，依据法律认定被告人无罪的，应当作出无罪判决。《刑事诉讼法》第260条规定："第一审人民法院判决被告人无罪、免除刑事处罚的，如果被告人在押，在宣判后应当立即释放。"根据上述规定，由于乙没有犯罪事实，依法不应当追究刑事责任，合议庭应当作出无罪判决，并有权当庭释放乙。但在法庭审理该案的过程中，不得将被告人乙释放；只有在法庭作出无罪判决并依法宣判之后，才可以将乙释放。这是国家司法权神圣的一种体现。

2. 答案：（1）不会。《刑事诉讼法》第81条规定："对有证据证明有犯罪事实，可能判处徒刑以上刑罚的犯罪嫌疑人、被告人，采取取保候审尚不足以防止发生下列社会危险性的，应当予以逮捕：（一）可能实施新的犯罪的；（二）有危害国家安全、公共安全或者社会秩序的现实危险的；（三）可能毁灭、伪造证据，干扰证人作证或者串供的；（四）可能对被害人、举报人、控告人实施打击报复的；（五）企图自杀或者逃跑的……对有证据证明有犯罪事实，可能判处十年有期徒刑以上刑罚的，或者有证据证明有犯罪事实，可能判处徒刑以上刑罚，曾经故意犯罪或者身份不明的，应当予以逮捕。被取保候审、监视居住的犯罪嫌疑人、被告人违反取保候审、监视居住规定，情节严重的，可以予以逮捕。"因而，逮捕应同时具备以下几个条件：①有证据证明有犯罪事实、有证据证明发生了犯罪、有证据证明犯罪事实是犯罪嫌疑人所为、证明犯罪嫌疑人实施犯罪行为的证据有的已查属实；②可能判处有期徒刑以上刑罚；③采取取保候审、监视居住等方法尚不足以防止发生社会危险性，而有逮捕必要的。而在本案中，辛某只是不讲真实姓名、住址，身份不明有重大嫌疑，公安机关还尚未掌握其他与犯罪事实有关的任何材料。因此，辛某并不符合被逮捕的条件。所以，检察院不会批准逮捕。

（2）对辛某采取刑事拘留措施更恰当一些。刑事拘留是刑事诉讼强制措施的一种，是指公安机关、人民检察院对于现行犯或重大犯罪嫌疑分子，在遇到法定的紧急情况下依法采取的临时剥夺人身自由的一种强制措施。根据《刑事诉讼法》第82条规定，有下列情形之一的，公安机关可以先行拘留：①正在预备犯罪、实施犯罪或者在犯罪后即时被发觉的；②被害人或者在场亲眼看见的人指认他犯罪的；③在身边或住处发现有犯罪证据的；④犯罪后企图自杀、逃跑或者在逃的；⑤有毁灭、伪造证据或串供可能的；⑥不讲真实姓名、住址，身份不明的；⑦有流窜作案、多次作案、结伙作案重大嫌疑的。在本案中，辛某不讲真实姓名、住址，身份不明，身上又携带菜刀等危险工具，因而有重大嫌疑，所以公安机关对其采取刑事拘留措施更恰当一些。

3. 答案：检察院的决定不正确，检察院应当批准逮捕，即使不批准逮捕，也无须将该案退回公安机关补充侦查。理由如下：

第一，我国《刑事诉讼法》第81条第1款规定："对有证据证明有犯罪事实，可能判处徒刑以上刑罚的犯罪嫌疑人、被告人，采取取保候审尚不足以防止发生下列社会危险性的，应当予以逮捕：（一）可能实施新的犯罪的；（二）有危害国家安全、公共安全或者社会秩序的现实危险的；（三）可能毁灭、伪造证据，干扰证人作证或者串供的；（四）可能对被害人、举报人、控告人实施打击报复的；（五）企图自杀或者逃跑的。"可见，逮捕的条件有三：有证据证明有犯罪事实；可能判处徒刑以上刑罚；有逮捕必要，即指在具备前两个条件的基础上，采取取保候审或者监视居住等方法尚不足以防止发生社会危险性的。在本案中，潘某涉嫌盗窃犯罪，且已查明盗窃4000余元的事实，由于他还涉嫌抢劫、强奸犯罪，完全符合《刑事诉讼法》第81条的规定，人民检察院应当批准逮捕。

第二，我国《刑事诉讼法》第90条规定："……对于不批准逮捕的，人民检察院应当说明理由,需要补充侦查的,应当同时通知公安机关。"

4. **答案**:(1)法院不接受群众扭送归案的崔某的行为是错误的,法院首先应当依法接受。我国《刑事诉讼法》第110条第3款规定:"公安机关、人民检察院或者人民法院对于报案、控告、举报,都应当接受。对于不属于自己管辖的,应当移送主管机关处理,并且通知报案人、控告人、举报人;对于不属于自己管辖而又必须采取紧急措施的,应当先采取紧急措施,然后移送主管机关。"故本案中人民法院应当接受群众对崔某的扭送,先采取必要措施,防止其逃跑,再将其移送公安机关。

(2)公安人员认为崔某符合拘留条件遂将其拘留是错误的,公安机关执行拘留时,应当持有县级以上公安机关负责人签发的拘留证并向被拘留人出示。《刑事诉讼法》第85条第1款规定:"公安机关拘留人的时候,必须出示拘留证。"

(3)公安局于5月16日才向检察机关提请批准逮捕是错误的。公安机关应当在拘留后的3日内、在特殊情况下也不得超过7日必须向检察机关提请批准逮捕。而本题中公安局在对崔某拘留9日后才向检察机关提请批准逮捕,显然是错误的。

(4)公安局提请批准逮捕的请求未获批准后,不释放崔某是错误的。根据刑事诉讼法的有关规定,公安机关接到检察机关不批准逮捕的决定后,必须立即释放被拘留人或者变更强制措施。

(5)上一级检察机关作出不批准逮捕的决定是错误的。上一级检察机关应当立即复核,作出是否变更的决定而非是否批准逮捕的决定。

(6)人民法院认为应对崔某实施逮捕而派法警将其逮捕归案是错误的。逮捕应当由公安机关执行。

(7)庭审过程中,崔某拒绝辩护律师的辩护并要求自行辩护时,法庭批准了其这一要求是错误的。因为崔某是未成年人,根据刑事诉讼法的规定,必须有人为其辩护,人民法院应当为其再另行指定辩护律师。

(8)判决生效后,法院将其交给所在单位负责执行的做法是错误的,缓刑依法应当由公安机关交所在单位或者基层组织予以考察。

(9)同级人民检察院认为该案判决有误而按审判监督程序向同级人民法院提起抗诉是错误的,应当由该级检察院报请上一级人民检察院按审判监督程序向同级人民法院提起抗诉。

(10)法院指派原合议庭庭长组成合议庭并参加本案的再审是错误的。根据法律规定,法院应当另行组织合议庭,原参加本案审理工作的人员不得再次参加。

5. **答案**:(1)本题考查人民检察院对公安机关提请逮捕的批准程序。

该人民检察院在接到公安机关的报捕材料后,由审查逮捕部门指定办案人员进行审查。办案人员应当审阅案件材料,制作案卷笔录,提出批准或不批准逮捕的意见,经部门负责人审核后,报请检察长批准或决定;重大案件应当经检察委员会讨论决定。

因为在本案中,公安机关已经拘留了刘某,所以人民检察院应当在7日内作出是否批准逮捕的决定。

检察机关经审查应当作出以下决定:①对于符合逮捕条件的,作出批准逮捕的决定,制作批准逮捕决定书;②对于不符合逮捕条件的,作出不批准的决定,制作不批准逮捕决定书,并说明不批准逮捕的理由。需要补充侦查的,应当同时通知公安机关。

(2)本题考查公安机关执行逮捕的程序。

公安机关执行逮捕的程序主要是:

①对于人民检察院批准或者决定、人民法院决定逮捕的犯罪嫌疑人、被告人,应当由县级以上公安机关负责人签发逮捕证,立即执行。

②执行逮捕的人员不得少于2人,执行逮捕时,必须向被逮捕人出示逮捕证,并责令被逮捕人在逮捕证上签名(盖章)或按手印。

③逮捕后,除有碍侦查或者无法通知的情形外,应当把逮捕的原因和羁押的处所,

在 24 小时以内通知被逮捕人的家属或者他的所在单位。

④人民法院、人民检察院对于各自决定逮捕的人，公安机关对于经人民检察院批准逮捕的人，都必须在逮捕后的 24 小时以内进行讯问。在发现不应当逮捕的时候，必须立即释放，发给释放证明。

⑤人民法院、人民检察院和公安机关如果发现对犯罪嫌疑人、被告人采取强制措施不当的，应当及时撤销或者变更。公安机关释放被逮捕的人或者变更逮捕措施的，应当通知原批准的人民检察院。

第十四章 附带民事诉讼

☑ **单项选择题**

1. 答案：C。 本题考查的是刑事诉讼中对被害人遭受的物质损失的处理。根据《刑事诉讼法解释》第 176 条的规定，被告人非法占有、处置被害人财产的，应当依法予以追缴或者责令退赔。被害人提起附带民事诉讼的，人民法院不予受理。追缴、退赔的情况，可以作为量刑情节考虑。据此，本题正确答案为 C。

2. 答案：D。 本题考查的是刑事附带民事诉讼费用的收取。《刑事诉讼法解释》第 199 条规定："人民法院审理附带民事诉讼案件，不收取诉讼费。"据此，本题正确答案为 D。

3. 答案：D。 本题考查的是人民法院对刑事附带民事诉讼案件的处理方式。《刑事诉讼法解释》第 190 条第 1 款规定："人民法院审理附带民事诉讼案件，可以根据自愿、合法的原则进行调解。经调解达成协议的，应当制作调解书。调解书经双方当事人签收后即具有法律效力。"第 193 条规定："人民检察院提起附带民事诉讼的，人民法院经审理，认为附带民事诉讼被告人依法应当承担赔偿责任的，应当判令附带民事诉讼被告人直接向遭受损失的单位作出赔偿；遭受损失的单位已经终止，有权利义务继受人的，应当判令其向继受人作出赔偿；没有权利义务继受人的，应当判令其向人民检察院交付赔偿款，由人民检察院上缴国库。"据此，A 项不正确，因为人民检察院提起的附带民事诉讼不能调解。C 项不正确，因为调解达成协议还要经过双方当事人签收才发生法律效力。D 项符合上述规定，正确。B 项不正确，因为即使是民事诉讼案件，也不是"应当"和解，而是"可以"和解，刑事附带民事诉讼案件更是如此。

4. 答案：D。 本题考查的是刑事附带民事诉讼按自行撤诉处理的情形。《刑事诉讼法解释》第 195 条第 1 款规定："附带民事诉讼原告人经传唤，无正当理由拒不到庭，或者未经法庭许可中途退庭的，应当按撤诉处理。"据此，本题正确答案为 D。

5. 答案：B。 本题考查的是人民检察院提起附带民事诉讼的条件。《刑事诉讼法》第 101 条第 2 款规定："如果是国家财产、集体财产遭受损失的，人民检察院在提起公诉的时候，可以提起附带民事诉讼。"《刑事诉讼法解释》第 179 条第 1 款规定："国家财产、集体财产遭受损失，受损失的单位未提起附带民事诉讼，人民检察院在提起公诉时提起附带民事诉讼的，人民法院应当受理。"据此，本题正确答案为 B。

6. 答案：B。 本题考查的是先审理刑事案件，后审理附带民事诉讼的情况。《刑事诉讼法》第 104 条规定："附带民事诉讼应当同刑事案件一并审判，只有为了防止刑事案件审判的过分迟延，才可以在刑事案件审判后，由同一审判组织继续审理附带民事诉讼。"据此，本题正确答案为 B。

7. 答案：A。 本题考查的是附带民事诉讼原告人的处分权。附带民事诉讼本质上属于民事诉讼，应当适用民事诉讼的一般原理。《刑事诉讼法解释》第 201 条规定："人民法院审理附带民事诉讼案件，除刑法、刑事诉讼法以及刑事司法解释已有规定的以外，适用民事法律的有关规定。"而根据《民事诉讼法》的规定，原告是有权撤诉的。故刑事附带民事诉讼原告人在审结之前要求撤诉的，人民法院应当允许，故本题正确答案为 A。

8. 答案：B。《刑事诉讼法解释》第 176 条规定，被告人非法占有、处置被害人财产的，应当依法予以追缴或者责令退赔。被害人提起附带民事诉讼的，人民法院不予受理。追缴、退赔的情况，可以作为量刑情节考虑。故 A 项错误。《刑事诉讼法解释》第 175 条第 1 款规定，被害人因人身权利受到犯罪侵犯或者财物被犯罪分子毁坏而遭受物质损失的，有权在刑事诉讼过程中提起附带民事诉讼；被害人死亡或者丧失行为能力的，其法定代理人、近亲属有权提起附带民事诉讼。故 B 项正确。D 项中的非法搜查罪侵犯的犯罪客体是他人的隐私权，所造成的物质损失，不属于附带民事诉讼赔偿的范围。《刑事诉讼法解释》第 177 条规定，国家机关工作人员在行使职权时，侵犯他人人身、财产权利构成犯罪，被害人或者其法定代理人、近亲属提起附带民事诉讼的，人民法院不予受理，但应当告知其可以依法申请国家赔偿。本题中 C 项即属于国家机关工作人员行使职权时实施的犯罪，故 C 项错误。

9. **答案：B**。《刑事诉讼法》第 102 条规定："人民法院在必要的时候，可以采取保全措施，查封、扣押或者冻结被告人的财产。附带民事诉讼原告人或者人民检察院可以申请人民法院采取保全措施。人民法院采取保全措施，适用民事诉讼法的有关规定。"《刑事诉讼法解释》第 189 条第 1 款规定："人民法院对可能因被告人的行为或者其他原因，使附带民事判决难以执行的案件，根据附带民事诉讼原告人的申请，可以裁定采取保全措施，查封、扣押或者冻结被告人的财产；附带民事诉讼原告人未提出申请的，必要时，人民法院也可以采取保全措施。"据此，选项 B 正确。法院"可以"采取保全措施而非"应当"，故 A 项错误。采取保全措施适用《民事诉讼法》规定，故 C 项错误。被保全财产只能是被告人的财产，故 D 选项错误。综上，本题正确答案为 B。

10. **答案：C**。本题考查附带民事诉讼原告人、被告人的范围、附带民事诉讼赔偿范围、刑事和解的适用范围。依据《刑事诉讼法解释》第 177 条的规定，国家机关工作人员在行使职权时，侵犯他人人身、财产权利构成犯罪，被害人或者其法定代理人、近亲属提起附带民事诉讼的，人民法院不予受理，但应当告知其可以依法申请国家赔偿。甲涉嫌滥用职权罪，该罪是国家机关工作人员在行使职权时实施的犯罪，故乙不能提起附带民事诉讼，丙的妻子也不能提起附带民事诉讼，因此 A、B 项错误，C 项正确。《刑事诉讼法》第 288 条第 1 款规定，下列公诉案件，犯罪嫌疑人、被告人真诚悔罪，通过向被害人赔偿损失、赔礼道歉等方式获得被害人谅解，被害人自愿和解的，双方当事人可以和解：（1）因民间纠纷引起，涉嫌刑法分则第四章、第五章规定的犯罪案件，可能判处 3 年有期徒刑以下刑罚的；（2）除渎职犯罪以外的可能判处 7 年有期徒刑以下刑罚的过失犯罪案件。本题中甲涉嫌的滥用职权罪属于渎职犯罪，因而不能适用刑事和解程序，乙和丙的近亲属不得与甲达成刑事和解，故 D 项错误。本题的正确答案为 C。

11. **答案：C**。本题考查附带民事诉讼的提起和刑事和解程序。《刑事诉讼法解释》第 179 条第 1 款、第 2 款规定，国家财产、集体财产遭受损失，受损失的单位未提起附带民事诉讼，人民检察院在提起公诉时提起附带民事诉讼的，人民法院应当受理。人民检察院提起附带民事诉讼的，应当列为附带民事诉讼原告人。本题中 A 项错误在于，不是将某公司列为附带民事诉讼原告人，而是将检察院列为附带民事诉讼原告人。《高检规则》第 495 条规定，双方当事人可以就赔偿损失、赔礼道歉等民事责任事项进行和解，并且可以就被害人及其法定代理人或者近亲属是否要求或者同意公安机关、人民检察院、人民法院对犯罪嫌疑人依法从宽处理进行协商，但不得对案件的事实认定、证据采信、法律适用和定罪量刑等依法属于公安机关、人民检察院、人民法院职权范围的事宜进行协商。故 B 项的错误在于，"是否对董某免除刑事处分"这是量刑问题，不得和解。《刑事诉讼法》第 288 条规定："下列公诉案件，犯罪嫌疑人、被告人真诚悔罪，通过向被害人赔偿损失、赔礼道歉等方式获得被害人谅解，被害人自愿和解的，双方当事人可以和解……"由此可见，这里的和解方式包括向被害人赔偿损失、赔礼道歉等方式，这里的"等方式"就包括提供劳务的方式。故C项正确。《刑事诉讼法解释》第596条第1款规定，对达成和解协议的案件，人民法院应当对被告人从轻处罚；符合非监禁刑适用条件的，应当适用非监禁刑；判处法定最低刑仍然过重的，可以减轻处罚；综合全案认为犯罪情节轻微不需要判处刑罚的，可以免除刑事处罚。故D项表述错误。本题的正确答案为C项。

多项选择题

1. **答案**：BCD。本题考查的是公安机关对被害人赔偿要求的处理。《刑事诉讼法解释》第185条规定："侦查、审查起诉期间，有权提起附带民事诉讼的人提出赔偿要求，经公安机关、人民检察院调解，当事人双方已经达成协议并全部履行，被害人或者其法定代理人、近亲属又提起附带民事诉讼的，人民法院不予受理，但有证据证明调解违反自愿、合法原则的除外。"据此，本题BCD项正确。

2. **答案**：AC。本题考查的是有权提起刑事附带民事诉讼的主体。《刑事诉讼法》第101条规定："被害人由于被告人的犯罪行为而遭受物质损失的，在刑事诉讼过程中，有权提起附带民事诉讼……"《刑事诉讼法解释》第179条第1款规定："国家财产、集体财产遭受损失，受损失的单位未提起附带民事诉讼，人民检察院在提起公诉时提起附带民事诉讼的，人民法院应当受理。"根据上述规定，因本题中被害人是甲企业，故甲企业有权提起附带民事诉讼；如甲企业未提起附带民事诉讼，人民检察院有权提起。故本题AC项正确。

3. **答案**：ABC。本题考查的是可以提起附带民事诉讼的"物质损失"的范围。根据《刑事诉讼法解释》第175条的规定，被害人因人身权利受到犯罪侵犯或者财物被犯罪分子毁坏而遭受物质损失的，有权在刑事诉讼过程中提起附带民事诉讼；被害人死亡或者丧失行为能力的，其法定代理人、近亲属有权提起附带民事诉讼。因受到犯罪侵犯，提起附带民事诉讼或者单独提起民事诉讼要求赔偿精神损失的，人民法院一般不予受理。据此，本题正确答案为ABC。

4. **答案**：BD。本题考查的是附带民事诉讼赔偿承担问题的处理。《刑事诉讼法解释》第180条第1款第1项、第2款分别规定："附带民事诉讼中依法负有赔偿责任的人包括：（一）刑事被告人以及未被追究刑事责任的其他共同侵害人；""附带民事诉讼被告人的亲友自愿代为赔偿的，可以准许。"据此，B项正确，A项不正确。因为唐某是完全行为能力人，故其父母不是必须代其承担赔偿责任，故C项不正确。因为附带民事诉讼本质上是民事诉讼，当事人对自己的权利有权处分，故元某的妻子可以自愿同意唐某出狱后再赔偿，故D项正确。

5. **答案**：ABC。有权提起附带民事诉讼的人，除了被害人本人以外，还包括被害人之外的因犯罪行为遭受物质损失的人，另外在被害人为限制行为能力人或者无行为能力人时，其法定代理人和近亲属也有权提起。

6. **答案**：BD。本题考查的是刑事附带民事诉讼案件中，人民法院可以对被告人的财产采取的强制措施。《刑事诉讼法解释》第189条第1款规定："人民法院对可能因被告人的行为或者其他原因，使附带民事判决难以执行的案件，根据附带民事诉讼原告人的申请，可以裁定采取保全措施，查封、扣押或者冻结被告人的财产；附带民事诉讼原告人未提出申请的，必要时，人民法院也可以采取保全措施。"据此，本题正确答案为BD。

7. **答案**：BD。本题考查的是提起附带民事诉讼的条件。《刑事诉讼法》第101条第1款规定："被害人由于被告人的犯罪行为而遭受物质损失的，在刑事诉讼过程中，有权提起附带民事诉讼。被害人死亡或者丧失行为能力的，被害人的法定代理人、近亲属有权提起附带民事诉讼。"据此，提起附带民事诉讼必须是请求赔偿因犯罪行为遭受的物质损失，故本题BD项正确。A项不是要求赔偿损失，故不正确。C项要求赔偿精神损失，故也不正确。

8. **答案**：ACD。本题考查附带民事诉讼原告人的范围、附带民事诉讼赔偿范围、附带民事诉讼审理程序。《刑事诉讼法解释》第175条第1款规定，被害人因人身权利受到犯罪侵犯或者财物被犯罪分子毁坏而遭受物质损失的，有权在刑事诉讼过程中提起附带民事诉讼；被害人死亡或者丧失行为能力的，其法定代理人、近亲属有权提起附带民事诉讼。《刑事诉讼法》第108条第6项规定，"近亲属"是指夫、妻、父、母、子、女、同胞兄弟姊妹。故A项正确。C项属于可得利益，不能提起附带民事诉讼。C项表述正确。《刑事诉讼法解释》第181条第1款规定，被害人或者其法定代理人、近亲属仅对部分共同侵害人提起附带民事诉讼的，人民法院应当告知其可以对其他共同侵害人，包括没有被追究刑事责任的共同侵害人，一并提起附带民事诉讼，但共同犯罪案件中同案犯在逃的除外。故B项错误。《刑事诉讼法解释》第180条第2款规定，附带民事诉讼被告人的亲友自愿代为赔偿的，可以准许。《刑事诉讼法解释》第194条规定，审理刑事附带民事诉讼案件，人民法院应当结合被告人赔偿被害人物质损失的情况认定其悔罪表现，并在量刑时予以考虑。故D项正确。

9. 答案：ABCD。本题考查的是附带民事诉讼中依法负有赔偿责任的人。《刑事诉讼法解释》第180条第1款规定："附带民事诉讼中依法负有赔偿责任的人包括：（一）刑事被告人以及未被追究刑事责任的其他共同侵害人；（二）刑事被告人的监护人；（三）死刑罪犯的遗产继承人；（四）共同犯罪案件中，案件审结前死亡的被告人的遗产继承人；（五）对被害人的物质损失依法应当承担赔偿责任的其他单位和个人。"据此，本题正确答案为ABCD。

10. 答案：BC。本题考查的是刑事附带民事诉讼的上诉。《刑事诉讼法解释》第409条规定："第二审人民法院审理对附带民事部分提出上诉，刑事部分已经发生法律效力的案件，应当对全案进行审查，并按照下列情形分别处理：（一）第一审判决的刑事部分并无不当的，只需就附带民事部分作出处理；（二）第一审判决的刑事部分确有错误的，依照审判监督程序对刑事部分进行再审，并将附带民事部分与刑事部分一并审理。"第408条第1款规定："刑事附带民事诉讼案件，只有附带民事诉讼当事人及其法定代理人上诉的，第一审刑事部分的判决在上诉期满后即发生法律效力。"根据上述规定，当事人就附带民事诉讼上诉的，第二审应当对全案进行审查，故本题A项不正确。只有附带民事诉讼当事人提出上诉的，第一审刑事部分判决在上诉期满后，即生效，故本题B项正确，D项不正确。C项符合上述规定，正确。综上，本题正确答案为BC。

11. 答案：ABC。本题考查的是附带民事诉讼被告人的诉讼权利。根据《刑事诉讼法》第46条第1款的规定，附带民事诉讼被告人有权委托诉讼代理人，故本题A项正确。《刑事诉讼法解释》第201条规定："人民法院审理附带民事诉讼案件，除刑法、刑事诉讼法以及刑事司法解释已有规定的以外，适用民事法律的有关规定。"附带民事诉讼本质上属于民事诉讼，附带民事诉讼被告人应当享有《民事诉讼法》规定的被告的诉讼权利。根据《民事诉讼法》的有关规定，被告有权参加法庭调查和辩论，有权提起反诉，故本题BC项正确。

12. 答案：BCD。本题考查刑事附带民事诉讼判决书的内容。刑事附带民事诉讼判决书的内容包括首部、事实、理由、判决结果和尾部五部分。标题只是首部的一个内容，说它是判决书的主要内容不尽准确。

不定项选择题

答案：（1）D。本题考查附带民事诉讼的提起期间。

（2）AD。本题考查合并审理与分别审理。可参见《刑事诉讼法解释》第195条、第196条、第201条。

（3）A。本题考查附带民事诉讼的上诉期间。可参见《刑事诉讼法解释》第299条第2款、第301条。

（4）C。参见《刑事诉讼法解释》第201条，《最高人民法院关于民事诉讼证据的若干规定》第8条。本题为附带民事诉讼审理过程中适用民事诉讼证据规定。

名词解释

答案：附带民事诉讼的先予执行是指人民法院受理附带民事诉讼之后、作出判决之前根据民事原告的请求决定民事被告人先给付民事原告人一定款项或特定物并立即执行的措施。采取先予执行时，既要考虑被害人的需要，又要兼顾被告人的实际能力。

简答题

1. 答案：根据我国《刑事诉讼法》和有关法律规定，附带民事诉讼的原告人享有下列诉讼权利：

（1）在诉讼过程中，依法有权提起附带民事诉讼，并有权委托诉讼代理人。

（2）为了保证赔偿的实现，有权要求司法机关采取保全措施。

（3）有权申请审判人员、书记员、翻译人员、鉴定人等回避，有权参加附带民事诉讼部分审判的法庭调查和辩论。

（4）对人民法院关于附带民事部分的判决不服，依法有权提起上诉。

（5）在案件审结之前，有权就附带民事部分与被告人和解或者撤诉。

2. 答案：附带民事诉讼，是指公安司法机关在刑事诉讼过程中，在解决被告人刑事责任的同时，附带解决由遭受物质损失的被害人或者其法定代理人、近亲属向人民检察院提起的、由于被告人的犯罪行为所引起的物质损失的赔偿而进行的诉讼活动。

附带民事诉讼是一种特殊的民事诉讼。之所以说其是一种民事诉讼，是因为它要解决的问题是民事赔偿问题，而赔偿的确定，适用民事实体法的规定；说其特殊，是因为这种赔偿是刑事被告人的犯罪行为引起的，并要求在刑事诉讼过程中予以解决。正是被告人的犯罪行为引发了这两种不同性质的诉讼，而这两种诉讼又存在内在的联系，所以，附带民事诉讼在适用刑事诉讼法有关规定的同时，也适用民事诉讼法的有关规定，如诉讼原则、强制措施、诉讼保全、先予执行等。也正是这种联系性，才将这种诉讼称为刑事附带民事诉讼。

根据附带民事诉讼的性质和刑事诉讼法规定，附带民事诉讼的条件是：

（1）附带民事诉讼以刑事诉讼为前提。附带民事诉讼是在解决被告人刑事责任的同时，解决因被告人的犯罪行为造成的损失的赔偿问题，因此，附带民事诉讼以刑事诉讼的开展为前提。刑事案件成立，开始刑事诉讼，才能进行附带民事诉讼；如果刑事案件不成立，不展开刑事诉讼，遭受物质损失的人只能提起单纯的民事诉讼。

（2）被害人的损失是被告人的犯罪行为造成的。这里的犯罪行为，是指被告人在刑事诉讼中被指控的犯罪行为，而不是人民法院以生效判决确定的犯罪行为。只要行为人被公安司法机关进行刑事追诉，因其行为遭受损失的人就可以提起附带民事诉讼。如果被告人的行为最终没有被人民法院以生效判决确定为实体法意义上的犯罪行为，不影响附带民事诉讼的提起和进行。被害人的损失与被告人的犯罪行为之间必须具有因果关系。被害人因犯罪行为遭受的损失，是指被害人因犯罪行为已经遭受的实际损失和必然遭受的损失。

（3）被害人的损失必须是物质损失。根据《刑事诉讼法》第 101 条第 1 款以及有关司法解释的规定，附带民事诉讼请求赔偿的损失仅限于物质损失，精神损失不包括在内。

（4）有赔偿请求权的人在刑事诉讼中提出了赔偿请求。由于附带民事诉讼是遭受物质损失的被害人的一项权利，其可以行使，也可以许诺放弃。因此，只有在有附带民事诉讼请求权的人提起附带民事诉讼时，附带民事诉讼才能成立。人民法院在受理刑事案件后，可以告知有赔偿请求权的人提起附带民事诉讼。如其放弃诉讼权利的，法院应当准许，并记录在案。

论述题

答案：刑事附带民事诉讼，是指人民法院、人民检察院在当事人及其他诉讼参与人的参加下在依法追究被告人刑事责任的同时，附带解决因被告人的犯罪行为而使被害人遭受物质损失的赔偿问题所进行的诉讼活动，简称为附带民事诉讼。

(1) 附带民事诉讼的性质和意义

附带民事诉讼活动本质上是具有民事诉讼特征的经济损害赔偿，属于民事诉讼，但它又是不同于一般的民事诉讼的损害赔偿。附带民事诉讼是由犯罪行为引起的，是在刑事诉讼过程中提起并且同刑事案件一并解决的，其成立与解决都依附于刑事诉讼，和刑事诉讼紧密联系，不可分割，因此附带民事诉讼是一种依附于刑事诉讼的特殊的民事诉讼。

附带民事诉讼在刑事诉讼中具有重要的意义，主要体现在以下几个方面：

①保障国家、集体和公民个人的合法财产；②合理、准确地惩罚、教育、改造犯罪人，从而预防和减少犯罪；③节约诉讼成本，提高诉讼效率。

(2) 附带民事诉讼成立的条件

根据刑事诉讼法的规定和附带民事诉讼的特点，附带民事诉讼的成立必须具备以下条件：

其一，附带民事诉讼的提起必须以刑事案件成立为前提。即以被告人的行为要构成犯罪为前提，但不以是否对被告人科处刑罚为标准。

其二，必须是犯罪行为给被害人造成了物质损失。这是附带民事诉讼成立的必备条件。这里的物质损失通常包括犯罪行为侵害被害人的财产权利和人身权利造成的经济损失两类。

需要注意的是，刑事诉讼法中仅规定对给被害人造成的物质损失可以提起附带民事诉讼，而对精神损失未作任何规定，因此通行的做法是对精神损失不能提起附带民事诉讼要求赔偿。对此理论上尚存在争论，但实践中已有判处精神损害补偿的做法了。

其三，被害人的物质损失必须是被告人的犯罪行为直接造成的。即被告人的犯罪行为与被害人的物质损失存在直接的因果关系。

其四，附带民事诉讼必须是在刑事诉讼过程中提起。即指从刑事案件立案开始，到刑事案件审结之前，在刑事诉讼进行的任何阶段都可以提起附带民事诉讼。在其他阶段被害人要求赔偿的，只能通过一般的民事诉讼解决。而且一般应在一审法庭辩论程序结束之前提起附带民事诉讼，否则会造成诉讼的拖延。

(3) 附带民事诉讼的当事人

①附带民事诉讼的原告人

根据刑事诉讼法和有关的司法解释，附带民事诉讼的原告人包括以下几类：1) 因犯罪行为而遭受物质损失的被害公民和单位。对被害人应该作广义理解，不仅限于自然人，还应包括法人和企事业单位、机关、团体和其他组织。2) 已死亡被害人的近亲属。3) 无行为能力或者限制行为能力被害人的法定代理人。4) 人民检察院。如果是国家财产、集体财产遭受损失，受损失的单位没有提起附带民事诉讼，在这种场合下，人民检察院在提起公诉时提起附带民事诉讼的，人民法院应当受理。但是人民检察院无权就赔偿问题同被告人通过调解达成协议或自行和解。

②附带民事诉讼中的被告人

根据刑事诉讼法和有关的司法解释，附带民事诉讼中依法负有赔偿责任的被告人包括以下几类：1) 刑事被告人及没有被追究刑事责任的其他共同致害人。这里的被告人也不限于自然人；没有被追究刑事责任的其他共同致害人，由于其致害行为造成物质损失，仍然负有赔偿责任。2) 未成年人、精神病人的法定代理人或者监护人。3) 已被执行死刑的罪犯的遗产继承人。4) 共同犯罪案件中案件审结前已死亡的被告人的遗产继承人。5) 其他对刑事被告人的犯罪行为依法应当承担民事赔偿责任的单位和个人。

(4) 附带民事诉讼的程序

①附带民事诉讼的提起和审理

提起附带民事诉讼的条件与民事诉讼的条件相似，应当在刑事案件立案以后，第一审判决宣告以前提起；一般应当提交附带民事诉状，确有困难的可以口头起诉。另外，在侦查、预审、审查起诉阶段，有权提起附带民事诉讼的人向公安机关、人民检察院提出赔偿要求，已经公安机关、检察院记录在案的，刑事案件起诉后，人民法院应当按附带民事诉讼案件受理；经公安机关、检察院调解，当事人双方达成协议并已给付，被害人又坚持向法院提起附带民事诉讼的，人民法院也可以受理。

人民法院在审理附带民事诉讼案件时，除人民检察院提起的案件外，可以调解。

②附带民事诉讼审理上与刑事案件的协调

附带民事诉讼应当同刑事案件一并审判，这是审理附带民事诉讼案件的一项基本原则，也是附带民事诉讼制度的价值所在。刑事诉讼部分是基本的和主要的，附带民事诉讼是附带的和相对次要的。因此，应当先进行刑事诉讼部分，再进行附带民事诉讼的审理。尤其是为了防止刑事案件审判的过分迟延，附带民事诉讼可以在刑事案件审判之后，由同一审判组织继续审理。

③附带民事诉讼的上诉

对附带民事诉讼的上诉不影响刑事判决部分的生效，但是二审法院应当对第一审判决中的刑事部分和民事部分全面审查，审查后仅对其中的附带民事诉讼部分作出终审判决。

案例分析题

答案：不能，乙关于遗产继承一事的请求应作为单独的民事诉讼向人民法院民事审判庭提出。

本案涉及刑事附带民事诉讼中民事诉讼的范围的确定。《刑事诉讼法》第101条规定："被害人由于被告人的犯罪行为而遭受物质损失的，在刑事诉讼过程中，有权提起附带民事诉讼。被害人死亡或者丧失行为能力的，被害人的法定代理人、近亲属有权提起附带民事诉讼。如果是国家财产、集体财产遭受损失的，人民检察院在提起公诉的时候，可以提起附带民事诉讼。"根据这一法律规定，附带民事诉讼是指司法机关在刑事诉讼过程中，在解决被告人刑事责任的同时，解决因被告人的犯罪行为所造成的物质损失的赔偿而进行的诉讼活动。附带民事诉讼在性质上，是一种特殊的民事诉讼，它的成立有以下三个条件：第一，以刑事诉讼的存在为前提；第二，被告人的犯罪行为对被害人或国家、集体造成了物质损失，应当负赔偿责任；第三，具有赔偿请求权的人在刑事诉讼过程中向司法机关提出了损害赔偿的诉讼请求。附带民事诉讼的原告人，就是《刑事诉讼法》第101条中的"被害人"，包括公民、法人和其他组织，已死亡被害人的近亲属，无行为能力人或限制行为能力人的法定代理人。

本案被告人甲虽然构成伤害罪，但继承遗产并不是甲犯罪行为造成的物质损失的损害赔偿，它和甲的犯罪行为没有直接的因果关系，因而不能作为附带民事诉讼一并解决。

第十五章 期间、送达

✓ 单项选择题

1. **答案**：A。本题考查的是特定期间的计算方式。《刑事诉讼法解释》第202条第1款规定："……半个月一律按十五日计算。"据此，本题正确答案为A。

2. **答案**：B。本题考查的是期间的恢复。《刑事诉讼法》第106条第1款规定："当事人由于不能抗拒的原因或者有其他正当理由而耽误期限的，在障碍消除后五日以内，可以申请继续进行应当在期满以前完成的诉讼活动。"据此，本题正确答案为B。

3. **答案**：A。本题考查的是一般鉴定期间与办案期限的关系。《最高人民法院、最高人民检察院、公安部、国家安全部、司法部、全国人大常委会法制工作委员会关于实施刑事诉讼法若干问题的规定》第40条第1款规定："刑事诉讼法第一百四十七条规定：'对犯罪嫌疑人作精神病鉴定的期间不计入办案期限。'根据上述规定，犯罪嫌疑人、被告人在押的案件，除对犯罪嫌疑人、被告人的精神病鉴定期间不计入办案期限外，其他鉴定期间都应当计入办案期限。对于因鉴定时间较长，办案期限届满仍不能终结的案件，自期限届满之日起，应当对被羁押的犯罪嫌疑人、被告人变更强制措施，改为取保候审或者监视居住。"据此，本题正确答案为A。

4. **答案**：D。本题考查的是决定重新计算侦查羁押期限的程序。《最高人民法院、最高人民检察院、公安部、国家安全部、司法部、全国人大常委会法制工作委员会关于实施刑事诉讼法若干问题的规定》第22条规定："刑事诉讼法第一百五十八条第一款规定：'在侦查期间，发现犯罪嫌疑人另有重要罪行的，自发现之日起依照本法第一百五十四条的规定重新计算侦查羁押期限。'公安机关依照上述规定重新计算侦查羁押期限的，不需要经人民检察院批准，但应当报人民检察院备案，人民检察院可以进行监督。"据此，公安机关在发现犯罪嫌疑人另有重要罪行时，可以自行决定重新计算侦查羁押期限，报人民检察院备案，这里没有特别规定报哪一级人民检察院备案，应理解为报同级人民检察院备案。故本题正确答案为D。

5. **答案**：B。本题考查的是期间的计算，兼及刑事判决的上诉期限。《刑事诉讼法》第105条规定："期间以时、日、月计算。期间开始的时和日不算在期间以内……"第230条规定："不服判决的上诉和抗诉的期限为十日，不服裁定的上诉和抗诉的期限为五日，从接到判决书、裁定书的第二日起算。"据此，本题中上诉期限应从收到判决书的第二天起算，即从5月1日到5月10日，故本题正确答案为B。

6. **答案**：B。本题考查刑事诉讼中特殊情况的期间计算。犯罪嫌疑人不讲真实姓名、住址，身份不明的，侦查羁押期限自查清其身份之日起开始计算。

7. **答案**：B。《刑事诉讼法》第160条第1款规定，在侦查期间，发现犯罪嫌疑人另有重要罪行的，自发现之日起依照本法第156条的规定重新计算侦查羁押期限。A项中的"盗窃1辆普通自行车"不属于重要罪行。故A项错误。《高检规则》第346条规定，对于退回公安机关补充侦查的案件，应当在1个月以内补充侦查完毕。补充调查、侦查以二次为限。补充调查、侦查完毕移送审查起诉后，人民检察院重新计算审查起诉期限。人民检察院负责捕诉的部门退回本院负责侦查的部门补充侦查的期限、次数按照本条第1款至第3款的规定执行。故B项正确。C项中申请回避导致延期审理，无须重新计算审理期限。该项错误。《刑事诉讼法》第235条规定，人民检察院提出抗诉的案件或者第二审人民法院开庭审理的公诉案件，同级人民检察院都应当派员出席法庭。第二审人民法院应当在决定开庭审理后及时通知人民检察院查阅案卷。人民检察院应当在1个月以内查阅完毕。人民检察院查阅案卷的时间不计入审理期限。故D项错误。

8. **答案**：D。本题考查期间的计算和上诉期限。《刑事诉讼法》第230条规定，不服判决的上诉和抗诉的期限为十日，不服裁定的上诉和抗诉的期限为五日，从接到判决书、裁定书的第二日起算。《刑事诉讼法》第105条第2款、第3款、第4款规定，期间开始的时和日不算在期间以内。法定期间不包括路途上的时间。上诉状或者其他文件在期满前已经交邮的，不算过期。期间的最后一日为节假日的，以节假日后的第一日为期满日期，但犯罪嫌疑人、被告人或者罪犯在押期间，应当至期满之日为止，不得因节假日而延长。故本题中9月21日一审宣判，并当庭送达判决书，上诉期从9月22日开始计算，最后一日是10月1日，因为10月1日是法定节假日，上诉期限顺延至法定节假日之后的第一个工作日即10月8日。看守所监管人员10月8日上班时才寄出，该上诉仍然有效，故上诉书寄到法院时一审判决尚未生效。因此，D项正确。

多项选择题

1. **答案**：AB。本题考查的是期间的计算方式。《刑事诉讼法》第105条规定："期间以时、日、月计算。期间开始的时和日不算在期间以内。法定期间不包括路途上的时间。上诉状或者其他文件在期满前已经交邮的，不算过期。期间的最后一日为节假日的，以节假日后的第一日为期满日期，但犯罪嫌疑人、被告人或者罪犯在押期间，应当至期满之日为止，不得因节假日而延长。"根据上述规定，本题AB项显然正确。

2. **答案**：ABC。本题考查的是期间的计算单位。《刑事诉讼法》第105条第1款规定："期间以时、日、月计算。"据此，本题正确答案为ABC。

3. **答案**：ABCD。本题考查的是期间的计算。《刑事诉讼法》第105条规定："期间以时、日、月计算。期间开始的时和日不算在期间以内。法定期间不包括路途上的时间……"第106条第1款规定："当事人由于不能抗拒的原因或者有其他正当理由而耽误期限的，在障碍消除后五日以内，可以申请继续进行应当在期满以前完成的诉讼活动。"据此，本题正确答案为ABCD。

4. **答案**：ACD。本题考查的是期间的计算。《刑事诉讼法》第105条规定："期间以时、日、月计算。期间开始的时和日不算在期间以内。法定期间不包括路途上的时间。上诉状或者其他文件在期满前已经交邮的，不算过期……"据此，本题正确答案为ACD。

5. **答案**：ACD。本题考查的是期间的计算标准。《刑事诉讼法》第156条规定："对犯罪嫌疑人逮捕后的侦查羁押期限不得超过二个月……"第172条第1款规定："人民检察院对于监察机关、公安机关移送起诉的案件，应当在一个月以内作出决定，重大、复杂的案件，可以延长十五日……"第208条第1款规定："人民法院审理公诉案件，应当在受理后二个月以内宣判，至迟不得超过三个月……"第243条第1款规定："第二审人民法院受理上诉、抗诉案件，应当在二个月以内审结。对于可能判处死刑的案件或者附带民事诉讼的案件，以及有本法第一百五十八条规定情形之一的，经省、自治区、直辖市高级人民法院批准或者决定，可以延长二个月；因特殊情况还需要延长的，报请最高人民法院批准。"第175条规定："……人民检察院审查案件，对于需要补充侦查的，可以退回公安机关补充侦查，也可以自行侦查。对于补充侦查的案件，应当在一个月以内补充侦查完毕……"根据上述规定，对被告人的侦查羁押期限，人民检察院审查起诉的期限，人民法院一、二审的办案期限和人民检察院退回公安机关补充侦查的期限，都是以月为单位计算的。可见，本题ACD项正确。

6. **答案**：ACD。本题考查的是送达的程序和要求。刑事诉讼文书送达，是指公安司法机关按照法定的程序和方式将诉讼文书送交收件人的诉讼活动。根据送达的定义，公安司法机关送达诉讼文书，必须遵守法定的方式，本题 C 项正确；同时送达还必须履行法定的程序，而法定的手续和期限是包含在"程序"之中的，故本题 AD 项正确。B 项不正确，因为我国刑事诉讼法除直接送达外，还规定了留置送达、委托送达、邮寄送达、转交送达等方式，故送达诉讼文书不是必须送交收件人本人。

7. **答案**：BD。本题考查刑事诉讼中特殊情况的期间计算。根据《刑事诉讼法》的相关规定，刑事案件应另行委托、指定辩护人，法院决定延期审理的，自案件决定延期审理之日至第 10 日之准备辩护的时间不计入审理期限，故 A 项不正确。刑事案件二审期间，检察院查阅案卷超过 7 日后的时间不计入审理期限，故 C 项不正确。

8. **答案**：ABCD。本题考查刑事诉讼中送达的概念和特点。刑事诉讼文书送达，是指公安机关、人民检察院、人民法院按照法定的程序和方式将诉讼文书送交收件人的诉讼活动。题目中有关送达的特点表述都是正确的。

名词解释

1. **答案**：期间的耽误是指司法机关或诉讼参与人没有在法定期限内完成应当进行的诉讼行为。其中，对于当事人没有在法定期限内完成应当进行的诉讼行为，可以依照法定程序申请继续进行应当在期满以前完成的诉讼活动。

2. **答案**：直接送达又称为交付送达，是指公安司法机关派员将诉讼文书直接交给收件人的一种送达方式。直接送达的特点是承办案件的司法机关将诉讼文书直接送达收件人，而不通过中介人或中间环节。对传票、通知书、判决书、裁定书、调解书等具有重要法律后果的诉讼文件，公安司法机关通常采用直接送达的方式。

3. **答案**：间接送达是指送达人员将诉讼文书交给收件人本人，收件人本人在送达回证上记明收到日期，并且签名或者盖章的一种送达方式。如果收件人本人不在，由他的成年家属或所在单位的负责人代收，代收人也应当在送达回证上记明收到日期，并且签名或者盖章。收件人本人或者代收人在送达回证上签收的日期为送达的日期。间接送达与直接送达具有相同的效力。

4. **答案**：留置送达是指收件人本人或代收人拒绝接收诉讼文件或者拒绝签名、盖章时，送达人员将诉讼文件放置在收件人或代收人的住处的一种送达方式。留置送达必须具备一定条件，即收件人或代收人拒绝接收诉讼文件或者拒绝签名、盖章时才能采用。找不到收件人，同时也找不到代收人时，不能采用留置送达。此外，并非所有诉讼文件都可以适用留置送达，如调解书不适用留置送达。

5. **答案**：委托送达是指承办案件的司法机关委托收件人所在地的司法机关代为送达的一种方式。委托送达一般是在收件人不住在承办案件的司法机关所在地，而且直接送达有困难的情况下所采用的送达方式。

简答题

1. **答案**：所谓刑事诉讼的期间，是指公、检、法三机关和诉讼参与人完成某项刑事诉讼行为必须遵守的法定期限。

   期日是司法机关与诉讼当事人或其他诉讼参与人共同进行某种诉讼活动的时间。

   二者的区别在于：（1）期间是指一定的时间段，包含时间的数量与限度；而期日为一特定的单位时间。（2）期间原则上由法律明确规定，具有原则性、指导性，普遍适用于一切刑事诉讼案件；期日由司法机关据特定个案之具体刑事诉讼进程指定，可根据实际情况予以变更。（3）期间有的只对司法机关起约束力，如关于拘留、逮捕的期限，有的只对诉讼参与人起约束力，如关于上诉的期限；期日是司法机关与诉讼参与人共同进行诉讼活动的时间，均应受其约束。

2. **答案**：期间的恢复是指当事人由于不能抗拒的原因或其他正当理由而耽误的，在障碍消除后 5 日内，可以申请继续进行应当在期满以前完成的诉讼活动的一种补救措施。期间的恢复应当具备一定的条件。

第一，只有当事人才能提出恢复期间的申请。刑事诉讼法将提出申请期间恢复的主体限定为当事人，而不是所有的诉讼参与人。然而，由于不可抗拒的原因或有其他正当理由耽误期限的不只当事人，还有其他诉讼参与人，因此，刑事诉讼法应当将期间恢复的申请权既赋予当事人，又给予其他诉讼参与人。

第二，期间的耽误是由于不能抗拒的原因或有其他正当理由。

第三，当事人的申请应当在障碍消除后的 5 日以内提出。这是对当事人申请恢复期间的时间要求。

第四，期间恢复的申请经人民法院裁定批准后才能恢复期间。当事人的申请是否准许，需经人民法院裁定。对有些当事人的申请，人民法院可能认为不符合法定条件，于是作出裁定不予批准。

论述题

答案：所谓刑事诉讼的期间是指公、检、法三机关和诉讼参与人完成某项刑事诉讼行为必须遵守的法定期限。刑事诉讼中期间的正确计算关系是看刑事诉讼能否顺利进行，当事人权益能否得到保障等问题。期间的计算单位有时、日、月三个。至于年、分钟等其他时间计算单位不是刑事诉讼期间的计算单位。期间的计算方法涉及两个技术问题：一是起算，即期间从什么时候算起；二是届满，即期间到什么时候终止。期间的计算方法是：

以时为计算单位的期间，从期间开始的下一时起算，期间开始的时间不计算在期间以内。它的届满以法定期间时数的最后一时完了为止。

以日为计算单位的期间，从期间开始的次日起算，期间开始的日不计算在期间以内。它的届满以法定期间日数的最后一日完了为止。

以月为计算单位的期间，从什么时候起算，法律没有规定。期间开始的月应计算在期间以内。理由是，从立法上看，刑事诉讼法只规定期间开始的时和日不计算在期间以内，并没有包括月。从理论上讲，如果将期间的开始月不计算在期间以内，会带来两个弊端，一是有的期间实际上大大延长了；二是造成不同案件之间实际期限的悬殊。

案例分析题

答案：（1）该县人民法院 8 月 6 日宣告判决时，没有将判决书送达被告人戚某。我国《刑事诉讼法》第 202 条第 2 款规定："当庭宣告判决的，应当在五日以内将判决书送达当事人和提起公诉的人民检察院；定期宣告判决的，应当在宣告后立即将判决书送达当事人和提起公诉的人民检察院……"在本案中，法庭是在合议庭闭庭后第 5 天才宣判的判决结果，因而属于定期宣告，但在 8 月 6 日法院宣判时只是进行了口头宣读，而没有将判决书立即送达戚某。这一做法不恰当。

（2）二审法院驳回戚某上诉的做法是错误的。《刑事诉讼法》第 230 条规定："不服判决的上诉和抗诉的期限为十日，不服裁定的上诉和抗诉的期限为五日，从接到判决书、裁定书的第二日起算。"第 105 条第 3 款规定："法定期间不包括路途上的时间。上诉状或者其他文件在期满前已经交邮的，不算过期。"根据该条款规定，上诉状在邮递途中的时间不计算在期间以内。本案中被告人戚某是在判决宣告后的第 9 天将上诉状交邮。二审法院接到时虽然已超过 10 天，但不能按超期对待。因而，二审法院驳回戚某上诉的做法是错误的。

第十六章 刑事诉讼的中止和终止

✓ 单项选择题

1. 答案：A。本题考查的是对具有法定不予追究刑事责任情形的处理。《刑事诉讼法》第16条规定："有下列情形之一的，不追究刑事责任，已经追究的，应当撤销案件，或者不起诉，或者终止审理，或者宣告无罪……（五）犯罪嫌疑人、被告人死亡的……"因本案处于侦查阶段，故公安机关应当作出撤销案件的决定。故本题正确答案为A。

2. 答案：B。本题考查的是法庭审理过程中辩护人申请重新鉴定的处理。《刑事诉讼法》第204条规定："在法庭审判过程中，遇有下列情形之一，影响审判进行的，可以延期审理：（一）需要通知新的证人到庭，调取新的物证，重新鉴定或者勘验的……"据此，本题正确答案为B。

3. 答案：C。《刑事诉讼法》第204条规定："在法庭审判过程中，遇有下列情形之一，影响审判进行的，可以延期审理：（一）需要通知新的证人到庭，调取新的物证，重新鉴定或者勘验的；（二）检察人员发现提起公诉的案件需要补充侦查，提出建议的；（三）由于申请回避而不能进行审判的。"故ABD选项为延期审理的情形。《刑事诉讼法》第206条第1款规定："在审判过程中，有下列情形之一，致使案件在较长时间内无法继续审理的，可以中止审理：（一）被告人患有严重疾病，无法出庭的；（二）被告人脱逃的；（三）自诉人患有严重疾病，无法出庭，未委托诉讼代理人出庭的；（四）由于不能抗拒的原因。"据此，C选项符合中止审理的法定情形。综上，本题正确答案为C。

✓ 多项选择题

1. 答案：ABC。延期审理与中止审理的区别主要有三：（1）时间不同。延期审理适用于法庭审理过程中，中止审理适用于法院受理案件后至作出判决前。（2）原因不同。延期审理的原因是庭审自身出现障碍，因而不停止法庭审理以外的诉讼活动，中止审理的原因是出现了不能抗拒的情况，使诉讼活动无法正常进行，因而暂停诉讼活动。（3）延期审理的案件再行开庭的时间具有可预见性，中止审理的案件再行开庭的时间往往无法预见。故ABC正确。但是，《刑事诉讼法》第206条规定"……中止审理的期间不计入审理期限"，故D不正确。正确答案是ABC。

2. 答案：ABC。根据《最高人民检察院、公安部关于刑事立案监督有关问题的规定》第5条规定，人民检察院对于公安机关应当立案侦查而不立案侦查的线索进行审查后，应当根据不同情况分别作出处理：（1）没有犯罪事实发生，或者犯罪情节显著轻微不需要追究刑事责任，或者具有其他依法不追究刑事责任情形的，及时答复投诉人或者行政执法机关；（2）不属于被投诉的公安机关管辖的，应当将有管辖权的机关告知投诉人或者行政执法机关，并建议向该机关控告或者移送；（3）公安机关尚未作出不予立案决定的，移送公安机关处理；（4）有犯罪事实需要追究刑事责任，属于被投诉的公安机关管辖，且公安机关已作出不立案决定的，经检察长批准，应当要求公安机关书面说明不立案理由。根据第2项、第3项、第4项的规定，选项ABC正确。根据第1项的规定，人民检察院应当及时答复投诉人或者行政执法机关，故选项D错误。综上，本题答案为ABC。

📖 名词解释

1. 答案：中止侦查是指在侦查过程中，由于出现特殊原因影响侦查的正常进行而暂时停止侦查活动，待原因消失后，再恢复侦查活动的制度。根据最高人民检察院的司法解释，侦查过程中，犯罪嫌疑人长期潜逃，采取有效追捕措施仍不能缉拿归案的，或者犯罪嫌疑人患有精神病及其他严重疾病不能接受讯问，丧失诉讼行为能力的，经检察长决定，中止侦查。中止侦查的理由和条件消失后，经检察长决定，应当撤销原中止侦查决定，恢复侦查。

2. 答：中止审查是指在审查起诉过程中，由于出现特殊原因影响审查起诉工作的正常进行而暂时停止审查起诉，待原因消失后，再恢复审查的制度。根据最高人民检察院的司法解释，在审查起诉过程中，犯罪嫌疑人潜逃或者患有精神病及其他严重疾病不能接受讯问，丧失诉讼行为能力的，人民检察院可以中止审查。共同犯罪中的部分犯罪嫌疑人潜逃的，对潜逃犯罪嫌疑人可以中止审查，但对其他犯罪嫌疑人的审查起诉应当照常进行，不能中止。

3. 答：中止审理是指人民法院在审判过程中，因出现使案件在较长时间内无法积极审理的情形，而决定暂停审理，待该项原因消失以后，再行恢复审理。中止审理的日期不计入办案期限。中止审理的裁定或决定应当通知同级人民检察院或者自诉案件的对方当事人；中止审理的原因消失后，应当恢复审理；中止审理的期间不计入审理期限。

简答题

1. 答：刑事诉讼的终止，是指在刑事诉讼过程中因出现某种法定情形致使诉讼不必要或不应当继续进行，从而结束诉讼的制度。刑事诉讼终止应符合两个条件：第一，必须是在刑事诉讼过程中。第二，必须具有不追究刑事责任的法定情形之一，才能终止诉讼。刑事诉讼终止的基本特点是：一旦作出诉讼终止的决定，所有诉讼活动都要立即停止进行，已经对犯罪嫌疑人、被告人采取的各种强制措施也因诉讼终止的决定而失效。刑事诉讼终止有利于节省司法资源，集中力量打击犯罪，有重要意义。

2. 答：刑事诉讼的中止，是指在刑事诉讼过程中由于发生某种情况或出现某种障碍影响诉讼的正常进行而将诉讼暂时停止，待有关情况或障碍消失后再恢复诉讼的制度。刑事诉讼中止制度的基本特点有：（1）刑事诉讼中止可以发生在诉讼的任何阶段，既可以发生在侦查阶段，又可以发生在起诉阶段，还可以发生在审判阶段；（2）刑事诉讼中止后，既不能撤销案件，也不能终止诉讼，只是将诉讼程序暂时地、不定期地停止，直到引起诉讼中止的原因消失以后，诉讼才恢复进行；（3）刑事诉讼中止前所进行的诉讼活动仍然有效，有关专门机关和诉讼参与人有权利也有义务继续完成法定的诉讼行为；（4）刑事诉讼中止的期间不计入专门机关的办案期限，也不影响当事人行使其依法享有的诉讼权利。刑事诉讼中止制度可以提高诉讼效率，打击犯罪保障无辜，从而提高办案质量。

论述题

答：刑事诉讼的中止，是指在刑事诉讼过程中由于发生某种情况或出现某种障碍影响诉讼的正常进行而将诉讼暂时停止，待有关情况或障碍消失后再恢复诉讼的制度。

刑事诉讼中止的意义在于：第一，可以促使公安司法机关采取措施努力消除引起诉讼中止的原因，尽快恢复诉讼的进行，及时打击犯罪，保护无辜；第二，可以保证公安司法机关集中力量办理其他的刑事案件，提高诉讼效率；第三，可以保证当事人特别是犯罪嫌疑人或被告人到案参加诉讼，从而保障其诉讼权利的行使，提高办案质量。

刑事诉讼的终止，是指在刑事诉讼过程中因出现某种法定情形致使诉讼不必要或者不应当继续进行，从而结束诉讼的制度。

刑事诉讼终止和刑事诉讼中止都具有停止诉讼进行的效力，但两者有着明显的区别。主要表现在：（1）条件不同。刑事诉讼终止适用于不必要或者不应当进行诉讼的各种法定情形；刑事诉讼中止则适用于出现了致使诉讼无法继续进行的特殊情况或客观障碍。

（2）结果不同。刑事诉讼终止是终结案件，不再追诉，即依法不必要或不应当追究犯罪嫌疑人或被告人的刑事责任；刑事诉讼中止则只是暂停诉讼，待特殊情况或客观障碍消除后再恢复诉讼，继续对犯罪嫌疑人或被告人进行追诉活动。（3）程序不同。出现刑事诉讼终止的法定情形时，由侦查机关、人民检察院和人民法院三机关分别作出撤销案件的决定、不起诉的决定或者中止审理的裁定，并应制作正式的法律文书，送达犯罪嫌疑人、被告人及他们所在单位和家属。如果犯罪嫌疑人、被告人在押，应当立即释放，并且发给释放证明。出现刑事诉讼中止的特殊情况或客观障碍时，则由侦查机关、人民检察院和人民法院分别作出中止侦查的决定、中止审查的决定或者中止审理的裁定。除中止审理的裁定需制作正式的法律文书并送达人民检察院或者自诉案件的对方当事人外，中止侦查、中止审查的决定一般只需记录在案即可。

第十七章 立 案

✓ 单项选择题

1. 答案：A。本题考查的是公安机关立案的条件。我国《刑事诉讼法》第112条规定："人民法院、人民检察院或者公安机关对于报案、控告、举报和自首的材料，应当按照管辖范围，迅速进行审查，认为有犯罪事实需要追究刑事责任的时候，应当立案……"据此，决定立案的条件是：（1）有犯罪事实；（2）需要追究刑事责任。故本题正确答案为A。

2. 答案：C。本题考查的是公民报案的权利和义务。我国《刑事诉讼法》第110条第1款规定："任何单位和个人发现有犯罪事实或者犯罪嫌疑人，有权利也有义务向公安机关、人民检察院或者人民法院报案或者举报。"故本题正确答案为C。

3. 答案：B。本题考查的是公安司法机关对报案、控告或举报的处理。根据《刑事诉讼法》第112条的规定，公、检、法机关按照管辖范围，对于报案、控告、举报和自首的材料进行审查后，决定不予立案的，应当将不立案的原因通知控告人。控告人如果不服，可以申请复议。故本题正确答案为B。

4. 答案：C。本题考查的是公安司法机关对于不属于自己管辖范围的公民扭送的处理。《刑事诉讼法》第110条第3款规定："公安机关、人民检察院或者人民法院对于报案、控告、举报，都应当接受。对于不属于自己管辖的，应当移送主管机关处理，并且通知报案人、控告人、举报人；对于不属于自己管辖而又必须采取紧急措施的，应当先采取紧急措施，然后移送主管机关。"该款虽未提及扭送，但扭送作为一种立案材料的来源，应视同控告处理；盗窃案不属于人民检察院立案侦查的范围，但人民检察院应当接受扭送，先采取紧急措施，然后将该案移送公安机关立案侦查。据此，本题正确答案为C。

5. 答案：B。《最高人民法院、最高人民检察院、公安部、国家安全部、司法部、全国人大常委会法制工作委员会关于实施刑事诉讼法若干问题的规定》第18条规定："刑事诉讼法第一百一十一条规定：'人民检察院认为公安机关对应当立案侦查的案件而不立案侦查的，或者被害人认为公安机关对应当立案侦查的案件而不立案侦查，向人民检察院提出的，人民检察院应当要求公安机关说明不立案的理由。人民检察院认为公安机关不立案理由不能成立的，应当通知公安机关立案，公安机关接到通知后应当立案。'根据上述规定，公安机关收到人民检察院要求说明不立案理由通知书后，应当在七日内将说明情况书面答复人民检察院。人民检察院认为公安机关不立案理由不能成立，发出通知立案书时，应当将有关证明应当立案的材料同时移送公安机关。公安机关收到通知立案书后，应当在十五日内决定立案，并将立案决定书送达人民检察院。"

6. 答案：D。本题考查的是对报案、控告、举报的处理。《刑事诉讼法》第110条第3款规定："公安机关、人民检察院或者人民法院对于报案、控告、举报，都应当接受。对于不属于自己管辖的，应当移送主管机关处理，并且通知报案人、控告人、举报人；对于不属于自己管辖而又必须采取紧急措施的，应当先采取紧急措施，然后移送主管机关。"故本题正确答案为D。

7. 答案：D。本题考查被害方对撤销案件的救济方式。《刑事诉讼法》第210条规定："自诉案件包括下列案件：（一）告诉才处理的案件；（二）被害人有证据证明的轻微刑事案件；（三）被害人有证据证明对被告人侵犯自己人身、财产权利的行为应当依法追究刑事责任，而公安机关或者人民检察院不予追究被告人刑事责任的案件。"第101条第1

款规定，被害人由于被告人的犯罪行为而遭受物质损失的，在刑事诉讼过程中，有权提起附带民事诉讼。被害人死亡或者丧失行为能力的，被害人的法定代理人、近亲属有权提起附带民事诉讼。本案中，公安局撤销案件属于不予追究刑事责任的处理方式，被害人的近亲属可以向法院提起自诉的同时提起附带民事诉讼。故 D 项正确。

8. **答案**：D。本题考查立案监督、报案和控告的区别、立案的条件。《刑事诉讼法》第 112 条规定，人民法院、人民检察院或者公安机关对于报案、控告、举报和自首的材料，应当按照管辖范围，迅速进行审查，认为有犯罪事实需要追究刑事责任的时候，应当立案；认为没有犯罪事实，或者犯罪事实显著轻微，不需要追究刑事责任的时候，不予立案，并且将不立案的原因通知控告人。控告人如果不服，可以申请复议。故 A 项的错误在于，立案时无须确定遗弃婴儿的原因，只需查清是否有犯罪事实需要追究刑事责任即可。B 项的错误在于，马某是报案人，不是控告人，其无权申请复议。C 项的错误在于，控告的主体是被害人，第三人无权控告，只能报案或者举报。《刑事诉讼法》第 113 条规定，人民检察院认为公安机关对应当立案侦查的案件而不立案侦查的，或者被害人认为公安机关对应当立案侦查的案件而不立案侦查，向人民检察院提出的，人民检察院应当要求公安机关说明不立案的理由。人民检察院认为公安机关不立案理由不能成立的，应当通知公安机关立案，公安机关接到通知后应当立案。故 D 项正确。本题的正确答案为 D。

9. **答案**：C。《公安机关办理刑事案件程序规定》第 179 条规定："控告人对不予立案决定不服的，可以在收到不予立案通知书后七日以内向作出决定的公安机关申请复议……控告人对不予立案的复议决定不服的，可以在收到复议决定书后七日以内向上一级公安机关申请复核……"由于题干并未明确李某是控告人（即被害人），所以，AB 表述均错误。《公安机关办理刑事案件程序规定》第 181 条规定："移送案件的行政执法机关对不予立案决定不服的，可以在收到不予立案通知书后三日以内向作出决定的公安机关申请复议；公安机关应当在收到行政执法机关的复议申请后三日以内作出决定，并书面通知移送案件的行政执法机关。"可见，市场监管局依法只能向不予立案的公安局申请复议，法律上并未规定行政机关可以向上级公安机关申请复核，所以 C 表述正确，D 表述错误。综上，本题正确答案为 C。

✓ 多项选择题

1. **答案**：BCD。本题考查的是立案程序的概念和地位。立案，即立案程序，是指公安机关、人民检察院或者人民法院对接受的报案、控告、举报或自首以及自己发现的材料进行审查，判明有无犯罪事实和应否追究刑事责任，并决定是否作为刑事案件进行侦查或审理的活动。立案是刑事诉讼的必经程序，没有立案，就没有接下来的侦查、提起公诉、审判和执行等程序。立案是刑事诉讼的开端程序，标志着刑事诉讼的开始。立案是刑事诉讼中的独立诉讼阶段。立案不隶属任何诉讼程序，而是与其他诉讼程序如侦查、起诉、审判等程序并列，具有相对的独立性。综上，本题正确答案为 BCD。

2. **答案**：AC。本题考查的是公民在对刑事案件进行报案或者举报的义务。《刑事诉讼法》第 110 条第 1 款规定："任何单位和个人发现有犯罪事实或者犯罪嫌疑人，有权利也有义务向公安机关、人民检察院或者人民法院报案或者举报。"据此，本题正确答案为 AC。

3. **答案**：BC。本题考查初查措施。《公安机关办理刑事案件程序规定》第 174 条第 2 款规定，调查核实过程中，公安机关可以依照有关法律和规定采取询问、查询、勘验、鉴定和调取证据材料等不限制被调查对象人身、财产权利的措施。故本题 BC 项正确。A 项属于技术侦查，A 项和 D 项均在立案后的侦查阶段才能采用。

4. **答案**：ABD。本题考查的是有关立案的规定。《刑事诉讼法》第 112 条规定："人民法院、人民检察院或者公安机关对于报案、控告、举报和自首的材料,应当按照管辖范围,迅速进行审查,认为有犯罪事实需要追究刑事责任的时候,应当立案;认为没有犯罪事实,或者犯罪事实显著轻微,不需要追究刑事责任的时候,不予立案,并且将不立案的原因通知控告人。控告人如果不服,可以申请复议。"据此,本题 ABD 项正确。因为立案应当按照管辖范围,人民检察院对于公安机关应当立案而不立案的案件,不能自己直接立案,故本题 C 项不正确。

5. **答案**:BCD。根据《公安机关办理刑事案件程序规定》第 263 条规定,只有在立案后才可以对犯罪嫌疑人采取技术侦查措施。因此,A 项错误。根据《公安机关办理刑事案件程序规定》第 265 条第 1 款规定,需要采取技术侦查措施的,应当制作呈请采取技术侦查措施报告书,报设区的市一级以上公安机关负责人批准,制作采取技术侦查措施决定书。据此,符合技术侦查条件的案件需要报设区的市一级以上公安机关负责人批准。根据《公安机关办理刑事案件程序规定》第 271 条规定:"为了查明案情,在必要的时候,经县级以上公安机关负责人决定,可以由侦查人员或者公安机关指定的其他人员隐匿身份实施侦查。隐匿身份实施侦查时,不得使用促使他人产生犯罪意图的方法诱使他人犯罪,不得采用可能危害公共安全或者发生重大人身危险的方法。"本案判断的关键在于是否属于诱使他人犯罪,根据法律规定可知,诱使的界定为使没有犯罪意图的人产生犯罪意图,而本案中已有毒品准备出售,不属于诱使的范畴。因此,B 项正确。《刑事诉讼法》第 138 条规定,进行搜查,必须向被搜查人出示搜查证。在执行逮捕、拘留的时候,遇有紧急情况,不另用搜查证也可以进行搜查。紧急情况比如:(1)可能随身携带凶器的;(2)可能隐藏爆炸、剧毒等危险物品的;(3)可能隐匿其他犯罪嫌疑人的;(4)其他突然发生的紧急情况。无证搜查后,要补办相关手续。因此,C 项正确。《公安机关办理刑事案件程序规定》第 272 条规定,对涉及给付毒品等违禁品或者财物的犯罪活动,为查明参与该项犯罪的人员和犯罪事实,根据侦查需要,经县级以上公安机关负责人决定,可以实施控制下交付。因此,D 项正确。

不定项选择题

答案:(1) BD。本小题考查的是公安机关对报案的处理。根据《刑事诉讼法》第 111 条第 1 款的规定,报案人不需要写出详细的报案材料,而且可以口头报案。故本题 A 项不正确。《刑事诉讼法》第 111 条第 2 款规定:"接受控告、举报的工作人员,应当向控告人、举报人说明诬告应负的法律责任……"故本题 B 项正确。《刑事诉讼法》第 110 条第 3 款规定:"公安机关、人民检察院或者人民法院对于报案、控告、举报,都应当接受……"故本题 C 项不正确。《刑事诉讼法》第 111 条第 3 款规定:"公安机关、人民检察院或者人民法院应当保障报案人、控告人、举报人及其近亲属的安全……"故本题 D 项正确。综上,本题正确答案为 BD。

(2) B。本小题考查的是公安机关对不立案的通知。《公安机关办理刑事案件程序规定》第 178 条第 2 款规定:"对有控告人的案件,决定不予立案的,公安机关应当制作不予立案通知书,并在三日以内送达控告人。"故本题正确答案为 B。

(3) ABCD。本小题考查的是人民检察院对公安机关的立案监督。《最高人民法院、最高人民检察院、公安部、国家安全部、司法部、全国人大常委会法制工作委员会关于实施刑事诉讼法若干问题的规定》第 18 条规定:"刑事诉讼法第一百一十一条①规定:'人民检察院认为公安机关对应当立案侦查的案件而不立案侦查的,或者被害人认为公安机关对应当立案侦查的案件而不立案侦查,向人民检察院提出的,人民检察院应当要求公安机关说明不立案的理由。人民检察院认

---

① 指 2012 年《刑事诉讼法》第 111 条,对应 2018 年《刑事诉讼法》第 113 条。

为公安机关不立案理由不能成立的,应当通知公安机关立案,公安机关接到通知后应当立案。'根据上述规定,公安机关收到人民检察院要求说明不立案理由通知书后,应当在七日内将说明情况书面答复人民检察院。人民检察院认为公安机关不立案理由不能成立,发出通知立案书时,应当将有关证明应当立案的材料同时移送公安机关。公安机关收到通知立案书后,应当在十五日内决定立案,并将立案决定书送达人民检察院。"综上,本题正确答案为 ABCD。

名词解释

1. 答案:刑事诉讼中的立案是指公安司法机关对于报案、控告、举报、自首以及自诉人起诉等材料,按照各自的职能管辖范围进行审查后,认为有犯罪事实发生并且需要追究刑事责任时,决定将其作为刑事案件进行侦查或者审判的一种诉讼活动。立案的显著特点表现在:(1)立案是法律赋予公安机关、人民检察院、人民法院特有的权力和职责,其他任何机关和个人都无权立案。(2)立案是我国刑事诉讼一个独立、必经的诉讼阶段,是刑事诉讼活动开始的标志。

2. 答案:自首是指犯罪分子犯罪以后,在犯罪行为未被司法机关发觉之前,自动投案,如实交代自己的罪行,接受司法机关审查和裁判的行为。被采取强制措施的犯罪嫌疑人、被告人、正在执行刑罚的罪犯如实向司法机关供述司法机关还未掌握的其他罪行的,也是自首,提供的材料也是立案的材料来源之一。

简答题

答案:立案材料是指公安机关、人民检察院发现的或者有关单位、组织或个人向司法机关提交的有关犯罪事实和犯罪嫌疑人情况的材料。它是司法机关进行审查,决定是否立案的事实材料。根据我国刑事诉讼法的规定和司法实践中的情况,作为立案的材料来源主要有以下几个方面:

(1)单位或者个人的报案或者举报;(2)被害人的报案或者控告;(3)犯罪人的自首;(4)公安机关、人民检察院自行主动获取的材料;(5)其他途径。在司法实践中,立案材料来源常见的还有以下几种:①上级机关交办的案件;②群众的扭送;③党的纪检部门查处后移送追究刑事责任的案件等。

论述题

答案:人民检察院是国家的法律监督机关,有权力对整个刑事诉讼活动实行法律监督,立案是刑事诉讼程序中的一个相对独立的诉讼阶段,理应在人民检察院的法律监督范围之内。《刑事诉讼法》第113条规定:"人民检察院认为公安机关对应当立案侦查的案件而不立案侦查的,或者被害人认为公安机关对应当立案侦查的案件而不立案侦查,向人民检察院提出的,人民检察院应当要求公安机关说明不立案的理由。人民检察院认为公安机关不立案理由不能成立的,应当通知公安机关立案,公安机关接到通知后应当立案。"具体而言,人民检察院对不立案监督有以下几点:

(1)人民检察院对不立案实施监督的材料来源主要有两个方面:一是通过人民检察院的各种业务活动发现公安机关有应当立案而不立案的情况;二是通过被害人的申诉获得,被害人认为公安机关应当立案而不立案,向人民检察院提出的,人民检察院都应当接受,不得以任何理由拒绝。

(2)人民检察院获取不立案监督的材料后,应当根据事实和法律进行审查。审查中可以要求被害人提供有关的材料,进行必要的调查、核实。认为需要公安机关说明不立案理由的,经检察长批准后,可以要求公安机关在7日内书面说明不立案的理由。公安机关应当在收到人民检察院要求说明不立案理由的通知后7日内制作《不立案理由说明书》,经县级以上公安机关负责人批准后,送达人民检察院。

(3)人民检察院通过必要的调查、认真的审查后,认为公安机关不立案的理由不能成立的,应当通知公安机关立案。人民检察院通知公安机关立案应当由检察长决定;重大、疑难、复杂的案件，由检察长提交检察委员会讨论决定。人民检察院通知公安机关立案时，应当制作《通知立案书》，送达公安机关，同时抄送上一级人民检察院备案。送达时，还应当将有关证明应该立案的材料同时移送公安机关，并且告知公安机关应在15日以内立案和将立案决定书送达人民检察院。

（4）公安机关在接到人民检察院要求立案的通知后，应当在15日内决定立案，并将立案决定书送达人民检察院。同时人民检察院也应当采取措施，依法对《通知立案书》的执行情况进行监督。对于由公安机关管辖的国家机关工作人员利用职权实施的重大犯罪案件，人民检察院通知公安机关立案，公安机关不予立案的，经省级以上人民检察院决定，人民检察院可以直接立案侦查。

根据《刑事诉讼法》的规定，无论是公诉还是自诉案件，人民检察院都有监督的权力，但是，对人民检察院直接受理案件和人民法院自诉案件的立案监督，法律没有具体规定。

案例分析题

1. 答案：（1）公安机关的错误：

①本案中，公安派出所以霍老师不是被害人的法定代理人、近亲属作为理由，认为霍老师没有报案资格，这是错误的。根据我国《刑事诉讼法》的规定，任何个人和单位有权利，也有义务报案或者举报。

②本案中，公安派出所的人员让报案的郭氏父女写一份书面材料，然后他们才能受理，这种做法是错误的。根据我国刑事诉讼法及有关规定，报案可以用书面提出，也可以口头提出。

③本案中，公安机关以犯罪嫌疑人不明确为由不予立案是错误的。根据我国刑事诉讼法及有关规定，刑事案件立案的条件是：发现犯罪事实和需要追究刑事责任。本案符合立案条件。

④本案中，人民检察院通知公安机关立案后，公安机关仍不立案的做法是错误的。根据《刑事诉讼法》的规定，此时，公安机关应当立案。

（2）人民检察院的错误：本案中，人民检察院直接对这起奸淫幼女案立案侦查是违反立案管辖规定的。人民检察院应当行使立案监督权，通知公安机关立案。

2. 答案：（1）人民检察院程序不合法之处：

①人民检察院立案侦查此案不合法。偷税罪应当由公安机关立案侦查。参见《最高人民法院、最高人民检察院、公安部、国家安全部、司法部、全国人大常委会法制工作委员会关于实施刑事诉讼法若干问题的规定》第1条。

②人民检察院批准逮捕王某不合法。本案中，人民检察院对此案进行了立案侦查，如果需要逮捕犯罪嫌疑人的，应当由其决定逮捕而非批准。

③人民检察院派检察人员逮捕王某不合法。逮捕应当由公安机关执行。参见《刑事诉讼法》第80条。

④王某的律师申请取保候审时，人民检察院要求其交纳保证金并提供保证人不合法。不能要求同时交纳保证金和提供保证人。参见《刑事诉讼法》第68条。

⑤人民检察院收取律师的5万元保证金不合法，应当由执行机关即公安机关统一收取后管理。

⑥人民检察院在侦查阶段即直接将该公司账户上50万元赃款上缴国库不合法。赃款只有在人民法院作出的判决生效后，才能由人民法院通知查封、扣押机关上缴国库。参见《刑事诉讼法》第142条。

⑦人民检察院于2023年7月9日对王某取保候审，到2024年8月1日才向法院提起公诉不合法。依照法律规定，取保候审的期限不得超过12个月。参见《刑事诉讼法》第79条。

⑧人民检察院直接向上一级人民法院提出抗诉不合法。人民检察院应当通过原审人民法院提出抗诉。参见《刑事诉讼法》第232条。

（2）第二审人民法院程序不合法之处：

①抗诉期满后，人民法院即将该公司的罚金交付执行不合法。因为第二审程序启动后，第一审的判决不发生法律效力，不能作为执行的根据。参见《刑事诉讼法》第259条。

②第二审人民法院不开庭审理此案不合法。对于人民检察院抗诉的案件，第二审人民法院都应当开庭审理。参见《刑事诉讼法》第234条。

第十八章 侦 查

✓ **单项选择题**

1. 答案：C。 本题考查的是各级人民检察院之间对直接受理案件的管辖权转移。《高检规则》第16条规定："上级人民检察院在必要的时候，可以直接立案侦查或者组织、指挥、参与侦查下级人民检察院管辖的案件。下级人民检察院认为案情重大、复杂，需要由上级人民检察院立案侦查的案件，可以请求移送上级人民检察院立案侦查。"据此，本题BD项说法都是错误的。本题正确答案为C。

2. 答案：D。 本题考查的是传唤和拘传的最长时限。《刑事诉讼法》第119条第2款规定："传唤、拘传持续的时间不得超过十二小时；案情特别重大、复杂，需要采取拘留、逮捕措施的，传唤、拘传持续的时间不得超过二十四小时。"据此，本题正确答案为D。

3. 答案：B。 本题考查的是强制检查适用的对象。《刑事诉讼法》第132条第1款规定："为了确定被害人、犯罪嫌疑人的某些特征、伤害情况或者生理状态，可以对人身进行检查，可以提取指纹信息，采集血液、尿液等生物样本。"第2款规定："犯罪嫌疑人如果拒绝检查，侦查人员认为必要的时候，可以强制检查。"据此，对被害人，可以进行人身检查，但不能强制检查；对犯罪嫌疑人，可以强制检查。故本题正确答案为B。

4. 答案：B。 本题考查的是有权对尸体决定解剖的机关。《刑事诉讼法》第131条规定："对于死因不明的尸体，公安机关有权决定解剖，并且通知死者家属到场。"故本题正确答案为B。

5. 答案：C。 本题考查的是刑事诉讼中的扣押程序。《刑事诉讼法》第145条规定："对查封、扣押的财物、文件、邮件、电报或者冻结的存款、汇款、债券、股票、基金份额等财产，经查明确实与案件无关的，应当在三日以内解除查封、扣押、冻结，予以退还。"故本题正确答案为C。

6. 答案：D。 选项A错误。《高检规则》第223条规定，为了查明案情，必要时，检察人员可以让被害人、证人和犯罪嫌疑人对与犯罪有关的物品、文件、尸体或场所进行辨认；也可以让被害人、证人对犯罪嫌疑人进行辨认，或者让犯罪嫌疑人对其他犯罪嫌疑人进行辨认。选项B错误。《高检规则》第224条规定，辨认应当在检察人员的主持下进行，执行辨认的人员不得少于二人。在辨认前，应当向辨认人详细询问辨认对象的具体特征，避免辨认人见到辨认对象，并应当告知辨认人有意作虚假辨认应负的法律责任。据此可知，在辨认前，禁止辨认人见到被辨认的人或被辨认的物。选项C错误，选项D正确。《高检规则》第225条规定，几名辨认人对同一辨认对象进行辨认时，应当由每名辨认人单独进行。必要时，可以有见证人在场。注意：选项D严格来说不是很严谨，应是必要时"见证人"可以在场，而不是"证人"。

7. 答案：D。 本题考查的是有权批准进行侦查实验的主体。《刑事诉讼法》第135条第1款规定："为了查明案情，在必要的时候，经公安机关负责人批准，可以进行侦查实验。"据此，公安机关受理侦查的案件需要进行侦查实验的，应当由该公安局负责人批准。故本题正确答案为D。

8. 答案：A。 本题考查的是侦查程序。《刑事诉讼法》第39条第3款规定："危害国家安全犯罪、恐怖活动犯罪案件，在侦查期间辩护律师会见在押的犯罪嫌疑人，应当经侦查机关许可。上述案件，侦查机关应当事先通知看守所。"本案甲涉嫌危害国家安全犯罪，律师会见在押犯罪嫌疑人，应经侦查机关许可，又因本案的侦查机关是国家安全机关，故本题正确答案为A。

9. **答案：D**。本题考查的是有权批准延长侦查羁押期限的机关。《刑事诉讼法》第156条规定："对犯罪嫌疑人逮捕后的侦查羁押期限不得超过二个月。案情复杂、期限届满不能终结的案件，可以经上一级人民检察院批准延长一个月。"故本题正确答案为D。

10. **答案：B**。《最高人民法院、最高人民检察院、公安部、国家安全部、司法部、全国人大常委会法制工作委员会关于实施刑事诉讼法若干问题的规定》第22条规定，根据《刑事诉讼法》第158条①的规定，公安机关在侦查期间，发现犯罪嫌疑人另有重要罪行……重新计算侦查羁押期限的，由公安机关决定，不需要经人民检察院批准，但应当报人民检察院备案，人民检察院可以进行监督。又根据同级原则，关于公安机关在侦查过程中因发现犯罪嫌疑人另有重要罪行需要重新计算侦查羁押期限时，可以自己决定，不需报上级或检察院批准，但是需要报同级人民检察院备案。因此B项正确，ACD错误。故本题正确答案为B。

11. **答案：B**。本题考查的是人民检察院直接受理案件中对被拘留人作出逮捕决定的期限。《刑事诉讼法》第167条规定："人民检察院对直接受理的案件中被拘留的人，认为需要逮捕的，应当在十四日以内作出决定。在特殊情况下，决定逮捕的时间可以延长一日至三日……"故本题正确答案为B。

12. **答案：B**。本题考查的是人民检察院的拘留权。《刑事诉讼法》第165条规定："人民检察院直接受理的案件中符合本法第八十一条、第八十二条第四项、第五项规定情形，需要逮捕、拘留犯罪嫌疑人的，由人民检察院作出决定，由公安机关执行。"据此，人民检察院享有拘留的决定权，但是应由公安机关执行。故本题AD项不正确。C项表述容易让人进入误区，关键点在于"相同"二字，因公安机关与人民检察院决定拘留的期限不同，故C项也不正确。故本题正确答案为B。

13. **答案：B**。本题考查的是有关侦查阶段律师会见在押的犯罪嫌疑人的规定。《刑事诉讼法》第39条第4款规定："辩护律师会见在押的犯罪嫌疑人、被告人，可以了解案件有关情况，提供法律咨询等；自案件移送审查起诉之日起，可以向犯罪嫌疑人、被告人核实有关证据。辩护律师会见犯罪嫌疑人、被告人时不被监听。"据此，本题正确答案为B。

14. **答案：C**。本题考查的是人民检察院对于被拘留人逮捕证据不足的处理。《刑事诉讼法》第166条、第167条规定："人民检察院对直接受理的案件中被拘留的人，应当在拘留后的二十四小时以内进行讯问。在发现不应当拘留的时候，必须立即释放，发给释放证明。""人民检察院对直接受理的案件中被拘留的人，认为需要逮捕的，应当在十四日以内作出决定。在特殊情况下，决定逮捕的时间可以延长一日至三日。对不需要逮捕的，应当立即释放；对需要继续侦查，并且符合取保候审、监视居住条件的，依法取保候审或者监视居住。"据此，本题正确答案为C。

15. **答案：B**。本题考查的是侦查羁押期限的延长。《刑事诉讼法》第158条规定："下列案件在本法第一百五十六条规定的期限届满不能侦查终结的，经省、自治区、直辖市人民检察院批准或者决定，可以延长二个月……（二）重大的犯罪集团案件……"据此，本题正确答案为B。

16. **答案：D**。本题考查的是侦查羁押期限的延长。《刑事诉讼法》第156条规定："对犯罪嫌疑人逮捕后的侦查羁押期限不得超过二个月。案情复杂、期限届满不能终结的案件，可以经上一级人民检察院批准延长一个月。"第158条规定："下列案件在本法第一百五十六条规定的期限届满不能侦查终结的，经省、自治区、直辖市人民检察院批准或者决定，可以延长二个月：……"第159条规定："对犯罪嫌疑人可能判处十年有期

---

① 指2012年《刑事诉讼法》第158条，对应2018年《刑事诉讼法》第160条。

徒刑以上刑罚，依照本法第一百五十八条规定延长期限届满，仍不能侦查终结的，经省、自治区、直辖市人民检察院批准或者决定，可以再延长二个月。"据此，可能判处10年有期徒刑以上刑罚的犯罪嫌疑人经过3次延长后，最长可羁押7个月。故本题正确答案为D。

17. 答案：C。本题考查的是刑事诉讼中的外交特权与豁免。根据有关公约和国际习惯法的规定，一国的驻外外交机构如使馆享有不可侵犯权和豁免权。未经该机构负责人的同意，所在国司法、警察人员不得擅自闯入，即使是为了执行职务，也没有例外。故本题正确答案为C。

18. 答案：C。本题考查的是特殊情况下侦查羁押期限的计算。《刑事诉讼法》第160条第2款规定："犯罪嫌疑人不讲真实姓名、住址，身份不明的，应当对其身份进行调查，侦查羁押期限自查清其身份之日起计算，但是不得停止对其犯罪行为的侦查取证。对于犯罪事实清楚，证据确实、充分，确实无法查明其身份的，也可以按其自报的姓名起诉、审判。"故本题正确答案为C。

19. 答案：B。《刑事诉讼法》第128条规定，侦查人员对于与犯罪有关的场所、物品、人身、尸体应当进行勘验或者检查。在必要的时候，可以指派或者聘请具有专门知识的人，在侦查人员的主持下进行勘验、检查。故A项的错误在于，具有专门知识的人，也可以进行勘验、检查。《刑事诉讼法》第130条规定，侦查人员执行勘验、检查，必须持有人民检察院或者公安机关的证明文件。故B项正确。《刑事诉讼法》第132条第3款规定，检查妇女的身体，应当由女工作人员或者医师进行。故C项的错误在于，不是"女医师"，而是"医师"。《刑事诉讼法解释》第86条第1款、第2款规定，在勘验、检查、搜查过程中提取、扣押的物证、书证，未附笔录或者清单，不能证明物证、书证来源的，不得作为定案的根据。物证、书证的收集程序、方式有下列瑕疵，经补正或者作出合理解释的，可以采用：（1）勘验、检查、搜查、提取笔录或者扣押清单上没有调查人员或者侦查人员、物品持有人、见证人签名，或者对物品的名称、特征、数量、质量等注明不详的；（2）物证的照片、录像、复制品，书证的副本、复制件未注明与原件核对无异，无复制时间，或者无被收集、调取人签名的；（3）物证的照片、录像、复制品，书证的副本、复制件没有制作人关于制作过程和原物、原件存放地点的说明，或者说明中无签名的；（4）有其他瑕疵的。故D项不正确。本题的正确答案为B项。

20. 答案：A。本题考查侦查羁押期限延长的批准。根据《刑事诉讼法》第156条规定，对犯罪嫌疑人逮捕后的侦查羁押期限不得超过2个月。案情复杂、期限届满不能终结的案件，可以经上一级人民检察院批准延长1个月。第158条规定，下列案件在本法第156条规定的期限届满不能侦查终结的，经省、自治区、直辖市人民检察院批准或者决定，可以延长2个月：（1）交通十分不便的边远地区的重大复杂案件；（2）重大的犯罪集团案件；（3）流窜作案的重大复杂案件；（4）犯罪涉及面广，取证困难的重大复杂案件。黄某的批捕决定由甲市检察院作出，因此第一次延长应当由甲市检察院的上级检察院作出。故本题选A。

21. 答案：B。A项说法错误。搜查可以对人身进行，也可以对被搜查人的住处、物品和其他有关场所进行。检查的对象是活人的身体，勘验的对象是现场、物品和尸体。B项说法正确。搜查只能由公安机关或者人民检察院的侦查人员进行，其他任何机关、单位和个人都无权对公民人身和住宅进行搜查。对被害人、犯罪嫌疑人进行人身检查，必须由侦查人员进行。必要时也可以在侦查人员主持下，聘请法医或医师严格依法进行。C项说法错误。《刑事诉讼法》第130条规定，侦查人员执行勘验、检查，必须持有人民检察院或者公安机关的证明文件。D项说法错误。《刑事诉讼法》第132条第2款规定，犯罪嫌疑人如果拒绝检查，侦查人员认为必要的时候，可以强制检查。可见，并不是对任何对象都可以强制进行。

22. 答案：B。依据《刑事诉讼法解释》第277条规定："审判期间，合议庭发现被告人可能有自首、坦白、立功等法定量刑情节，而人民检察院移送的案卷中没有相关证据材料的，应当通知人民检察院在指定时间内移送。审判期间，被告人提出新的立功线索的，人民法院可以建议人民检察院补充侦查。"从法条直接可知本题正确答案为B。

23. 答案：B。本题考查辨认。依据《公安机关办理刑事案件程序规定》第260条的规定，辨认时，应当将辨认对象混杂在特征相类似的其他对象中，不得在辨认前向辨认人展示辨认对象及其影像资料，不得给辨认人任何暗示。辨认犯罪嫌疑人时，被辨认的人数不得少于7人；对犯罪嫌疑人照片进行辨认的，不得少于10人的照片。辨认物品时，混杂的同类物品不得少于5件；对物品的照片进行辨认的，不得少于10个物品的照片。对场所、尸体等特定辨认对象进行辨认，或者辨认人能够准确描述物品独有特征的，陪衬物不受数量的限制。本题的A项中让犯罪嫌疑人对被害人进行"一对一"辨认，被辨认的对象不符合规定，该项错误。B项辨认的对象是现场，无须混杂辨认，该项正确。依据《公安机关办理刑事案件程序规定》第259条第2款的规定，几名辨认人对同一辨认对象进行辨认时，应当由辨认人个别进行。故C项中集体辨认是错误的，应当个别辨认。依据《高检规则》第226条第1款、第2款、第3款的规定，辨认时，应当将辨认对象混杂在其他对象中，不得给辨认人任何暗示。辨认犯罪嫌疑人时，被辨认的人数不得少于7人，照片不得少于10张。辨认物品时，同类物品不得少于5件，照片不得少于5张。D项中的刑讯逼供案是检察院侦查的案件，被辨认的照片只有4张，不符合规定，该项错误。本题的正确答案为B。

多项选择题

1. 答案：ABD。本题考查的是讯问的程序和方法。《刑事诉讼法》第121条规定："讯问聋、哑的犯罪嫌疑人，应当有通晓聋、哑手势的人参加，并且将这种情况记明笔录。"故本题A项正确。《刑事诉讼法》第281条第1款规定："对于未成年人刑事案件，在讯问和审判的时候，应当通知未成年犯罪嫌疑人、被告人的法定代理人到场。无法通知、法定代理人不能到场或者法定代理人是共犯的，也可以通知未成年犯罪嫌疑人、被告人的其他成年亲属，所在学校、单位、居住地基层组织或者未成年保护组织的代表到场，并将有关情况记录在案。到场的法定代理人可以代为行使未成年犯罪嫌疑人、被告人的诉讼权利。"故本题B项正确。《刑事诉讼法》第122条规定："讯问笔录应当交犯罪嫌疑人核对，对于没有阅读能力的，应当向他宣读。如果记载有遗漏或者差错，犯罪嫌疑人可以提出补充或者改正。犯罪嫌疑人承认笔录没有错误后，应当签名或者盖章。侦查人员也应当在笔录上签名……"据此，对于没有阅读能力的犯罪嫌疑人，"应当"向他宣读，而不是"可以"，故本题C项不正确，D项正确。综上，本题正确答案为ABD。

2. 答案：ABD。本题考查的是某些侦查活动的程序。《刑事诉讼法》第129条规定："任何单位和个人，都有义务保护犯罪现场，并且立即通知公安机关派员勘验。"故本题A项正确。《刑事诉讼法》第130条规定："侦查人员执行勘验、检查，必须持有人民检察院或者公安机关的证明文件。"故本题B项正确。根据《刑事诉讼法》第128条的规定，公安机关必要时可以指派或聘请具有专门知识的人进行勘验，但必须是在侦查人员的主持下进行。故本题C项不正确。《刑事诉讼法》第131条规定："对于死因不明的尸体，公安机关有权决定解剖，并且通知死者家属到场。"故本题D项正确。

3. 答案：ABCD。本题考查的是勘验、检查的对象。《刑事诉讼法》第128条规定："侦查人员对于与犯罪有关的场所、物品、人身、尸体应当进行勘验或者检查。在必要的时候，可以指派或者聘请具有专门知识的人，在侦查人员的主持下进行勘验、检查。"据此，勘验、检查的对象包括：与犯罪有关的场所、物品、人身、尸体。故本题正确答案为ABCD。

4. **答案**：AC。《刑事诉讼法》第130条规定，侦查人员执行勘验、检查，必须持有人民检察院或者公安机关的证明文件。因此，A项说法正确。第132条第2款规定，犯罪嫌疑人如果拒绝检查，侦查人员认为必要的时候，可以强制检查。据此，对犯罪嫌疑人在必要的时候可以强制检查，但是对于被害人不能强制检查。因此，B项说法错误。第128条规定，侦查人员对于与犯罪有关的场所、物品、人身、尸体应当进行勘验或者检查。在必要的时候，可以指派或者聘请具有专门知识的人，在侦查人员的主持下进行勘验、检查。勘验和检查的性质相同，但是对象不同，勘验的对象是现场、物品和尸体，而检查的对象是活人的身体。因此，C项说法正确，D项说法错误。综上，本题的正确答案是AC。

5. **答案**：AB。本题考查的是检查程序。《刑事诉讼法》第132条第1款规定："为了确定被害人、犯罪嫌疑人的某些特征、伤害情况或者生理状态，可以对人身进行检查，可以提取指纹信息，采集血液、尿液等生物样本。"据此，只有为了确定被害人、犯罪嫌疑人的某些特征、伤害情况或者生理状态，才可以进行人身检查。故本题A项正确。《刑事诉讼法》第132条第2款规定："犯罪嫌疑人如果拒绝检查，侦查人员认为必要的时候，可以强制检查。"据此，对被害人进行人身检查，不得强制进行；对犯罪嫌疑人进行人身检查，在必要时可以强制进行。故本题B项正确。《刑事诉讼法》第132条第3款规定："检查妇女的身体，应当由女工作人员或者医师进行。"故本题CD项错误。

6. **答案**：ABCD。本题考查的是刑事诉讼中侦查实验的要求。《刑事诉讼法》第135条规定："为了查明案情，在必要的时候，经公安机关负责人批准，可以进行侦查实验。侦查实验的情况应当写成笔录，由参加实验的人签名或者盖章。侦查实验，禁止一切足以造成危险、侮辱人格或者有伤风化的行为。"故本题正确答案为ABCD。

7. **答案**：BCD。本题考查的是搜查程序。《刑事诉讼法》第138条规定："进行搜查，必须向被搜查人出示搜查证。在执行逮捕、拘留的时候，遇有紧急情况，不另用搜查证也可以进行搜查。"故本题A项不正确，CD项正确。《刑事诉讼法》第140条规定："搜查的情况应当写成笔录，由侦查人员和被搜查人或者他的家属，邻居或者其他见证人签名或者盖章。如果被搜查人或者他的家属在逃或者拒绝签名、盖章，应当在笔录上注明。"故本题B项正确。综上，本题正确答案为BCD。

8. **答案**：AB。本题考查的是侦查措施。《刑事诉讼法》第144条规定："人民检察院、公安机关根据侦查犯罪的需要，可以依照规定查询、冻结犯罪嫌疑人的存款、汇款、债券、股票、基金份额等财产。有关单位和个人应当配合。犯罪嫌疑人的存款、汇款、债券、股票、基金份额等财产已被冻结的，不得重复冻结。"故本题正确答案为AB。

9. **答案**：ABCD。本题考查的是侦查中委托律师的程序。《刑事诉讼法》第34条第1款规定："犯罪嫌疑人自被侦查机关第一次讯问或者采取强制措施之日起，有权委托辩护人；在侦查期间，只能委托律师作为辩护人。被告人有权随时委托辩护人。"本题ABCD项正确。综上，本题全选。

10. **答案**：BC。《刑事诉讼法》第86条规定，公安机关对被拘留的人，应当在拘留后的24小时以内进行讯问。在发现不应当拘留的时候，必须立即释放，发给释放证明。《刑事诉讼法》第118条第2款规定，犯罪嫌疑人被送交看守所羁押以后，侦查人员对其进行讯问，应当在看守所内进行。所以，BC项均正确。《刑事诉讼法》第119条第1款规定，对不需要逮捕、拘留的犯罪嫌疑人，可以传唤到犯罪嫌疑人所在市、县内的指定地点或者到他的住处进行讯问，但是应当出示人民检察院或者公安机关的证明文件。对在现场发现的犯罪嫌疑人，经出示工作证件，可以口头传唤，但应当在讯问笔录中注明。由此可见，在拘留犯罪嫌疑人之前，可以对其进行传唤并讯问，故 A 项不正确。对于被指定居所监视居住的犯罪嫌疑人，是"可以"而不是"应当"在指定的居所进行讯问。故 D 项不正确。本题的正确答案为 BC。

11. **答案**：ABD。本题考查的是侦查羁押期限的计算。根据《刑事诉讼法》第 160 条的规定，如果侦查期间发现犯罪嫌疑人另有重要罪行的，重新计算羁押期限。故本题 A 项正确。《刑事诉讼法》第 160 条第 2 款规定："犯罪嫌疑人不讲真实姓名、住址，身份不明，应当对其身份进行调查，侦查羁押期限自查清其身份之日起计算……"故本题 B 项正确。《最高人民法院、最高人民检察院、公安部、国家安全部、司法部、全国人大常委会法制工作委员会关于实施刑事诉讼法若干问题的规定》第 40 条第 1 款规定："刑事诉讼法第一百四十七条规定：'对犯罪嫌疑人作精神病鉴定的期间不计入办案期限。'根据上述规定，犯罪嫌疑人、被告人在押的案件，除对犯罪嫌疑人、被告人的精神病鉴定期间不计入办案期限外，其他鉴定期间都应当计入办案期限。对于因鉴定时间较长，办案期限届满仍不能终结的案件，自期限届满之日起，应当对被羁押的犯罪嫌疑人、被告人变更强制措施，改为取保候审或者监视居住。"故本题 C 项不正确，D 项正确。

12. **答案**：BC。本题考查的是公安机关侦查终结、移送审查起诉的证明要求。《刑事诉讼法》第 162 条规定："公安机关侦查终结的案件，应当做到犯罪事实清楚，证据确实、充分，并且写出起诉意见书，连同案卷材料、证据一并移送同级人民检察院审查决定；同时将案件移送情况告知犯罪嫌疑人及其辩护律师……"据此，本题正确答案为 BC。

13. **答案**：AD。本题考查的是讯问犯罪嫌疑人的主体。《刑事诉讼法》第 118 条规定："讯问犯罪嫌疑人必须由人民检察院或者公安机关的侦查人员负责进行。讯问的时候，侦查人员不得少于二人……"据此，本题正确答案为 AD。

14. **答案**：ACD。本题考查的是侦查中的勘验检查的种类。《刑事诉讼法》第 128 条规定："侦查人员对于与犯罪有关的场所、物品、人身、尸体应当进行勘验或者检查……"第 135 条第 1 款规定："为了查明案情，在必要的时候，经公安机关负责人批准，可以进行侦查实验。"据此，侦查中的勘验检查可以分为：人身检查、物证检查、侦查实验。故本题正确答案为 ACD。

15. **答案**：ABD。本题考查的是搜查的对象。《刑事诉讼法》第 136 条规定："为了收集犯罪证据、查获犯罪人，侦查人员可以对犯罪嫌疑人以及可能隐藏罪犯或者犯罪证据的人的身体、物品、住处和其他有关的地方进行搜查。"据此，本题正确答案为 ABD。

16. **答案**：AC。本题考查的是搜查的目的。《刑事诉讼法》第 136 条规定："为了收集犯罪证据、查获犯罪人，侦查人员可以对犯罪嫌疑人以及可能隐藏罪犯或者犯罪证据的人的身体、物品、住处和其他有关的地方进行搜查。"据此，本题正确答案为 AC。

17. **答案**：ABCD。本题考查的是任何单位和个人提供证据材料的义务。《刑事诉讼法》第 137 条规定："任何单位和个人，有义务按照人民检察院和公安机关的要求，交出可以证明犯罪嫌疑人有罪或者无罪的物证、书证、视听资料等证据。"据此，本题正确答案为 ABCD。

18. **答案**：ABCD。本题考查的是搜查程序。《刑事诉讼法》第 139 条第 1 款规定："在搜查的时候，应当有被搜查人或者他的家属，邻居或者其他见证人在场。"据此，本题正确答案为 ABCD。

19. **答案**：BC。本题考查的是精神病和人身伤害的医学鉴定程序。《刑事诉讼法》第 147 条规定："鉴定人进行鉴定后，应当写出鉴定意见，并且签名。鉴定人故意作虚假鉴定的，应当承担法律责任。"据此，本题正确答案为 BC。

20. **答案**：BCD。本题考查的是延长侦查羁押期限的情况。《刑事诉讼法》第 158 条规定："下列案件在本法第一百五十六条规定的期限届满不能侦查终结的，经省、自治区、直辖市人民检察院批准或者决定，可以延长二个月：（一）交通十分不便的边远地区的重大复杂案件；（二）重大的犯罪集团案件；（三）流窜作案的重大复杂案件；（四）犯罪涉及面广，取证困难的重大复杂案件。"故本题正确答案为 BCD。

21. **答案**：ABC。《刑事诉讼法》第 90 条规定，人民检察院对于公安机关提请批准逮捕的案件进行审查后，应当根据情况分别作出批准逮捕或者不批准逮捕的决定。对于批准逮捕的决定，公安机关应当立即执行，并且将执行情况及时通知人民检察院。对于不批准逮捕的，人民检察院应当说明理由，需要补充侦查的，应当同时通知公安机关。故 A 项正确。《刑事诉讼法》第 175 条第 2 款规定，人民检察院审查案件，对于需要补充侦查的，可以退回公安机关补充侦查，也可以自行侦查。第 3 款规定，对于补充侦查的案件，应当在 1 个月以内补充侦查完毕。补充侦查以二次为限。补充侦查完毕移送人民检察院后，人民检察院重新计算审查起诉期限。故 B 项正确。《高检规则》第 422 条规定，在审判过程中，对于需要补充提供法庭审判所必需的证据或者补充侦查的，人民检察院应当自行收集证据和进行侦查，必要时可以要求监察机关或者公安机关提供协助；也可以书面要求监察机关或者公安机关补充提供证据。人民检察院补充侦查，适用本规则第六章、第九章、第十章的规定。补充侦查不得超过 1 个月。C 项正确。《刑事诉讼法解释》第 277 条第 2 款规定，审判期间，被告人提出新的立功线索的，人民法院可以建议人民检察院补充侦查。故 D 项错误。

22. **答案**：AC。《刑事诉讼法》第 245 条第 1 款规定，公安机关、人民检察院和人民法院对查封、扣押、冻结的犯罪嫌疑人、被告人的财物及其孳息，应当妥善保管，以供核查，并制作清单，随案移送。任何单位和个人不得挪用或者自行处理。对被害人的合法财产，应当及时返还。对违禁品或者不宜长期保存的物品，应当依照国家有关规定处理。第 2 款规定，对作为证据使用的实物应当随案移送，对不宜移送的，应当将其清单、照片或者其他证明文件随案移送。第 3 款规定，人民法院作出的判决，应当对查封、扣押、冻结的财物及其孳息作出处理。第 4 款规定，人民法院作出的判决生效以后，有关机关应当根据判决对查封、扣押、冻结的财物及其孳息进行处理。对查封、扣押、冻结的赃款赃物及其孳息，除依法返还被害人的以外，一律上缴国库。选项 C 正确。B 项中海洛因作为违禁品应当按照国家规定及时处理而不能随案移送，故 B 项错误。A 项中，被害人李四的电视机应当及时返还，正确。《高检规则》第 248 条规定："人民检察院撤销案件时，对犯罪嫌疑人的违法所得及其他涉案财产应当区分不同情形，作出相应处理：（一）因犯罪嫌疑人死亡而撤销案件，依照刑法规定应当追缴其违法所得及其他涉案财产的，按照本规则第十二章第四节的规定办理。（二）因其他原因撤销案件，对于查封、扣押、冻结的犯罪嫌疑人违法所得及其他涉案财产需要没收的，应当提出检察意见，移送有关主管机关处理。（三）对于冻结的犯罪嫌疑人存款、汇款、债券、股票、基金份额等财产需要返还被害人的，可以通知金融机构、邮政部门返还被害人；对于查封、扣押的犯罪嫌疑人的违法所得及其他涉案财产需要返还被害人的，直接决定返还被害人。人民检察院申请人民法院裁定处理犯罪嫌疑人涉案财产的，应当向人民法院移送有关案卷材料。" D 项中因犯罪嫌疑人死亡而撤销案件，可以申请法院裁定，而不是应当由检察院直接做出处理，因此 D 项错误。综上，本题正确答案为 AC。

23. **答案**：AB。《刑事诉讼法》第 150 条规定："公安机关在立案后，对于危害国家安全犯罪、恐怖活动犯罪、黑社会性质的组织犯罪、重大毒品犯罪或者其他严重危害社会的犯罪案件，根据侦查犯罪的需要，经过严格的批准手续，可以采取技术侦查措施。人民检察院在立案后，对于利用职权实施的严重侵犯公民人身权利的重大犯罪案件，根据侦查犯罪的需要，经过严格的批准手续，可以采取技术侦查措施，按照规定交有关机关执行。追捕被通缉或者批准、决定逮捕的在逃的犯罪嫌疑人、被告人，经过批准，可以采取追捕所必需的技术侦查措施。"故选项AB符合相关法律规定。人民检察院有决定权，但没有执行权，故选项C错误。《刑事诉讼法》第154条规定："依照本节规定采取侦查措施收集的材料在刑事诉讼中可以作为证据使用。如果使用该证据可能危及有关人员的人身安全，或者可能产生其他严重后果的，应当采取不暴露有关人员身份、技术方法等保护措施，必要的时候，可以由审判人员在庭外对证据进行核实。"选项D不符合法律规定。综上，本题正确答案为AB。

不定项选择题

1. **答案：**（1）ABCD。公安机关在进行现场勘验时，在必要时可以聘请或指派具有专门知识的人员在侦查人员的主持下进行勘验。

    （2）C。公安机关在侦查过程中，发现犯罪嫌疑人有重要罪行的，重新计算羁押期限，无须检察院批准，但是要报人民检察院备案。

    （3）ABC。犯罪嫌疑人及其法定代理人、近亲属可以为之申请取保候审。犯罪嫌疑人被逮捕的，聘请的律师可以为其申请取保候审。

    （4）ACD。律师在侦查阶段的权利是极为有限的，我国《刑事诉讼法》第34条、第38条和第39条规定："犯罪嫌疑人自被侦查机关第一次讯问或者采取强制措施之日起，有权委托辩护人；在侦查期间，只能委托律师作为辩护人。被告人有权随时委托辩护人。侦查机关在第一次讯问犯罪嫌疑人或者对犯罪嫌疑人采取强制措施的时候，应当告知犯罪嫌疑人有权委托辩护人。人民检察院自收到移送审查起诉的案件材料之日起三日以内，应当告知犯罪嫌疑人有权委托辩护人。人民法院自受理案件之日起三日以内，应当告知被告人有权委托辩护人。犯罪嫌疑人、被告人在押期间要求委托辩护人的，人民法院、人民检察院和公安机关应当及时转达其要求。犯罪嫌疑人、被告人在押的，也可以由其监护人、近亲属代为委托辩护人。辩护人接受犯罪嫌疑人、被告人委托后，应当及时告知办理案件的机关。""辩护律师在侦查期间可以为犯罪嫌疑人提供法律帮助；代理申诉、控告；申请变更强制措施；向侦查机关了解犯罪嫌疑人涉嫌的罪名和案件有关情况，提出意见。""辩护律师可以同在押的犯罪嫌疑人、被告人会见和通信。其他辩护人经人民法院、人民检察院许可，也可以同在押的犯罪嫌疑人、被告人会见和通信。辩护律师持律师执业证书、律师事务所证明和委托书或者法律援助公函要求会见在押的犯罪嫌疑人、被告人的，看守所应当及时安排会见，至迟不得超过四十八小时。危害国家安全犯罪、恐怖活动犯罪案件，在侦查期间辩护律师会见在押的犯罪嫌疑人，应当经侦查机关许可。上述案件，侦查机关应当事先通知看守所。辩护律师会见在押的犯罪嫌疑人、被告人，可以了解案件有关情况，提供法律咨询等；自案件移送审查起诉之日起，可以向犯罪嫌疑人、被告人核实有关证据。辩护律师会见犯罪嫌疑人、被告人时不被监听。辩护律师同被监视居住的犯罪嫌疑人、被告人会见、通信，适用第一款、第三款、第四款的规定。"

2. **答案：**（1）ABD。《公安机关办理刑事案件程序规定》第259条规定，辨认应当在侦查人员的主持下进行。主持辨认的侦查人员不得少于2人。几名辨认人对同一辨认对象进行辨认时，应当由辨认人个别进行。第260条规定，辨认时，应当将辨认对象混杂在特征相类似的其他对象中，不得在辨认前向辨认人展示辨认对象及其影像资料，不得给辨认人任何暗示。辨认犯罪嫌疑人时，被辨认的人数不得少于7人；对犯罪嫌疑人照片进行辨认的，不得少于10人的照片。辨认物品时，混杂的同类物品不得少于5件；对物品的照片进行辨认的，不得少于10个物品的照片。对场所、尸体等特定辨认对象进行辨认，或者辨认人能够准确描述物品独有特征的，陪衬物不受数量的限制。本题 A 项中，在辨认尸体时，只将李某尸体与另一尸体作为辨认对象，这种做法是合法的，故 A 项正确。B 项表述也正确。C 项的错误在于，"将石某混杂在 5 名人员中"，辨认对象的数量不符合规定。《公安机关办理刑事案件程序规定》第 261 条规定，对犯罪嫌疑人的辨认，辨认人不愿意公开进行时，可以在不暴露辨认人的情况下进行，并应当为其保守秘密。故 D 项正确。本题的正确答案为 ABD。

（2）D。《刑事诉讼法解释》第 104 条、第 105 条规定，对辨认笔录应当着重审查辨认的过程、方法，以及辨认笔录的制作是否符合有关规定。辨认笔录具有下列情形之一的，不得作为定案的根据：①辨认不是在调查人员、侦查人员主持下进行的；②辨认前使辨认人见到辨认对象的；③辨认活动没有个别进行的；④辨认对象没有混杂在具有类似特征的其他对象中，或者供辨认的对象数量不符合规定的；⑤辨认中给辨认人明显暗示或者明显有指认嫌疑的；⑥违反有关规定、不能确定辨认笔录真实性的其他情形。《关于办理死刑案件审查判断证据若干问题的规定》第 30 条规定，侦查机关组织的辨认，存在下列情形之一的，应当严格审查，不能确定其真实性的，辨认结果不能作为定案的根据：①辨认不是在侦查人员主持下进行的；②辨认前使辨认人见到辨认对象的；③辨认人的辨认活动没有个别进行的；④辨认对象没有混杂在具有类似特征的其他对象中，或者供辨认的对象数量不符合规定的；尸体、场所等特定辨认对象除外。⑤辨认中给辨认人明显暗示或者明显有指认嫌疑的。有下列情形之一的，通过有关办案人员的补正或者作出合理解释的，辨认结果可以作为证据使用：①主持辨认的侦查人员少于二人的；②没有向辨认人详细询问辨认对象的具体特征的；③对辨认经过和结果没有制作专门的规范的辨认笔录，或者辨认笔录没有侦查人员、辨认人、见证人的签名或者盖章的；④辨认记录过于简单，只有结果没有过程的；⑤案卷中只有辨认笔录，没有被辨认对象的照片、录像等资料，无法获悉辨认的真实情况的。故 ABC 三项均错误。D 项正确。

3. 答案：ACD。《刑事诉讼法》第 151 条规定，批准决定应当根据侦查犯罪的需要，确定采取技术侦查措施的种类和适用对象。批准决定自签发之日起 3 个月以内有效。对于不需要继续采取技术侦查措施的，应当及时解除；对于复杂、疑难案件，期限届满仍有必要继续采取技术侦查措施的，经过批准，有效期可以延长，每次不得超过 3 个月。故 B 项错误。《刑事诉讼法》第 153 条规定，为了查明案情，在必要的时候，经公安机关负责人决定，可以由有关人员隐匿其身份实施侦查。但是，不得诱使他人犯罪，不得采用可能危害公共安全或者发生重大人身危险的方法。对涉及给付毒品等违禁品或者财物的犯罪活动，公安机关根据侦查犯罪的需要，可以依照规定实施控制下交付。因此，A 项正确。C 项的表述也正确，因为只有在立案之后的侦查阶段，才可以实施控制下交付这一秘密侦查手段。《刑事诉讼法》第 154 条规定，依照本节规定采取侦查措施收集的材料在刑事诉讼中可以作为证据使用。如果使用该证据可能危及有关人员的人身安全，或者可能产生其他严重后果的，应当采取不暴露有关人员身份、技术方法等保护措施，必要的时候，可以由审判人员在庭外对证据进行核实。故 D 项表述正确。

4. 答案：ACD。本题考查讯问犯罪嫌疑人、询问被害人、勘查、查封。《公安机关办理刑事案件程序规定》第 208 条第 1 款、第 2 款规定，讯问犯罪嫌疑人，在文字记录的同时，可以对讯问过程进行录音录像。对于可能判处无期徒刑、死刑的案件或者其他重大犯罪案件，应当对讯问过程进行录音录像。前款规定的"可能判处无期徒刑、死刑的案件"，是指应当适用的法定刑或者量刑档次包含无期徒刑、死刑的案件。"其他重大犯罪案件"，是指致人重伤、死亡的严重危害公共安全犯罪、严重侵犯公民人身权利犯罪，以及黑社会性质组织犯罪、严重毒品犯罪等重大故意犯罪案件。故 A 项正确。因为讯问犯罪嫌疑人和询问被害人的程序有差异，所以，不得在讯问乙的过程中一并收集乙作为非法拘禁案的被害人的陈述。故 B 项错误。《公安机关办理刑事案件程序规定》第 216 条规定，勘查现场，应当拍摄现场照片、绘制现场图，制作笔录，由参加勘查的人和见证人签名。对重大案件的现场勘查，应当录音录像。故 C 项正确。《公安机关办理刑事案件程序规定》第 228 条规定，在侦查过程中需要扣押财物、文件的，应当经办案部门负责人批准，制作扣押决定书；在现场勘查或者搜查中需要扣押财物、文件的，由现场指挥人员决定；但扣押财物、文件价值较高或者可能严重影响正常生产经营的，应当经县级以上公安机关负责人批准，制作扣押决定书。在侦查过程中需要查封土地、房屋等不动产，或者船舶、航空器以及其他不宜移动的大型机器、设备等特定动产的，应当经县级以上公安机关负责人批准并制作查封决定书。故 D 项正确。

5. **答案**：AC。本题考查询问被害人地点、其他合适成年人到场、侦查实验、见证人。《刑事诉讼法》第 124 条第 1 款规定，侦查人员询问证人，可以在现场进行，也可以到证人所在单位、住处或者证人提出的地点进行，在必要的时候，可以通知证人到人民检察院或者公安机关提供证言。在现场询问证人，应当出示工作证件，到证人所在单位、住处或者证人提出的地点询问证人，应当出示人民检察院或者公安机关的证明文件。本题 A 项中的"学校"是现场，所以经出示工作证件，侦查人员可在学校询问甲。故 A 项正确。

《刑事诉讼法》第 281 条第 1 款规定，对于未成年人刑事案件，在讯问和审判的时候，应当通知未成年犯罪嫌疑人、被告人的法定代理人到场。无法通知、法定代理人不能到场或者法定代理人是共犯的，也可以通知未成年犯罪嫌疑人、被告人的其他成年亲属，所在学校、单位、居住地基层组织或者未成年人保护组织的代表到场，并将有关情况记录在案。到场的法定代理人可以代为行使未成年犯罪嫌疑人、被告人的诉讼权利。由此可见，只有到场的法定代理人才能代为行使未成年犯罪嫌疑人、被告人的诉讼权利，此处的"学校的其他老师"是其他合适的成年人，不能代为行使乙的诉讼权利。故 B 项错误。

《刑事诉讼法》第 135 条第 1 款、第 3 款规定，为了查明案情，在必要的时候，经公安机关负责人批准，可以进行侦查实验。侦查实验，禁止一切足以造成危险、侮辱人格或者有伤风化的行为。本题 C 项中"通过侦查实验确定甲能否在其所描述的时间、地点看到杨某猥亵丙"，不会造成危险、侮辱人格或者有伤风化的情形，故可以侦查实验。因此，C 项正确。

《刑事诉讼法解释》第 80 条第 1 款规定："下列人员不得担任见证人：（一）生理上、精神上有缺陷或者年幼，不具有相应辨别能力或者不能正确表达的人；（二）与案件有利害关系，可能影响案件公正处理的人；（三）行使勘验、检查、搜查、扣押、组织辨认等监察调查、刑事诉讼职权的监察、公安、司法机关的工作人员或者其聘用的人员。"本题 D 项中，许某和杨某之间有利害关系，故不得担任见证人。因此，D 项错误。

本题的正确答案为 AC。

名词解释

1. **答案**：侦查模式是指在侦查程序中不同主体之间的诉讼地位与相互关系。现代世界各国包括审问式与弹劾式两种基本的侦查模式。审问式侦查模式又称为职权主义的侦查模式，主要为大陆法系国家所采用，注重发挥侦查机关在刑事诉讼中的职权作用，而不强调犯罪嫌疑人的积极性。弹劾式侦查模式也称为当事人主义的侦查模式或者抗辩式的侦查模式，主要为英美法系国家所采用，强调侦查机关和犯罪嫌疑人在侦查中作为地位平等的双方当事人的对立、抗辩，主张法官以第三者身份介入侦查，监督制约侦查活动的进程。

2. **答案**：勘验、检查是指侦查人员对于与犯罪有关的场所、物品、尸体或者人身进行勘验、检验或者检查，以便发现和收集犯罪活动所遗留的各种痕迹和物品的一种侦查活动。勘验与检查的性质相同，但适用对象不同。勘验的对象是现场、物品和尸体，而检查的对象是活人的身体。

3. **答案**：现场勘查是指侦查人员对犯罪分子实施犯罪的地点以及遗留有犯罪痕迹和物品的场所进行勘查的一种侦查活动。现场勘查主要包括以下几项工作：对现场及其周围的事主、被害人、证人进行现场调查；实地勘查犯罪场所；制作勘查笔录；对现场进行处理；发现和提取犯罪证据等。

4. **答案**：侦查实验是指为了确定与案件有关的某一事件或者事实在某种条件下能否发生或者怎样发生而按照原来的条件，将该事件或者事实加以重演或者进行实验的一种侦查活动。侦查实验是审查证人证言、被害人陈述、犯罪嫌疑人供述和辩解是否符合实际情况，是否客观真实，能否作为定案根据的一种有效方法，可以为侦查人员判明案情，认定案件事实提供可靠的依据。

5. **答案**：辨认是指在侦查人员的主持下，由被害人、犯罪嫌疑人或者证人对与犯罪有关的物品、文件、尸体、场所或者犯罪嫌疑人进行辨别和确认的一种侦查活动。侦查人员通过辨认活动，可以对与犯罪有关的物品、文件、尸体、场所的真实性以及死者的身份情况和犯罪嫌疑人是否为作案人予以辨别确认，从而为侦查工作提供线索和证据，进而有利于查明案情，正确认定案件事实，迅速查获犯罪人，为侦查破案提供重要依据。

简答题

1. **答案**：侦查权是进行刑事追究之权，有一定的强制性，只能由国家专门机关和部门行使。根据我国刑事诉讼法及相关司法解释的规定，刑事诉讼中的侦查权划分如下：

（1）对一般刑事案件的侦查权，由公安机关行使。公安机关作为国家治安保卫机关，在刑事诉讼中行使侦查权，负责除法律有特别规定外的一般刑事案件的侦查。

（2）人民检察院在对诉讼活动实行法律监督中发现的司法工作人员利用职权实施的非法拘禁、刑讯逼供、非法搜查等侵犯公民权利、损害司法公正的犯罪，可以由人民检察院立案侦查。对于公安机关管辖的国家机关工作人员利用职权实施的重大犯罪案件，需要由人民检察院直接受理的时候，经省级以上人民检察院决定，可以由人民检察院立案侦查。

（3）国家安全机关对危害国家安全的刑事案件行使侦查权。

（4）军队保卫部门对军队内部发生的刑事案件行使侦查权。

（5）监狱对罪犯在监狱内犯罪的案件行使侦查权。

2. **答案**：补充侦查，是指案件原来的侦查程序，由于某种原因，没有完成侦查任务，或者是案件事实不清，或者是案件的证据不足，需要由侦查机关继续进行补充收集证据的侦查活动。退回补充侦查的适用有以下几种情形：

（1）作出不批捕决定的同时通知补充侦查。根据《刑事诉讼法》第90条的规定，人民检察院对于公安机关提请批准逮捕的案件，经审查后认为尚不符合逮捕的要求的，作出不批准逮捕的决定，并说明理由。如果是案件的事实不清，或者证据不足，需要补充侦查的，应当通知公安机关。这种补充侦查在审查批捕阶段的适用，是附于不批准逮捕的决定中通知公安机关，而不是独立适用的。在这个阶段，人民检察院也不对案件进行补充侦查。

（2）独立适用的补充侦查。根据《刑事诉讼法》第175条的规定，在提起公诉程序中，人民检察院对公安机关侦查终结移送审查起诉的案件，经审查后，认为案件的事实不清，证据不足，可以作出退回补充侦查的决定，并指明需要补充侦查的内容。经过补充侦查后，人民检察院仍认为还有某些事实不清，或者证据仍不充分时，可以再次退回补充侦查，同样要指明补充侦查的内容。补充侦查以二次为限，经二次退回补充侦查后，不能再作出退回补充侦查。但是，在不退案，不增加诉讼期限，不恢复侦查程序的情况下，仍然可以要求公安机关补充提供法庭审判所必需的个别证据材料。对于补充侦查的案件，应当在1个月内补充侦查完毕，移送人民检察院后，人民检察院重新计算审查起诉期限。对于补充侦查的案件，人民检察院仍然认为证据不足，不符合起诉条件的，可以作出不起诉的决定。

（3）自行侦查。根据《刑事诉讼法》第175条第2款的规定，人民检察院审查公安机关侦查终结，移送起诉的案件，对于需要补充侦查的，可以退回公安机关补充侦查，也可以自行侦查。这里的自行侦查，是对公安机关移送审查起诉的案件的补充侦查，是补充侦查的特殊形式，它不是由原侦查机关来补充侦查，而是由案件的审查者公诉机关来进行，这是我国司法机关在刑事诉讼中互相配合的体现。在实践中，对于某些事实、情节不清，但较容易查清，不需要费很多时间的，一般由人民检察院自行侦查，这有利于及时查明案件事实。

（4）建议补充侦查。根据《刑事诉讼法》第204条和第205条的规定，在法庭审理过程中，检察人员发现提起公诉的案件需要补充侦查的，人民检察院可以提出补充侦查建议，人民法院应当延期审理。所谓建议补充侦查，就是在法庭审理过程中，出庭支持公诉的检察人员（即公诉人）向法庭提出建议而启动的补充侦查。这种补充侦查的特点是：①公诉人提出补充侦查的建议；②人民法院决定延期审理，同意补充侦查；③补充侦查由人民检察院进行，应在1个月内完成；④这种补充侦查引起人民法院对案件的重新审理，审判期限也重新计算。补充侦查在刑事诉讼中意义重大，可以有效地补充收集证据，查明全部案件事实，可以有效地防错防漏，有利于保证案件质量。补充侦查容易被滥用，侵犯犯罪嫌疑人和被告人的合法权益。补充侦查应当严格依法进行。我们认为，补充侦查有四种情形，即作出不逮捕决定的同时退回补充侦查、独立适用的补充侦查、自行侦查和建议补充侦查。

💬 论述题

1. 答案：刑事诉讼法对犯罪嫌疑人的侦查羁押期限有以下规定：

（1）对犯罪嫌疑人逮捕后的侦查羁押期限不得超过2个月。案情复杂的案件，可以经上一级人民检察院批准延长1个月。

（2）下列案件在上述的期限届满不能侦查终结的，经省、自治区、直辖市人民检察院批准或决定，可以延长2个月：交通十分不便的边远地区的重大复杂案件；重大的犯罪集团案件；流窜作案的重大复杂案件；犯罪涉及面广，取证困难的重大复杂案件。

（3）对犯罪嫌疑人可判处10年以上有期徒刑，依照上述（1）、（2）延长期限届满，还不能侦查终结的，经省、自治区、直辖市人民检察院批准或者决定，可以再延长2个月。公安机关提请延长羁押期限的，应在期限届满7日前提出，并书面呈报重要案情和延长的理由。人民检察院应当在羁押期限届满前作出决定。最高人民检察院立案侦查的案件，需要延长羁押期限时，由最高人民检察院依法决定。

（4）因为特殊原因，在较长时间内不宜交付审判的特别重大复杂案件，应由最高人民检察院报请全国人民代表大会常务委员会批准延长期限审理。

（5）侦查期间，发现犯罪嫌疑人另有重要罪行的，自发现之日起，重新计算侦查羁押期限。

（6）犯罪嫌疑人不讲真实姓名、住址、身份不明的，侦查羁押期限自查清其身份之日起计算，但是不得停止对其犯罪行为的侦查取证。对于犯罪事实清楚，证据确实、充分的，也可按其自报的姓名移送人民检察院审查起诉。

（7）对犯罪嫌疑人作精神病鉴定的期间，不计入羁押期限。

2. 答案：（1）根据我国《刑事诉讼法》的规定，侦查终结的条件是：①犯罪事实清楚，犯罪嫌疑人的犯罪事实、情节已经全部查清；②证据确实充分；③认定的犯罪性质和罪名正确;④法律手续完备。这几个条件必须同时具备,才能结束侦查。

(2) 人民检察院对于其直接受理的案件进行侦查后可以作出以下几种决定:①对于符合提起公诉条件的,决定提起公诉;②对于属于法定可以或者应当作出不起诉决定的情况的,作出不起诉决定;③发现不应当对犯罪嫌疑人追究刑事责任的,撤销案件。

(3) 公安机关对侦查终结案件处理:应当写出起诉意见书或不起诉意见书,连同案卷材料、证据一并移送同级人民检察院审查决定。

(4) 侦查机关可以对侦查羁押期限进行延长的情况。一般情况下,侦查机关对犯罪嫌疑人逮捕后的侦查羁押期限不得超过二个月,但在下列情况下可以延长侦查羁押期限:①案情复杂、期限届满不能终结的案件,可以由上一级人民检察院批准延长一个月。②因为特殊原因,在较长时间内不宜交付审判的特别重大复杂的案件,由最高人民检察院报请全国人大常务委员会批准延期审理。③下列四类案件在前两项规定的期限以内不能侦查终结的,经省、自治区、直辖市人民检察院批准或者决定,可以延长二个月:一是交通十分不便的边远地区的重大复杂案件;二是重大的犯罪集团案件;三是流窜作案的重大复杂案件;四是犯罪涉及面广,取证困难的重大复杂案件。④对犯罪嫌疑人可能判处十年有期徒刑以上刑罚,依照前面第四项规定的延长期限届满仍不能侦查终结的,经省、自治区、直辖市人民检察院批准或者决定,可以再延长二个月。另外,在侦查期间发现犯罪嫌疑人另有重要罪行的,自发现之日起重新计算羁押期限;犯罪嫌疑人不讲真实姓名、住址,身份不明的,侦查羁押期限自查清其身份之日起计算,但是不得停止对其犯罪行为的侦查取证,对于犯罪事实清楚,证据确实、充分的,也可以按其自报的姓名报送人民检察院审查起诉。

3. **答案**:我国《刑事诉讼法》第120条规定,犯罪嫌疑人对侦查人员的提问,应当如实回答。但是对与本案无关的问题,有拒绝回答的权利。

(1) 侦查人员提问的内容。从我国刑事诉讼法的规定来看,侦查人员的提问,是在首先讯问犯罪嫌疑人是否犯有罪行,让他陈述有罪的情节或无罪的辩解之后才提问的,即在犯罪嫌疑人作了供述和辩解之后提出的。供述和辩解的内容包括:犯了罪就承认有罪及罪重、罪轻的事实和情节;未犯罪就陈述无罪的辩解。侦查人员在犯罪嫌疑人陈述和辩解之后提出问题,旨在进一步全面了解案情,弥补犯罪嫌疑人在自由回答中所陈述内容的不足。从公安司法实践观之,侦查人员所提的问题,既可能是犯罪嫌疑人回答中暴露出的有矛盾的问答,也可能是侦查人员想通过讯问了解他本人未回答的与案件有关的问题。

(2) "如实回答"中的"如实"和"回答"的内容。如实就是如同案件发生时的客观实际情况一样。回答就是针对侦查人员的提问进行答复。如实回答就是要求:犯罪嫌疑人对与本案有关的问题应当有问必答,回答时,有就答有,无就答无;是就答是,非就答非;重就说重,轻就说轻;事件发生在何时、何地就回答在何时、何地等。对所提的问题不但不能沉默不语,更不应当作虚假回答或作捏造事实的回答以及答非所问。

(3) 如实回答的性质。如实回答既是犯罪嫌疑人应当履行的义务,又是犯罪嫌疑人享有的权利。这是因为在犯罪嫌疑人犯了罪行的情况下,法律要求他如实回答他有罪;罪重的事实和情节以及其他不利于自己的事实,此时,对他来说是履行法律规定的义务;在他无罪、罪轻或具有免予刑事处罚的情况下,是在行使自己享有的辩解的权利。

(4) 我国法律赋予犯罪嫌疑人对与本案无关的问题有拒绝回答的权利。所谓与"本案无关"的问题,指的是与犯罪无关的问题。对于这些问题,犯罪嫌疑人有权依法拒绝回答。但是,不能以"与本案无关"为借口拒绝回答侦查人员提问的有关犯罪问题。法律之所以这样规定,是为了使侦查人员能紧紧围绕有关犯罪的问题进行讯问,以利于讯问工作的顺利进行。同时，也是为了保护犯罪嫌疑人的合法权益不受侵犯。

4. **答案：** 根据《刑事诉讼法》的规定，律师参加刑事诉讼要么是诉讼代理人，要么是辩护人，不可能是其他诉讼参与人。律师在侦查阶段接受的是犯罪嫌疑人的聘请，故不可能是诉讼代理人，而犯罪嫌疑人自被侦查机关第一次讯问或者采取裁判措施之日起，有权委托辩护人，因而，律师在侦查阶段又不可能是严格意义上的辩护人。从刑事诉讼法和律师法对律师在侦查阶段提供的法律帮助的内容来看，介入侦查阶段的律师并不享有辩护权，也不存在提供辩护所拥有的基础，如会见犯罪嫌疑人须向侦查机关提出申请，不享有阅卷、调查等一系列辩护律师所享有的权利，在侦查阶段，侦查机关也无义务接受律师提供的意见。因此，在侦查阶段介入诉讼的律师不具有狭义上的辩护人的诉讼地位，其身份仅仅是提供法律帮助的律师，在侦查阶段的律师协助犯罪嫌疑人行使辩护权，其所进行的申诉、控告、会见等活动，实质上可以视为行使辩护职能。代理诉讼、控告与犯罪嫌疑人狭义辩护权的行使直接相关，有权向侦查机关了解犯罪嫌疑人涉嫌的罪名、会见犯罪嫌疑人是为了严格意义上的辩护作准备，并且这两项权利的行使不受犯罪嫌疑人意志的约束。

《刑事诉讼法》规定，犯罪嫌疑人在被侦查机关第一次讯问或者采取强制措施之日起，有权聘请律师为其提供法律服务。因而，律师在案件的侦查阶段就有权接受犯罪嫌疑人的委托介入刑事诉讼，行使法律赋予的重要职权。在侦查阶段，律师所享有的权利主要有：（1）向侦查机关了解犯罪嫌疑人涉嫌的罪名。律师接受犯罪嫌疑人的聘请后，应当首先向侦查机关了解其所涉嫌的罪名，以便有针对性地为其提供法律帮助。（2）会见犯罪嫌疑人，向其了解有关案件的情况。具体包括：是否参与以及怎样参与所涉嫌的案件；如果承认有罪，让其陈述涉及定罪量刑的主要事实和情节，如果否认有罪，让其陈述无罪的辩解；被采取强制措施的法律手续是否完备，程序是否合法；被采取强制措施后人身权利是否受到侵犯；等等。（3）为犯罪嫌疑人提供法律咨询。向犯罪嫌疑人讲述国家的刑事政策、刑法的有关规定，帮助其分析自己的行为的性质和情节，以及告知其依法享有的诉讼权利和应尽的诉讼义务。（4）代理犯罪嫌疑人提出申诉和控告。受聘律师可就侦查机关侵犯犯罪嫌疑人人身权利和诉讼权利的行为，代为提出申诉或控告，或者向有关部门反映。（5）为犯罪嫌疑人申请取保候审。律师可代为犯罪嫌疑人向侦查机关申请取保候审，并可联系落实保证人或保证金，帮助办理取保候审手续，并告知犯罪嫌疑人在取保候审期间应当遵守的义务以及违反规定应当承担的法律后果。

《刑事诉讼法》的上述规定，对保障犯罪嫌疑人的辩护权，监督侦查机关依法办案，具有特别重要的意义。犯罪嫌疑人被侦查机关强行限制人身自由，作为被追诉的对象，处于孤立无援的境地，如果没有律师的帮助，极易受到不公正的待遇。司法实践证明，刑事诉讼活动中的非法拘禁、刑讯逼供、诱供骗供、剥夺犯罪嫌疑人辩护权等非法行为，大多发生在侦查阶段。如果有律师介入侦查程序，对侦查、预审活动予以监督和制约，一方面可以有效防止刑讯逼供，以威胁、引诱、欺骗以及其他方法收集证据等违法行为的发生；另一方面也可以促使侦查人员更加全面客观地调查案情，收集"口供"以外的其他证据，使"重证据，不轻信口供，严禁刑讯逼供"的证据收集原则得到彻底落实。

第十九章 起 诉

✓ **单项选择题**

1. 答案：B。 本题考查的是有权决定提起公诉的机关。《刑事诉讼法》第 169 条规定："凡需要提起公诉的案件，一律由人民检察院审查决定。"故本题正确答案为 B。

2. 答案：C。 本题考查的是人民检察院对不属于自己管辖范围的案件的处理。《高检规则》第 328 条规定，各级人民检察院提起公诉，应当与人民法院审判管辖相适应。负责捕诉的部门收到移送起诉的案件后，经审查认为不属于本院管辖的，应当在发现之日起五日以内经由负责案件管理的部门移送有管辖权的人民检察院。属于上级人民法院管辖的第一审案件，应当报送上级人民检察院，同时通知移送起诉的公安机关；属于同级其他人民法院管辖的第一审案件，应当移送有管辖权的人民检察院或者报送共同的上级人民检察院指定管辖，同时通知移送起诉的公安机关。上级人民检察院受理同级公安机关移送起诉的案件，认为属于下级人民法院管辖的，可以交下级人民检察院审查，由下级人民检察院向同级人民法院提起公诉，同时通知移送起诉的公安机关。一人犯数罪、共同犯罪和其他需要并案审理的案件，只要其中一人或者一罪属于上级人民检察院管辖的，全案由上级人民检察院审查起诉。公安机关移送起诉的案件，需要依照刑事诉讼法的规定指定审判管辖的，人民检察院应当在公安机关移送起诉前协商同级人民法院办理指定管辖有关事宜。据此，本题中 A 市人民检察院的正确做法是将案件移送 B 市人民检察院审查起诉，故本题正确答案为 C。

3. 答案：D。 本题考查的是人民检察院对共同犯罪案件审查起诉的处理。《高检规则》第 252 条第 1 款规定，人民检察院直接受理侦查的共同犯罪案件，如果同案犯罪嫌疑人在逃，但在案犯罪嫌疑人犯罪事实清楚，证据确实、充分的，对在案犯罪嫌疑人应当根据本规则第 237 条的规定分别移送起诉或者移送不起诉。故本题正确答案为 D。

4. 答案：A。《高检规则》第 365 条第 2 款规定，对于犯罪事实并非犯罪嫌疑人所为，需要重新调查或者侦查的，应当在作出不起诉决定后书面说明理由，将案卷材料退回公安机关并建议重新调查或者侦查。选项 A 中，关于投毒案，周某没有作案时间，说明犯罪事实并非犯罪嫌疑人所为，依据法律规定，选项 A 正确。《高检规则》第 252 条第 1 款规定，人民检察院直接受理侦查的共同犯罪案件，如果同案犯罪嫌疑人在逃，但在案犯罪嫌疑人犯罪事实清楚，证据确实、充分的，对在案犯罪嫌疑人应当根据本规则第 237 条的规定分别移送起诉或者移送不起诉。据此可知，共同犯罪案件，部分犯罪嫌疑人在逃的，对在案的犯罪嫌疑人应当照常进行审查而不是中止审查。选项 B 错误。《高检规则》第 328 条第 3 款规定，上级人民检察院受理同级公安机关移送起诉的案件，认为属于下级人民法院管辖的，可以交下级人民检察院审查，由下级人民检察院向同级人民法院提起公诉，同时通知移送起诉的公安机关。据此可知，选项 CD 错误。

5. 答案：A。 A 项说法正确。《高检规则》第 335 条规定，人民检察院审查案件时，对监察机关或者公安机关的勘验、检查，认为需要复验、复查的，应当要求其复验、复查，人民检察院可以派员参加；也可以自行复验、复查，商请监察机关或者公安机关派员参加，必要时也可以指派检察技术人员或者聘请其他有专门知识的人参加。B 项说法错误。《高检规则》第 341 条规定，人民检察院在审查起诉中发现有应当排除的非法证据，应当依法排除，同时可以要求监察机关或者公安机关另行指派调查人员或者侦查人员重新取证。必要时，人民检察院也可以自行调查取证。C项说法错误。《高检规则》第356条规定，人民检察院在办理公安机关移送起诉的案件中，发现遗漏罪行或者有依法应当移送起诉的同案犯罪嫌疑人未移送起诉的，应当要求公安机关补充侦查或者补充移送起诉。对于犯罪事实清楚，证据确实、充分的，也可以直接提起公诉。D项说法错误。《高检规则》第158条第3款规定，对于移送起诉的案件，犯罪嫌疑人在逃的，应当要求公安机关采取措施保证犯罪嫌疑人到案后再移送起诉。共同犯罪案件中部分犯罪嫌疑人在逃的，对在案犯罪嫌疑人的移送起诉应当受理。

6. **答案**：C。本题考查的是人民检察院在审查起诉中对某些法定情形的处理。《刑事诉讼法》第177条规定了酌定不起诉的情形，具体为："犯罪嫌疑人没有犯罪事实，或者有本法第十六条规定的情形之一的，人民检察院应当作出不起诉决定。对于犯罪情节轻微，依照刑法规定不需要判处刑罚或者免除刑罚的，人民检察院可以作出不起诉决定……"故本题正确答案为C。

7. **答案**：B。存疑不起诉，又称为证据不足的不起诉。存疑不起诉是指人民检察院对于经过补充侦查的案件，仍然认为证据不足，不符合起诉条件的，经检察长或者检察委员会决定，可以作出不起诉决定。故A项表述正确。《刑事诉讼法》第175条第4款规定，对于二次补充侦查的案件，人民检察院仍然认为证据不足，不符合起诉条件的，应当作出不起诉的决定。这一条文仅表述了一个最低限度的要求。由此可知，检察院未经退回补充侦查即作出不起诉决定，未违反《刑事诉讼法》的规定。故B项表述错误。检察院是我国的法律监督机关。检察院在审查起诉时，发现侦查机关以刑讯获取的供述，应当予以排除，这体现了检察法律监督机关的属性。故C项表述正确。检察院在作出存疑不起诉之后，如果发现了新的证据，符合起诉条件时，可以提起公诉。故D项正确。本题符合题意的选项为B。

8. **答案**：B。本题考查的是补充侦查的期限。根据《刑事诉讼法》第175条的规定，人民检察院审查案件，可以要求公安机关提供法庭审判所必需的证据材料；认为可能存在本法第56条规定的以非法方法收集证据情形的，可以要求其对证据收集的合法性作出说明。人民检察院审查案件，对于需要补充侦查的，可以退回公安机关补充侦查，也可以自行侦查。对于补充侦查的案件，应当在一个月以内补充侦查完毕。补充侦查以二次为限。补充侦查完毕移送人民检察院后，人民检察院重新计算审查起诉期限。对于二次补充侦查的案件，人民检察院仍然认为证据不足，不符合起诉条件的，应当作出不起诉的决定。故本题正确答案为B。

9. **答案**：D。本题考查审查起诉阶段遇到特殊情形的处理方式。《高检规则》第356条规定，人民检察院在办理公安机关移送起诉的案件中，发现遗漏罪行或者有依法应当移送起诉的同案犯罪嫌疑人未移送起诉的，应当要求公安机关补充侦查或者补充移送起诉。对于犯罪事实清楚，证据确实、充分的，也可以直接提起公诉。故D项正确。

10. **答案**：D。本题考查的是自诉案件第二审程序中对当事人提出反诉的处理。根据《刑事诉讼法解释》第412条规定："第二审期间，自诉案件的当事人提出反诉的，应当告知其另行起诉。"据此，本题正确答案为D。

11. **答案**：A。本题考查的是适用简易程序时人民检察院向人民法院移送的案卷材料。《刑事诉讼法解释》第359条规定："基层人民法院受理公诉案件后，经审查认为案件事实清楚、证据充分的，在将起诉书副本送达被告人时，应当询问被告人对指控的犯罪事实的意见，告知其适用简易程序的法律规定。被告人对指控的犯罪事实没有异议并同意适用简易程序的，可以决定适用简易程序，并在开庭前通知人民检察院和辩护人。对人民检察院建议或者被告人及其辩护人申请适用简易程序审理的案件，依照前款规定处理；不符合简易程序适用条件的，应当通知人民检察院或者被告人及其辩护人。"据此，对于人民检察院建议或者同意适用简易程序的案件，人民检察院应当向人民法院移送全部案卷和证据材料。故本题正确答案为 A。

12. 答案[1]：C。《刑事诉讼法》第 179 条规定："对于公安机关移送起诉的案件，人民检察院决定不起诉的，应当将不起诉决定书送达公安机关。公安机关认为不起诉的决定有错误的时候，可以要求复议，如果意见不被接受，可以向上一级人民检察院提请复核。"可见，公安机关复议复核申请权限于自己移送起诉的案件。但是，根据《高检规则》第 13 条第 1 款的规定，人民检察院在对诉讼活动实行法律监督中发现的司法工作人员利用职权实施的非法拘禁、刑讯逼供、非法搜查等侵犯公民权利、损害司法公正的犯罪，可以由人民检察院立案侦查。所以 A 不正确。《刑事诉讼法》第 181 条规定，"对于人民检察院依照本法第一百七十七条第二款规定作出的不起诉决定，被不起诉人如果不服，可以自收到决定书后七日以内向人民检察院申诉……"而第 177 条第 2 款的规定是"对于犯罪情节轻微，依照刑法规定不需要判处刑罚或者免除刑罚的，人民检察院可以作出不起诉决定"。本题中，A 地基层检察院认为甲情节显著轻微，不构成犯罪，因而不属于《刑事诉讼法》第 177 条第 2 款规定之情形，不能适用《刑事诉讼法》的规定，被不起诉人甲对于本题中的被不起诉决定不能提出申诉，所以 B 不正确。《刑事诉讼法》第 180 条规定："对于有被害人的案件，决定不起诉的，人民检察院应当将不起诉决定书送达被害人。被害人如果不服，可以自收到决定书后七日以内向上一级人民检察院申诉，请求提起公诉……对人民检察院维持不起诉决定的，被害人可以向人民法院起诉……"本题中，乙是被害人，可以向上一级检察院申诉，所以 C 正确。根据第 180 条的规定，申诉后，上级检察院维持不起诉决定的，被害人可以向法院起诉，但是根据《刑事诉讼法》第 20 条的规定，基层人民法院管辖第一审普通刑事案件，但是依照本法由上级人民法院管辖的除外。虐待被监管人案应由基层法院一审，所以 D 不正确。本题正确答案为 C。

13. 答案：C。本题考查的是犯罪嫌疑人可以对之提出申诉的不起诉决定。《刑事诉讼法》第 181 条规定："对于人民检察院依照本法第一百七十七条第二款规定作出的不起诉决定，被不起诉人如果不服，可以自收到决定书后七日以内向人民检察院申诉……"而第 177 条第 2 款规定："对于犯罪情节轻微，依照刑法规定不需要判处刑罚或者免除刑罚的，人民检察院可以作出不起诉决定。"据此，本题正确答案为 C。

14. 答案：C。本题考查的是被不起诉人不服不起诉决定的申诉期限。《刑事诉讼法》第 181 条规定："对于人民检察院依照本法第一百七十七条第二款规定作出的不起诉决定，被不起诉人如果不服，可以自收到决定书后七日以内向人民检察院申诉……"据此，本题正确答案为 C。

15. 答案：D。《刑事诉讼法》第 177 条第 1 款、第 2 款规定，犯罪嫌疑人没有犯罪事实，或者有本法第 16 条规定的情形之一的，人民检察院应当作出不起诉决定。对于犯罪情节轻微，依照刑法规定不需要判处刑罚或者免除刑罚的，人民检察院可以作出不起诉决定。本题中，对甲应当作出法定不起诉，对乙、丙可作出酌定不起诉。故 ABC 三项错误。《刑事诉讼法》第 175 条第 4 款规定，对于二次补充侦查的案件，人民检察院仍然认为证据不足，不符合起诉条件的，应当作出不起诉的决定。故 D 项正确。

16. 答案：D。本题考查审查起诉阶段改变管辖后的退回补充侦查。《高检规则》第 350 条规定，对于在审查起诉期间改变管辖的案件，改变后的人民检察院对于符合刑事诉讼法第 175 条第 2 款规定的案件，可以经原受理案件的人民检察院协助，直接退回原侦查案件的公安机关补充侦查，也可以自行侦

---

[1] 本题 A 项具有相当的迷惑性，如答题时不仔细考虑立案管辖问题，则极易选错。

查。改变管辖前后退回补充侦查的次数总共不得超过2次。因此，此时可以补充侦查的机关只有A区检察院和甲市公安局，如果要退回甲市公安局补充侦查，应经甲市检察院。所以D项正确。

17. **答案**：C。本题考查退回补充侦查。根据《刑事诉讼法》第175条第2款规定，人民检察院审查案件，对于需要补充侦查的，可以退回公安机关补充侦查，也可以自行侦查。第3款规定，对于补充侦查的案件，应当在1个月以内补充侦查完毕。补充侦查以2次为限。补充侦查完毕移送人民检察院后，人民检察院重新计算审查起诉期限。AB项正确。《高检规则》第350条规定，对于在审查起诉期间改变管辖的案件，改变后的人民检察院对于符合刑事诉讼法第175条第2款规定的案件，可以经原受理案件的人民检察院协助，直接退回原侦查案件的公安机关补充侦查，也可以自行侦查。改变管辖前后退回补充侦查的次数总共不得超过2次。由此，D项正确。本题为选非题，故C项入选。

18. **答案**：D。《刑事诉讼法》第180条规定，对于有被害人的案件，决定不起诉的，人民检察院应当将不起诉决定书送达被害人。被害人如果不服，可以自收到决定书后7日以内向上一级人民检察院申诉，请求提起公诉。人民检察院应当将复查决定告知被害人。对人民检察院维持不起诉决定的，被害人可以向人民法院起诉。被害人也可以不经过申诉，直接向人民法院起诉。人民法院受理案件后，人民检察院应当将有关案件材料移送人民法院。《高检规则》第381条规定，被害人不服不起诉决定，在收到不起诉决定书后七日以内提出申诉的，由作出不起诉决定的人民检察院的上一级人民检察院负责捕诉的部门进行复查。被害人向作出不起诉决定的人民检察院提出申诉的，作出决定的人民检察院应当将申诉材料连同案卷一并报送上一级人民检察院。据此，被害人对于人民检察院的不起诉决定应当由上一级人民检察院受理，故选项AB错误。由以上的两条规定可知，被害人也可以不经过申诉，直接向人民法院起诉，故选项C错误。综上，本题正确答案应该为D。

19. **答案**：C。依据规定，附条件不起诉的适用条件为：未成年人+刑法分则第四、五、六章规定的犯罪（人身、财产、妨害社会管理）+1年以下+符合起诉条件+悔过＝可以附条件不起诉。可知，认罪认罚具结书的签署、主从犯的认定、帮教活动的适用并不影响附条件不起诉的适用。因此，ABD项错误。

C项：齐某提出的正当防卫会影响对案件性质的认定，齐某可能不构成犯罪，因此该案可能不符合起诉条件，进而会影响附条件不起诉决定的作出。故C项正确。

20. **答案**：B。本题考查核准追诉前的程序和强制措施、侦查的适用。刑法规定的核准追诉制度，即法定最高刑为无期徒刑、死刑的犯罪，超过20年追诉期限后，认为必须追诉的，须报请最高人民检察院核准。侦查机关报请核准追诉并提请逮捕犯罪嫌疑人，人民检察院经审查认为必须追诉而且符合法定逮捕条件的，可以依法批准逮捕，同时要求侦查机关在报请核准追诉期间不停止对案件的侦查。未经最高人民检察院核准，不得对案件提起公诉。由此条可知，核准追诉只意味着，未经核准不得对被告人提起公诉，并不意味着侦查机关不得对其进行侦查和采取强制措施。所以，在核准追诉前，公安机关可以对陆某故意杀人案进行侦查，也可以对陆某先行拘留，检察院可以对陆某批准逮捕，但是不得对陆某提起公诉。故本题的正确答案为B。

21. **答案**：D。本题考查审查起诉后的处理方式、不起诉。依据《高检规则》第365条第2款规定，对于犯罪事实并非犯罪嫌疑人所为，需要重新调查或者侦查的，应当在作出不起诉决定后书面说明理由，将案卷材料退回监察机关或者公安机关并建议重新调查或者侦查。据此，选项A中检察院应当将案卷材料退回公安机关并建议其重新侦查而非建议其撤销案件，A项错误。

依据《高检规则》第367条的规定，人

民检察院对于二次退回补充调查或者补充侦查的案件，仍然认为证据不足，不符合起诉条件的，经检察长批准，依法作出不起诉决定。人民检察院对于经过一次退回补充调查或者补充侦查的案件，认为证据不足，不符合起诉条件，且没有再次退回补充调查或补充侦查必要的，经检察长批准，可以作出不起诉决定。故B项的错误在于，少了一个条件"认为证据不足，不符合起诉条件"。

依据《高检规则》第384条规定，人民检察院收到人民法院受理被害人对被不起诉人起诉的通知后，应当终止复查，将作出不起诉决定所依据的有关案卷材料移送人民法院。据此，法院受理被害人的自诉后，不起诉决定并不视为自动撤销，检察院应当将作出不起诉决定所依据的有关案卷材料移送人民法院，C项错误。

依据《高检规则》第389条规定，最高人民检察院对地方各级人民检察院的起诉、不起诉决定，上级人民检察院对下级人民检察院的起诉、不起诉决定，发现确有错误的，应当予以撤销或者指令下级人民检察院纠正。据此，选项D正确。本题正确答案为D。

22. 答案：A。根据《监察法》第54条的规定："对监察机关移送的案件，人民检察院依照《中华人民共和国刑事诉讼法》对被调查人采取强制措施。人民检察院经审查，认为犯罪事实已经查清，证据确实、充分，依法应当追究刑事责任的，应当作出起诉决定。人民检察院经审查，认为需要补充核实的，应当退回监察机关补充调查，必要时可以自行补充侦查。对于补充调查的案件，应当在一个月内补充调查完毕。补充调查以二次为限。人民检察院对于有《中华人民共和国刑事诉讼法》规定的不起诉的情形的，经上一级人民检察院批准，依法作出不起诉的决定。监察机关认为不起诉的决定有错误的，可以向上一级人民检察院提请复议。"根据这一规定，BD明显错误，不选。如果监察机关移送检察院审查起诉，强制措施由检察院依据刑诉法规定采取，而非继续留置，C错误，不选。二次退回补充调查，证据不足的，检察院作出不起诉决定符合刑诉法的规定，A正确，当选。

☑ 多项选择题

1. 答案：ABD。本题考查的是人民检察院对自行侦查案件侦查终结的处理。《刑事诉讼法》第168条规定："人民检察院侦查终结的案件，应当作出提起公诉、不起诉或者撤销案件的决定。"故本题正确答案为ABD。

2. 答案：BD。本题考查的是人民检察院审查起诉期限的计算。《高检规则》第351条第2款规定："人民检察院审查起诉的案件，改变管辖的，从改变后的人民检察院收到案件之日起计算审查起诉期限。"故本题A项不正确，B项正确。根据《高检规则》第614条第5项之规定，案件退回补充侦查，或者补充侦查完毕移送起诉后重新计算审查起诉期限的，应当在作出决定或者收到决定书、裁定书后10日以内通知检察院及看守所。故本题C项不正确，D项正确。

3. 答案：ABCD。本题考查的是"犯罪事实已经查清"的含义。《高检规则》第355条规定："……具有下列情形之一的，可以认为犯罪事实已经查清：（一）属于单一罪行的案件，查清的事实足以定罪量刑或者与定罪量刑有关的事实已经查清，不影响定罪量刑的事实无法查清的；（二）属于数个罪行的案件，部分罪行已经查清并符合起诉条件，其他罪行无法查清的；（三）无法查清作案工具、赃物去向，但有其他证据足以对被告人定罪量刑的；（四）证人证言、犯罪嫌疑人供述和辩解、被害人陈述的内容主要情节一致，个别情节不一致，但不影响定罪的。对于符合前款第二项情形的，应当以已经查清的罪行起诉。"故本题正确答案为ABCD。

4. 答案：ACD。本题考查的是被害人对人民检察院的不起诉决定可以寻求的救济方法。《刑事诉讼法》第180条规定，对于有被害人的案件，决定不起诉的，人民检察院应当将不起诉决定书送达被害人。被害人如果不服，可以自收到决定书后7日以内向上一级人民检察院申诉，请求提起公诉……对人民检察院维持不起诉决定的，被害人可以向人民法院起诉。被害人也可以不经申诉，直接向人民法院起诉。故本题正确答案为 ACD。

5. **答案**：ABCD。本题考查的是提起自诉的法定条件。根据《刑事诉讼法解释》第 316 条和第 317 条的规定，提起自诉必须具备以下四个条件：自诉人是本案的被害人或者其法定代理人、近亲属；属于刑事诉讼法和司法解释确定的自诉案件范围；起诉的刑事案件属于受诉人民法院管辖；有明确的被告人、具体的诉讼请求和证明被告人犯罪事实的证据。故本题正确答案为 ABCD。

6. **答案**：ABC。本题考查的是刑事诉讼中以月计算的期间。《刑事诉讼法》第 156 条规定："对犯罪嫌疑人逮捕后的侦查羁押期限不得超过二个月……"第 172 条第 1 款规定："人民检察院对于监察机关、公安机关移送起诉的案件，应当在一个月以内作出决定，重大、复杂的案件，可以延长十五日……"第 208 条第 1 款规定："人民法院审理公诉案件，应当在受理后二个月以内宣判，至迟不得超过三个月……"据此，侦查羁押、审查起诉和第一审程序的期限均以月计算，故本题 ABC 项正确。上诉期限以日计算，故本题 D 项不正确。

7. **答案**：BD。本题考查的是刑事诉讼中的补充侦查。《刑事诉讼法》第 175 条第 2 款规定："人民检察院审查案件，对于需要补充侦查的，可以退回公安机关补充侦查，也可以自行侦查。"第 204 条规定："在法庭审判过程中，遇有下列情形之一，影响审判进行的，可以延期审理……（二）检察人员发现提起公诉的案件需要补充侦查，提出建议的……"据此，本题正确答案为 BD。

8. **答案**：ABCD。本题考查的是人民检察院对于公安机关移送的案件决定不起诉的处理。《刑事诉讼法》第 179 条规定："对于公安机关移送起诉的案件，人民检察院决定不起诉的，应当将不起诉决定书送达公安机关。公安机关认为不起诉的决定有错误的时候，可以要求复议，如果意见不被接受，可以向上一级人民检察院提请复核。"第 180 条规定："对于有被害人的案件，决定不起诉的……被害人如果不服，可以自收到决定书后七日以内向上一级人民检察院申诉……被害人可以向人民法院起诉。被害人也可以不经申诉，直接向人民法院起诉……"据此，本题正确答案为 ABCD。

✕ 不定项选择题

1. **答案**：（1）BCD。本小题考查的是人民检察院对证据的审查。根据《高检规则》第 336 条的规定，人民检察院对物证、书证、视听资料、电子数据及勘验、检查、辨认、侦查实验等笔录存在疑问的，可以要求调查人员或者侦查人员提供获取、制作的有关情况，必要时也可以询问提供相关证据材料的人员和见证人并制作笔录附卷，对物证、书证、视听资料、电子数据进行鉴定。故本题正确答案为 BCD。

（2）AB。本小题考查的是人民检察院对侦查人员非法收集证据行为的监督和处理。根据《高检规则》第 341 条的规定，人民检察院在审查起诉中发现有应当排除的非法证据，应当依法排除，同时可以要求监察机关或者公安机关另行指派调查人员或者侦查人员重新取证。必要时，人民检察院也可以自行调查取证。

（3）AB。本小题考查的是人民检察院对补充侦查的决定。根据《刑事诉讼法》第 175 条第 2 款的规定，人民检察院审查案件，对于需要补充侦查的，可以退回公安机关补充侦查，也可以自行侦查。故本题 AB 项正确。根据《高检规则》第 345 条的规定，人民检察院负责捕诉的部门对本院负责侦查的部门移送起诉的案件进行审查后，认为犯罪事实不清、证据不足或者存在遗漏罪行、遗漏同案犯罪嫌疑人等情形需要补充侦查的，应当制作补充侦查提纲，连同案卷材料一并退回负责侦查的部门补充侦查。必要时，也可以自行侦查，可以要求负责侦查的部门予以协助。故本题 CD 项不正确。

（4）ABD。本小题考查的是当事人对人民检察院的不起诉决定不服可以寻求的救济方法。根据《刑事诉讼法》第181条的规定，对于人民检察院依照本法第177条第2款规定作出的不起诉决定，被不起诉人如果不服，可以自收到决定书后7日以内向人民检察院申诉。据此，本题中被不起诉人穆某不可直接向人民法院提起自诉，只可向人民检察院申诉。故本题A项正确，C项不正确。根据《刑事诉讼法》第180条的规定，对于有被害人的案件，决定不起诉的，被害人如果不服，可以自收到决定书后7日以内向上一级人民检察院申诉，请求提起公诉。对人民检察院维持不起诉决定的，被害人可以向人民法院起诉。被害人也可以不经申诉，直接向人民法院起诉。故本题BD项正确。

2. **答案**：（1）CD。根据《高检规则》第328条第2款规定："属于上级人民法院管辖的第一审案件，应当报送上级人民检察院，同时通知移送起诉的公安机关；属于同级其他人民法院管辖的第一审案件，应当移送有管辖权的人民检察院或者报送共同的上级人民检察院指定管辖，同时通知移送起诉的公安机关。"故本题正确答案为CD。

（2）C。根据《刑事诉讼法解释》第17条规定："基层人民法院对可能判处无期徒刑、死刑的第一审刑事案件，应当移送中级人民法院审判。基层人民法院对下列第一审刑事案件，可以请求移送中级人民法院审判：（一）重大、复杂案件；（二）新类型的疑难案件；（三）在法律适用上具有普遍指导意义的案件。需要将案件移送中级人民法院审判的，应当在报请院长决定后，至迟于案件审理期限届满十五日以前书面请求移送。中级人民法院应当在接到申请后十日以内作出决定。不同意移送的，应当下达不同意移送决定书，由请求移送的人民法院依法审判；同意移送的，应当下达同意移送决定书，并书面通知同级人民检察院。"

（3）AB。根据《刑事诉讼法》第29条规定，有权申请回避的只限于当事人及其法定代理人。

3. **答案**：（1）B。本小题考查的是转化犯。根据《刑法》第247条的规定，司法工作人员在对犯罪嫌疑人、被告人实行刑讯逼供的犯罪过程中，致人伤残、死亡的，依照《刑法》第234条（故意伤害罪）、第232条（故意杀人罪）的规定定罪从重处罚。本题中，舒某、刘某作为公安机关的侦查人员对犯罪嫌疑人董某刑讯逼供，直接致使董某死亡的行为，表明刑讯逼供行为与被害人董某死亡之间存在直接的因果关系，应当以《刑法》第232条规定的故意杀人罪定罪处罚，即刑法理论上的转化犯。故本题正确答案为B。

（2）AD。本小题考查的是律师在侦查阶段的权利。《刑事诉讼法》第34条第1款、第39条第1款规定："犯罪嫌疑人自被侦查机关第一次讯问或者采取强制措施之日起，有权委托辩护人；在侦查期间，只能委托律师作为辩护人。被告人有权随时委托辩护人。""辩护律师可以同在押的犯罪嫌疑人、被告人会见和通信。其他辩护人经人民法院、人民检察院许可，也可以同在押的犯罪嫌疑人、被告人会见和通信。"故本题A项正确。根据《刑事诉讼法》第14条第2款的规定，诉讼参与人对于审判人员、检察人员和侦查人员侵犯公民诉讼权利和人身侮辱的行为，有权提出控告。故本题D项正确。

（3）ABD。本小题考查的是律师在审查起诉阶段的诉讼权利。《刑事诉讼法》第40条规定，辩护律师自人民检察院对案件审查起诉之日起，可以查阅、摘抄、复制本案的案卷材料。其他辩护人经人民法院、人民检察院许可，也可以查阅、摘抄、复制上述材料。故本题AB项正确。根据《刑事诉讼法》第43条的规定，律师向被害人提供的证人收集证据时，还需经过人民检察院或人民法院的许可和证人的同意，故本题C项不正确。根据《刑事诉讼法》第14条第2款的规定，诉讼参与人对于审判人员、检察人员和侦查人员侵犯公民诉讼权利和人身侮辱的行为，有权提出控告。故本题D项正确。

（4）D。本小题考查的是侦查羁押期限的计算。《刑事诉讼法》第160条第1款规定："在侦查期间，发现犯罪嫌疑人另有重要罪行的,自发现之日起依照本法第一百五十六条的规定重新计算侦查羁押期限。"应当注意,这里的重新计算不是"自前一个罪的侦查羁押期限届满之日的第二日起"计算,而是"自发现之日起"计算。故本题正确答案为 D。

(5) AD。本小题考查的是上诉不加刑原则。《刑事诉讼法》第 237 条规定:"第二审人民法院审理被告人或者他的法定代理人、辩护人、近亲属上诉的案件,不得加重被告人的刑罚。第二审人民法院发回原审人民法院重新审判的案件,除有新的犯罪事实,人民检察院补充起诉的以外,原审人民法院也不得加重被告人的刑罚。人民检察院提出抗诉或者自诉人提出上诉的,不受前款规定的限制。"故本题 A 项正确,C 项不正确。本案中,不仅被告人舒某提出了上诉,人民检察院也对其判决提出了抗诉,因此,对舒某不适用上诉不加刑原则。根据《刑事诉讼法解释》第 401 条第 1 款第 1 项、第 2 款的规定,同案审理的案件,只有部分被告人上诉的,既不得加重上诉人的刑罚,也不得加重其他同案被告人的刑罚,人民检察院抗诉或者自诉人上诉的案件,不受前款规定的限制。本小题中,刘某本人没有提出上诉,检察院也未对其判决提出抗诉,对刘某不得加重刑罚。故本题 B 项不正确,D 项正确。

名词解释

1. **答案**:国家追诉主义又称为公诉原则。其基本含义是:对犯罪行为的追诉权由法定的国家机构依法垄断行使,包括受犯罪行为侵害的被害人在内的所有个人没有向国家审判机关直接控诉犯罪的权利。在通常情况下,这种代表国家对涉嫌实施犯罪行为的人向法院提起刑事诉讼的机构就是检察机关,它们提起的刑事诉讼称为公诉,代表检察机关提起并出庭支持公诉的检察官称为公诉人。从历史上看,国家追诉主义与私人追诉主义相对应,是在废除私人追诉主义的基础上才建立的。

2. **答案**:起诉法定主义又称为起诉合法主义,与起诉便宜主义相对应,是指只要犯罪嫌疑人符合法律规定的起诉条件,公诉机关就必须提起公诉,不享有根据案件具体情况而对起诉与否进行自由裁量的权力。起诉法定主义是大陆法系国家刑事诉讼普遍采用的一项诉讼原则。实行起诉法定主义有助于强化检察机关追诉犯罪的责任,防止检察机关擅权专断,避免因检察机关不起诉而使那些符合法定起诉条件的犯罪行为得不到应有的惩罚。但实行绝对的起诉法定主义,对符合起诉条件的犯罪行为不分情节轻重以及影响大小而一律提起刑事诉讼,也会带来诉讼拖延等消极后果。

3. **答案**:起诉便宜主义又称为起诉裁量原则,与起诉法定主义相对应,是指虽有足够的证据证明确有犯罪事实,并且具备起诉的条件,但公诉机关斟酌各种情形,认为不需要处刑时,可以裁量决定不起诉。自 20 世纪初期,刑罚的目的刑理论取代报应刑理论后,起诉便宜主义逐渐被国际社会所承认。目前,英国、美国、法国、意大利、俄罗斯、比利时、瑞典等大多数国家均不同程度地确认公诉机关享有一定的自由裁量权。我国刑事诉讼法关于不起诉的规定也体现了起诉便宜主义。

4. **答案**:起诉状一本主义又称为起诉书主义,与卷宗移送主义相对,是指公诉机关在提起公诉时,除向有管辖权的法院提交具有法定格式的起诉书外,不得附带提出任何可能使法官对案件产生预断的其他文书和证据,也不得引用这些文书和证据的内容。实行起诉状一本主义有助于防止法官形成预断,实现控审分离和控辩平等对抗,强化刑事庭审的功能,促进公正审判。

5. **答案**:提起公诉是人民检察院代表国家将犯罪嫌疑人提交人民法院,要求人民法院通过审判追究其刑事责任的一种诉讼活动。人民检察院作出提起公诉的决定后,犯罪嫌疑人的诉讼地位转变为刑事被告人。提起公诉必须同时具备三个条件:第一,犯罪嫌疑人的犯罪事实已经查清,证据确实、充分。第二,对犯罪嫌疑人应当依法追究刑事责任。第三,人民检察院提起公诉应当符合审判管辖的规定。提起公诉是刑事诉讼的一个独立阶段。

简答题

1. 答案：根据我国《刑事诉讼法》的规定，人民检察院审查决定提起公诉，必须同时具备三个条件，缺一不可。第一，认为犯罪嫌疑人的犯罪事实已经查清。这里指的是全部犯罪嫌疑人及全部犯罪事实，既不应遗漏同案犯罪嫌疑人，也不应遗漏犯罪事实。但是，在共同犯罪案件中，有的犯罪嫌疑人在逃；为了及时惩罚已经归案并已查清其犯罪事实的犯罪嫌疑人，也可先行起诉和审判，对在逃犯罪嫌疑人待归案后再另案起诉。第二，证据必须确实、充分。人民检察院提起公诉，必须承担举证义务，应当向法庭出示物证让当事人辨认，对未到庭的证人的证言笔录、鉴定人的鉴定意见、勘验笔录、视听资料和其他作为证据的文书，应当当庭宣读并经控辩双方质证、辩论，查证属实的才会被人民法院作为定案的根据。因此决定起诉必须有确实、充分的证据证明犯罪嫌疑人构成犯罪；没有罪证或者证据不确实、不充分的，不应作出提起公诉的决定。第三，依法应当追究犯罪嫌疑人的刑事责任。行为人的行为不构成犯罪或者虽然构成犯罪但依法不应追究行为人刑事责任的，不能作出提起公诉的决定。决定起诉和提起公诉是人民检察院作为国家法律监督机关和在诉讼中执行控诉职能的重要体现，也关系着人民法院对被告人的开庭审判和定罪量刑。因此，提起公诉必须符合一定的条件，严格进行。

2. 答案：审查起诉是指人民检察院对公安机关侦查终结或自行侦查终结移送起诉的案件进行全面审查后，决定是否起诉的诉讼活动。审查起诉的内容可以归纳为三个方面：

（1）事实审查。是对案件指控事实从现实可能性和是否符合公诉条件方面进行的审查。这种审查应当是由粗到细、由全局到局部乃至细节的过程，可以分解为事实总体审查和事实要素审查两部分内容。①事实总体审查，是指从事实构成要素相互连接的全局以及各个事实之间的关系上进行审查。②事实要素审查，是指比照实体法中犯罪构成要件事实，对指控犯罪的事实进行审查，以及对与定罪量刑有关的其他事实要素进行审查。

（2）证据审查。包括质的审查和量的审查两个方面内容。质的审查标准是确实，量的审查标准是充分。①质的审查。对任何种类的证据的审查都应把握三点：相关性审查、客观性审查和合法性审查。②量的审查。我国侦查终结、提起公诉和作出有罪判决的证明标准是一致的，即事实清楚，证据确实、充分。其中对证据的量度要求充分。

（3）法律审查。犯罪性质和罪名的认定是否正确是人民检察院对案件进行审查的法律审查对象。审查起诉是我国刑事诉讼过程中的独立的诉讼阶段，其审查过程是一个验证真伪的过程。检察官在这一阶段实质上具有一种"法官功能"，对案件事实、证据和适用法律进行审查判断并作出相应的处置决定。我们认为，审查起诉的内容由事实审查、证据审查和法律审查三部分构成。

3. 答案：《刑事诉讼法》第177条规定的不起诉，即相对不起诉，在程序上，能引起终止公诉的法律后果，但在实质上，却并不具备对犯罪嫌疑人定罪的实体效力。因为《刑事诉讼法》明确规定，定罪权属于人民法院，而且人民检察院在审查起诉过程中对案件性质和罪名的认定与人民法院以判决形式作出的认定具有迥然不同的性质和效力。对于犯罪情节轻微，依照《刑法》规定不需要判处刑罚或者免除刑罚的，不是其实质上没有违法行为，只是作为一种法律上的评价，人民检察院有权自由裁量，可以起诉也可以不起诉。

法律作出这样的规定是从诉讼经济的角度考虑。诉讼是一项成本很高的活动，在犯罪情节轻微，依照《刑法》规定不需要判处刑罚或者可以免除刑罚的情况下，如果再开启一项诉讼活动，对于司法资源来说是一种浪费。因此，从诉讼经济的角度考虑，规定了此项内容。

4. 答案：不起诉，是指人民检察院对公安机关侦查终结移送起诉的案件和自行侦查终结的案件进行审查后，依法作出不将案件交付人民法院审判的一种处理决定。不起诉是人民检察院审判案件的结果之一，具有终止刑事诉讼的法律效力。它对保护公民的合法权益，保障无罪的人不受刑事追究，节省司法资源，提高司法机关的威信，均有重要意义。具体来说，其意义有三：(1) 终止刑事诉讼的法律效力。不起诉的法律效力在于不将案件交付人民法院审判，从而在审查起诉阶段终止刑事诉讼。对犯罪嫌疑人来说，不起诉决定确认了其行为在法律上是无罪的。(2) 有利于保障人权。刑事诉讼的目的既包括惩罚犯罪，也包括保障人权。不起诉有利于保障无罪的人不受追究，体现了现代刑事诉讼保障人权的宗旨。(3) 有利于节省司法资源，实现诉讼经济原则。及时地作出不起诉的决定，终止诉讼程序，不让案件进入审判阶段，可以缩短诉讼时间，从而减少诉讼成本，节省有限的司法资源。

根据《刑事诉讼法》第175条第4款、第177条的规定，不起诉分为法定不起诉、酌定不起诉和存疑不起诉三种，每种不起诉适用的条件各不相同。

(1) 法定不起诉。又称为绝对不起诉，是指犯罪嫌疑人具有《刑事诉讼法》第16条规定的情形之一的，人民检察院就应当作出不起诉的决定，从而终结诉讼。其适用条件即《刑事诉讼法》第16条规定的六种情形之一：①情节显著轻微，危害不大，不认为是犯罪的；②犯罪已过追诉时效期限的；③经特赦令免除刑罚的；④依照《刑法》规定，属于告诉才处理的犯罪，没有告诉或者撤回告诉的；⑤犯罪嫌疑人、被告人死亡的；⑥其他法律规定免予刑事处罚的。此外，人民检察院在审查起诉中如果发现没有犯罪事实或者在法律上根本不构成犯罪的案件，也应当对犯罪嫌疑人作出不起诉的决定。对具有上述情形的案件，检察机关没有自由裁量权，均应当作出不起诉的决定，而无须考虑这一决定是否适宜。

(2) 酌定不起诉。又称为相对不起诉，是指具有《刑事诉讼法》第177条第2款规定的情形时，人民检察院可以根据具体案情和犯罪嫌疑人的悔改表现来决定是否提起公诉。适用酌定不起诉必须具备以下两个条件：一是犯罪嫌疑人的行为已经构成犯罪，应当负刑事责任；二是犯罪情节轻微，依照刑法规定不需要判处刑罚或者可以免除刑罚。依照刑法规定，以下几种情形可以适用酌定不起诉：①犯罪嫌疑人在我国领域外犯罪，依照我国刑法应当负刑事责任但在国外已经受过刑事处罚的；②犯罪嫌疑人又聋又哑，或者是盲人的；③犯罪嫌疑人因正当防卫或紧急避险过当而犯罪的；④为犯罪准备工具，制造条件的；⑤在犯罪过程中自动中止犯罪或者自动有效地防止犯罪结果发生，没有造成损害的；⑥在共同犯罪中起次要或辅助作用的；⑦被胁迫参加犯罪的；⑧犯罪嫌疑人自首，或者有重大立功表现，或者自首后又有重大立功表现的。人民检察院在确认犯罪嫌疑人具有上述情节之后，还必须根据犯罪嫌疑人的年龄、犯罪的目的和动机、犯罪手段、危害后果、悔罪态度以及一贯表现等进行综合考虑，确认情节是否轻微，再决定是否起诉。即人民检察院可以根据具体案情和犯罪嫌疑人的悔改表现来决定是否提起公诉，这意味着检察机关有一定的自由裁量权。

(3) 存疑不起诉。又叫作证据不足不起诉，是指具有《刑事诉讼法》第175条第4款规定的情形时，人民检察院作出的一种不起诉的决定。适用存疑不起诉必须具备以下两个条件：一是案件已经经过了补充侦查；二是证据不足，不符合起诉的条件。根据《高检规则》的规定，具有下列情形之一，不能确定犯罪嫌疑人构成犯罪和需要追究刑事责任的，属于证据不足，不符合起诉条件，应当作出不起诉的决定：①据以定罪的证据存在疑问，无法查证属实的；②作为犯罪构成要件的事实缺乏必要的证据予以证明的；③据以定罪的证据之间的矛盾不能合理排除的；④根据证据得出的结论具有其他可能性的。

论述题

1. 答案：对人民检察院不起诉决定的救济主要是通过对不起诉决定的申诉、复议和复核来进行的。

根据《刑事诉讼法》第 179 条至第 181 条及最高人民检察院有关司法解释规定，对于有被害人的案件，被害人如果对人民检察院的不起诉决定不服，可以自收到不起诉决定书后 7 日以内向上一级人民检察院申诉，请求提起公诉。上一级人民检察院对不起诉决定进行复查后，应当在 3 个月内作出复查决定，案情复杂的，最长不得超过 6 个月。复查决定书应当送达被害人和作出不起诉决定的人民检察院。上级人民检察院复查作出起诉决定的，应当撤销下级人民检察院的不起诉决定，交由下级人民检察院提起公诉，并将复查决定抄送移送审查起诉的公安机关。

对于人民检察院依照《刑事诉讼法》第 177 条第 2 款规定作出的不起诉决定，被不起诉人如果不服，可以自收到不起诉决定书后 7 日以内向作出不起诉决定的人民检察院提出申诉。人民检察院应当作出复查决定，并将复查决定书送达被不起诉人；如果复查决定是撤销不起诉决定或变更不起诉的事实或者法律根据的，还应当将复查决定书同时抄送移送审查起诉的公安机关和本院有关部门；如果人民检察院作出的是撤销不起诉决定并提起公诉的复查决定，应当将案件交由审查起诉部门提起公诉。

对于公安机关移送起诉的案件，人民检察院作出不起诉决定后，公安机关认为不起诉决定有错误时，可以要求作出该不起诉决定的人民检察院进行复议。人民检察院应当在收到要求复议意见书后 30 日内作出复议决定，并通知公安机关。如果意见不被接受，公安机关还可以向上一级人民检察院提请复核。上一级人民检察院应当在收到提请复核意见后 30 日内作出决定，制作复核决定书送交下级人民检察院提请复核的公安机关；改变下级人民检察院的决定的，应当撤销下级人民检察院的不起诉决定，交由下级人民检察院提起公诉。

此外，《刑事诉讼法》第 180 条规定："……对人民检察院维持不起诉决定的，被害人可以向人民法院起诉。被害人也可以不经申诉，直接向人民法院起诉。人民法院受理案件后，人民检察院应当将有关案件材料移送人民法院。"与这一规定相对应的是《刑事诉讼法》第 210 条第 3 项规定的自诉案件，即"被害人有证据证明对被告人侵犯自己人身、财产权利的行为应当依法追究刑事责任，而公安机关或者人民检察院不予追究被告人刑事责任的案件"。赋予被害人对这部分公诉案件享有自诉权，从外部强化了对人民检察院不起诉决定的有效制约，有利于督促人民检察院正确行使权力、严格执法。

2. **答案**：公诉是指由依法享有刑事追诉权的国家机关提起的刑事诉讼。《刑事诉讼法》第 169 条规定："凡需要提起公诉的案件，一律由人民检察院审查决定。"这就表明，在我国人民检察院是提起公诉的唯一机关，其他任何机关、团体、企事业单位及公民个人都无权行使公诉权。提起公诉有广义、狭义之分，狭义公诉权仅指人民检察院对侦查终结的案件进行审查，认为犯罪事实已经查清，证据确实、充分，依法应当追究刑事责任的，作出起诉决定。广义的公诉活动由三个阶段组成：第一阶段为审查起诉，第二阶段为提起公诉，第三阶段为出庭支持公诉。三个阶段的总和构成侦查和审判之间的一个独立的诉讼阶段。在这个诉讼阶段，检察机关和犯罪嫌疑人之间的法律关系是最主要的诉讼法律关系。与其他法律关系的构成相同，这一法律关系也包含主体、客体和行为三个要素，并以权利义务关系作为其实质内容。

（1）主体：犯罪嫌疑人与检察机关是刑事诉讼主体的两方，在提起公诉阶段享有平等的诉讼地位。检察机关，即人民检察院，是国家的法律监督机关，其职责是通过行使国家的检察权，维护社会主义法制的统一和尊严。在提起公诉阶段，检察机关主要是国家的公诉机关，处于非常重要的地位，没有检察院代表国家提起公诉，案件的审判就无从谈起；没有检察院执行控诉职能，刑事诉讼也就不能成立。犯罪嫌疑人，是指在立案、侦查和提起公诉阶段被指控有犯罪行为的人。刑事诉讼就是一个对他们进行刑事责任认定的过程。没有他们的参与,刑事诉讼就无法进行,犯罪嫌疑人一旦死亡,刑事诉讼活动即告终止。所以说,犯罪嫌疑人的诉讼地位也是非常重要的。我国《刑事诉讼法》第12条还规定,未经人民法院依法判决,对任何人都不得确定有罪。因此犯罪嫌疑人虽然居于被追诉者的地位,但他们不是罪犯,而是享有一定诉讼权利的诉讼主体,是当事人。

(2) 客体:刑事诉讼客体,是指刑事诉讼主体在刑事诉讼活动中所要最终解决的刑事案件的核心问题,即案件事实和被告人的刑事责任。在提起公诉阶段也是如此,这里的案件事实包括有罪事实和无罪事实。

(3) 犯罪嫌疑人与检察机关的关系的内容是刑事诉讼行为,是指刑事诉讼主体在诉讼过程中为享有诉讼权利、履行诉讼义务所实施的法律行为。这些行为的根据就是刑事诉讼法和有关的法规赋予检察机关的职权、赋予被告人的诉讼权利和要求其承担的义务。实现控诉与辩护相平衡是现代诉讼的重要目标,为此刑事诉讼法为进入提起公诉阶段的犯罪嫌疑人确立了一系列的诉讼权利,在为检察机关设定职权时也作了一些限制。从刑事诉讼法规定的双方的权利义务来看,检察机关和犯罪嫌疑人之间的诉讼法律关系,既有对立的一面,是控诉和辩护的对立双方;又有相互协调、统一的一面,犯罪嫌疑人有如实供述协助检察机关的义务,检察机关有依法审查、保障犯罪嫌疑人的合法权益的义务。

①人民检察院有保障犯罪嫌疑人行使辩护权的义务。为此,人民检察院应当做到:第一,允许犯罪嫌疑人申辩,即检察机关应当给犯罪嫌疑人反驳指控的机会和时间,并认真听取其申辩意见。第二,检察机关自收到移送审查起诉的案件材料之日起3日以内,应当告知犯罪嫌疑人有权委托辩护人。这同时也是犯罪嫌疑人的一项重要权利。

②犯罪嫌疑人有权申请有关的检察人员回避;对驳回申请回避的决定,申请复议。

③人民检察院审查案件时,必须查明以下内容:1) 犯罪事实、情节是否清楚,证据是否确实、充分,犯罪性质和罪名的认定是否正确;2) 有无遗漏罪行和其他应当追究刑事责任的人;3) 是否属于不应追究刑事责任的情形;4) 有无附带民事诉讼;5) 侦查活动是否合法。在这一过程中检察机关审阅案卷材料,有权讯问犯罪嫌疑人,听取被害人和犯罪嫌疑人、被害人委托的人的意见,要求公安机关提供法庭审判所必需的各种证据材料,根据需要还可以退回公安机关补充侦查,或者自行侦查。检察人员应当拟写(案件审查意见书),报请负责人审核,然后报请检察长或检察委员会决定起诉或不起诉。检察机关在审查案件时,要对犯罪嫌疑人的有罪事实和无罪事实都予以审查,不能作有罪推定。

④犯罪嫌疑人对检察人员的讯问应当如实回答,但是对检察人员提出的与本案无关的问题,即与犯罪无关的问题,有权拒绝回答。至于有关犯罪嫌疑人的其他犯罪行为或者有关的其他同伙的犯罪行为,犯罪嫌疑人不能借口与本案无关而拒绝回答。另外,犯罪嫌疑人在接受讯问时,有权查阅讯问笔录,如果记载有遗漏或者差错,有权提出补充或者改正。

⑤人民检察院认为犯罪嫌疑人的犯罪事实已经查清,证据确定、充分,依法应当追究刑事责任的,应当作出起诉决定,向有管辖权的人民法院提起公诉。

⑥人民检察院审查案件后,认为犯罪嫌疑人具有《刑事诉讼法》第16条规定的不追究刑事责任的情形,或者犯罪嫌疑人犯罪情节轻微,依法不需要判处刑罚或免除刑罚,或者经两次补充侦查尚未达到起诉条件的,应作出不起诉的决定。这是检察机关审查案件的另一种结果,具有终止诉讼的法律效力。它对保护公民的合法权益,保障无罪的人不受刑事追究,节约人力物力,提高司法机关的威信,都具有重要意义。这主要是一项保护犯罪嫌疑人的制度。但是,由于法律规定的不起诉情形有绝对不起诉、存疑不起诉和相对不起诉三种,其中的相对不起诉决定对被不起诉人而言,不利的可能性很大。因此在实践中,犯罪嫌疑人对决定不服而申请复查的情形是极有可能出现的。对此,刑事诉

讼法规定，被不起诉人如果不服不起诉决定，可以自收到决定书后7日内向人民检察院申诉。人民检察院应当作出复查决定，通知被不起诉的人，同时抄送公安机关。但该复查决定仍然是由人民检察院独立作出的。因此，从保护犯罪嫌疑人的个人权利出发，犯罪嫌疑人享有要求不被起诉的权利，而是否对其起诉则是基于检察机关的裁量权，视案件事实和证据的实际情况而定，这也是检察机关独立行使国家所赋予其公诉权的实际体现。

3. **答案：** 酌定不起诉，是指人民检察院认为犯罪嫌疑人的犯罪情节轻微，依照刑法规定不需要判处刑罚或者免除刑罚的案件，可以作出不起诉的决定。简言之，就是对依法构成犯罪而可以不追究刑事责任的不予起诉。我们认为，酌定不起诉不是有罪认定，而是同无罪判决具有同等的法律效力。理由如下：

（1）酌定不起诉的法律依据、条件和具体情形。我国《刑事诉讼法》第177条第2款规定，"对于犯罪情节轻微，依照刑法规定不需要判处刑罚或者免除刑罚的，人民检察院可以作出不起诉决定"。根据这一规定，酌定不起诉必须同时具备两个条件：一是犯罪嫌疑人实施的行为触犯了刑法，符合犯罪构成的要件，已经构成犯罪；二是犯罪行为情节轻微，依照刑法规定不需要判处刑罚或者免除处罚。而依照刑法规定，酌定不起诉情节轻微的包括下列情形：①犯罪嫌疑人在中华人民共和国领域外犯罪，依照我国刑法规定应当负刑事责任，但在外国已经受过刑事处罚的；②犯罪嫌疑人又聋又哑，或者是盲人犯罪的；③犯罪嫌疑人因防卫过当或紧急避险超过必要限度，并造成不应有危害而犯罪的；④为犯罪准备工具，制造条件的；⑤在犯罪过程中自动中止或自动有效地防止犯罪结果发生的；⑥在共同犯罪中，起次要或辅助作用的；⑦被胁迫、被诱骗参加犯罪的；⑧犯罪嫌疑人自首或者在自首后有立功表现的。

（2）从酌定不起诉的起源来分析。酌定不起诉是在废除免予起诉制度基础上发展而来的一种不起诉类型。我国1996年修改刑事诉讼法时废除免予起诉制度的原因之一就是在实践中，对有些无罪的人决定免予起诉，侵害了被告人的合法权利；对有些依法应当判刑的，却给予免予起诉。因此，在新刑事诉讼法中，扩大了不起诉的范围，对犯罪情节轻微，依照刑法规定不需要判处刑罚或者免除处罚的，人民检察院可以不起诉，不再使用免予起诉的表述。可见，人民检察院根据现行刑事诉讼法作出的酌定不起诉决定与免予起诉的本质区别在于前者不再具有有罪认定的实体法律效力。

（3）从无罪推定的角度来分析。我国《刑事诉讼法》第12条规定："未经人民法院依法判决，对任何人都不得确定有罪。"基于此，由于人民检察院已作不起诉（包括酌定不起诉）处理的案件尚未进入审判程序，没有经过人民法院依法定程序进行审理和判决，因此，人民检察院所作出的任何不起诉决定都不可能具有确定有罪的法律效力。确实，在起诉活动中，人民检察院必须对犯罪嫌疑人是否构成犯罪、构成什么罪进行审查，但是，这种审查只具有程序意义，属于控诉机关行使检察权的诉讼活动；如果人民检察院认为需要确定嫌疑人有罪，则应提起公诉，由人民法院对案件进行审理并作出是否有罪的判决。因此，从法律性质来讲，酌定不起诉的决定是一个程序性决定，是一个不再将案件交付法院审判的决定，其法律效力相当于一个无罪判决。

（4）从"犯罪情节轻微"来分析。达到法定起诉条件是适用酌定不起诉的前提条件，如果案件尚未达到起诉条件，检察机关不得作出酌定不起诉，而应当作出法定不起诉或证据不足不起诉的决定。提起公诉条件中的"犯罪事实"是指人民检察院根据现有证据认为犯罪嫌疑人的行为已经构成了犯罪。尽管立法以"犯罪情节轻微"来表述酌定不起诉的适用条件，但并不等于说，检察机关决定酌定不起诉时，被不起诉人在事实上确实犯了罪；而只是表明，检察机关已经尽其所能查清了案件事实并认为案件已经达到了法定的起诉条件，从而具有了起诉与不起诉的裁量空间。

（5）从我国的刑事政策来分析。酌定不起诉制度对于那些已经认错悔改、行为危害不大的嫌疑人，由于已经没有继续追诉的必要，不追诉比追诉更有助于实现教育和改造。酌定不起诉与其他不起诉形式尽管在适用范围上各有不同，但就法律效力而言，并没有实质性差别。酌定不起诉具有不起诉的一般特点：①在程序上，具有终止刑事追诉程序的程序性效力，对于被不起诉人在押的，应当立即释放，并终止相应的追诉程序；②在实体上，相当于无罪的法律推定。因此，尽管酌定不起诉的前提条件是"犯罪情节轻微"，但就其刑事实体意义而言，酌定不起诉决定同无罪判决具有同等法律效力。

案例分析题

1. **答案**：（1）《高检规则》第330条规定了检察院对审查起诉时，应当审查的内容，即人民检察院审查移送起诉的案件，应当查明：①犯罪嫌疑人身份状况是否清楚，包括姓名、性别、国籍、出生年月日、职业和单位等；单位犯罪的，单位的相关情况是否清楚。②犯罪事实、情节是否清楚；实施犯罪的时间、地点、手段、危害后果是否明确。③认定犯罪性质和罪名的意见是否正确；有无法定的从重、从轻、减轻或者免除处罚情节及酌定从重、从轻情节；共同犯罪案件的犯罪嫌疑人在犯罪活动中的责任认定是否恰当。④犯罪嫌疑人是否认罪认罚。⑤证明犯罪事实的证据材料是否随案移送；证明相关财产系违法所得的证据材料是否随案移送；不宜移送的证据的清单、复制件、照片或者其他证明文件是否随案移送。⑥证据是否确实、充分，是否依法收集，有无应当排除非法证据的情形。⑦采取侦查措施包括技术侦查措施的法律手续和诉讼文书是否完备。⑧有无遗漏罪行和其他应当追究刑事责任的人。⑨是否属于不应当追究刑事责任的。⑩有无附带民事诉讼；对于国家财产、集体财产遭受损失的，是否需要由人民检察院提起附带民事诉讼；对于破坏生态环境和资源保护，食品药品安全领域侵害众多消费者合法权益，侵害英雄烈士的姓名、肖像、名誉、荣誉等损害社会公共利益的行为，是否需要由人民检察院提起附带民事公益诉讼。⑪采取的强制措施是否适当，对于已经逮捕的犯罪嫌疑人，有无继续羁押的必要。⑫侦查活动是否合法。⑬涉案财物是否查封、扣押、冻结并妥善保管，清单是否齐备；对被害人合法财产的返还和对违禁品或者不宜长期保存的物品的处理是否妥当，移送的证明文件是否完备。

（2）根据《刑事诉讼法》第173条第1款的规定，人民检察院审查案件，应当讯问犯罪嫌疑人，听取辩护人或者值班律师、被害人及其诉讼代理人的意见，并记录在案。辩护人或者值班律师、被害人及其诉讼代理人提出书面意见的，应当附卷。因此，听取被害人及被害人委托的人的意见是审查起诉的必经程序和法定方法。据此，本题中，某市人民检察院在对该案进行审查起诉时，应听取被害人姜某的意见。

（3）人民检察院决定退回公安机关补充侦查的案件，应当写出补充侦查意见书，说明需要补充侦查的问题和要求。对于补充侦查的案件，应在1个月以内补充侦查完毕。补充侦查以两次为限。对于在审查起诉期间改变管辖的，改变管辖前后退回补充侦查的次数总共不得超过两次。

（4）根据《高检规则》第328条第3款的规定，上级人民检察院受理同级公安机关移送起诉的案件，认为属于下级人民法院管辖的，可以交下级人民检察院审查，由下级人民检察院向同级人民法院提起公诉，同时通知移送起诉的公安机关。

2. **答案**：（1）某市人民检察院的第一次退回补充侦查不合法。依据《高检规则》第252条第1款的规定："人民检察院直接受理侦查的共同犯罪案件，如果同案犯罪嫌疑人在逃，但在案犯罪嫌疑人犯罪事实清楚，证据确实、充分的，对在案犯罪嫌疑人应当根据本规则第二百三十七条的规定分别移送起诉或者移送不起诉。"故本案中，犯罪嫌疑人凌某一人在逃，不应影响全案审查起诉的进行，某市人民检察院应当就已在案的犯罪嫌疑人审查起诉，而不应将该案退回补充侦查。

（2）某市人民检察院采用电话方式听取被害人胡某及其诉讼代理人的意见是错误的。《高检规则》第262条规定，直接听取辩护人、被害人及其诉讼代理人的意见有困难的，可以通过电话、视频等方式听取意见并记录在案，或者通知辩护人、被害人及其诉讼代理人提出书面意见。无法通知或者在指定期限内未提出意见的，应当记录在案。故本案人民检察院应当要求被害人胡某及其诉讼代理人提供书面意见。

（3）人民检察院对发现有刑讯逼供行为的处理不当。依据《高检规则》第341条的规定，人民检察院在审查起诉中发现有应当排除的非法证据，应当依法排除，同时可以要求监察机关或者公安机关另行指派调查人员或者侦查人员重新取证。必要时，人民检察院也可以自行调查取证。本案中公安机关仅以工作说明代替补充取证，而检察机关也未继续要求重新取证，在程序上有瑕疵。

3. 答案：（1）《刑事诉讼法》第177条第2款规定，对于犯罪情节轻微，依照刑法规定不需要判处刑罚或者免除刑罚的，人民检察院可以作出不起诉决定。根据上述法律规定，本案犯罪嫌疑人魏某犯罪情节轻微，又有自首立功表现，依法可免除刑罚，检察院对其决定不起诉是合法的。

（2）《刑事诉讼法》第180条规定："对于有被害人的案件，决定不起诉的，人民检察院应当将不起诉决定书送达被害人。被害人如果不服，可以自收到决定书后七日以内向上一级人民检察院申诉，请求提起公诉……对人民检察院维持不起诉决定的，被害人可以向人民法院起诉。被害人也可以不经申诉，直接向人民法院起诉……"可见，被害人作为当事人，有权向法院起诉检察院决定不起诉的案件，法院应该接受，依法处理。本案中的检察院将不起诉决定通知被害人的做法是正确的，被害人王某向法院起诉也是合法的，而法院以被害人无权起诉为由不予受理是不合法的、错误的。

（3）根据《刑事诉讼法》的有关规定："凡需要提起公诉的案件，一律由人民检察院审查决定。""自诉案件，由人民法院直接受理。""自诉案件，被害人有权向人民法院直接起诉。"由此可见，由检察院提起诉讼的案件仅限于公诉案件，即自诉案件以外的刑事案件，对于自诉案件除特殊情况外，应由被害人决定是否起诉，不应由检察机关起诉，否则就是对被害人诉权的侵犯。对于被害人没有起诉的自诉案件，人民法院不能根据检察机关的起诉而审理，也不能在没有任何人起诉的情况下进行审理，否则就违反了"没有起诉就没有审判"的原则和自诉案件由被害人起诉的规定。本案李某犯有盗窃罪和虐待罪两罪，前者是公诉案件，应由检察机关提起公诉法院才能审理，后者是自诉案件，不能由检察机关起诉而应由被害人起诉法院才能审理。由于李某的这两个罪的管辖机关不同，起诉主体不同，起诉和审理程序不同，因而必须分别按照有关公诉案件和自诉案件的规定进行处理；由检察院一并起诉的做法是错误的，法院合并审理也是不合法的。正确的做法是，检察院只起诉盗窃罪，同时告知李某父母有向法院起诉虐待案的权利。如果李某父母向法院起诉，检察院应将有关材料移送法院，法院可对两罪均进行审理和判决。否则，检察院不能将两罪一并起诉，法院也不得将两罪合并审理。

（4）《刑事诉讼法》第34条规定："犯罪嫌疑人自被侦查机关第一次讯问或者采取强制措施之日起，有权委托辩护人；在侦查期间，只能委托律师作为辩护人。被告人有权随时委托辩护人。侦查机关在第一次讯问犯罪嫌疑人或者对犯罪嫌疑人采取强制措施的时候，应当告知犯罪嫌疑人有权委托辩护人。人民检察院自收到移送审查起诉的案件材料之日起三日以内，应当告知犯罪嫌疑人有权委托辩护人。人民法院自受理案件之日起三日以内，应当告知被告人有权委托辩护人。犯罪嫌疑人、被告人在押期间要求委托辩护人的，人民法院、人民检察院和公安机关应当及时转达其要求。犯罪嫌疑人、被告人在押的，也可以由其监护人、近亲属代为委托辩护人。辩护人接受犯罪嫌疑人、被告人委托后，应当及时告知办理案件的机关。"据此，在公诉案件审查起诉阶段，不仅犯罪嫌疑人有权委托辩护人，而且检察院应及时主动地告知犯罪嫌疑人有权委托辩护人。因此，本案检察院拒绝李某、高某委托律师提供辩护的做法是不合法的、错误的。

（5）根据《刑事诉讼法》第186条的规定，人民法院开庭审判公诉案件的条件是：①起诉书中有明确的指控犯罪事实；②附有相关证据材料，即证据目录、证人名单和主要证据复印件或照片。可见，并不要求犯罪事实清楚、证据确实，因为只有在开庭审理后才能确定犯罪事实是否清楚、证据是否确实。对于符合上述条件的公诉案件，法院应决定开庭审判，对于不符合上述条件的，不得开庭审判。本案法院以案件证据不确实、不充分为由退回卷宗的做法是不合法的，其理由是不正确的。另外，根据《刑事诉讼法》第185条"对于疑难、复杂、重大的案件，合议庭认为难以作出决定的，由合议庭提请院长提交审判委员会讨论决定"的规定，本案应由院长决定提交审判委员会讨论决定，由合议庭提交是不正确的。

第二十章　第一审程序

☑ **单项选择题**

1. **答案**：D。本题考查的是应由全国人民代表大会常务委员会批准延期审理的案件。《刑事诉讼法》第157条规定："因为特殊原因，在较长时间内不宜交付审判的特别重大复杂的案件，由最高人民检察院报请全国人民代表大会常务委员会批准延期审理。"据此，本题正确答案为D。

2. **答案**：D。本题考查的是在审判过程中特定情形的处理。

3. **答案**：B。刑事审判的亲历性，是指案件的裁判者必须自始至终参与审理，审查所有证据，对案件作出判决须以充分听取控辩双方的意见为前提。本题中，ACD三项均体现了刑事审判的亲历性特征，但是，B项未体现刑事审判的亲历性特征。本题的正确答案为B项。

4. **答案**：B。本题考查聋、哑犯罪嫌疑人案件的诉讼程序、侦查讯问程序、法律援助辩护、法庭审理、简易程序的适用。《刑事诉讼法》第121条规定，讯问聋、哑的犯罪嫌疑人，应当有通晓聋、哑手势的人参加，并且将这种情况记明笔录。故A项的错误在于，不是"如有必要可通知"，而是应当有通晓聋、哑手势的人参加。《刑事诉讼法》第35条第2款规定，犯罪嫌疑人、被告人是盲、聋、哑人，或者是尚未完全丧失辨认或者控制自己行为能力的精神病人，没有委托辩护人的，人民法院、人民检察院和公安机关应当通知法律援助机构指派律师为其提供辩护。故B项正确。《刑事诉讼法解释》第225条第2款规定，辩护人经通知未到庭，被告人同意的，人民法院可以开庭审理，但被告人属于应当提供法律援助情形的除外。本案的被告人是聋哑人，系应当给予法律援助的对象，所以C项错误。根据《刑事诉讼法》第183条第1款的规定，基层人民法院适用简易程序的案件可以由审判员一人独任审判。《刑事诉讼法》第215条规定："有下列情形之一的，不适用简易程序：（一）被告人是盲、聋、哑人，或者是尚未完全丧失辨认或者控制自己行为能力的精神病人的；（二）有重大社会影响的；（三）共同犯罪案件中部分被告人不认罪或者对适用简易程序有异议的；（四）其他不宜适用简易程序审理的。"本案属于聋哑人案件，故不能适用简易程序，而独任审判只有在简易程序中才可能适用，因此D项错误。本题的正确答案为B项。

5. **答案**：B。本题考查的是人民法院开庭前的准备工作。《刑事诉讼法》第187条规定："人民法院决定开庭审判后，应当确定合议庭的组成人员，将人民检察院的起诉书副本至迟在开庭十日以前送达被告人及其辩护人。在开庭以前，审判人员可以召集公诉人、当事人和辩护人、诉讼代理人，对回避、出庭证人名单、非法证据排除等与审判相关的问题，了解情况，听取意见。人民法院确定开庭日期后，应当将开庭的时间、地点通知人民检察院，传唤当事人，通知辩护人、诉讼代理人、证人、鉴定人和翻译人员，传票和通知书至迟在开庭三日以前送达。公开审判的案件，应当在开庭三日以前先期公布案由、被告人姓名、开庭时间和地点……"据此，本题正确答案为B。

6. **答案**：D。本题考查的是人民法院的开庭前审查。《刑事诉讼法》第186条规定："人民法院对提起公诉的案件进行审查后，对于起诉书中有明确的指控犯罪事实的，应当决定开庭审判。"据此，本题正确答案为D。

7. **答案**：B。《刑事诉讼法》第212条第2款规定，人民法院审理自诉案件的期限，被告人被羁押的，适用该法第208条第1款、第2款的规定（即公诉案件的审理期限）；未被羁押的，应当在受理后6个月以内宣判。故A项不正确。《刑事诉讼法》第212条第1款规定，人民法院对自诉案件，可以进行调解；自诉人在宣告判决前，可以同被告人自行和解或者撤回自诉。《刑事诉讼法》第210条第3项规定的案件不适用调解。《刑事诉讼法解释》第411条规定，对第二审自诉案件，必要时可以调解，当事人也可以自行和解。调解结案的，应当制作调解书，第一审判决、裁定视为自动撤销；当事人自行和解的，应当裁定准许撤回自诉，并撤销第一审判决、裁定。故B项正确、D项不正确。《刑事诉讼法解释》第412条规定，第二审期间，自诉案件的当事人提出反诉的，应当告知其另行起诉。故C项不正确。本题符合题意的选项是B项。

8. 答案：A。本题考查的是合议庭对证据有疑问时的处理方式。《刑事诉讼法》第196条第1款规定："法庭审理过程中，合议庭对证据有疑问的，可以宣布休庭，对证据进行调查核实。"据此，本题正确答案为A。

9. 答案：B。《刑事诉讼法解释》大致按照法条顺序规定了庭审的步骤。根据《人民检察院办理未成年人刑事案件的规定》第240条第1款的规定，审判长宣布法庭调查开始后，应当先由公诉人宣读起诉书。第242条第1款规定，在审判长主持下，公诉人可以就起诉书指控的犯罪事实讯问被告人。第245条规定，必要时，审判人员可以讯问被告人，也可以向被害人、附带民事诉讼当事人发问。第247条规定，控辩双方申请证人出庭作证，出示证据，应当说明证据的名称、来源和拟证明的事实。法庭认为有必要的，应当准许；对方提出异议，认为有关证据与案件无关或者明显重复、不必要，法庭经审查异议成立的，可以不予准许。第246条规定，公诉人可以提请法庭通知证人、鉴定人、有专门知识的人、调查人员、侦查人员或者其他人员出庭，或者出示证据。被害人及其法定代理人、诉讼代理人，附带民事诉讼原告人及其诉讼代理人也可以提出申请。在控诉方举证后，被告人及其法定代理人、辩护人可以提请法庭通知证人、鉴定人、有专门知识的人、调查人员、侦查人员或者其他人员出庭，或者出示证据。第263条规定，审判人员认为必要时，可以询问证人、鉴定人、有专门知识的人、调查人员、侦查人员或者其他人员。第267条规定，举证方当庭出示证据后，由对方发表质证意见。第270条规定，当庭出示的证据，尚未移送人民法院的，应当在质证后当庭移交。第281条规定："法庭辩论应当在审判长的主持下，按照下列顺序进行：（一）公诉人发言……"第287条第1款规定："审判长宣布法庭辩论终结后，合议庭应当保证被告人充分行使最后陈述的权利。"据此，题中所涉及的六项诉讼活动的先后顺序应为：讯问被告人，询问证人、鉴定人，出示物证，宣读勘验笔录，公诉人发表公诉词，被告人最后陈述，即大致遵循了先调查后辩论、先人证后物证、先原始证据后传来证据的顺序。故本题正确答案是B。

10. 答案：C。本题考查的是辩护人申请新的证人到庭的时间。《刑事诉讼法》第197条第1款规定："法庭审理过程中，当事人和辩护人、诉讼代理人有权申请通知新的证人到庭，调取新的物证，申请重新鉴定或者勘验。"合议庭评议后，就将作出判决，故辩护人申请新的证人到庭应当在合议庭评议之前。故本题正确答案为C。

11. 答案：A。本题考查的是人民法院审理公诉案件的审限。《刑事诉讼法》第208条规定："人民法院审理公诉案件，应当在受理后二个月以内宣判，至迟不得超过三个月……"据此，本题正确答案为A。

12. 答案：B。本题考查的是附带民事诉讼的适用范围。《刑事诉讼法》第101条规定："被害人由于被告人的犯罪行为而遭受物质损失的，在刑事诉讼过程中，有权提起附带民事诉讼……"本案从刑事程序上看是自诉案件，由于附带民事诉讼只能是因犯罪行为遭受物质损失才可以提起，本案中并不是要求赔偿损失，而是要求离婚，这不属于附带民事诉讼的范围。因此，对卢某控告其丈夫重婚罪和要求离婚的请求，应由民庭和刑庭分别受理。故本题正确答案为B。

13. **答案**：C。本题考查的是适用公开审判的情形。《刑事诉讼法》第285条规定："审判的时候被告人不满十八周岁的案件，不公开审理。但是，经未成年被告人及其法定代理人同意，未成年被告人所在学校和未成年人保护组织可以派代表到场。"据此，16周岁以上不满18周岁未成年人犯罪的案件，并非一律不公开审理，故本题正确答案为C。

14. **答案**：C。本题考查的是审判组织。《刑事诉讼法》第185条规定："合议庭开庭审理并且评议后，应当作出判决。对于疑难、复杂、重大的案件，合议庭认为难以作出决定的，由合议庭提请院长决定提交审判委员会讨论决定。审判委员会的决定，合议庭应当执行。"本题可从法理上来推，AD表述都是在"开庭之前"，应当首先排除；如果合议庭开庭审理之后进行评议之前就提请院长将案件提交审判委员会讨论，合议庭就形同虚设，据此，B项不正确。故本题正确答案为C。

15. **答案**：C。本题考查审判阶段遇到特殊情形的处理方式。《刑事诉讼法解释》第297条规定，审判期间，人民法院发现新的事实，可能影响定罪量刑的，或者需要补查补证的，应当通知人民检察院，由其决定是否补充、变更、追加起诉或者补充侦查。人民检察院不同意或者在指定时间内未回复书面意见，人民法院应当就起诉指控的事实，依照本解释第二百九十五条的规定作出判决、裁定。故本题的C项正确。

16. **答案**：C。本题考查的是与自诉有关的法律规定。根据《刑事诉讼法解释》第147条的规定，郑某的情形不属于必须采取强制措施的情形。故本题A项不正确。《刑事诉讼法解释》第360条规定："具有下列情形之一的，不适用简易程序：（一）被告人是盲、聋、哑人……"故本题B项不正确。《刑事诉讼法》第212条第2款规定："人民法院审理自诉案件的期限，被告人被羁押的，适用本法第二百零八条第一款、第二款的规定；未被羁押的，应当在受理后六个月以内宣判。"据此，C项表述不符合刑事诉讼法的规定。根据《刑事诉讼法》第212条的规定，人民法院审判自诉案件既可以调解，也可以不调解。故本题D项不正确。综上，本题正确答案为C。

17. **答案**：D。本题考查简易程序。《刑事诉讼法》第214条规定："基层人民法院管辖的案件，符合下列条件的，可以适用简易程序审判：（一）案件事实清楚、证据充分的；（二）被告人承认自己所犯罪行，对指控的犯罪事实没有异议的；（三）被告人对适用简易程序没有异议的。人民检察院在提起公诉的时候，可以建议人民法院适用简易程序。"由此可见，检察院提出适用简易程序的建议，不是适用简易程序的必备条件。故A项错误。《刑事诉讼法解释》第364条规定，适用简易程序审理案件，审判长或者独任审判员应当当庭询问被告人对指控的犯罪事实的意见，告知被告人适用简易程序审理的法律规定，确认被告人是否同意适用简易程序。故B项错误。《刑事诉讼法解释》第365条第1款规定："适用简易程序审理案件，可以对庭审作如下简化：（一）公诉人可以摘要宣读起诉书；（二）公诉人、辩护人、审判人员对被告人的讯问、发问可以简化或者省略；（三）对控辩双方无异议的证据，可以仅就证据的名称及所证明的事项作出说明；对控辩双方有异议或者法庭认为有必要调查核实的证据，应当出示，并进行质证；（四）控辩双方对与定罪量刑有关的事实、证据没有异议的，法庭审理可以直接围绕罪名确定和量刑问题进行。"故C项错误。《刑事诉讼法解释》第367条第2款规定，适用简易程序审理案件，一般应当当庭宣判。故D项正确。

18. **答案**：D。本题考查的是调解书的效力。《刑事诉讼法解释》第328条规定："……调解书经双方当事人签收后，即具有法律效力。调解没有达成协议，或者调解书签收前当事人反悔的，应当及时作出判决……"本题中调解书经合法送达后，即发生法律效力，对于生效的调解书，只能通过申诉解决，故本题D项正确。

19. 答案：C。《刑事诉讼法解释》第329条规定，判决宣告前，自诉案件的当事人可以自行和解，自诉人可以撤回自诉。人民法院经审查，认为和解、撤回自诉确属自愿的，应当裁定准许；认为系被强迫、威吓等，并非出于自愿的，不予准许。故A项错误。《刑事诉讼法解释》第295条规定，对第一审公诉案件，人民法院审理后，应当按照下列情形分别作出判决、裁定……（2）起诉指控的事实清楚，证据确实、充分，但指控的罪名不当的，应当依据法律和审理认定的事实作出有罪判决……故B项错误。《刑事诉讼法解释》第297条规定，审判期间，人民法院发现新的事实，可能影响定罪量刑的，或者需要补查补证的，应当通知人民检察院，由其决定是否补充、变更、追加起诉或者补充侦查。人民检察院不同意或者在指定时间内未回复书面意见的，人民法院应当就起诉指控的事实，依照本解释第295条的规定作出判决、裁定。故C项正确。《刑事诉讼法解释》第219条规定，人民法院对提起公诉的案件审查后，应当按照下列情形分别处理……（5）依照刑事诉讼法第200条第3项规定宣告被告人无罪后，人民检察院根据新的事实、证据重新起诉的，应当依法受理……故D项错误。

20. 答案：B。本题考查自诉案件中被告人下落不明的处理。《刑事诉讼法解释》第320条规定："对自诉案件，人民法院应当在十五日以内审查完毕。经审查，符合受理条件的，应当决定立案，并书面通知自诉人或者代为告诉人。具有下列情形之一的，应当说服自诉人撤回起诉；自诉人不撤回起诉的，裁定不予受理：（一）不属于本解释第一条规定的案件的；（二）缺乏罪证的；（三）犯罪已过追诉时效期限的；（四）被告人死亡的；（五）被告人下落不明的；（六）除因证据不足而撤诉的以外，自诉人撤诉后，就同一事实又告诉的；（七）经人民法院调解结案后，自诉人反悔，就同一事实再行告诉……"由此可知，本题的答案是B。

21. 答案：C。本题考查的是人民法院通知自诉人委托诉讼代理人的时限。《刑事诉讼法》第46条第2款规定："……人民法院自受理自诉案件之日起三日以内，应当告知自诉人及其法定代理人、附带民事诉讼的当事人及其法定代理人有权委托诉讼代理人。"故本题正确答案为C。

22. 答案：C。《刑事诉讼法解释》第338条规定，被告单位的诉讼代表人享有刑事诉讼法规定的有关被告人的诉讼权利。根据《刑事诉讼法解释》第226条之规定，案件有法律规定的情形之一的，可以召开庭前会议，根据案件情况，可以通知被告人参加。故A项错误。《刑事诉讼法解释》第337条第2款规定，被告单位的诉讼代表人不出庭的，应当按照下列情形分别处理：（1）诉讼代表人系被告单位的法定代表人、实际控制人或者主要负责人，无正当理由拒不出庭的，可以拘传其到庭；因客观原因无法出庭，或者下落不明的，应当要求人民检察院另行确定诉讼代表人；（2）诉讼代表人系其他人员的，应当要求人民检察院另行确定诉讼代表人。故B项错误。《刑事诉讼法解释》第311条第2款规定，被告人当庭拒绝辩护人辩护，要求另行委托辩护人或者指派律师的，合议庭应当准许。被告人拒绝辩护人辩护后，没有辩护人的，应当宣布休庭；仍有辩护人的，庭审可以继续进行。故C项正确。《刑事诉讼法》第198条第3款规定，审判长在宣布辩论终结后，被告人有最后陈述的权利。被告单位的诉讼代表人享有被告人的最后陈述权。故D项错误。

23. 答案：D。选项A错误。判决解决案件的实体问题；裁定既解决案件的实体问题，也解决案件的程序问题。选项B错误。一个案件可能出现两个判决，但是最终发生法律效力并被执行的判决只有一个；发生法律效力并执行的裁定可以有若干个。选项C错误。裁定既可以用书面形式也可以用口头形式。选项D正确。不服判决与不服裁定的上诉、抗诉期限是不同的，不服判决的上诉、抗诉期限是10日，不服裁定的上诉、抗诉期是5日。

24. 答案：C。《刑事诉讼法》第214条第1款规定："基层人民法院管辖的案件，符合下列条件的，可以适用简易程序审判：（一）案件事实清楚、证据充分的；（二）被告人承认自己所犯罪行，对指控的犯罪事实没有异议的；（三）被告人对适用简易程序没有异议的。"第215条规定："有下列情形之一的，不适用简易程序：（一）被告人是盲、聋、哑人，或者是尚未完全丧失辨认或者控制自己行为能力的精神病人的；（二）有重大社会影响的；（三）共同犯罪案件中部分被告人不认罪或者对适用简易程序有异议的；（四）其他不宜适用简易程序审理的。"ABD选项涉及的案件只要符合第208条第1款的相关规定即可适用简易程序，C选项为第209条明确规定的不适用简易程序的情形。综上，本题正确答案为C。

25. 答案：A。《刑事诉讼法》"当事人和解的公诉案件诉讼程序"确定了和解的案件范围、条件以及方式等基本问题。《刑事诉讼法》第290条规定："对于达成和解协议的案件，公安机关可以向人民检察院提出从宽处理的建议。人民检察院可以向人民法院提出从宽处罚的建议；对于犯罪情节轻微，不需要判处刑罚的，可以作出不起诉的决定。人民法院可以依法对被告人从宽处罚。"据此，选项BCD表述正确。在当事人和解的公诉案件诉讼程序中，对达成和解的案件，公安机关可以向检察院提出从宽处理的建议，而不是撤销案件，选项A表述错误。综上，由于本题为选非题，正确答案为A。

26. 答案：B。本题考查简易程序的适用范围。本题的A项属于危害国家安全的犯罪案件，根据《刑事诉讼法》第21条的规定，最低由中级人民法院管辖，而简易程序只有在基层法院才能适用，故该项不得适用简易程序。《刑事诉讼法》第214条规定，基层人民法院管辖的案件，符合下列条件的，可以适用简易程序审判：（1）案件事实清楚、证据充分的；（2）被告人承认自己所犯罪行，对指控的犯罪事实没有异议的；（3）被告人对适用简易程序没有异议的。人民检察院在提起公诉的时候，可以建议人民法院适用简易程序。由此可见，检察院建议适用简易程序，并不是适用简易程序的必备条件。故B项可以适用简易程序。《刑事诉讼法解释》第360条规定，具有下列情形之一的，不适用简易程序：（1）被告人是盲、聋、哑人的；（2）被告人是尚未完全丧失辨认或者控制自己行为能力的精神病人的；（3）案件有重大社会影响的；（4）共同犯罪案件中部分被告人不认罪或者对适用简易程序有异议的；（5）辩护人作无罪辩护的；（6）被告人认罪但经审查认为可能不构成犯罪的；（7）不宜适用简易程序审理的其他情形。本题的C项属于上述第6项的情形，D项属于上述第5项的情形，均不适用简易程序。因此，本题的正确答案为B项。

27. 答案：C。根据《关于适用认罪认罚从宽制度的指导意见》第48条第1款的规定："人民法院在适用速裁程序审理过程中，发现有被告人的行为不构成犯罪或者不应当追究刑事责任、被告人违背意愿认罪认罚、被告人否认指控的犯罪事实情形的，应当转为普通程序审理。发现其他不宜适用速裁程序但符合简易程序适用条件的，应当转为简易程序重新审理。"由此可见，对于A选项，应当转为普通程序，而非简易程序，A错误，不选择。根据《高检规则》第441条的规定："人民法院适用速裁程序审理的案件，人民检察院应当派员出席法庭。"可见，B表述错误，不选择。根据《刑事诉讼法解释》第373条的规定："适用速裁程序审理案件，一般不进行法庭调查、法庭辩论，但在判决宣告前应当听取辩护人的意见和被告人的最后陈述。"因此，C表述正确，符合题意，选择。根据《关于适用认罪认罚从宽制度的指导意见》第45条的规定："被告人不服适用速裁程序作出的第一审判决提出上诉的案件，可以不开庭审理。第二审人民法院审查后，按照下列情形分别处理……（二）发现被告人以量刑不当为由提出上诉的，原判量刑适当的，应当裁定驳回上诉，维持原判；原判量刑不当的，经审理后依法改判。"

由此可见，针对 D 选项的情形，二审法院并非发回重审，D 表述错误，不选。

28. 答案：C。本题考查判决、裁定和决定的区别和适用。依据《刑事诉讼法解释》第 295 条第 1 款的规定："对第一审公诉案件，人民法院审理后，应当按照下列情形分别作出判决、裁定……（七）被告人是精神病人，在不能辨认或者不能控制自己行为时造成危害结果，不予刑事处罚的，应当判决宣告被告人不负刑事责任……（八）犯罪已过追诉时效期限且不是必须追诉，或者经特赦令免除刑罚的，应当裁定终止审理……（十）被告人死亡的，应当裁定终止审理；但有证据证明被告人无罪，经缺席审理确认无罪的，应当判决宣告被告人无罪。"由此可见，A 项应适用裁定终止审理，C 项应适用判决宣告被告人不负刑事责任，D 项应适用裁定终止审理。依据《刑事诉讼法解释》第 331 条第 1 款规定，自诉人经两次传唤，无正当理由拒不到庭，或者未经法庭准许中途退庭的，人民法院应当裁定按撤诉处理。故 B 项应适用裁定，而不是判决。故本题的正确答案为 C 项。

☑ 多项选择题

1. 答案：ABD。本题考查的是人民法院审理案件的有关程序。《刑事诉讼法》第 185 条规定："合议庭开庭审理并且评议后，应当作出判决。对于疑难、复杂、重大的案件，合议庭认为难以作出决定的，由合议庭提请院长决定提交审判委员会讨论决定。审判委员会的决定，合议庭应当执行。"故本题 A 项正确。《刑事诉讼法》第 186 条规定："人民法院对提起公诉的案件进行审查后，对于起诉书中有明确的指控犯罪事实的，应当决定开庭审判。"故本题 B 项正确。《刑事诉讼法》第 189 条规定："人民法院审判公诉案件，人民检察院应当派员出席法庭支持公诉。"故本题 C 项不正确。《刑事诉讼法解释》第 267 条规定："举证方当庭出示证据后，由对方发表质证意见。"故本题 D 项正确。

2. 答案：AB。《刑事诉讼法解释》第 228 条第 1 款规定，庭前会议可以就下列事项向控辩双方了解情况，听取意见：（1）是否对案件管辖有异议；（2）是否申请有关人员回避；（3）是否申请不公开审理；（4）是否申请排除非法证据；（5）是否提供新的证据材料；（6）是否申请重新鉴定或者勘验；（7）是否申请收集、调取证明被告人无罪或者罪轻的证据材料；（8）是否申请证人、鉴定人、有专门知识的人、调查人员、侦查人员或者其他人员出庭，是否对出庭人员名单有异议；（9）是否对涉案财物的权属情况和人民检察院的处理建议有异议；（10）与审判相关的其他问题。审判人员可以询问控辩双方对证据材料有无异议，对有异议的证据，应当在庭审时重点调查；无异议的，庭审时举证、质证可以简化。被害人或者其法定代理人、近亲属提起附带民事诉讼的，可以调解。庭前会议情况应当制作笔录。故本题的 AB 两项均正确。C 项的错误在于，口供是否需要排除，只能在庭审中解决，而不是在庭前会议中解决。D 项的错误在于，不是"出示过的证据"，而是"无异议的证据"，庭审时举证、质证可以简化。

3. 答案：AC。本题考查的是人民法院对自诉案件的处理。《刑事诉讼法》第 211 条第 1 款规定，人民法院对于自诉案件进行审查后，按照下列情形分别处理：（1）犯罪事实清楚，有足够证据的案件，应当开庭审判；（2）缺乏罪证的自诉案件，如果自诉人提不出补充证据，应当说服自诉人撤回自诉，或者裁定驳回。故本题正确答案为 AC。

4. 答案：ABC。本题考查的是人民法院适用简易程序的案件范围。《刑事诉讼法》第 214 条规定："基层人民法院管辖的案件，符合下列条件的，可以适用简易程序审判：（一）案件事实清楚、证据充分的；（二）被告人承认自己所犯罪行，对指控的犯罪事实没有异议的；（三）被告人对适用简易程序没有异议的。人民检察院在提起公诉的时候，可以建议人民法院适用简易程序。"故本题 ABC 项正确。D 项表述的是适用普通程序的自诉案件，故不正确。

5. 答案：ABCD。本题考查的是人民检察院应当不建议或不同意适用简易程序的案件范围。《高检规则》第431条规定："具有下列情形之一的，人民检察院不得建议人民法院适用简易程序：（一）被告人是盲、聋、哑人，或者是尚未完全丧失辨认或者控制自己行为能力的精神病人的；（二）有重大社会影响的；（三）共同犯罪案件中部分被告人不认罪或者对适用简易程序有异议的；（四）比较复杂的共同犯罪案件；（五）辩护人作无罪辩护或者对主要犯罪事实有异议的；（六）其他不宜适用简易程序的。人民法院决定适用简易程序审的案件，人民检察院认为具有刑事诉讼法第二百一十五条规定情形之一的，应当向人民法院提出纠正意见；具有其他不宜适用简易程序情形的，人民检察院可以建议人民法院不适用简易程序。"故本题正确答案为全选。

6. 答案：BD。本题考查的是第一审程序。《刑事诉讼法》第189条规定："人民法院审判公诉案件，人民检察院应当派员出席法庭支持公诉。"从本案的性质、情节看，不应适用简易程序，故人民检察院应派员出庭支持公诉。《刑事诉讼法》第188条第1款规定："人民法院审判第一审案件应当公开进行。但是有关国家秘密或者个人隐私的案件，不公开审理；涉及商业秘密的案件，当事人申请不公开审理的，可以不公开审理。"本案涉及个人隐私，不应公开审理。综上，本题正确答案为BD。

7. 答案：ABC。本题考查的是辩护人的诉讼权利。《刑事诉讼法》第191条第2款规定："被害人、附带民事诉讼的原告人和辩护人、诉讼代理人，经审判长许可，可以向被告人发问。"《律师法》第32条第2款规定："律师接受委托后，无正当理由的，不得拒绝辩护或者代理。但是，委托事项违法、委托人利用律师提供的服务从事违法活动或者委托人故意隐瞒与案件有关的重要事实的，律师有权拒绝辩护或者代理。"《刑事诉讼法》第187条第2款规定："在开庭以前，审判人员可以召集公诉人、当事人和辩护人、诉讼代理人，对回避、出庭证人名单、非法证据排除等与审判相关的问题，了解情况，听取意见。"据此，本题ABC项正确。根据刑事诉讼法的有关规定，辩护人只有经被告人同意，才能提出上诉，故本题D项不正确。

8. 答案：ACD。本题考查的是人民法院的职权。《刑事诉讼法》第66条规定："人民法院、人民检察院和公安机关根据案件情况，对犯罪嫌疑人、被告人可以拘传、取保候审或者监视居住。"第196条第2款规定："人民法院调查核实证据，可以进行勘验、检查、查封、扣押、鉴定和查询、冻结。"据此，本题ACD项正确。根据刑事诉讼法的规定，拘留由公安机关执行，人民法院无权执行刑事拘留，故本题B项不正确。

9. 答案：ABC。本题考查证人证言、被害人陈述的排除、非法证据排除程序、行政证据向刑事证据的转化。《刑事诉讼法解释》第91条第3款规定，经人民法院通知，证人没有正当理由拒绝出庭或者出庭后拒绝作证，法庭对其证言的真实性无法确认的，该证人证言不得作为定案的根据。故A当选。《刑事诉讼法》第60条规定，对于经过法庭审理，确认或者不能排除存在本法第五十六条规定的以非法方法收集证据情形的，对有关证据应当予以排除。故B当选。《刑事诉讼法解释》第75条第1款规定，行政机关在行政执法和查办案件过程中收集的物证、书证、视听资料、电子数据等证据材料，经法庭查证属实，且收集程序符合有关法律、行政法规规定的，可以作为定案的根据。询问笔录属于涉案人员的供述，不属于上述几个证据种类，不能作为刑事证据适用。故C当选。《刑事诉讼法解释》第90条规定："证人证言的收集程序、方式有下列瑕疵，经补正或者作出合理解释的，可以采用；不能补正或者作出合理解释的，不得作为定案的根据：（一）询问笔录没有填写询问人、记录人、法定代理人姓名以及询问的起止时间、地点的；（二）询问地点不符合规定的；（三）询问笔录没有记录告知证人有关权利义务和法律责任的；（四）询问笔录反映出在同一时段，同一询问人员询问不同证人的……"第92条规定，对被害人陈述的审查与认定，参照适用本节的有关规定。故 D 项不当选。

10. 答案：ACD。本题考查的是人民法院调查核实证据可以行使的权力。《刑事诉讼法》第196条第2款规定："人民法院调查核实证据，可以进行勘验、检查、查封、扣押、鉴定和查询、冻结。"据此，本题正确答案为 ACD。

11. 答案：ABCD。本题考查的是法庭审理过程中当事人和辩护人、诉讼代理人的权利。《刑事诉讼法》第197条第1款规定："法庭审理过程中，当事人和辩护人、诉讼代理人有权申请通知新的证人到庭，调取新的物证，申请重新鉴定或者勘验。"据此，本题正确答案为 ABCD。

12. 答案：AB。《刑事诉讼法解释》第219条规定："人民法院对提起公诉的案件审查后，应当按照下列情形分别处理：（一）不属于本院管辖的，应当退回人民检察院；（二）属于刑事诉讼法第十六条第二项至第六项规定情形的，应当退回人民检察院；属于告诉才处理的案件，应当同时告知被害人有权提起自诉；（三）被告人不在案的，应当退回人民检察院；但是，对人民检察院按照缺席审判程序提起公诉的，应当依照本解释第二十四章的规定作出处理；（四）不符合前条第二项至第九项规定之一，需要补充材料的，应当通知人民检察院在三日以内补送；（五）依照刑事诉讼法第二百条第三项规定宣告被告人无罪后，人民检察院根据新的事实、证据重新起诉的，应当依法受理；（六）依照本解释第二百九十六条规定裁定准许撤诉的案件，没有新的影响定罪量刑的事实、证据，重新起诉的，应当退回人民检察院；（七）被告人真实身份不明，但符合刑事诉讼法第一百六十条第二款规定的，应当依法受理。对公诉案件是否受理，应当在七日以内审查完毕。"第218条规定："对提起公诉的案件，人民法院应当在收到起诉书（一式八份，每增加一名被告人，增加起诉书五份）和案卷、证据后，审查以下内容：（一）是否属于本院管辖；（二）起诉书是否写明被告人的身份，是否受过或者正在接受刑事处罚、行政处罚、处分，被采取留置措施的情况，被采取强制措施的时间、种类、羁押地点，犯罪的时间、地点、手段、后果以及其他可能影响定罪量刑的情节；有多起犯罪事实的，是否在起诉书中将事实分别列明；（三）是否移送证明指控犯罪事实及影响量刑的证据材料，包括采取技术调查、侦查措施的法律文书和所收集的证据材料；（四）是否查封、扣押、冻结被告人的违法所得或者其他涉案财物，查封、扣押、冻结是否逾期；是否随案移送涉案财物、附涉案财物清单；是否列明涉案财物权属情况；是否就涉案财物处理提供相关证据材料；（五）是否列明被害人的姓名、住址、联系方式；是否附有证人、鉴定人名单；是否申请法庭通知证人、鉴定人、有专门知识的人出庭，并列明有关人员的姓名、性别、年龄、职业、住址、联系方式；是否附有需要保护的证人、鉴定人、被害人名单；（六）当事人已委托辩护人、诉讼代理人或者已接受法律援助的，是否列明辩护人、诉讼代理人的姓名、住址、联系方式；（七）是否提起附带民事诉讼；提起附带民事诉讼的，是否列明附带民事诉讼当事人的姓名、住址、联系方式等，是否附有相关证据材料；（八）监察调查、侦查、审查起诉程序的各种法律手续和诉讼文书是否齐全；（九）被告人认罪认罚的，是否提出量刑建议、移送认罪认罚具结书等材料；（十）有无刑事诉讼法第十六条第二项至第六项规定的不追究刑事责任的情形。"A 项中法院发现了杨某在绑架的过程中杀害了人质的事实，可能判处死刑，应由中级人民法院管辖，属于第219条规定的不属于本院管辖的情形，应退回检察院，故 A 正确。B 项中，杨某在审查起诉期间从看守所逃脱，符合第219条第1款第3项关于被告人不在案之规定，故 B 正确。C 项中，检察机关移送起诉材料未附证据目录，属于第218条第4项之规定，应当通知检察院补送材料，故 C 项不正确。D 项中检察机关移送起诉材料欠缺已经委托辩护人的住址、通信处，属于第 218 条第 7 项之规定，根据第 219 条第 1 款第 4 项之规定，应通知检察院补送材料，故 D 不正确。本题正确答案是 AB。

13. **答案**：ABCD。本题考查的是重新计算办案期限的情况。《刑事诉讼法》第 175 条第 3 款规定："……补充侦查以二次为限。补充侦查完毕移送人民检察院后，人民检察院重新计算审查起诉期限。"第 208 条规定："……人民法院改变管辖的案件，从改变后的人民法院收到案件之日起计算审理期限。人民检察院补充侦查的案件，补充侦查完毕移送人民法院后，人民法院重新计算审理期限。"第 241 条规定："第二审人民法院发回原审人民法院重新审判的案件，原审人民法院从收到发回的案件之日起，重新计算审理期限。"据此，本题正确答案为 ABCD。

14. **答案**：ABD。《刑事诉讼法解释》第 331 条规定："自诉人经两次传唤，无正当理由拒不到庭，或者未经法庭准许中途退庭的，人民法院应当裁定按撤诉处理。部分自诉人撤诉或者被裁定按撤诉处理的，不影响案件的继续审理。"A 项中甲、乙系一起伤害案件的自诉人，案件审理中甲撤回起诉，法院继续案件审理的做法是正确的，故 A 正确。根据《刑事诉讼法》第 212 条第 1 款的规定，自诉人在宣告判决前，可以同被告人自行和解或者撤回自诉。《刑事诉讼法解释》①第 329 条规定："判决宣告前，自诉案件的当事人可以自行和解，自诉人可以撤回自诉。人民法院经审查，认为和解、撤回自诉确属自愿的，应当裁定准许；认为系被强迫、威吓等，并非自愿的，不予准许。"B 项中，被害人提起自诉，审理中自诉人与被告人和解而撤回自诉，法院经审查准许，这种做法是正确的。《刑事诉讼法解释》第 412 条规定："第二审期间，自诉案件的当事人提出反诉的，应当告知其另行起诉。"故被告人在第二审程序中提出反诉，法院予以受理并与原自诉合并审理的做法是错误的，C 项不正确。该法第 411 条规定，对第二审自诉案件，必要时可以调解，当事人也可以自行和解……当事人自行和解的，依照本解释第三百二十九条的规定处理；裁定准许撤回自诉的，应当撤销第一审判决、裁定。故侵犯知识产权案，第二审中当事人和解，法院裁定准许撤回自诉并撤销一审判决的做法是正确的，D 项正确。正确答案是 ABD。

15. **答案**：AB。刑事自诉案件一共有三类：（1）告诉才处理的案件；（2）被害人有证据证明的轻微刑事案件；（3）被害人有证据证明对被告人侵犯自己人身、财产权利的行为应当依法追究刑事责任，而公安机关或者人民检察院不予追究被告人刑事责任的案件。其中前两类案件可以适用调解，第三类案件不能适用调解。选项 A 属于第一类案件，选项 B 属于第二类案件，都可以调解，选项 C 属于第三类案件，不能调解。刑事附带民事诉讼中的民事部分可以调解，对于公诉附带民事诉讼的案件，刑事公诉部分是不能调解的。因此，选项 D 表述不严谨。

16. **答案**：ABC。本题考查的是刑事诉讼庭审程序。《刑事诉讼法》第 195 条规定："……对未到庭的证人的证言笔录、鉴定人的鉴定意见、勘验笔录和其他作为证据的文书，应当当庭宣读。审判人员应当听取公诉人、当事人和辩护人、诉讼代理人的意见。"根据《刑事诉讼法》第 108 条第 2 项的规定，"当事人"是指被害人、自诉人、犯罪嫌疑人、被告人、附带民事诉讼的原告人和被告人。故本题正确答案为 ABC。

17. **答案**：ABCD。本题考查的是人民检察院应当要求将简易程序转为普通程序的情形。《高检规则》第 431 条规定："具有下列情形之一的，人民检察院不得建议人民法院适用简易程序：（一）被告人是盲、聋、哑人，或者是尚未完全丧失辨认或者控制自己

---

① 《刑事诉讼法解释》对公诉转自诉案件不允许调解，极易被误认为是不允许和解而漏选 B 项。

行为能力的精神病人的；（二）有重大社会影响的；（三）共同犯罪案件中部分被告人不认罪或者对适用简易程序有异议的；（四）比较复杂的共同犯罪案件；（五）辩护人作无罪辩护或者对主要犯罪事实有异议的；（六）其他不宜适用简易程序的。人民法院决定适用简易程序审理的案件，人民检察院认为具有刑事诉讼法第二百一十五条规定情形之一的，应当向人民法院提出纠正意见；具有其他不宜适用简易程序情形的，人民检察院可以建议人民法院不适用简易程序。"故本题正确答案为 ABCD。

18. 答案：ABCD。《高检规则》第 420 条规定："在法庭审判过程中，遇有下列情形之一的，公诉人可以建议法庭延期审理：（一）发现事实不清、证据不足，或者遗漏罪行、遗漏同案犯罪嫌疑人，需要补充侦查或补充提供证据的；（二）被告人揭发他人犯罪行为或者提供重要线索，需要补充侦查进行查证的；（三）发现遗漏罪行或者遗漏同案犯罪嫌疑人，虽不需要补充侦查和补充提供证据，但需要补充、追加起诉的；（四）申请人民法院通知证人、鉴定人出庭作证或者有专门知识的人出庭提出意见的；（五）需要调取新的证据，重新鉴定或者勘验的；（六）公诉人出示、宣读开庭前移送人民法院的证据以外的证据，或者补充、追加、变更起诉，需要给予被告人、辩护人必要时间进行辩护准备的；（七）被告人、辩护人向法庭出示公诉人不掌握的与定罪量刑有关的证据，需要调查核实的；（八）公诉人对证据收集的合法性进行证明，需要调查核实的。在人民法院开庭审理前发现具有前款情形之一的，人民检察院可以建议人民法院延期审理。"第 421 条规定："法庭宣布延期审理后，人民检察院应当在补充侦查期限内提请人民法院恢复法庭审理或者撤回起诉。公诉人在法庭审理过程中建议延期审理的次数不得超过两次，每次不得超过一个月。"根据这两条规定，本题正确答案为 ABCD。

19. 答案：ABD。依据《刑事诉讼法解释》第 226 条规定，证据材料较多、案件重大复杂的，人民法院可以决定召开庭前会议，故 A 项正确。《刑事诉讼法解释》第 228 条规定，庭前会议可以就下列事项向控辩双方了解情况，听取意见：（1）是否对案件管辖有异议；（2）是否申请有关人员回避；（3）是否申请不公开审理；（4）是否申请排除非法证据；（5）是否提供新的证据材料；（6）是否申请重新鉴定或者勘验；（7）是否申请收集、调取证明被告人无罪或者罪轻的证据材料；（8）是否申请证人、鉴定人、有专门知识的人、调查人员、侦查人员或者其他人员出庭，是否对出庭人员名单有异议；（9）是否对涉案财物的权属情况和人民检察院的处理建议有异议；（10）与审判相关的其他问题。庭前会议中，人民法院可以开展附带民事调解。对第一款规定中可能导致庭审中断的程序性事项，人民法院可以在庭前会议后依法作出处理，并在庭审中说明处理决定和理由。控辩双方没有新的理由，在庭审中再次提出有关申请或者异议的，法庭可以在说明庭前会议情况和处理决定理由后，依法予以驳回。庭前会议情况应当制作笔录，由参会人员核对后签名。由此条文可知，BD 两项正确。庭前会议只是对是否申请排除非法证据了解情况、听取意见，而不是要对是否排除非法证据作出决定。故 C 项不正确。本题的正确答案为 ABD 三项。

20. 答案：BC。《刑事诉讼法解释》第 317 条第 1 款规定，本解释第一条规定的案件，如果被害人死亡、丧失行为能力或者因受强制、威吓等无法告诉，或者是限制行为能力人以及因年老、患病、盲、聋、哑等不能亲自告诉，其法定代理人、近亲属告诉或者代为告诉的，人民法院应当依法受理。A 项的错误在于，不能在"任某担心影响不好不愿起诉"的情况下，由任某的父亲代为起诉。《刑事诉讼法解释》第 323 条第 2 款规定，共同被害人中只有部分人告诉的，人民法院应当通知其他被害人参加诉讼，并告知其不参加诉讼的法律后果。被通知人接到通知后表示不参加诉讼或者不出庭的，视为放弃告诉。第一审宣判后，被通知人就同一事实又提起自诉的,人民法院不予受理。但是,当事人另行提起民事诉讼的,不受本解释限制。故B项正确。《刑事诉讼法》第193条第1款规定,经人民法院通知,证人没有正当理由不出庭作证的,人民法院可以强制其到庭,但是被告人的配偶、父母、子女除外。此款只是不能强制被告人的配偶、父母、子女到庭作证,但是,可以强制方某的弟弟到庭作证。故C项正确。《刑事诉讼法》第214条第1款规定,基层人民法院管辖的案件,符合下列条件的,可以适用简易程序审判:(1)案件事实清楚、证据充分的;(2)被告人承认自己所犯罪行,对指控的犯罪事实没有异议的;(3)被告人对适用简易程序没有异议的。本案是侮辱案,属于告诉才处理的案件,可以适用简易程序,而不是应当适用简易程序。因此,D项错误。本题的正确答案为BC两项。

21. **答案**:ABD。《刑法》第263条规定:"以暴力、胁迫或者其他方法抢劫公私财物的,处3年以上10年以下有期徒刑,并处罚金;有下列情形之一的,处10年以上有期徒刑、无期徒刑或者死刑,并处罚金或者没收财产……(七)持枪抢劫的……"根据《刑事诉讼法》第20条、第21条、第214条的规定,A项中的案件是可以适用简易程序审理的。《刑事诉讼法》第216条第1款规定,适用简易程序审理案件,对可能判处3年有期徒刑以下刑罚的,可以组成合议庭进行审判,也可以由审判员1人独任审判;对可能判处的有期徒刑超过3年的,应当组成合议庭进行审判。A项中的情节,可能判处10年以上有期徒刑甚至更重的刑罚。所以,由2名审判员和1名人民陪审员组成合议庭进行审理,也是正确的。《刑事诉讼法解释》第566条规定,对未成年人刑事案件,人民法院决定适用简易程序审理的,应当征求未成年被告人及其法定代理人、辩护人的意见。上述人员提出异议的,不适用简易程序。故B项正确。《刑事诉讼法解释》第360条规定,具有下列情形之一的,不适用简易程序:(1)被告人是盲、聋、哑人

的;(2)被告人是尚未完全丧失辨认或者控制自己行为能力的精神病人的;(3)案件有重大社会影响的;(4)共同犯罪案件中部分被告人不认罪或者对适用简易程序有异议的;(5)辩护人作无罪辩护的;(6)被告人认罪但经审查认为可能不构成犯罪的;(7)不宜适用简易程序审理的其他情形。故C项中的案件不得适用简易程序,该项不正确。《刑事诉讼法解释》第368条第1款规定,适用简易程序审理案件,在法庭审理过程中,具有下列情形之一的,应当转为普通程序审理:(1)被告人的行为可能不构成犯罪的;(2)被告人可能不负刑事责任的;(3)被告人当庭对起诉指控的犯罪事实予以否认的;(4)案件事实不清、证据不足的;(5)不应当或者不宜适用简易程序的其他情形。故D项正确。本题的正确答案为ABD三项。

22. **答案**:BD。根据《刑事诉讼法》第210条规定,自诉案件包括下列案件:(1)告诉才处理的案件;(2)被害人有证据证明的轻微刑事案件;(3)被害人有证据证明对被告人侵犯自己人身、财产权利的行为应当依法追究刑事责任,而公安机关或者人民检察院不予追究被告人刑事责任的案件。《刑事诉讼法》第212条第1款规定:"人民法院对自诉案件,可以进行调解;自诉人在宣告判决前,可以同被告人自行和解或者撤回自诉。本法第二百一十条第三项规定的案件不适用调解。"由此可知,并非所有的自诉案件都可以调解。因此A项错误,不当选。B项正确,当选。根据《刑事诉讼法解释》第328条第1款的规定,人民法院审理自诉案件,可以在查明事实、分清是非的基础上,根据自愿、合法的原则进行调解。调解达成协议的,应当制作刑事调解书,由审判人员、法官助理、书记员署名,并加盖人民法院印章。调解书经双方当事人签收后,即具有法律效力。调解没有达成协议,或者调解书签收前当事人反悔的,应当及时作出判决。《刑事诉讼法》第210条第3项规定的案件不适用调解。而和解是当事人双方自行

和解，审判人员和书记员没有参与，由审判人员和书记员署名并加盖法院印章没有法律依据，所以 C 项错误，不当选。同时根据《刑事诉讼法解释》第 330 条之规定，裁定准许撤诉的自诉案件，被告人被采取强制措施的，人民法院应当立即解除。由此可知，在当事人已经签收调解书的情况下，调解书发生法律效力，案件调解成功应当结案，自然应当解除强制措施。因此，D 项正确，当选。综上，本题答案为 BD。

23. **答案**：AC。《刑事诉讼法》第 288 条规定："下列公诉案件，犯罪嫌疑人、被告人真诚悔罪，通过向被害人赔偿损失、赔礼道歉等方式获得被害人谅解，被害人自愿和解的，双方当事人可以和解：（一）因民间纠纷引起，涉嫌刑法分则第四章、第五章规定的犯罪案件，可能判处三年有期徒刑以下刑罚的；（二）除渎职犯罪以外的可能判处七年有期徒刑以下刑罚的过失犯罪案件。犯罪嫌疑人、被告人在五年以内曾经故意犯罪的，不适用本章规定的程序。"根据《刑法》第 133 条规定，交通肇事罪属于过失犯罪，除因逃逸致人死亡的外，法定刑为 7 年以下有期徒刑，选项 A 正确。根据《刑法》第 233 条规定，过失致人死亡的，处 3 年以上 7 年以下有期徒刑；情节较轻的，处 3 年以下有期徒刑，故选项 C 正确。根据《刑法》第 247 条的规定，刑讯逼供罪的犯罪主体为司法工作人员，法定刑为 3 年以下有期徒刑或者拘役，致人伤残、死亡的，依照故意伤害罪和故意杀人罪的规定从重处罚。因此，该罪虽然属于《刑法》第四章规定的犯罪，但是并非因"民间纠纷"引起，因此选项 D 错误。B 选项值得商榷。司法部公布答案为 AC，排除 B 选项。而根据《刑法》第 257 条规定，暴力干涉婚姻自由案件一般为自诉，但致使被害人死亡的则属于公诉案件，依法处 2 年以上 7 年以下有期徒刑，符合《刑事诉讼法》第 288 条规定的"因民间纠纷引起，涉嫌刑法分则第四章"，且"可能判处三年有期徒刑以下刑罚"。据此，B 选项符合题意。

24. **答案**：AB。本题考查单位被害人、讯问被告人、简易程序、附带民事诉讼赔偿范围。被害人一般是指自然人，但单位也可以成为被害人。单位被害人参与刑事诉讼时，应由其法定代表人作为代表参加刑事诉讼。法定代表人也可以委托诉讼代理人参加刑事诉讼。单位被害人在刑事诉讼中的诉讼权利和诉讼义务，与自然人作为被害人时大体相同。故 A 项、B 项正确。

《刑事诉讼法解释》第 176 条规定，被告人非法占有、处置被害人财产的，应当依法予以追缴或者责令退赔。被害人提起附带民事诉讼的，人民法院不予受理。追缴、退赔的情况，可以作为量刑情节考虑。本案是盗窃案，属于非法占有被害人财产的犯罪。故 C 项错误。

《刑事诉讼法》第 214 条规定："基层人民法院管辖的案件，符合下列条件的，可以适用简易程序审判：（一）案件事实清楚、证据充分的；（二）被告人承认自己所犯罪行，对指控的犯罪事实没有异议的；（三）被告人对适用简易程序没有异议的。人民检察院在提起公诉的时候，可以建议人民法院适用简易程序。"从此条可以看出，适用简易程序无须得到被害人同意。《刑事诉讼法解释》第 368 条第 1 款规定："适用简易程序审理案件，在法庭审理过程中，具有下列情形之一的，应当转为普通程序审理：（一）被告人的行为可能不构成犯罪的；（二）被告人可能不负刑事责任的；（三）被告人当庭对起诉指控的犯罪事实予以否认的；（四）案件事实不清、证据不足的；（五）不应当或者不宜适用简易程序的其他情形。"故 D 项错误。本题的正确答案为 AB 两项。

名词解释

1. **答案**：独任庭是指由审判员一人独任审判案件的审判组织。根据《刑事诉讼法》的有关规定，独任庭的适用特点是：（1）就法院级别而言，独任庭只限于基层人民法院，中级以上的人民法院不能适用独任庭；（2）就案件类别而言，独任庭只适用于简易程序的案件；（3）独任庭审判，只能由审判员进行，人民陪审员不能进行独任审判。此外，适用简易程序的案件，也可以根据案情，由审判员组成合议庭进行审判，并不一定必须采用独任审判的形式。

2. **答案**：合议庭是由审判人员数人根据合议原则建立的审判组织。合议庭是人民法院审判案件的基本组织形式。根据《人民法院组织法》的规定，人民法院审判案件实行合议制。除法律规定可以独任审判的案件外，其他案件均应由合议庭审判。合议庭的人员组成，因审判程序和法院级别的不同而不同。合议庭的成员人数应当是单数，评议表决时按少数服从多数的民主集中制原则作出决定，作为案件判决的依据。合议庭评议的情况应当制作笔录，少数人的意见也应当记入笔录。全体合议庭成员应在合议庭笔录上签名并在判决书上署名。

3. **答案**：审判委员会是人民法院内部对审判实行集体领导的组织形式。根据《人民法院组织法》第38条的规定，审判委员会实行民主集中制。审判委员会的任务是总结审判经验，讨论重大的或者疑难的案件和其他有关审判工作的问题。根据《刑事诉讼法》第185条的规定，对于疑难、复杂、重大的案件，合议庭认为难以作出决定的，由合议庭提请院长决定提交审判委员会讨论决定。审判委员会会议由院长主持，院长因故不能主持时，可以委托副院长主持。本级人民检察院检察长可以列席审判委员会会议，对讨论事项可以发表意见，但不参加表决。

4. **答案**：人民陪审员制度是由在公民中选举产生的人民陪审员参加合议庭，审理第一审案件的审判制度。它是民主政治的一种要求和体现。根据《刑事诉讼法》第13条规定，人民法院审判案件，依照本法实行人民陪审员陪审的制度。人民陪审员由选举产生，由人民法院通知其参加具体案件的审理，在实践中，也可由人民法院根据审理案件的需要特邀人民陪审员参加合议庭审判案件。人民陪审员和审判员在评议和表决方面享有完全平等的权利，但是人民陪审员不得担任合议庭的审判长。

5. **答案**：在刑事诉讼中，审判模式又称审判方式，是指控诉方、辩护方和法官在审判程序中的诉讼地位和相互关系，以及与之相应的审判程序组合方式。当代各国的刑事审判模式主要分为当事人主义审判模式和职权主义审判模式两种。当事人主义审判模式主要为英美法系国家所采用，而职权主义审判模式主要为大陆法系国家所采用。

6. **答案**：判决的既判力是指判决一经生效，当事人和检察机关不得对该判决已作出处理的问题再行起诉，法院也不得作为另一案件受理和作出与生效裁判相抵触的另一种判决。如果当事人和检察机关就同一案件另行起诉，法院应当驳回起诉。判决的既判力是一事不再理原则的体现，有助于防止同一案件作出相互矛盾的判决，有助于维护生效判决的稳定性和严肃性。

7. **答案**：交叉询问又称反询问，是指在审判程序或者庭审程序中，由提出某一证人的一方当事人的相对的一方当事人对该证人进行的询问。交叉询问是一种使证人的可信性受到攻击的设计，其目的一般有两个：一是暴露对方证人证词的矛盾、错误或者不实之处，以降低其证据的价值，或者证明这个证人是不可靠的；二是使对方证人承认某些有利于本方的事实。

简答题

1. **答案**：（1）延期审理是审判中遇到影响进行审判的情形，决定休庭，顺延时间继续审理。中止审理是审判中因出现使案件在较长时间内无法继续审理的情形，而决定中止审理。

（2）可以延期审理的情形是：需要证人到庭、调取新物证、重新鉴定或勘验的；检察人员发现公诉案件需要补查，提出建议的；由于当事人回避而不能进行审判的；以及被告人拒绝辩护人辩护，要求另行委托辩护人，经准许的等。可以中止审理的情形是：自诉人、被告人患精神病或其他严重疾病，致使案件在较长时间内无法继续审理的；案件起诉到法院后被告人脱逃，致使案件在较长时间内无法继续审理的。

（3）延期审理的时间不能超过法定办案期限，中止审理的期间不计入办案期限。

2. **答案**：根据我国刑事诉讼法的规定，第一审人民法院应当根据案件的具体情况，分别作出以下判决：

（1）案件事实清楚，证据确实、充分，依据法律认定被告人有罪的，应当作出有罪判决。

（2）案件事实清楚，证据确实、充分，依据法律认定被告人无罪的，应当作出无罪判决。

（3）案件事实部分清楚，证据确实、充分，就该事实部分依据法律应当作出有罪或者无罪判决；事实不清楚、证据不足部分，依法不予认定。

（4）案件事实不清，证据不足，不能认定被告人有罪的，应当以证据不足，指控的犯罪不能成立，宣告被告人无罪。

（5）被告人死亡的，应当裁定终止审理；对于根据已查明的案件事实和认定的证据材料，能够确认被告人无罪的，应当判决宣告被告人无罪。

（6）被告人因不满十六周岁，不予刑事处罚的，应当判决宣告被告人不负刑事责任。

（7）被告人是精神病人，在不能辨认或者不能控制自己行为时造成危害结果，不予刑事处罚的，应当判决宣告被告人不负刑事责任。

（8）犯罪已过追诉时效期限，且不是必须追诉或经特赦，免除刑罚的，应当裁定终止审理。

3. **答案**：（1）简易程序是基层人民法院对某些简单轻微的刑事案件依法适用较普通程序审理的一种刑事审判程序。自诉程序是对于自诉案件的诉讼程序。

（2）自诉程序与简易程序既有联系，又有区别。它们的关系如下：

①简易程序属于整个诉讼程序的审判阶段，而自诉程序既包括提起自诉程序，又包括审判程序。

②简易程序只是对某些刑事案件的第一审程序；而自诉程序除了对部分刑事案件的第一审之外，还有可能因当事人的上诉、申请再审、人民检察院的抗诉而持续到第二审程序、审判监督程序。

③适用范围的联系与区别。自诉程序是相对于公诉程序而言的，它的适用范围是自诉案件，包括下列三类：告诉才处理的案件；被害人有证据的轻微刑事案件；被害人有证据证明对被告人侵犯自己人身财产权利的行为应当依法追究刑事责任，而公安机关或者人民检察院不予追究被告人刑事责任的案件。而简易程序既可适用于自诉案件中的告诉才处理的案件，又可适用于被害人起诉的有证据证明的轻微刑事案件，还可适用于处刑较轻的公诉案件。可见，简易程序与自诉程序的适用范围既有交叉，又有不同。对于公诉转自诉的案件，即自诉案件的第三种情况，不能适用简易程序。

④简易程序适用于基层人民法院审理案件，实行独任制；而对于公诉转自诉的案件，可以是中级或中级以上的人民法院审理，适用的是合议庭审理案件。

⑤在自诉案件审理过程中，除公诉转自诉的案件外，人民法院可以进行调解；在判决宣告前，自诉人可以同被告人自行起诉或撤回起诉；被告人或者他们的法定代理人在诉讼过程中，可以对自诉人提起反诉。而适用于处刑较轻的公诉案件的简易程序虽然审理程序较普通程序简便，但不能调解、和解、撤诉，也不能反诉。

4. **答案**：法庭秩序是指在人民法院开庭审判案件时，所有的诉讼参与人和旁听人员都必须遵守的秩序和纪律。法庭审判是人民法院代表国家行使审判权的严肃行为，任何诉讼参与人、旁听人员或采访的记者都必须维护法庭尊严，不得有妨碍法庭秩序的行为。依据《刑事诉讼法》第199条和相关司法解释，合议庭对违反诉讼程序的，应按下列情形处理：

（1）对于违反法庭秩序情节较轻的，应当当庭警告制止并进行训诫；

(2) 对于不听警告制止的，可以指令法警强行带出法庭；

(3) 对于违反法庭秩序情节严重的，经报请院长批准后，对行为人处 1000 元以下的罚款或者 15 日以下的拘留；

(4) 对聚众哄闹、冲击法庭或者侮辱、诽谤、威胁、殴打司法工作人员或者诉讼参与人，严重扰乱法庭秩序，构成犯罪的，应当依法追究刑事责任。

5. **答案**：由于自诉案件本身具有特殊性，因而自诉案件的审理也不同于公诉案件的审理，它具有自己的特点。其特点主要有：(1) 对告诉才处理的案件，被害人起诉的有证据证明的轻微刑事案件，可以适用简易程序，由审判员一人独任审判。(2) 人民法院对告诉才处理的案件和被害人有证据证明的轻微刑事案件，可以在查明事实、分清是非的基础上进行调解。(3) 对于告诉才处理的案件，被害人有证据证明的轻微刑事案件，自诉人在宣告判决前可以同被告人自行和解或者撤回起诉。(4) 人民法院受理自诉案件后，对于当事人因客观原因不能取得并提供有关证据而申请人民法院调取证据，人民法院认为必要的，可以依法调取。(5) 在自诉案件审理过程中，被告人下落不明的，应当中止审理。被告人归案后，应当恢复审理，必要时，应当对被告人依法采取强制措施。(6) 告诉才处理和被害人有证据证明的轻微刑事案件的被告人或者其法定代理人在诉讼过程中，可以对自诉人提起反诉。反诉必须符合下列条件：①反诉的对象必须是本案自诉人；②反诉的内容必须是与本案有关的行为；③反诉的案件必须是告诉才处理的案件和人民检察院没有提起公诉、被害人有证据证明的轻微刑事案件。

论述题

1. **答案**：简易程序与普通程序相对，是指基层人民法院审理某些简单轻微刑事案件时所适用的相对简单的审判程序。简易程序有利于提高人民法院审判效率，缓解审判压力；有利于维护当事人合法权益，使审判程序更加科学化、合理化。简易程序的特点主要是：

(1) 在适用程序上，简易程序设置在刑事诉讼法第一审程序中，因而简易程序只适用于第一审程序，第二审程序、死刑复核程序和审判监督程序均不适用。

(2) 在适用法院上，简易程序只适用于基层人民法院，中级以上人民法院虽有第一审案件，但不能适用简易程序。

(3) 在审判组织上，适用简易程序时，可以由审判员一人独任审判。《刑事诉讼法》第 183 条规定，基层、中级、高级、最高人民法院审判第一审案件由审判员或审判员和人民陪审员组成合议庭进行，基层人民法院适用简易程序的案件可以由审判员一人独任审判。

(4) 在适用案件上，简易程序只适用那些案件事实清楚、证据充分、法定刑较轻、争议不大的刑事案件。

(5) 整个案件的审理，人民法院应当在受理后 20 日内审结，可能判处有期徒刑超过 3 年的，可以延长至一个半月，比公诉案件的第一审普通程序期限要短，符合诉讼效率的要求。

(6) 在庭审程序上大为简化。简化庭审程序是简易程序的主要特征。《刑事诉讼法》第 219 条规定，适用简易程序审理案件，不受公诉案件第一审普通程序中关于送达期限、讯问被告人、询问证人、鉴定人、出示证据、法庭辩论程序规定的限制。但在判决宣告前应当听取被告人的最后陈述意见。总之，刑事诉讼法对于第一审普通程序的规定在简易程序中大部分可根据案件的具体情况从简、从略，通过诉讼环节的简化提高庭审效率，迅速结案。

(7) 在宣判形式上适用简易程序审理的案件原则上一般应当采用当庭宣判形式，不采用定期宣判形式。因为简易程序设置的最根本目的在于提高诉讼效率，定期宣判形式不符合这一目的。

应当注意的是：适用简易程序审理案件，在审理过程中，发现不宜适用简易程序的应当按照第一审普遍程序的规定重新审理。

2. 答案：（1）当庭质证是在法庭审理过程中，在法官的支持下，双方当事人就双方在法庭上提出的诉讼证据，就与案件是否有关联和是否合法的问题进行询问、质问、质疑、反诘和辩论活动，旨在审查其真伪。当庭质证是法庭审理时审查证据的基本方式，也是证据法的一项主要内容。

当庭质证、认证的主体是对关于争议的案件事实的证明材料的证明力有确认权的法官。当庭质证、认证的对象是所有当事人包括法官在法庭上提出的，法院依职权调查获取的证据；双方意见不一致、不能直接采信的证据，既包括言词证据，也包括实物证据。当庭质证、认证的内容既包括对证据资料的证据能力的认定，也包括对证据资料的证据证明力的认定。当庭质证、认证的方式主要有一证一质法、分类归纳法、综合法等。

当庭质证、认证在司法实践中的价值主要体现在：第一，有利于保障公开审判原则的体现；第二，有利于发挥庭审功能，实现庭审在审判中的中心地位；第三，有利于明确当事人和法官在庭审中的地位和权利义务。

但是当庭质证、认证也存在一定的问题需要完善：

要正确处理好认证问题，除立法界和司法界需进一步完善规范证据审查判断规则外，法官还必须正确区分证据的可采性和可信性，并对其进行科学的审查和认定。因此，法官在庭审中还应把握下述三项认证原则：

第一，完善证据审查判断规则。要建立具有我国特色的证据审查判断规则，就必须用辩证唯物主义的方法去处理客观事实与法律事实的关系问题。首先，要求法官断案，只能依照法律事实，依靠证据。其次，若法官对案件事实尚不能完全确定时，还应考虑适用"最大概率"或"最大限度"原则，既然法律赋予法官在法律适用上享有自由裁量权，那么法官在事实认定上当然也可以根据内心确信的标准去评判推断事实。

第二，正确区分证据的可采性和可信性（证明力）。认证包含两个方面的内容：一是认定证据是否被采纳。凡是客观存在的，法院认为对争议事实有证明作用，并不为法律法规、司法解释和法官合理排除的证据，均具有可采性，应当予以采纳。特别需要指出的是，有的证据是以非法证据材料为线索再以合法手段取得的证据材料，以及当事人违法收集而的确属原始书证、物证或无法再收集的证人证言，均具有可采性。如未经对方当事人同意私自录制的录音、录像等视听资料就具有可采性。二是确定证据的可信性。凡对待证明事实的存否、真伪、状态及程序等具有实质性证明作用的证据，均具有可信性。没有可采性的证明便没有可信性。法官如果能正确区分形式上的认证和实质上的认证，就可以有效地解决不适格证据进入法庭延误诉讼的问题，也能明确认证的具体内容。

第三，科学认证。根据证据的可采性和可信性认定的特点和不同内容，笔者认为，认证应分为两个阶段：其一，证据的可采性审查和认定，应主要在庭审前准备时进行。对认定为可采纳的证据，允许当事人提交法庭调查质证；对明显不具有可采性的证据，应予排除，当事人不得再提交法庭调查质证；对证据是否具有可采性一时难以认定的，应当在庭审调查质证后，当庭作出采纳与否的认定。其二，证据的可信性即证明力的审查和认定，应当在判决时或判决书中进行。建议取消在法庭调查阶段对证据的证明力当庭认定的做法。无论是当庭宣判的判词还是审理后定期宣判的判决书都应充分阐明法官对证据证明力的可信性分析及认定理由，只有真正做到判决有据、有理、合法，才能使纠纷当事人信服。

案例分析题

1. 答案：（1）本案公开审理是错误的。《刑事诉讼法》第 188 条第 1 款规定，人民法院审判第一审案件应当公开进行。但是有关国家秘密或者个人隐私的案件，不公开审理。本案中，被害人是遭受强奸案件的被害人，涉及个人隐私，应当不予公开审理。

（2）审判长宣布开庭后，当即进入法庭调查阶段是错误的。根据《刑事诉讼法》第

190条和《刑事诉讼法解释》第235条至第238条的规定,审判长宣布开庭后,应当首先查明当事人的身份,宣布案件来源、起诉案由、是否公开审理,宣布合议庭组成人员、公诉人等人员名单,告知当事人的诉讼权利和义务。

(3) 人民法院限制被告人的辩护时间是错误的。根据《刑事诉讼法》第194条和《刑事诉讼法解释》第285条的规定,对于控辩双方在法庭上发问或者讯问,审判长认为发问、讯问的内容与案件无关或者发问、讯问的方式不当的,应当制止,但无权限制被告人的辩护时间。

(4) 本案中,不再允许被告人陈述自己的意见并打断其最后陈述是错误的。根据《刑事诉讼法》第198条的规定,公诉人、当事人(包括被告人)和辩护人、诉讼代理人可以对证据和案件情况发表意见并且可以互相辩论。审判长在宣布辩论终结后,被告人有最后陈述的权利。

(5) 人民法院审理案件判决被告人同时构成盗窃罪是错误的。人民法院应当遵循不告不理原则,对于人民检察院未起诉的事实,人民法院不应当予以审理并加以判决。本案中,被告人在最后陈述阶段表示自己曾将被害人的手机拿走,人民检察院并没有起诉该事实,根据《刑事诉讼法解释》第297条的规定,审判期间,人民法院发现新的事实,可能影响定罪量刑的,或者需要补查补证的,应当通知人民检察院,由其决定是否补充、变更、追加起诉或者补充侦查。

人民检察院不同意或者在指定时间内未回复书面意见的,人民法院应当就起诉指控的事实,依照本解释第二百九十五条的规定作出判决、裁定。

(6) 人民法院仅根据被告人供述就判决其构成盗窃罪是违反《刑事诉讼法》的规定的。按照《刑事诉讼法》第55条第1款的规定,只有被告人供述,没有其他证据的,不能认定被告人有罪和处以刑罚。

2. **答案**:(1) 人民法院决定公开审理此案,是错误的。《刑事诉讼法》第285条规定:"审判的时候被告人不满十八周岁的案件,不公开审理。但是,经未成年被告人及其法定代理人同意,未成年被告人所在学校和未成年人保护组织可以派代表到场。"

(2) 在本案中,人民法院将人民检察院起诉书副本送达被告是在开庭前的第二日,其他通知方面工作也均是在开庭前的最后一天做的,这些做法都是错误的。《刑事诉讼法》第187条规定:"人民法院决定开庭审判后,应当确定合议庭的组成人员,将人民检察院的起诉书副本至迟在开庭十日以前送达被告人及其辩护人。在开庭以前,审判人员可以召集公诉人、当事人和辩护人、诉讼代理人,对回避、出庭证人名单、非法证据排除等与审判相关的问题,了解情况,听取意见。人民法院确定开庭日期后,应当将开庭的时间、地点通知人民检察院,传唤当事人,通知辩护人、诉讼代理人、证人、鉴定人和翻译人员,传票和通知书至迟在开庭三日以前送达。公开审判的案件,应当在开庭三日以前先期公布案由、被告人姓名、开庭时间和地点。上述活动情形应当写入笔录,由审判人员和书记员签名。"本案中,人民法院进行这些工作的时间显然过迟,是违反法定程序的。

(3) 本案中,人民法院没有为被告人提供法律援助,是错误的。《刑事诉讼法解释》中规定,开庭时不满十八周岁的未成年人,人民法院应当通知法律援助机构为其指派辩护人,这属于强制性规范,是人民法院必须遵守的义务,因而不管曹某是否为自己进行了辩护,也不管辩护进行得是否充分,人民法院都应当为曹某提供法律援助。

3. **答案**:(1) 县人民法院在庭前初步审查过程中,以起诉书事实不清、证据不足为由退回人民检察院补充侦查,是错误的。因为根据《刑事诉讼法》第186条的规定,人民法院对提起公诉的案件初步审查后,对于起诉书中有明确的指控犯罪事实的,应当决定开庭审判。至于案件事实是否清楚、证据是否充分,不是开庭前初步审查的问题。

(2) 一审法院在将判决书送达给三被告

的次日，将王某、李某交付执行不合法。因为判决书送达尚不满10日，上诉期未满，王某、李某虽宣判时表示不上诉，但仍有上诉的权利。这时的一审判决是尚未生效的判决，不能交付执行。

（3）一审法院仅将张某移送中级法院进行二审，是错误的。因为根据《刑事诉讼法解释》第389条的规定，对于共同犯罪案件，只有部分被告人上诉的，应当对全案进行审查，一并处理。所以也应将王某、李某移送中级人民法院进行二审。

（4）二审法院认为一审适用法律不当，裁定撤销原判，发回重审，是错误的。根据《刑事诉讼法》第236条第1款第2项的规定，原判决认定事实没有错误，但适用法律有错误，或者量刑不当的，应当改判。故本案中二审法院应当裁定撤销原判，直接改判，而不应当发回重审。

（5）一审法院由原合议庭成员重新审理，是错误的。根据《刑事诉讼法》第239条的规定，原审人民法院对于发回审判的案件，应当另行组成合议庭，依照第一审程序进行审判。故本案中一审法院应当另行组成合议庭进行审理。

（6）一审法院宣布改判后的判决为终审判决，不得上诉，是错误的。根据《刑事诉讼法》第239条的规定，原审法院对于发回重新审判的案件，应当另行组成合议庭，依照第一审程序进行审判，对于重新审判后的判决，被告人仍有权上诉。

4. **答案**：（1）公诉人对被告人甲、乙同时讯问违反了分别进行讯问的原则。

（2）附带民事诉讼原告不能就有关犯罪事实向被告人发问。

（3）戊作为证人不能旁听案件的审理。

（4）戊作为控方证人，控辩双方向其发问的顺序错误，应当先由要求传唤的一方进行发问。

（5）公诉人在庭审中发现有漏罪的只能追加起诉，不能撤回起诉。变更、追加、撤回起诉应当报经检察长或检察委员会决定，并以书面方式向人民法院提出，公诉人不能当庭径行决定。

（6）法院对检察机关撤回起诉的要求应以裁定而不能以决定的方式作出。

（7）审理部分被告人上诉的案件，应当对全案进行审查，包括甲、乙罪行及附带民事诉讼部分的审查。

第二十一章 第二审程序

✓ **单项选择题**

1. 答案：A。本题考查的是人民法院审理人民检察院抗诉案件的方式。《刑事诉讼法》第234条第1款第3项规定，第二审人民法院对于下列案件，应当组成合议庭，开庭审理：人民检察院抗诉的案件。故本题A项正确，BD项不正确。《刑事诉讼法》第242条规定："第二审人民法院审判上诉或者抗诉案件的程序，除本章已有规定的以外，参照第一审程序的规定进行。"也就是说，对于人民检察院抗诉案件，一审不公开审理的案件，二审审理也不公开审理，而不是一律公开审理。故本题C项不正确。

2. 答案：B。《刑事诉讼法解释》第393条第2款规定，被判处死刑的被告人没有上诉，同案的其他被告人上诉的案件，第二审人民法院应当开庭审理。故A项不正确。《刑事诉讼法解释》第399条第1款规定："开庭审理上诉、抗诉案件，可以重点围绕对第一审判决、裁定有争议的问题或者有疑问的部分进行。根据案件情况，可以按照下列方式审理……（三）对同案审理案件中未上诉的被告人，未被申请出庭或者人民法院认为没有必要到庭的，可以不再传唤到庭……"故B项正确。《刑事诉讼法解释》第392条规定，第二审期间，被告人除自行辩护外，还可以继续委托第一审辩护人或者另行委托辩护人辩护。共同犯罪案件，只有部分被告人提出上诉，或者自诉人只对部分被告人的判决提出上诉，或者人民检察院只对部分被告人的判决提出抗诉，其他同案被告人也可以委托辩护人辩护。故C项不正确。《刑事诉讼法》第237条规定，第二审人民法院审理被告人或者他的法定代理人、辩护人、近亲属上诉的案件，不得加重被告人的刑罚。第二审人民法院发回原审人民法院重新审判的案件，除有新的犯罪事实，人民检察院补充起诉的以外，原审人民法院也不得加重被告人的刑罚。人民检察院提出抗诉或者自诉人提出上诉的，不受前款规定的限制。故D项表述不正确。本题的正确答案为B项。

3. 答案：A。本题考查的是特定情况下第一审判决生效时间的确定。《刑事诉讼法解释》第408条第1款规定："刑事附带民事诉讼案件，只有附带民事诉讼当事人及其法定代理人上诉的，第一审刑事部分的判决在上诉期满后即发生法律效力。"故本题正确答案为A。

4. 答案：A。本题考查的是特定情况下对已生效刑事判决的处理方式。《刑事诉讼法解释》第409条第2项规定，第二审人民法院审理对附带民事部分提出上诉，刑事部分已经发生法律效力的案件，发现第一审判决的刑事部分确有错误的，依照审判监督程序对刑事部分进行再审，并将附带民事部分与刑事部分一并审理。故本题正确答案为A。

5. 答案：B。《刑事诉讼法解释》第410条规定："第二审期间，第一审附带民事诉讼原告人增加独立的诉讼请求或者第一审附带民事诉讼被告人提出反诉的，第二审人民法院可以根据自愿、合法的原则进行调解；调解不成的，告知当事人另行起诉。"故本题正确答案为B。

6. 答案：A。本题考查的是有权对第一审判决提出抗诉的机关。《刑事诉讼法》第228条规定："地方各级人民检察院认为本级人民法院第一审的判决、裁定确有错误的时候，应当向上一级人民法院提出抗诉。"据此，有权对第一审判决提出抗诉的是第一审人民法院的同级人民检察院，在本题中即为甲市人民检察院，故本题正确答案为A。

7. 答案：B。本题考查的是人民检察院提出抗诉书的途径。《刑事诉讼法》第232条第1款规定："地方各级人民检察院对同级人民法院第一审判决、裁定的抗诉，应当通过原审人民法院提出抗诉书，并且将抗诉书抄送上一级人民检察院。原审人民法院应当将抗诉书连同案卷、证据移送上一级人民法院，并且将抗诉书副本送交当事人。"据此，本题中该县人民检察院应当通过原审人民法院即该县人民法院提出抗诉书，故本题正确答案为 B。

8. **答案**：C。本题考查的是不服第一审人民法院所作裁定的上诉、抗诉期限。《刑事诉讼法》第 230 条规定："不服判决的上诉和抗诉的期限为十日，不服裁定的上诉和抗诉的期限为五日，从接到判决书、裁定书的第二日起算。"据此，本题正确答案为 C。

9. **答案**：A。本题考查的是上诉权。《刑事诉讼法》第 227 条第 1 款规定："被告人、自诉人和他们的法定代理人，不服地方各级人民法院第一审的判决、裁定，有权用书状或者口头向上一级人民法院上诉。被告人的辩护人和近亲属，经被告人同意，可以提出上诉。"据此，享有上诉权的是被告人、自诉人和他们的法定代理人，被告人的近亲属要提出上诉，必须征得被告人的同意。"妻子"不属于法定代理人，而属于"近亲属"，故本题正确答案为 A。

10. **答案**：C。本题考查的是附带民事诉讼上诉的范围。《刑事诉讼法》第 227 条第 2 款规定："附带民事诉讼的当事人和他们的法定代理人，可以对地方各级人民法院第一审的判决、裁定中的附带民事诉讼部分，提出上诉。"据此，本题正确答案为 C。

11. **答案**：B。本题考查的是被害人请求抗诉的期限。《刑事诉讼法》第 229 条规定："被害人及其法定代理人不服地方各级人民法院第一审的判决的，自收到判决书后五日以内，有权请求人民检察院提出抗诉……"据此，本题正确答案为 B。

12. **答案**：B。本题考查的是人民检察院对抗诉请求作出决定并答复请求人的期限。《刑事诉讼法》第 229 条规定："……人民检察院自收到被害人及其法定代理人的请求后五日以内，应当作出是否抗诉的决定并且答复请求人。"据此，本题正确答案为 B。

13. **答案**：C。本题考查的是有关刑事第二审程序的规定。《刑事诉讼法》第 232 条规定："地方各级人民检察院对同级人民法院第一审判决、裁定的抗诉，应当通过原审人民法院提出抗诉书，并且将抗诉书抄送上一级人民检察院……上级人民检察院如果认为抗诉不当，可以向同级人民法院撤回抗诉，并且通知下级人民检察院。"据此，本题 A 项不正确，C 项正确。根据《刑事诉讼法》第 231 条的规定，被告人、自诉人的上诉既可以通过原审人民法院提出，又可以直接向第二审人民法院提出。故本题 B 项不正确。根据《刑事诉讼法》第 234 条第 1 款第 3 项的规定，人民法院对于人民检察院抗诉的案件，应当开庭审理，故本题 D 项不正确。

14. **答案**：C。《刑事诉讼法》第 105 条规定，期间以时、日、月计算。期间开始的时和日不算在期间以内。法定期间不包括路途上的时间。上诉状或者其他文件在期满前已经交邮的，不算过期。期间的最后一日为节假日的，以节假日后的第一日为期满日期，但犯罪嫌疑人、被告人或者罪犯在押期间，应当至期满之日为止，不得因节假日而延长。本题中，6 月 9 日送达判决书，10 日开始计算上诉、抗诉期限，19 日为上诉、抗诉的最后一日。13 日和 17 日是在上诉、抗诉期满之前撤回上诉、抗诉，依据《刑事诉讼法解释》第 386 条的规定，在上诉、抗诉期满前撤回上诉、抗诉的，第一审判决、裁定在上诉、抗诉期满之日起生效。在上诉、抗诉期满后要求撤回上诉、抗诉，第二审人民法院裁定准许的，第一审判决、裁定应当自第二审裁定书送达上诉人或抗诉机关之日起生效。故本题的正确答案为 C 项。

15. **答案**：D。本题考查的是第二审对案件作出处理所用的文书种类。《刑事诉讼法》第 236 条第 1 款规定："第二审人民法院对不服第一审判决的上诉、抗诉案件，经过审理后，应当按照下列情形分别处理：（一）原判决认定事实和适用法律正确、量刑适当的,应当裁定驳回上诉或者抗诉,维持原判;(二)原判决认定事实没有错误,但适用法律有错误,或者量刑不当的,应当改判;(三)原判决事实不清楚或者证据不足的,可以在查清事实后改判;也可以裁定撤销原判,发回原审人民法院重新审判。"据此,该条第1款第1项用裁定,第2项用判决,第3项第一种情况用判决,第二种情况用裁定。故本题正确答案为D。

16. **答案**:D。本题考查的是裁定的适用范围。根据《刑事诉讼法》第200条第2项的规定,"宣告被告人无罪"应适用判决,故本题A项不正确。根据《刑事诉讼法》第31条第1款的规定,对审判人员的回避申请应适用决定,故本题B项不正确。根据《刑事诉讼法》第199条第1款的规定,对违反法庭秩序的人员实施罚款、拘留应适用决定,故本题C项不正确。《刑事诉讼法》第236条第1款第3项规定:"原判决事实不清楚或者证据不足的,可以在查清事实后改判……"据此,本题D项正确。

17. **答案**:B。本题考查的是刑事自诉案件上诉时的处理。《刑事诉讼法解释》第412条规定:"第二审期间,自诉案件的当事人提出反诉的,应当告知其另行起诉。"据此,刑事自诉案件的被告人在刑事诉讼活动过程中有权依法提出反诉,但反诉提起的时间必须在一审判决宣告之前。故本题正确答案为B。

18. **答案**:D。选项A错误。《刑事诉讼法解释》第401条第1款第7项规定,原判判处的刑罚不当、应当适用附加刑而没有适用的,不得直接加重刑罚、适用附加刑。原判判处的刑罚畸轻,必须依法改判的,应当在第二审判决、裁定生效后,依照审判监督程序重新审判。选项BC错误。《刑事诉讼法解释》第401条第1款第3项规定,原判认定的罪数不当的,可以改变罪数,并调整刑罚,但不得加重决定执行的刑罚或者对刑罚执行产生不利影响。选项D正确。本案中,对赵某的诈骗罪量刑稍微轻了一些,对盗窃罪的量刑稍微重了一些,合并执行时并没有多大影响,且只有赵某提出上诉,根据上诉不加刑原则,法院不能直接改变,那最好的方式就是作出维持原判。

19. **答案**:D。《刑事诉讼法》第236条第1款规定,第二审人民法院对不服第一审判决的上诉、抗诉案件,经过审理后,应当按照下列情形分别处理:(1)原判决认定事实和适用法律正确、量刑适当的,应当裁定驳回上诉或者抗诉,维持原判;(2)原判决认定事实没有错误,但适用法律有错误,或者量刑不当的,应当改判;(3)原判决事实不清楚或者证据不足的,可以在查清事实后改判;也可以裁定撤销原判,发回原审人民法院重新审判。根据上述规定,A项属于第(2)种情形,不违反上诉不加刑原则。《刑事诉讼法解释》第401条规定,审理被告人或者其法定代理人、辩护人、近亲属提出上诉的案件,不得对被告人的刑罚作出实质不利的改判,并应当执行下列规定:(1)同案审理的案件,只有部分被告人上诉的,既不得加重上诉人的刑罚,也不得加重其他同案被告人的刑罚;(2)原判认定的罪名不当的,可以改变罪名,但不得加重刑罚或者对刑罚执行产生不利影响;(3)原判认定的罪数不当的,可以改变罪数,并调整刑罚,但不得加重决定执行的刑罚或者对刑罚执行产生不利影响;(4)原判对被告人宣告缓刑的,不得撤销缓刑或者延长缓刑考验期;(5)原判没有宣告职业禁止、禁止令的,不得增加宣告;原判宣告职业禁止、禁止令的,不得增加内容、延长期限;(6)原判对被告人判处死刑缓期执行没有限制减刑、决定终身监禁的,不得限制减刑、决定终身监禁;(7)原判判处的刑罚不当、应当适用附加刑而没有适用的,不得直接加重刑罚、适用附加刑。原判判处的刑罚畸轻,必须依法改判的,应当在第二审判决、裁定生效后,依照审判监督程序重新审判。人民检察院抗诉或者自诉人上诉的案件,不受前款规定的限制。根据上述规定,BC项不违反上诉不加刑原则,D项违反了上述第3项规定,符合题意。

20. 答案：D。本题考查的是上级人民检察院认为下级人民检察院抗诉不当的处理方式。根据《刑事诉讼法》第232条的规定，地方各级人民检察院对同级人民法院第一审判决、裁定的抗诉，应当通过原审人民法院提出抗诉书，并且将抗诉书抄送上一级人民检察院。原审人民法院应当将抗诉书连同案卷、证据移送上一级人民法院，并且将抗诉书副本送交当事人。上级人民检察院如果认为抗诉不当，可以向同级人民法院撤回抗诉，并且通知下级人民检察院。故本题正确答案为D。

21. 答案：D。根据《刑事诉讼法解释》第390条第1款规定："共同犯罪案件，上诉的被告人死亡，其他被告人未上诉的，第二审人民法院应当对死亡的被告人终止审理；但有证据证明被告人无罪，经缺席审理确认无罪的，应当判决宣告被告人无罪。"可见，A表述明显错误，不符合题意，不选择。由于甲死亡，应当裁定对甲终止审理，不存在改判，有证据证明其无罪，也是通过缺席审判程序宣告无罪，但题干和选项均无该条件，B表述错误，不符合题意，不选择。根据《刑事诉讼法解释》第401条规定："审理被告人或者其法定代理人、辩护人、近亲属提出上诉的案件，不得对被告人的刑罚作出实质不利的改判，并应当执行下列规定：（一）同案审理的案件，只有部分被告人上诉的，既不得加重上诉人的刑罚，也不得加重其他同案被告人的刑罚……"另外，《刑事诉讼法解释》第402条规定："人民检察院只对部分被告人的判决提出抗诉，或者自诉人只对部分被告人的判决提出上诉的，第二审人民法院不得对其他同案被告人加重刑罚。"本案中乙既未上诉，也未被抗诉，不能因乙的量刑畸轻而改判，因此，C表述错误，不选择。《刑事诉讼法解释》第399条第2款规定："同案审理的案件，未提出上诉、人民检察院也未对其判决提出抗诉的被告人要求出庭的，应当准许。出庭的被告人可以参加法庭调查和辩论。"由此可见，D表述正确，符合题意。

22. 答案：B。本题考查的是第二审人民法院进行改判的情形。《刑事诉讼法》第236条第1款规定："第二审人民法院对不服第一审判决的上诉、抗诉案件，经过审理后，应当按照下列情形分别处理：……（二）原判决认定事实没有错误，但适用法律有错误，或者量刑不当的，应当改判；（三）原判决事实不清楚或者证据不足的，可以在查清事实后改判；也可以裁定撤销原判，发回原审人民法院重新审判。"据此，本题正确答案为B。

23. 答案：B。本题考查刑事诉讼的第二审程序中阅卷与调查相结合的审理方式和程序。《刑事诉讼法》第234条规定："第二审人民法院对于下列案件，应当组成合议庭，开庭审理：（一）被告人、自诉人及其法定代理人对第一审认定的事实、证据提出异议，可能影响定罪量刑的上诉案件；（二）被告人被判处死刑的上诉案件；（三）人民检察院抗诉的案件；（四）其他应当开庭审理的案件。第二审人民法院决定不开庭审理的，应当讯问被告人，听取其他当事人、辩护人、诉讼代理人的意见。第二审人民法院开庭审理上诉、抗诉案件，可以到案件发生地或者原审人民法院所在地进行。"阅卷与调查相结合的审理方式就是指经过阅卷、讯问被告人，听取其他当事人、辩护人、诉讼代理人的意见，认定事实清楚的案件，可以不开庭审理。在这种审理方式的程序中，共同犯罪的案件，对没有上诉的被告人也应当进行讯问。

24. 答案：C。二审审理被告人一方上诉的案件中，应当遵守上诉不加刑的原则。对原判决认定事实清楚、证据充分，只是认定的罪名不当的，在不加重原判刑罚的情况下，可以改变罪名。

25. 答案：C。《刑事诉讼法》第227条规定，被告人、自诉人和他们的法定代理人，不服地方各级人民法院第一审的判决、裁定，有权用书状或者口头向上一级人民法院上诉。被告人的辩护人和近亲属，经被告人同意，可以提出上诉。附带民事诉讼的当事人和他们的法定代理人，可以对地方各级人民法院第一审的判决、裁定中的附带民事诉讼部分，提出上诉。对被告人的上诉权，不得以任何借口加以剥夺。因此，ABD 正确，三者均为独立的上诉主体。而根据《刑事诉讼法》第 229 条之规定，被害人及其法定代理人不服地方各级人民法院第一审的判决的，自收到判决书后 5 日以内，有权请求人民检察院提出抗诉。人民检察院自收到被害人及其法定代理人的请求后 5 日以内，应当作出是否抗诉的决定并且答复请求人。因此，被害人及其法定代理人不是独立的上诉主体，不能提起上诉，而只能在规定的期限内请求人民检察院提起抗诉。选项 C 表述错误。因此，本题正确的答案是 C。

☑ 多项选择题

1. **答案**：ABCD。本题考查的是提出上诉的方式。根据《刑事诉讼法》第 227 条第 1 款的规定，被告人、自诉人和他们的法定代理人，不服地方各级人民法院第一审的判决、裁定，有权用书状或者口头向上一级人民法院上诉。故本题 AB 项正确。根据《刑事诉讼法》第 231 条的规定，被告人提出上诉，既可以通过原审人民法院提出，也可以直接向上一级人民法院提出。故本题 CD 项正确。

2. **答案**：AB。本题考查的是第二审人民法院对撤回上诉的处理。《刑事诉讼法解释》第 383 条第 1 款规定，上诉人在上诉期限内要求撤回上诉的，人民法院应当准许。故本题 A 项正确。根据《刑事诉讼法解释》第 383 条第 2 款的规定，上诉人在上诉期满后要求撤回上诉的，第二审人民法院经审查，认为原判认定事实和适用法律正确，量刑适当的，应当裁定准许；认为原判确有错误的，应当不予准许，继续按照上诉案件审理。第 3 款规定，被判处死刑立即执行的被告人提出上诉，在第二审开庭后宣告裁判前申请撤回上诉的，应当不予准许，继续按照上诉案件审理。故本题 AB 项正确。

3. **答案**：BD。本题考查的是被告人在上诉期满之后又撤回上诉时第一审判决生效日期的确定。《刑事诉讼法解释》第 386 条规定，在上诉、抗诉期满前撤回上诉、抗诉的，第一审判决、裁定在上诉、抗诉期满之日起生效。在上诉、抗诉期满后要求撤回上诉、抗诉，第二审人民法院裁定准许的，第一审判决、裁定应当自第二审裁定书送达上诉人或者抗诉机关之日起生效。故本题正确答案为 BD。

4. **答案**：ACD。本题考查的是人民法院审理人民检察院抗诉案件的程序。《刑事诉讼法》第 235 条规定："人民检察院提出抗诉的案件或者第二审人民法院开庭审理的公诉案件，同级人民检察院都应当派员出席法庭。第二审人民法院应当在决定开庭审理后及时通知人民检察院查阅案卷。人民检察院应当在一个月以内查阅完毕。人民检察院查阅案卷的时间不计入审理期限。"故本题 AC 项正确。根据《刑事诉讼法》第 232 条的规定，不服人民法院第一审判决的人民检察院是向其上一级人民法院提出抗诉；而根据该法第 235 条的规定，第二审人民法院审理案件时，派员出庭的是其同级人民检察院，也就是提出抗诉的人民检察院的上一级人民检察院。故本题 B 项不正确。《刑事诉讼法》第 234 条第 1 款规定，对人民检察院抗诉的案件，第二审人民法院应当组成合议庭，开庭审理。故本题 D 项正确。

5. **答案**：AB。本题考查的是全面审查原则和上诉不加刑原则。《刑事诉讼法》第 233 条第 2 款规定，共同犯罪的案件只有部分被告人上诉的，应当对全案进行审查，一并处理。即二审人民法院审理时实行全面审查原则。故本题 A 项正确，C 项不正确。《刑事诉讼法》第 237 条规定："第二审人民法院审理被告人或者他的法定代理人、辩护人、近亲属上诉的案件，不得加重被告人的刑罚……人民检察院提出抗诉或者自诉人提出上诉的，不受前款规定的限制。"本题中，因人民检察院只对乙的判决提出抗诉，故二审法院不得加重甲、丙的刑罚。故本题 B 项正确，D 项不正确。

6. **答案**：ABD。本题考查的是第二审人民法院应当裁定撤销原判，发回原审人民法院重新审判的情形。《刑事诉讼法》第 238 条规定："第二审人民法院发现第一审人民法院的审理有下列违反法律规定的诉讼程序的情形之一的，应当裁定撤销原判，发回原审人民法院重新审判：（一）违反本法有关公开审判的规定的；（二）违反回避制度的；（三）剥夺或者限制了当事人的法定诉讼权利，可能影响公正审判的；（四）审判组织的组成不合法的；（五）其他违反法律规定的诉讼程序，可能影响公正审判的。"故本题 ABD 项正确。因剥夺或者限制了当事人的法定诉讼权利，需达到可能影响公正审判的程度时，才应当撤销原判，发回重审。故本题 C 项不正确。

7. **答案**：BD。本题考查二审的处理方式、公开审判原则、简易程序的特点。《刑事诉讼法》第 238 条规定："第二审人民法院发现第一审人民法院的审理有下列违反法律规定的诉讼程序的情形之一的，应当裁定撤销原判，发回原审人民法院重新审判：（一）违反本法有关公开审判的规定的；（二）违反回避制度的；（三）剥夺或者限制了当事人的法定诉讼权利，可能影响公正审判的；（四）审判组织的组成不合法的；（五）其他违反法律规定的诉讼程序，可能影响公正审判的。"本题的 BD 分别属于以上（四）（一）两项情形，所以当选。《刑事诉讼法》第 219 条规定，适用简易程序审理案件，不受本章第一节关于送达期限、讯问被告人、询问证人、鉴定人、出示证据、法庭辩论程序规定的限制。但在判决宣告前应当听取被告人的最后陈述意见。本案适用简易程序，故 A 项不违反法定程序，不当选。《刑事诉讼法解释》第 365 条第 1 款规定："适用简易程序审理案件，可以对庭审作如下简化：（一）公诉人可以摘要宣读起诉书；（二）公诉人、辩护人、审判人员对被告人的讯问、发问可以简化或者省略；（三）对控辩双方无异议的证据，可以仅就证据的名称及所证明的事项作出说明；对控辩双方有异议或者法庭认为有必要调查核实的证据，应当出示，并进行质证；（四）控辩双方对与定罪量刑有关的事实、证据没有异议的，法庭审理可以直接围

绕罪名确定和量刑问题进行。"故 C 项也未违反法定程序，不当选。

8. **答案**：ABCD。本题考查的是未被提起抗诉的共同犯罪人在第二审程序中的权利和义务。《刑事诉讼法解释》第 402 条规定："人民检察院只对部分被告人的判决提出抗诉，或者自诉人只对部分被告人的判决提出上诉的，第二审人民法院不得对其他同案被告人加重刑罚。"本题属于共同犯罪案件，人民检察院未对共同犯罪人甲提出抗诉，根据上述规定，人民法院在第二审中，不得加重甲的刑罚。故本题 A 项正确。《刑事诉讼法解释》第 392 条第 2 款规定，共同犯罪案件，只有部分被告人提出上诉，或者自诉人只对部分被告人的判决提出上诉，或者人民检察院只对部分被告人的判决提出抗诉的，其他同案被告人也可以委托辩护人辩护。故本题 ABCD 项正确。

9. **答案**：ABC。本题考查的是第二审的法庭辩论程序。《刑事诉讼法解释》第 398 条第 2 项规定："法庭辩论阶段，上诉案件，先由上诉人、辩护人发言，后由检察员、诉讼代理人发言；抗诉案件，先由检察员、诉讼代理人发言，后由被告人、辩护人发言；既有上诉又有抗诉的案件，先由检察员、诉讼代理人发言，后由上诉人、辩护人发言。"据此，故本题正确答案为 ABC。

10. **答案**：ABC。本题考查的是自诉案件第二审程序。《刑事诉讼法解释》第 411 条规定，对第二审自诉案件，必要时可以调解，当事人也可以自行和解。故本题 AB 项正确。《刑事诉讼法解释》第 330 条规定，裁定准许撤诉的自诉案件，被告人被采取强制措施的，人民法院应当立即解除。故本题 C 项正确。《刑事诉讼法解释》第 412 条规定，第二审期间，自诉案件的当事人提出反诉的，应当告知其另行起诉。故本题 D 项不正确。

11. **答案**：AB。本题考查的是享有独立上诉权的人员范围。《刑事诉讼法》第 227 条第 1 款规定："被告人、自诉人和他们的法定代理人，不服地方各级人民法院第一审的判决、裁定，有权用书状或者口头向上一级人民法

院上诉……"据此，本题正确答案为 AB。

12. 答案：BC。本题考查的是应当另行组成合议庭审理的案件种类。《刑事诉讼法》第 239 条规定："原审人民法院对于发回重新审判的案件，应当另行组成合议庭，依照第一审程序进行审判……"第 256 条规定："人民法院按照审判监督程序重新审判的案件，由原审人民法院审理的，应当另行组成合议庭进行……"据此，本题正确答案为 BC。

13. 答案：BCD。本题考查的是刑事上诉程序。《刑事诉讼法解释》第 383 条第 2 款、第 3 款规定："上诉人在上诉期满后要求撤回上诉的，第二审人民法院经审查，认为原判认定事实和适用法律正确，量刑适当的，应当裁定准许；认为原判确有错误的，应当不予准许，继续按照上诉案件审理。被判处死刑立即执行的被告人提出上诉，在第二审开庭后宣告裁判前申请撤回上诉的，应当不予准许，继续按照上诉案件审理。"故本题正确答案为 BCD。

14. 答案：ABC。本题考查的是二审不适用上诉不加刑原则的情况。根据《刑事诉讼法》第 237 条的规定，如果二审程序是由人民检察院抗诉，或者自诉人上诉，或者被告人和自诉人同时上诉引起，则不适用上诉不加刑原则。本题 ABC 项正确。根据《刑事诉讼法》第 227 条的规定，被告人的法定代理人可以提出上诉，被告人的近亲属经被告人同意，也可以提出上诉。这些人提出的上诉效果等同于被告人提出的上诉，也适用上诉不加刑原则。故本题 D 项不正确。

15. 答案：AB。《刑事诉讼法》第 237 条规定，第二审人民法院审理被告人或者他的法定代理人、辩护人、近亲属上诉的案件，不得加重被告人的刑罚。第二审人民法院审理被告人或者他的法定代理人、辩护人、近亲属上诉的案件，不得加重被告人的刑罚。第二审人民法院发回原审人民法院重新审判的案件，除有新的犯罪事实，人民检察院补充起诉的以外，原审人民法院也不得加重被告人的刑罚。人民检察院提出抗诉或者自诉人提出上诉的，不受前款规定的限制。本题中，自诉人和反诉人均提出了上诉，且不仅对自己的量刑提出了上诉，同时针对对方的量刑提出了上诉。因此，法院在二审审理中不受上诉不加刑的限制，都可以加重。

16. 答案：CD。本题考查的是第二审审理时，同级人民检察院应当派员出庭的案件。《刑事诉讼法》第 235 条规定："人民检察院提出抗诉的案件或者第二审人民法院开庭审理的公诉案件，同级人民检察院都应当派员出席法庭……"据此，本题正确答案为 CD。

不定项选择题

1. 答案：A。《刑事诉讼法解释》第 393 条第 2 款规定，被判处死刑的被告人没有上诉，同案的其他被告人上诉的案件，第二审人民法院应当开庭审理。故 A 项正确。根据《刑事诉讼法》第 235 条之规定，人民检察院提出抗诉的案件或者第二审人民法院开庭审理的公诉案件，同级人民检察院都应当派员出席法庭。故 B 项错误。《刑事诉讼法解释》第 401 条第 1 款规定，审理被告人或者其法定代理人、辩护人、近亲属提出上诉的案件，不得对被告人的刑罚作出实质不利的改判，并应当执行下列规定……（7）原判判处的刑罚不当、应当适用附加刑而没有适用的，不得直接加重刑罚、适用附加刑。原判判处的刑罚畸轻，必须依法改判的，应当在第二审判决、裁定生效后，依照审判监督程序重新审判。故 CD 两项均错误。

2. 答案：BD。本题考查二审的审理程序和上诉不加刑原则。根据《刑事诉讼法》第 235 条规定，人民检察院提出抗诉的案件或者第二审人民法院开庭审理的公诉案件，同级人民检察院都应当派员出席法庭。第二审人民法院应当在决定开庭审理后及时通知人民检察院查阅卷。故 A 项的错误在于不是"受理案件后"而是"决定开庭审理后"。

《刑事诉讼法》第 233 条第 1 款规定，第二审人民法院应当就第一审判决认定的事实和适用法律进行全面审查，不受上诉或者抗诉范围的限制。故二审法院不受一审法院审理范围的限制，可以审理并认定一审法院未予认定的1起盗窃事实，故B项正确。

《刑事诉讼法》第237条规定，第二审人民法院审理被告人或者他的法定代理人、辩护人、近亲属上诉的案件，不得加重被告人的刑罚。第二审人民法院发回原审人民法院重新审判的案件，除有新的犯罪事实，人民检察院补充起诉的以外，原审人民法院也不得加重被告人的刑罚。人民检察院提出抗诉或者自诉人提出上诉的，不受前款规定的限制。故C项加重了被告人的刑期，违反上诉不加刑原则，该项错误。

《刑事诉讼法解释》第392条规定，第二审期间，被告人除自行辩护外，还可以继续委托第一审辩护人或者另行委托辩护人辩护。共同犯罪案件，只有部分被告人提出上诉，或者自诉人只对部分被告人的判决提出上诉，或者人民检察院只对部分被告人的判决提出抗诉的，其他同案被告人也可以委托辩护人辩护。故D项正确。

因此，本题的正确答案为BD两项。

名词解释

1. **答案**：抗诉是指人民检察院认为原审法院的判决、裁定确有错误，依照法定的程序提请上级人民法院或同级人民法院重新审理的诉讼活动。抗诉是人民检察院行使检察权的一种方式，属于法律监督的性质。我国刑事诉讼中的抗诉有两种：一种是对未生效裁判的抗诉，是指地方各级人民检察院认为本级人民法院的第一审的判决或裁定确有错误的时候，依法在法定期限内提请上一级人民法院重新审判的法律监督行为；另一种是对生效裁判的抗诉。这两种抗诉的权力主体机关、提起的程序、提起的期限、受理的法院和审理的程序都有所不同。

2. **答案**：全面审查原则是根据我国《刑事诉讼法》的规定，第二审程序对第一审人民法院的裁判进行全面审理的原则。第二审人民法院对案件全面审查，就是不仅要对上诉或者抗诉所提出的内容进行审理，而且要对上诉或者抗诉没有提出而为第一审判决所认定的事实、适用的法律以及审判活动是否遵守了诉讼程序进行审理；对共同犯罪案件，不仅要审理提出上诉的被告人的部分，也要审理未提出上诉的被告人的部分；即使上诉人死亡了，其他被告人并没有上诉，也应当对案件进行全面审理，审理后对已死亡的上诉人不构成犯罪的，应当宣告无罪；审理后认为构成犯罪的，应当宣告终止审理。对其他同案被告人仍应当作出判决或裁定；对附带民事诉讼部分提出上诉的，不仅要审理附带民事诉讼部分，也要审理刑事诉讼部分。全面审查原则表明我国第二审程序实行的是复审，而不是续审和法律审。

3. **答案**：发回重审是指上级法院依照法定程序经过审理后，发现原审判决事实不清楚或者证据不足以及有违反法定诉讼程序情形的，发回原审人民法院重新审判的诉讼活动。在我国刑事诉讼中，第二审人民法院对不服第一审判决的上诉、抗诉案件，经过审理后，如果认为原判决事实不清楚或者证据不足的，可以裁定撤销原判，发回原审人民法院重新审判。第二审人民法院发现第一审人民法院的审理有违反法定诉讼程序情形之一的，应当裁定撤销原判，发回原审人民法院重新审判。对不服第一审裁定的上诉或者抗诉，第二审人民法院如果认为原裁定认定事实不清楚的，应当裁定撤销原裁定，发回原审人民法院重新审判。此外，上级法院在审判监督程序、死刑复核程序的核准程序中均可裁定撤销原判，发回重审。将案件发回原审法院重新审理，是上诉审法院对上诉案件的处理方式之一。

简答题

1. **答案**：对不服第一审的裁判，提出上诉、抗诉的案件，第二审人民法院经过审查和审理后，可以作出的判决、裁定及其适用条件如下：原判决认定事实和适用法律正确、量刑适当的，用裁定驳回上诉或者抗诉，维持原判。原判决认定事实没有错误，但适用法律有错误，或者量刑不当的，用判决改判，不得发回重审。改判时应当遵守上诉不加刑的原则。原判决事实不清楚或者证据不足的，可以在查清事实后直接用判决改判；也可以用裁定撤销原判，发回重新审判。如果原判决是《刑事诉讼法》第 200 条第 3 项规定的"证据不足……指控的犯罪不能成立的无罪判决"，二审中没有发现新的证据，原审适用法律又正确的，则不应发回重审，而应当用裁定维持原判。对于《刑事诉讼法》第 238 条列举的下列违反法定程序情形之一的，应当用裁定撤销原判，发回原审法院重新审判：（1）违反本法有关公开审判的规定的；（2）违反回避制度的；（3）剥夺或者限制了当事人的法定诉讼权利，可能影响公正审判的；（4）审判组织的组成不合法的；（5）其他违反法律规定的诉讼程序，可能影响公正审判的。以上第 1 种、第 2 种、第 4 种情形，只要发生，就必须裁定撤销原判，发回重新审判；第 3 种和第 5 种两种情形，只有达到可能影响公正审判的程度时，才撤销原判，发回重新审判。是否达到如此程度，由二审法院裁量认定。对一审裁定的上诉、抗诉案件，二审法院经过审查后，应当参照《刑事诉讼法》第 236 条和第 238 条的规定分别处理，但是，无论是维持原裁定，或是撤销、变更原裁定，都只能使用裁定，而不得使用判决。对第二审自诉案件，必要时可以进行调解，当事人也可以自行和解。调解结案的，应当制作调解书，第一审判决、裁定视为自动撤销；当事人和解的，由人民法院裁定准许撤回自诉，并撤销第一审判决或者裁定。

2. **答案：**（1）第一审人民法院违反法律程序的后果当然归于无效。因为程序也是一个很重要的问题，如回避是一项重要的诉讼制度，是"自然正义"原则的一项，是刑事诉讼公正进行的制度保证。公正是刑事诉讼追求的基本目标。实行回避可以有效地避免司法人员因与本案有利害关系或其他关系可能产生的弄虚作假、徇私舞弊、故意偏袒等不公正现象，从而使案件能够得到公正的审理。而实行审判公开，把法院的工作量置于广大人民群众的监督之下，一方面，增强了审判人员的责任心，从而带动合议、回避、辩护等其他审判制度的执行，有利于全面地查清案件事实，作出正确判断，防止冤假错案的发生。另一方面，还可以防止索贿受贿的发生。从上面的例子我们可以看出，程序是保证案件得以正确审判的制度保证。

（2）《刑事诉讼法》如此规定，维护了程序法的尊严，在一定意义上宣传了程序的重要性，使很多人在观念上重视起程序来。我们知道，刑法规定什么人犯了什么罪应该受到何种处罚，而《刑事诉讼法》则是规定怎样进行犯罪处理，每一个主体在进行诉讼时都要遵守一定的规则，否则将不能保证公正。这就意味着在诉讼中要公正地对待当事人的冲突，保证每一个主体在没被认为有罪之前都能很好地行使自己的权利，这也是尊重人权的要求。所以我国《刑事诉讼法》如此规定对树立程序的尊严意义重大。

3. **答案：**《刑事诉讼法》第 233 条规定："第二审人民法院应当就第一审判决认定的事实和适用法律进行全面审查，不受上诉或者抗诉范围的限制。共同犯罪的案件只有部分被告人上诉的，应当对全案进行审查，一并处理。"这就是我国的第二审人民法院全面审查的法定原则。第二审人民法院对案件全面审查，就是不仅要对上诉或者抗诉所提出的内容进行审理，而且要对上诉或者抗诉没有提出而为第一审判决所认定的事实、适用的法律以及审判活动是否遵守了诉讼程序进行审理；对共同犯罪案件，不仅要审理提出上诉的被告人的部分，也要审理未提出上诉的被告人的部分；即使上诉人死亡了，其他被告人并没有上诉，也应当对案件进行全面审理，审理后对已死亡的上诉人不构成犯罪的，应当宣告其无罪；审理后认为构成犯罪的，应当宣告终止审理，对其他同案被告人仍应当作出判决或裁定；对附带民事诉讼部分提出上诉的，不仅要审理附带民事诉讼部分，也要审理刑事诉讼部分，以正确确定民事责任。全面审查原则，充分体现了我国《刑事诉讼法》的实事求是，"以事实为根据，以法律为准绳"的基本原则和对人民高度负责的精神。

4. **答案：**上诉人在法定期限内提出上诉，不论理由是否充分，均应允许。人民检察院只有在有充分的根据认定原判决、裁定"确有错误"时，才能提出抗诉。无论上诉还是抗诉，二审法院都应着重审明上诉或抗诉有无理由。在实践中，作为上诉或抗诉的理由，归纳起来有以下几点：

（1）判决、裁定在认定事实上有错误，或者缺乏确实、充分的证据；

（2）判决、裁定在适用法律、定罪量刑上有错误；

（3）违反诉讼程序，使当事人依法享有的诉讼权利受到侵犯，可能影响判决、裁定的正确性。

上诉人或人民检察院不仅可以在上诉状或抗诉书中提出上诉、抗诉的根据和理由，而且在提出上诉状或抗诉书后，甚至在二审法院审理过程中，仍可作补充阐述或提出新的根据和理由，二审法院不应限制。

论述题

1. **答案**：上诉人的范围，就是指有权提出上诉的人的范围。根据《刑事诉讼法》的规定，自诉人、被告人或者其法定代理人、辩护人、被告人的近亲属，以及附带民事诉讼当事人及其法定代理人都有权提出上诉。当然，这些人诉讼地位不同，其上诉权的权限也不同。

（1）自诉人和被告人是刑事诉讼的当事人，法院的裁判对其有切身的利害关系，法律赋予他们独立的上诉权。他们的法定代理人也有独立的上诉权，不论他们是否同意，其法定代理人的上诉都是合法的。

（2）辩护人和被告人的近亲属，在取得被告人的同意后，有权提出上诉。允许辩护人和被告人的近亲属提起上诉，是让他们帮助被告人行使上诉权。但是否上诉，只能由被告人最后决定。

（3）附带民事诉讼当事人如果就是刑事诉讼当事人，他和他的法定代理人都有权对刑事部分的裁判和附带民事部分的裁判单独或同时提起上诉。否则，只能对附带民事部分提出上诉，无权涉及判决、裁定中的刑事部分，且其上诉也不影响生效刑事裁判的执行。

（4）被害人及其法定代理人不享有上诉权。如果对一审刑事判决不服，可以在收到一审判决5日以内请求检察院提出抗诉。检察院收到该请求5日以内作出是否抗诉的决定，并且答复请求人。被害人及其法定代理人的请求抗诉权，只限于一审判决，对一审裁定不能请求抗诉。

2. **答案**：上诉不加刑原则，就是第二审人民法院审判只有被告人一方提出上诉的案件，不得以任何理由加重被告人的刑罚的审判原则。也就是说，对于被告人或其法定代理人、辩护人、近亲属上诉的案件，二审法院审理改判时，只能适用比原判更轻的刑罚。

（1）上诉不加刑原则的例外：自诉人上诉或者检察院抗诉的案件；发回原审人民法院重新审判，有新的犯罪事实，人民检察院补充起诉的案件等。

（2）具体运用上诉不加刑原则，还应注意：共同犯罪案件，只有部分被告人上诉的，既不能加重上诉被告人的刑罚，也不能加重其他被告人的刑罚；对被告人实行数罪并罚的，既不能加重决定执行的刑罚，也不能在维持原判决定执行的刑罚不变的情况下，加重数罪中某一罪或者几个罪的刑罚；对被告人判处拘役或者有期徒刑宣告缓刑的，不得撤销原判决宣告的缓刑或者延长缓刑考验期；对事实清楚、证据充分，但判处刑罚畸轻的案件，不能以事实不清或者证据不足发回原审法院重新审理。

（3）上诉不加刑原则的重要意义有：使被告人解除顾虑，敢于依法行使上诉权，有利于保障被告人充分行使辩护权；有利于维护上诉和两审终审制度，使其真正发挥作用；有利于提高审判工作和检察工作的质量，增强办案人员的责任心。

案例分析题

1. **答案**：（1）根据《刑事诉讼法解释》第381条和第382条的规定，武某、金某的上诉既可以通过原审人民法院提出，也可以直接向上一级人民法院提出。通过第一审人民法院提出上诉的，第一审人民法院应当审查上诉是否符合法律规定。符合法律规定的，应当在上诉期满后3日以内将上诉状连同案卷、证据移送上一级人民法院，同时将上诉状副本送交同级人民检察院和对方当事人。直接向第二审人民法院提出上诉的，第二审人民法院应当在收到上诉状后3日以内将上诉状交第一审人民法院。第一审人民法院应当审查上诉是否符合法律规定。符合法律规定的，应在收到上诉状后3日以内将上诉状连同案卷、证据移送上一级人民法院，同时将上诉状副本送交同级人民检察院和对方当事人。

（2）《刑事诉讼法解释》第380条规定，上诉、抗诉必须在法定期限内提出。不服判决的上诉、抗诉的期限为十日；不服裁定的上诉、抗诉的期限为五日。上诉、抗诉的期限，从接到判决书、裁定书的第二日起计算。对附带民事判决、裁定的上诉、抗诉期限，应当按照刑事部分的上诉、抗诉期限确定。附带民事部分另行审判的，上诉期限也应当按照刑事诉讼法规定的期限确定。对于本题应当按照刑事部分的上诉期限确定，即不服一审裁定的上诉期限为5日，不服一审判决的上诉期限为10日。

（3）二审人民法院应当就一审判决认定的事实和适用法律进行全面审查，不受武某、金某上诉范围的限制。也就是说，既要审查一审判决认定的事实是否正确，证据是否确实、充分，又要审查一审判决适用法律有无错误；既要审查上诉的部分，又要审查没有上诉的部分；既要审查对武某、金某的判决部分，也要审查对黄某、许某的判决部分；既要审查实体问题，又要审查程序问题。

（4）根据《刑事诉讼法》第237条的规定，第二审人民法院审理被告人或者他的法定代理人、辩护人、近亲属上诉的案件，不得加重被告人的刑罚。第二审人民法院发回原审人民法院重新审判的案件，除有新的犯罪事实，人民检察院补充起诉的以外，原审人民法院也不得加重被告人的刑罚。人民检察院提出抗诉或者自诉人提出上诉的，不受前款规定的限制。本案为公诉案件，只有被告人武某提出上诉，人民检察院没有抗诉，因而第二审人民法院审判时，既不能加重上诉人武某的刑罚，也不能加重未上诉人黄某、许某的刑罚。

2. **答案：**（1）市人民检察院对县人民法院的第一审判决提出抗诉是错误的。根据《刑事诉讼法》第232条的规定，对人民法院的第一审判决、裁定的抗诉，应当由该人民法院的同级人民检察院提出。故本案中抗诉应当由县人民检察院提出。

（2）抗诉书直接提交到市中级人民法院是错误的。根据《刑事诉讼法》第232条的规定，抗诉书应当通过原审人民法院提出。

（3）第二审人民法院不开庭审理此案错误。根据《刑事诉讼法》第234条的规定，对于人民检察院提出抗诉的案件，第二审人民法院应当开庭审理。

（4）第二审人民法院认为被告人佟某提出上诉而不应当对其加重刑罚是错误的。根据《刑事诉讼法》第237条的规定，人民检察院提出抗诉的案件，不受"上诉不加刑"原则的限制。本案中，人民检察院提出了抗诉，故第二审人民法院可以对被告人加重刑罚。

（5）第二审人民法院将案件发回重新审判是错误的。根据《刑事诉讼法》第236条的规定，对于原判决认定事实清楚，证据确实充分，但适用法律有错误，或者量刑不当的，第二审人民法院应当直接改判，而不能发回重新审判。只有原判决事实不清或者证据不足，或者违反了法律规定的诉讼程序的，才可以撤销原判，发回重新审判。本案市中级人民法院认为原审认定事实清楚，证据确实充分，应当直接改判。

（6）县人民法院组织原合议庭成员对发回重新审判的案件进行重新审判是错误的。根据《刑事诉讼法》第239条的规定，原审人民法院对于发回重新审判的案件，应当另行组成合议庭进行审判。

（7）县人民法院规定重新审判后所作的判决为终审判决，不得上诉、抗诉是错误的。根据《刑事诉讼法》第239条的规定，对于发回重新审判的案件，重新审判后的判决可以上诉、抗诉。

3. **答案**：(1) 人民法院受理被害人的法定代理人的上诉请求，是错误的。《刑事诉讼法》第 227 条第 1 款、第 2 款规定："被告人、自诉人和他们的法定代理人，不服地方各级人民法院第一审的判决、裁定，有权用书状或者口头向上一级人民法院上诉……附带民事诉讼的当事人和他们的法定代理人，可以对地方各级人民法院第一审的判决、裁定中的附带民事诉讼部分，提出上诉。"《刑事诉讼法》第 229 条规定："被害人及其法定代理人不服地方各级人民法院第一审的判决的，自收到判决书后五日以内，有权请求人民检察院提出抗诉……"该条赋予被害人及其法定代理人请求检察院抗诉的权利，但该权利并不是抗诉权或上诉权。在本案中，孙某法定代理人未向人民检察院提请抗诉，而直接上诉至二审法院，是违反法律规定的；而二审法院对被害人法定代理人的请求予以受理，显然也是违法的。

(2) 二审法院改判为三年有期徒刑的做法是错误的。由上述分析得知，本案中实际上只有被告人一方上诉。根据《刑事诉讼法》第 237 条规定："第二审人民法院审理被告人或者他的法定代理人、辩护人、近亲属上诉的案件，不得加重被告人的刑罚……人民检察院提出抗诉或者自诉人提出上诉的，不受前款规定的限制。"因而本案的二审法院应当遵循"上诉不加刑"的原则。所谓"上诉不加刑"，是指判决结果不能加重被告人的刑罚，不得改变执行方法使判决不利于被告，不能撤销原判决宣告的缓刑，也不得延长考验期。因而本案中，二审法院取消缓刑的做法是违反法律规定的。

(3) 任何二审案件，只要有人民检察院的抗诉或者自诉人的上诉，无论被告人一方是否上诉，均不受"上诉不加刑"原则的限制。

4. **答案**：(1) 不合法。这种做法违反了"上诉不加刑"原则。根据《刑事诉讼法》第 237 条的规定，第二审人民法院审理被告人或者他的法定代理人、辩护人、近亲属上诉的案件，不得加重被告人的刑罚。根据《刑事诉讼法解释》第 401 条第 1 款第 4 项的规定，"上诉不加刑"原则还体现在，原判对被告人宣告缓刑的，不得撤销缓刑或者延长缓刑考验期。故本案中，二审法院如将原判缓刑改判为三年有期徒刑，也是违反"上诉不加刑"原则的。

(2) 根据《刑事诉讼法解释》第 542 条的规定，罪犯在缓刑、假释考验期限内犯新罪或者被发现在判决宣告前还有其他罪没有判决，应当撤销缓刑、假释的，由审判新罪的人民法院撤销原判决、裁定宣告的缓刑、假释，并书面通知原审人民法院和执行机关。据此，二审法院的正确做法是直接撤销原判宣告的缓刑，并对新罪作出判决，然后根据刑法上数罪并罚的规定，决定执行的刑罚。

5. **答案**：(1) 二审人民法院应当在二审判决中一并改判。

《刑事诉讼法》第 236 条第 1 款规定："第二审人民法院对不服第一审判决的上诉、抗诉案件，经过审理后，应当按照下列情形分别处理：(一)……(二)原判决认定事实没有错误，但适用法律有错误，或者量刑不当的，应当改判；(三)……"《刑事诉讼法解释》第 409 条规定，第二审人民法院审理对附带民事部分提出上诉，刑事部分已经发生法律效力的案件，发现第一审判决的刑事部分确有错误的，依照审判监督程序对刑事部分进行再审，并将附带民事部分与刑事部分一并审理。本案中，张某和王某分别对刑事部分和民事部分提起了上诉，根据前述规定，第二审人民法院应当对第一审判决的刑事部分和附带民事部分一并直接改判。

(2) 第二审人民法院应当对民事部分按照审判监督程序予以纠正。

一审宣判后，检察院对刑事部分提起了抗诉，本案的附带民事部分没有上诉，上诉期满后，附带民事部分独立生效。根据《刑事诉讼法解释》第 407 条的规定："第二审人民法院审理对刑事部分提出上诉、抗诉，附带民事部分已经发生法律效力的案件，发现第一审判决、裁定中的附带民事部分确有错误的，应当依照审判监督程序对附带民事部分予以纠正。"故在本案中，二审法院应当对民事部分按照审判监督程序予以纠正。

（3）第二审人民法院应当对刑事部分按照审判监督程序进行再审，并将附带民事诉讼部分与刑事部分一并审理。

如果一审宣判后，本案的刑事部分既没有上诉也没有抗诉，王某对本案附带民事部分提起了上诉，上诉期满后，刑事部分独立生效。根据《刑事诉讼法解释》第409条的规定，第二审人民法院审理对附带民事部分提出上诉，刑事部分已经发生法律效力的案件，发现第一审判决的刑事部分确有错误的，依照审判监督程序对刑事部分进行再审，并将附带民事部分与刑事部分一并审理。本案中，二审法院应当对刑事部分按照审判监督程序进行再审，并将附带民事诉讼部分与刑事部分一并审理。

（4）第二审人民法院可以根据当事人自愿的原则就新增加的诉讼请求或者反诉进行调解，调解不成的，告知当事人另行起诉。

《刑事诉讼法解释》第410条规定，第二审期间，第一审附带民事诉讼原告人增加独立的诉讼请求或者第一审附带民事诉讼被告人提出反诉的，第二审人民法院可以根据自愿、合法的原则进行调解；调解不成的，告知当事人另行起诉。

（5）人民法院经审查认为不符合提起附带民事诉讼条件规定的，应当裁定驳回起诉。

《刑事诉讼法解释》第186条规定："被害人或者其法定代理人、近亲属提起附带民事诉讼的，人民法院应当在七日以内决定是否受理。符合刑事诉讼法第一百零一条以及本解释有关规定的，应当受理；不符合的，裁定不予受理。"因此，如果一审时王某不符合提起附带民事诉讼条件，法院应驳回起诉。

（6）①调解应当在双方自愿合法的基础上进行，经调解达成协议的，审判人员应当及时制作调解书。调解书经双方当事人签收后即发生法律效力。②调解达成协议并当庭执行完毕的，可以不制作调解书，但应当记入笔录，经双方当事人、审判人员、书记员签名或者盖章即发生法律效力。③经调解无法达成协议或者调解书签收前当事人反悔的，附带民事诉讼应当同刑事诉讼一并判决。

《刑事诉讼法解释》第190条规定："人民法院审理附带民事诉讼案件，可以根据自愿、合法的原则进行调解。经调解达成协议的，应当制作调解书。调解书经双方当事人签收后即具有法律效力。调解达成协议并即时履行完毕的，可以不制作调解书，但应当制作笔录，经双方当事人、审判人员、书记员签名后即发生法律效力。"第191条规定："调解未达成协议或者调解书签收前当事人反悔的，附带民事诉讼应当同刑事诉讼一并判决。"

第二十二章　死刑复核程序

☑ 单项选择题

1. 答案：A。 本题考查的是死刑复核程序的审判组织。《刑事诉讼法》第249条规定，最高人民法院复核死刑案件，高级人民法院复核死刑缓期执行的案件，应当由审判员3人组成合议庭进行。据此，本题正确答案为A。

2. 答案：C。 本题考查的是死刑复核的核准机关。《刑事诉讼法解释》第497条第1款、第2款规定，被判处死刑缓期执行的罪犯，在死刑缓期执行期间犯罪的，应当由罪犯服刑地的中级人民法院依法审判，所作的判决可以上诉、抗诉。认定故意犯罪，情节恶劣，应当执行死刑的，在判决、裁定发生法律效力后，应当层报最高人民法院核准执行死刑。因此，本题选C。

3. 答案：C。 本题考查的是死刑复核中的处理方式。《刑事诉讼法解释》第428条规定："高级人民法院复核死刑缓期执行案件，应当按照下列情形分别处理……（四）原判事实不清、证据不足的，可以裁定不予核准，并撤销原判，发回重新审判，或者依法改判……"据此，本题正确答案为C。

4. 答案：A。 本题考查的是由高级人民法院核准的案件。《刑事诉讼法》第248条规定："中级人民法院判处死刑缓期二年执行的案件，由高级人民法院核准。"据此，本题正确答案为A。

5. 答案：D。 本题考查刑事诉讼中死刑复核程序的特殊性。死刑复核程序是人民法院对判处死刑的案件进行复查核准所遵循的一种特别审判程序，是我国慎用死刑的一种具体制度表现。死刑复核程序的特殊性表现在审理对象特殊、程序性质特殊、所处的诉讼阶段特殊、核准权特殊、程序启动上特殊以及报请复核的方式特殊。依照法律有关规定，报请复核一般要按照法院的组织系统逐级上报，不得越级报核。

6. 答案：D。 本题考查死刑复核程序、两审终审制。《刑事诉讼法》第259条第2款规定："下列判决和裁定是发生法律效力的判决和裁定：（一）已过法定期限没有上诉、抗诉的判决和裁定；（二）终审的判决和裁定；（三）最高人民法院核准的死刑的判决和高级人民法院核准的死刑缓期二年执行的判决。"据此，对于死刑立即执行的案件，高级法院裁定维持原判，并非意味着判决生效。故A项错误。《刑事诉讼法解释》第423条第1款第2项规定："中级人民法院判处死刑的第一审案件，被告人上诉或者人民检察院抗诉，高级人民法院裁定维持的，应当在作出裁定后十日以内报请最高人民法院核准。"故B项错误。《刑事诉讼法解释》第429条规定："最高人民法院复核死刑案件，应当按照下列情形分别处理：（一）原判认定事实和适用法律正确、量刑适当、诉讼程序合法的，应当裁定核准；（二）原判认定的某一具体事实或者引用的法律条款等存在瑕疵，但判处被告人死刑并无不当的，可以在纠正后作出核准的判决、裁定；（三）原判事实不清、证据不足的，应当裁定不予核准，并撤销原判，发回重新审判；（四）复核期间出现新的影响定罪量刑的事实、证据的，应当裁定不予核准，并撤销原判，发回重新审判；（五）原判认定事实正确、证据充分，但依法不应当判处死刑的，应当裁定不予核准，并撤销原判，发回重新审判；根据案件情况，必要时，也可以依法改判；（六）原审违反法定诉讼程序，可能影响公正审判的，应当裁定不予核准，并撤销原判，发回重新审判。"故C项错误，D项正确。

7. 答案：B。 根据《最高人民法院关于死刑缓期执行限制减刑案件审理程序若干问题的规定》第 3 条规定："高级人民法院审理或者复核判处死刑缓期执行并限制减刑的案件，认为原判对被告人判处死刑缓期执行适当，但判决限制减刑不当的，应当改判，撤销限制减刑。"可知，答案选 B。

8. 答案：D。本题考查死刑复核程序。依据《刑事诉讼法解释》第 432 条的规定，最高人民法院裁定不予核准死刑，发回重新审判的案件，原审人民法院应当另行组成合议庭审理，但本解释第 429 条第 4 项、第 5 项规定的案件除外。依据《刑事诉讼法解释》第 429 条的规定："最高人民法院复核死刑案件，应当按照下列情形分别处理：（一）原判认定事实和适用法律正确、量刑适当、诉讼程序合法的，应当裁定核准；（二）原判认定的某一具体事实或者引用的法律条款等存在瑕疵，但判处被告人死刑并无不当的，可以在纠正后作出核准的判决、裁定；（三）原判事实不清、证据不足的，应当裁定不予核准，并撤销原判，发回重新审判；（四）复核期间出现新的影响定罪量刑的事实、证据的，应当裁定不予核准，并撤销原判，发回重新审判；（五）原判认定事实正确、证据充分，但依法不应当判处死刑的，应当裁定不予核准，并撤销原判，发回重新审判；根据案件情况，必要时，也可以依法改判；（六）原审违反法定诉讼程序，可能影响公正审判的，应当裁定不予核准，并撤销原判，发回重新审判。"本题中，最高人民法院是以"事实清楚，但量刑过重，依法不应当判处死刑"为由发回高级人民法院重审，不属于应当另行组成合议庭审理的情形，故 A 项错误。高级人民法院是第二审人民法院，最高人民法院若发回高级人民法院重审，高级人民法院将按照二审程序重新审理，作出的判决为终审判决。故 D 项正确。《刑事诉讼法》第 183 条第 4 款规定，人民法院审判上诉和抗诉案件，由审判员 3 人或者 5 人组成合议庭进行。也就是说，二审的合议庭由审判员 3 人至 5 人组成。故 B 项表述过于绝对，B 项错误。依据《刑事诉讼法解释》第 430 条的规定，最高人民法院裁定不予核准死刑的，根据案件情况，可以发回第二审人民法院或者第一审人民法院重新审判。对最高人民法院发回第二审人民法院重新审判的案件，第二审人民法院一般不得发回第一审人民法院重新审判。第一审人民法院重新审判的，应当开庭审理。第二审人民法院重新审判的，可以直接改判；必须通过开庭查清事实、核实证据或者纠正原审程序违法的，应当开庭审理。本题中，最高人民法院是以"事实清楚，但量刑过重，依法不应当判处死刑"为由发回高级人民法院即第二审人民法院重审的，所以，高级人民法院重审时不属于应当开庭审理的情形。故 C 项错误。本题的正确答案为 D 项。

多项选择题

1. 答案：ABCD。本题考查的是报请最高人民法院核准在法定刑以下判处刑罚的案件的处理方式。《刑事诉讼法解释》第 414 条规定："报请最高人民法院核准在法定刑以下判处刑罚的案件，应当按照下列情形分别处理：（一）被告人未上诉、人民检察院未抗诉的，在上诉、抗诉期满后三日以内报请上一级人民法院复核。上级人民法院同意原判的，应当书面层报最高人民法院核准；不同意的，应当裁定发回重新审判，或者按照第二审程序提审；（二）被告人上诉或者人民检察院抗诉的，上一级人民法院维持原判，或者改判后仍在法定刑以下判处刑罚的，应当依照前项规定层报最高人民法院核准。"故本题正确答案为 ABCD。

2. 答案：AD。本题考查的是死刑复核程序与第二审程序比较。根据《刑事诉讼法解释》第 429 条第 3 项的规定，原判事实不清、证据不足的，应当裁定不予核准，并撤销原判，发回重新审判。故本题 A 项正确，C 项不正确。根据《刑事诉讼法》第 236 条的规定，第二审人民法院认为原判决认定事实确有错误的，既可以改判，也可以裁定撤销原判，发回重审，而非"应当"。故本题 B 项不正确，D 项正确。

3. 答案：ABC。根据规定，报请复核死刑、死刑缓期执行的报告，应当写明案由、简要案情、审理过程和判决结果。案件综合报告应当包括需要说明的问题。包括共同犯罪案件中另案处理的同案犯的处理情况，案件有无重大社会影响，以及当事人的反应等情况，故A项正确。最高人民法院经过核准，认为量刑有错的，原则上应发回重审；但根据案件情况，必要时也可依法改判，故B项正确。根据规定，辩护律师提交委托手续、法律援助手续及辩护意见、证据等书面材料的，可以经高级法院同意后代收并随案移送，也可以寄送至最高人民法院承办案件的审判庭或者在当面反映意见时提交；对尚未立案的案件，辩护律师可以寄送至最高人民法院立案庭，由立案庭在立案后随案移送，故C正确。根据规定，最高人民检察院在死刑复核期间提出意见的，最高人民法院应当审查并反馈最高人民检察院。法律只规定了辩护律师要求当面反映意见的，最高人民法院应当在办公场所听取辩护律师的意见。但并无法律规定最高人民检察院提出意见，最高人民法院一定要当面听取。故D项错误。

综上所述，本题答案为ABC。

4. 答案：ABD。本题考查的是死刑复核程序。《刑事诉讼法解释》第428条第1款规定："高级人民法院复核死刑缓期执行案件，应当按照下列情形分别处理：（一）原判认定事实和适用法律正确、量刑适当、诉讼程序合法的，应当裁定核准；（二）原判认定的某一具体事实或者引用的法律条款等存在瑕疵，但判处被告人死刑缓期执行并无不当的，可以在纠正后作出核准的判决、裁定；（三）原判认定事实正确，但适用法律有错误，或者量刑过重的，应当改判；（四）原判事实不清、证据不足的，可以裁定不予核准，并撤销原判，发回重新审判，或者依法改判；（五）复核期间出现新的影响定罪量刑的事实、证据的，可以裁定不予核准，并撤销原判，发回重新审判，或者依照本解释第二百七十一条的规定审理后依法改判；（六）原审违反法定诉讼程序，可能影响公正审判的，应当裁定不予核准，并撤销原判，发回重新审判。"第2款规定，高级人民法院复核死刑缓期执行案件，不得加重被告人的刑罚。故本题ABD项正确，C项不正确。

5. 答案：ABC。根据《刑事诉讼法解释》第430条规定："最高人民法院裁定不予核准死刑的，根据案件情况，可以发回第二审人民法院或者第一审人民法院重新审判……第一审人民法院重新审判的，应当开庭审理。第二审人民法院重新审判的，可以直接改判；必须通过开庭查清事实、核实证据或者纠正原审程序违法的，应当开庭审理。"可知，ABC正确。第432条规定："最高人民法院裁定不予核准死刑，发回重新审判的案件，原审人民法院应当另行组成合议庭审理，但本解释第四百二十九条第四项、第五项规定的案件除外。"由此可以推知，对于最高人民法院复核后认为原判认定事实正确，但依法不应当判处死刑的，不属于应当另行组成合议庭进行审理的情形。D项错误。综上，本题正确答案为ABC。

6. 答案：CD。本题考查的是死刑复核程序中可以用判决直接改判的情况。《刑事诉讼法解释》第429条规定："最高人民法院复核死刑案件，应当按照下列情形分别处理：（一）原判认定事实和适用法律正确、量刑适当、诉讼程序合法的，应当裁定核准；（二）原判认定的某一具体事实或者引用的法律条款等存在瑕疵，但判处被告人死刑并无不当的，可以在纠正后作出核准的判决、裁定；（三）原判事实不清、证据不足的，应当裁定不予核准，并撤销原判，发回重新审判；（四）复核期间出现新的影响定罪量刑的事实、证据的，应当裁定不予核准，并撤销原判，发回重新审判；（五）原判认定事实正确、证据充分，但依法不应当判处死刑的，应当裁定不予核准，并撤销原判，发回重新审判；根据案件情况，必要时，也可以依法改判；（六）原审违反法定诉讼程序，可能影响公正审判的，应当裁定不予核准，并撤销原判，发回重新审判。"据此，本题正确答案为CD。

7. 答案：ABCD。《刑事诉讼法》第262条第1款规定："下级人民法院接到最高人民法院执行死刑的命令后，应当在七日以内交付执行。但是发现有下列情形之一的，应当停止执行，并且立即报告最高人民法院，由最高人民法院作出裁定：（一）在执行前发现判决可能有错误的；（二）在执行前罪犯揭发重大犯罪事实或者有其他重大立功表现，可能需要改判的；（三）罪犯正在怀孕。"本题中，A项发现关键定罪证据可能是刑讯逼供所得，可能影响该案的事实认定，属于情形（一）；B项判决书认定的年龄错误，实际年龄未满18周岁，由于《刑法》第49条第1款规定"犯罪的时候不满十八周岁的人和审判的时候怀孕的妇女，不适用死刑"，因而属于情形（一）；C项属于情形（二）；D项属于情形（三）。因此，本题正确答案为ABCD。

8. **答案**：ABCD。本题考查刑事诉讼中死刑复核程序的特殊性。根据《刑事诉讼法》的相关规定以及刑事诉讼法的理论，题目中的四项陈述都是正确的。

不定项选择题

1. **答案**：（1）BD。本小题考查的是特定案件死刑判决的复核程序。何某因贪污罪被判死刑，属应报请最高人民法院核准的死刑案件。根据《刑事诉讼法解释》第423条第1款第1项的规定，中级人民法院判处死刑的第一审案件，被告人未上诉、人民检察院未抗诉的，在上诉、抗诉期满后十日以内报请高级人民法院复核。高级人民法院同意判处死刑的，应当在作出裁定后十日以内报请最高人民法院核准；认为原判认定的某一具体事实或者引用的法律条款等存在瑕疵，但判处被告人死刑并无不当的，可以在纠正后作出核准的判决、裁定；不同意判处死刑的，应当依照第二审程序提审或者发回重新审判。故本题正确答案为BD。

（2）ABCD。本小题考查的是报请复核死刑应当报送的材料。《刑事诉讼法解释》第425条第1款、第2款规定，报请复核的死刑、死刑缓期执行案件，应当一案一报。报送的材料包括报请复核的报告，第一、二审裁判文书，案件综合报告各五份以及全部案卷、证据。案件综合报告，第一、二审裁判文书和审理报告应当附送电子文本。同案审理的案件应当报送全案案卷、证据。故本题正确答案为ABCD。

（3）BC。本小题考查的是死刑案件上诉或抗诉时的复核程序。《刑事诉讼法》第246条规定："死刑由最高人民法院核准。"第248条规定："中级人民法院判处死刑缓期二年执行的案件，由高级人民法院核准。"《刑法》第48条第2款规定："死刑除依法由最高人民法院判决的以外，都应当报请最高人民法院核准。死刑缓期执行的，可以由高级人民法院判决或者核准。"据此，需要核准的案件有两类：除最高人民法院判决的以外的死刑立即执行案件，由最高人民法院核准；中级人民法院判决的死刑缓期二年执行案件，由高级人民法院核准。高级人民法院二审改判死刑缓期二年执行的案件，属于"高级人民法院判决的死刑缓期执行"案件，不属于上述应当核准的案件范围。故本题AD项不正确。《刑事诉讼法解释》第423条第1款第2项规定，中级人民法院判处死刑的第一审案件，被告人上诉或者人民检察院抗诉，高级人民法院裁定维持的，应当在作出裁定后十日以内报请最高人民法院核准。故本题B项正确。《刑事诉讼法》第10条规定，人民法院审判案件，实行两审终审制，二审判决是终审的判决。故本题C项正确。

（4）ABCD。本小题考查的是最高人民法院复核死刑可以作出的裁判种类。《刑事诉讼法解释》第429条规定："最高人民法院复核死刑案件，应当按照下列情形分别处理：（一）原判认定事实和适用法律正确、量刑适当、诉讼程序合法的，应当裁定核准；（二）原判认定的某一具体事实或者引用的法律条款等存在瑕疵，但判处被告人死刑并无不当的，可以在纠正后作出核准的判决、裁定；（三）原判事实不清、证据不足的，应当裁定不予核准，并撤销原判，发回重新审判；（四）复核期间出现新的影响定罪量刑的事实、证据的，应当裁定不予核准，并撤销原判，发回重新审判；（五）原判认定事实正确、证据充分，但依法不应当判处死刑的，应当裁定不予核准，并撤销原判，发回重新审判；根据案件情况，必要时，也可以依法改判；（六）原审违反法定诉讼程序，可能影响公正审判的，应当裁定不予核准，并撤销原判，发回重新审判。"按照以上规定，最高人民法院复核死刑案件可以作出核准、发回重审两种裁判结果。故本题正确答案为 ABCD。

2. 答案：ABD。《刑事诉讼法》第 248 条规定，中级人民法院判处死刑缓期二年执行的案件，由高级人民法院核准。实践中，高级人民法院对中级人民法院判决的死缓在二审维持后，会在二审的裁定书上注明该裁定也是核准死缓的裁定。故 A 项正确。《刑事诉讼法》第 249 条规定，最高人民法院复核死刑案件，高级人民法院复核死刑缓期执行的案件，应当由审判员三人组成合议庭进行。故 B 项正确。《刑事诉讼法》第 251 条第 1 款规定，最高人民法院复核死刑案件，应当讯问被告人，辩护律师提出要求的，应当听取辩护律师的意见。《刑事诉讼法解释》第 434 条规定，死刑复核期间，辩护律师要求当面反映意见的，最高人民法院有关合议庭应当在办公场所听取其意见，并制作笔录；辩护律师提出书面意见的，应当附卷。故 C 项不正确。《刑事诉讼法解释》第 430 条第 1 款规定，最高人民法院裁定不予核准死刑的，根据案件情况，可以发回第二审人民法院或者第一审人民法院重新审判。故 D 项正确。

名词解释

1. 答案：死刑核准权是指对死刑（含死缓）判决、裁定由哪一审判机关进行复核与批准的权限。死刑核准权是死刑复核程序中的核心问题。根据有关规定，判处死刑立即执行案件的核准权由最高人民法院行使，判处死刑缓期两年执行案件的核准权由高级人民法院行使。

2. 答案：阅卷是重要的复核方式，通过全面审查案卷，可以发现原判认定犯罪事实是否清楚，证据是否确实、充分，定性是否准确，法律手续是否完备，对被告人判处死刑（死缓）是否正确，以便结合提审被告人对案件作出正确的处理。阅卷的内容一般包括：（1）被告人的年龄，有无刑事责任，是否正在怀孕的妇女。（2）原判认定的主要事实是否清楚，证据是否确实、充分。（3）犯罪情节、后果及危害程度。（4）原判决适用法律是否正确，是否必须判处死刑，是否必须执行。（5）有无法定、酌定从轻或减轻处罚的情节。（6）诉讼程序是否合法。（7）其他应当审查的情况。

简答题

答案：复核死缓案件的程序一般由报请复核和复核两个阶段组成。

（1）报请复核：中级人民法院判处死刑缓期二年执行的第一审案件可以分为两种情况：一是被告人不上诉，人民检察院不抗诉的，在上诉期满后，应当报送高级人民法院核准。高级人民法院同意判处死刑缓期二年执行的，作出予以核准的裁定；认为原判较重，不同意判处死刑缓期二年执行的，应当改判；如果认为原判事实不清，证据不足，可以裁定不予核准并撤销原判，发回重审或者依法改判。对于重新审判的判决，可以上诉、抗诉。高级人民法院复核死刑缓期执行案件，不得加重被告人的刑罚。二是被告人提出上诉，或者人民检察院提出抗诉的，高级人民法院应当按照第二审程序予以处理。高级人民法院第二审同意判处死刑缓期二年执行的，作出维持原判的裁定，即此裁定为对该死缓判决核准的终审裁定；不同意判处死刑缓期二年执行的，直接改判或者发回重新审判。

中级人民法院判处死刑的第一审案件，高级人民法院第二审或者复核提审后所作的改判为死刑缓期二年执行的判决，即为终审判决。

此外，中级人民法院在报送案件时，应该写出报请复核的报告、死缓案件综合报告，连同各种诉讼文书及全部证据等案卷材料，一并送交高级人民法院，也要坚持一案一报原则，不能多案一报。对于某些共同犯罪案件，有的被告人被判处死缓，有的被告人被判处无期徒刑或其他刑罚（不包括死刑立即执行），在报请复核时，应将全案卷宗材料、全部证据一并上报，不得有所保留。

（2）复核：高级人民法院在复核死缓案件时，应当由审判员3人组成合议庭进行，对死缓案件全面审查。复核的基本内容、方式方法与复核死刑立即执行案件基本相同。需要特别注意的是：高级人民法院复核或者核准死缓案件，必须提审被告人。

（3）复核后对案件的处理：高级人民法院对死缓案件复核后，应当分情况对案件作出以下处理：①对于认定事实清楚，证据确实、充分，适用法律正确，判处死缓适当的判决，用裁定予以核准。②对于认定事实不清，或者证据不确实、不充分的判决，用裁定予以撤销，发回原审人民法院重新审判。③对于认定事实清楚，证据确实、充分，但适用法律有错误的，或者量刑畸重的判决，应当用判决直接改判；如果认为必须判处死刑立即执行的，为了保障被告人的上诉权，一般应当用裁定撤销原判，发回原审人民法院按第一审程序重新审判，或者由高级人民法院改变案件的管辖，作为第一审进行审判。

论述题

1. **答案**：死刑复核程序是指人民法院对判处死刑的案件进行复审核所遵循的特别程序。死刑复核程序是我国《刑事诉讼法》规定的一项特别程序，具有很多特点，主要表现在：（1）适用对象单一，即该程序只适用于判处死刑的案件，包括判处死刑立即执行和判处死刑缓期二年执行的案件，而不适用于其他案件。（2）诉讼程序特定，即死刑案件除了经过第一审程序、第二审程序之外，还必须经过死刑复核程序（最高人民法院判决的除外）核准的死刑判决才能生效交付执行。（3）程序的启动不附任何条件。不像第一审程序、第二审程序那样，死刑复核程序是人民法院逐级上报复核，无须附加任何条件。（4）死刑复核权由法院行使，只有最高人民法院、高级人民法院对死刑（死缓）案件有核准权。

虽然死刑复核程序具有诸多特殊性，但是，这并不意味着对死刑案件实行三审终审制，也不是两审终审制的例外情形，而是在人民法院内部实行的一种对死刑案件的特别监督程序。死刑复核程序体现了我国严格控制死刑的适用，少杀、慎杀的政策。

2. **答案**：《刑事诉讼法》第247条规定："中级人民法院判处死刑的第一审案件，被告人不上诉的，应当由高级人民法院复核后，报请最高人民法院核准。高级人民法院不同意判处死刑的，可以提审或者发回重新审判。高级人民法院判处死刑的第一审案件被告人不上诉的，和判处死刑的第二审案件，都应当报请最高人民法院核准。"死刑立即执行案件报请复核的程序是：（1）中级人民法院报请复核。中级人民法院判处死刑的第一审案件，被告人不上诉，检察院不抗诉的，上诉、抗诉期满后，应当将呈请复核的报告、死刑案件综合报告，以及全部案卷和证据，报送高级人民法院复核。（2）高级人民法院报请复核。高级人民法院报请复核时，必须报送全部诉讼案卷、证据和死刑案件综合报告。被告人犯数罪，对两个以上的罪判处死刑立即执行，如果其中有一罪的死刑应报最高人民法院核准，就应将全案报请最高人民法院核准；此外，中级人民法院和高级人民法院报请复核时，均须一案一报，对于共同犯罪的案件，应当报送全案的诉讼案卷和证据。

根据《刑事诉讼法》第249条规定有核准权的法院，对报请复核死刑立即执行的案件，应当由审判员3人组成合议庭进行复核。复核时，进行"阅卷"必须注意审查被告人的年龄、有无责任能力和是否正在怀孕的妇女等情况，以确定能否依法适用死刑；审查判决、裁定认定犯罪事实是否清楚，证据是否确实、充分；审查犯罪情节和危害程度，是否必须判处死刑，是否必须立即执行；审查适用法律是否正确，是否必须判处死刑，是否必须立即执行。另外，还应审查有无法定、酌定从轻或减轻处罚的情节，诉讼程序是否合法以及其他应当审查的情况。复核一般都是采取阅卷、全面审查案件材料和证据及作必要的调查核实等方式、方法进行。另外，高级人民法院还必须依法提审被告人。

案例分析题

1. 答案：（1）对洪某的死刑应当由最高人民法院核准。具体程序如下：法院作出一审判决后，由于被告人不上诉，人民检察院不抗诉，市中级人民法院应当在上诉、抗诉期满后3日内报请高级人民法院复核。高级人民法院同意判处死刑的，应当依法作出裁定，报请最高人民法院核准；不同意判处死刑的，应当提审或者发回重新审判。又因为是共同犯罪的案件，所以，尽管陈某未被判处死刑，也应当向高级人民法院报送全案的诉讼案卷和证据。高级人民法院在复核时，必须讯问被告人。

（2）在上级人民法院对洪某复核死刑期间，如果发现对陈某的判决有错误时，根据《刑事诉讼法解释》第423条的规定，可以依照第二审程序提审或发回重新审判。

（3）根据《刑事诉讼法解释》第429条第1项的规定，原判认定事实和适用法律正确、量刑适当、诉讼程序合法的，应当裁定核准。原判判处被告人死刑并无不当，但具体认定的某一事实或者引用的法律条款等不完全准确、规范的，可以在纠正后作出核准死刑的判决或者裁定。最高人民法院复核后认为原判认定事实不清、证据不足的，裁定不予核准，并撤销原判，发回重新审判。最高人民法院复核后认为原判认定事实正确，但依法不应当判处死刑的，裁定不予核准，并撤销原判，发回重新审判。最高人民法院复核后认为原审人民法院违反法定诉讼程序，可能影响公正审判的，裁定不予核准，并撤销原判，发回重新审判。

2. 答案：首先，本题中，梁某所犯数罪中的受贿罪属于应由最高人民法院核准的案件，梁某与马某为同案犯。被告人被判处死刑的数罪中，如果有应当由最高人民法院核准的；或者共同犯罪案件部分被告人被判处死刑的罪中有应当由最高人民法院核准的，必须将全案报请最高人民法院核准。

其次，某市中级人民法院应当在上诉、抗诉期满后3日内报请高级人民法院复核。高级人民法院同意判处梁某死刑的，应当依法作出裁定后，报请最高人民法院核准；不同意判处梁某死刑的，应当提审或者发回重新审判。高级人民法院同意判处马某死刑缓期2年执行的，应当裁定予以核准；认为原判事实不清、证据不足的，应当裁定发回重新审判；认为原判量刑过重的，应当依法改判。高级人民法院核准死刑缓期2年执行的案件，不得以提高审级等方式加重被告人的刑罚。

最后，本案中，只要高级人民法院同意判处梁某死刑，就必须将包括马某在内的全案报请最高人民法院核准。本案中，最高人民法院对案件复核以后，如果原审判决认定事实和适用法律正确、量刑适当的，裁定核准梁某死刑；如果原审判决认定事实错误或者证据不足的，裁定不予核准，并撤销原判，发回重新审判；如果原审判决认定的事实正确，但依法不应当判处死刑的，裁定不予核准，并撤销原判，发回重新审判；如果发现第一审人民法院或者第二审人民法院违反法律规定的诉讼程序，可能影响正确判决的，应当裁定不予核准，并撤销原判，发回重审。

第二十三章 审判监督程序

✓ 单项选择题

1. **答案**：D。本题考查的是审判监督程序中对特定情形的处理。根据《刑事诉讼法解释》第 472 条第 1 款第 3 项的规定，原判决、裁定认定事实没有错误，但适用法律有错误，或者量刑不当的，应当撤销原判决、裁定，依法改判。故本题正确答案为 D。

2. **答案**：D。本题考查的是按审判监督程序再审的审理期限。根据《刑事诉讼法》第 258 条第 1 款的规定，人民法院按照审判监督程序重新审判的案件，应当在作出提审、再审决定之日起三个月以内审结，需要延长期限的，不得超过六个月。故本题正确答案为 D。

3. **答案**：D。《刑事诉讼法解释》第 453 条第 1 款、第 2 款规定，申诉由终审人民法院审查处理。但是，第二审人民法院裁定准许撤回上诉的案件，申诉人对第一审判决提出申诉的，可以由第一审人民法院审查处理。上一级人民法院对未经终审人民法院审查处理的申诉，可以告知申诉人向终审人民法院提出申诉，或者直接交终审人民法院审查处理，并告知申诉人；案件疑难、复杂、重大的，也可以直接审查处理。故 AB 项错误。《刑事诉讼法解释》第 459 条规定，申诉人对驳回申诉不服的，可以向上一级人民法院申诉。上一级人民法院经审查认为申诉不符合《刑事诉讼法》第 253 条和本解释第 457 条第 2 款规定的，应当说服申诉人撤回申诉；对仍然坚持申诉的，应当驳回或者通知不予重新审判。故 C 项错误。《刑事诉讼法解释》第 455 条规定，对死刑案件的申诉，可以由原核准的人民法院直接审查处理，也可以交由原审人民法院审查。原审人民法院应当制作审查报告，提出处理意见，层报原核准的人民法院审查处理。故 D 项正确。

4. **答案**：B。本题考查的是当事人的近亲属的申诉权及其申诉对已生效判决、裁定的影响。《刑事诉讼法》第 252 条规定："当事人及其法定代理人、近亲属，对已经发生法律效力的判决、裁定，可以向人民法院或者人民检察院提出申诉，但是不能停止判决、裁定的执行。"据此，因为"哥哥"属于刑事诉讼法规定的近亲属范围，故马某的哥哥可以对已生效判决、裁定提出申诉，但是不得停止判决、裁定的执行。故本题正确答案为 B。

5. **答案**：B。本题考查的是再审程序的审限。《刑事诉讼法》第 258 条第 1 款规定："人民法院按照审判监督程序重新审判的案件，应当在作出提审、再审决定之日起三个月以内审结，需要延长期限的，不得超过六个月。"故本题正确答案为 B。

6. **答案**：D。本题考查刑事诉讼中申诉的期限和提出。根据《刑事诉讼法》第 252 条规定："当事人及其法定代理人、近亲属，对已经发生法律效力的判决、裁定，可以向人民法院或者人民检察院提出申诉，但是不能停止判决、裁定的执行。"申诉人提出申诉，既可以向人民法院提出，也可以向人民检察院提出，但一般不可以向公安机关提出。

7. **答案**：C。本题考查刑事诉讼中依照审判监督程序对案件重新审理程序中的提审、中止执行以及强制措施。原审被告人（原审上诉人）在押，再审可能改判宣告无罪的，人民法院裁定中止执行原裁决后，可以取保候审，而不是可以逮捕。

8. **答案**：D。选项 AB 正确。《刑事诉讼法》第 254 条第 2 款规定，最高人民法院对各级人民法院已经发生法律效力的判决和裁定，上级人民法院对下级人民法院已经发生法律效力的判决和裁定，如果发现确有错误，有权提审或者指令下级人民法院再审。选项 C 正确，选项 D 错误。《刑事诉讼法》第 254

第 3 款规定，最高人民检察院对各级人民法院已经发生法律效力的判决和裁定，上级人民检察院对下级人民法院已经发生法律效力的判决和裁定，如果发现确有错误，有权按照审判监督程序向同级人民法院提出抗诉。本案死缓判决是省高院核准的，那么生效判决就是省高院作出的，依法应由上级检察院即最高人民检察院对其抗诉，省检察院不能对该案向省高院提出抗诉。

9. **答案**：B。本题考查审判监督程序。《刑事诉讼法》第 254 条第 4 款规定："人民检察院抗诉的案件，接受抗诉的人民法院应当组成合议庭重新审理，对于原判决事实不清楚或者证据不足的，可以指令下级人民法院再审。"选项 A 中"应当"错误。第 255 条规定："上级人民法院指令下级人民法院再审的，应当指令原审人民法院以外的下级人民法院审理；由原审人民法院审理更为适宜的，也可以指令原审人民法院审理。"故选项 B 正确。第 257 条规定："人民法院决定再审的案件，需要对被告人采取强制措施的，由人民法院依法决定；人民检察院提出抗诉的再审案件，需要对被告人采取强制措施的，由人民检察院依法决定。人民法院按照审判监督程序审判的案件，可以决定中止原判决、裁定的执行。"故选项 CD 错误。综上，故本题正确答案为 B。

☑ 多项选择题

1. **答案**：BD。本题考查的是有关审判监督程序的规定。《刑事诉讼法》第 256 条第 1 款规定，人民法院按照审判监督程序重新审判的案件，由原审人民法院审理的，应当另行组成合议庭进行。如果原来是第一审案件，应当依照第一审程序进行审判，所作的判决、裁定，可以上诉、抗诉；如果原来是第二审案件，或者是上级人民法院提审的案件，应当依照第二审程序进行审判，所作的判决、裁定，是终审的判决、裁定。故本题 A 项不正确，B 项正确。《最高人民法院关于刑事再审案件开庭审理程序的具体规定（试行）》第 8 条第 1 款规定，除人民检察院抗诉的以外，再审一般不得加重原审被告人（原审上诉人）的刑罚。故本题 C 项不正确。《最高人民法院关于刑事再审案件开庭审理程序的具体规定（试行）》第 4 条规定，参与过本案第一审、第二审、复核程序审判的合议庭组成人员不得参与本案的再审程序的审判。故本题 D 项正确。

2. **答案**：BCD。《刑事诉讼法解释》第 451 条规定，当事人及其法定代理人、近亲属对已经发生法律效力的判决、裁定提出申诉的，人民法院应当审查处理。案外人认为已经发生法律效力的判决、裁定侵害其合法权益，提出申诉的，人民法院应当审查处理。申诉可以委托律师代为进行。故 A 项错误。《刑事诉讼法解释》第 466 条第 1 款规定，原审人民法院审理依照审判监督程序重新审判的案件，应当另行组成合议庭。故 B 项正确。《刑事诉讼法解释》第 464 条规定，对决定依照审判监督程序重新审判的案件，人民法院应当制作再审决定书。再审期间不停止原判决、裁定的执行，但被告人可能经再审改判无罪，或者可能经再审减轻原判刑罚而致刑期届满的，可以决定中止原判决、裁定的执行，必要时，可以对被告人采取取保候审、监视居住措施。故 C 项正确。《刑事诉讼法解释》第 461 条第 2 款规定，上级人民法院指令下级人民法院再审的，一般应当指令原审人民法院以外的下级人民法院审理；由原审人民法院审理更有利于查明案件事实、纠正裁判错误的，可以指令原审人民法院审理。故 D 项正确。故本题的正确答案为 BCD 三项。

3. **答案**：ABCD。本题考查的是可以依照审判监督程序对案件重新审理的法院。《刑事诉讼法》第 254 条第 1 款和第 2 款规定，各级人民法院院长对本院已经发生法律效力的判决和裁定，如果发现在认定事实上或者在适用法律上确有错误，必须提交审判委员会处理。最高人民法院对各级人民法院已经发生法律效力的判决和裁定，上级人民法院对下级人民法院已经发生法律效力的判决和裁定，如果发现确有错误，有权提审或者指令下级人民法院再审。故本题正确答案为 ABCD。

4. **答案**：BD。本题考查的是有关审判监督程序的法律规定。《刑事诉讼法》第256条第1款规定，人民法院按照审判监督程序重新审判的案件，由原审人民法院审理的，应当另行组成合议庭进行。如果原来是第一审案件，应当依照第一审程序进行审判，所作的判决、裁定，可以上诉、抗诉；如果原来是第二审案件，或者是上级人民法院提审的案件，应当依照第二审程序进行审判，所作的判决、裁定，是终审的判决、裁定。故本题A项不正确，D项正确。《刑事诉讼法》第254条第3款规定，最高人民检察院对各级人民法院已经发生法律效力的判决和裁定，上级人民检察院对下级人民法院已经发生法律效力的判决和裁定，如果发现确有错误，有权按照审判监督程序向同级人民法院提出抗诉。故本题B项正确，C项不正确。

5. **答案**：ABD。本题考查再审不加刑、上诉不加刑、审判监督程序的功能和理念。《刑事诉讼法解释》第401条规定："审理被告人或者其法定代理人、辩护人、近亲属提出上诉的案件，不得对被告人的刑罚作出实质不利的改判，并应当执行下列规定：（一）同案审理的案件，只有部分被告人上诉的，既不得加重上诉人的刑罚，也不得加重其他同案被告人的刑罚；（二）原判认定的罪名不当的，可以改变罪名，但不得加重刑罚或者对刑罚执行产生不利影响；（三）原判认定的罪数不当的，可以改变罪数，并调整刑罚，但不得加重决定执行的刑罚或者对刑罚执行产生不利影响；（四）原判对被告人宣告缓刑的，不得撤销缓刑或者延长缓刑考验期；（五）原判没有宣告职业禁止、禁止令的，不得增加宣告；原判宣告职业禁止、禁止令的，不得增加内容、延长期限；（六）原判对被告人判处死刑缓期执行没有限制减刑、决定终身监禁的，不得限制减刑、决定终身监禁；（七）原判判处的刑罚不当、应当适用附加刑而没有适用的，不得直接加重刑罚或适用附加刑。原判判处的刑罚畸轻，必须依法改判的，应当在第二审判决、裁定生效后，依照审判监督程序重新审判。人民检察院抗诉或者自诉人上诉的案件，不受前款规定的限制。"由此可见，上诉不加刑原则没有例外，故C项后半句话不正确。ABD三项在此法条中有所体现，故当选。

6. **答案**：ABC。本题考查的是重新审判案件的程序。《刑事诉讼法》第256条规定："人民法院按照审判监督程序重新审判的案件，由原审人民法院审理的，应当另行组成合议庭进行。如果原来是第一审案件，应当依照第一审程序进行审判，所作的判决、裁定，可以上诉、抗诉；如果原来是第二审案件，或者是上级人民法院提审的案件，应当依照第二审程序进行审判，所作的判决、裁定，是终审的判决、裁定。人民法院开庭审理的再审案件，同级人民检察院应当派员出席法庭。"据此，本题正确答案为ABC。

7. **答案**：ABD。本题考查的是审判监督程序提起的理由。《刑事诉讼法》第253条规定："当事人及其法定代理人、近亲属的申诉符合下列情形之一的，人民法院应当重新审判：（一）有新的证据证明原判决、裁定认定的事实确有错误，可能影响定罪量刑的；（二）据以定罪量刑的证据不确实、不充分、依法应当予以排除，或者证明案件事实的主要证据之间存在矛盾的；（三）原判决、裁定适用法律确有错误的；（四）违反法律规定的诉讼程序，可能影响公正审判的；（五）审判人员在审理该案件的时候，有贪污受贿，徇私舞弊，枉法裁判行为的。"A项表述符合本条第2项的规定。B项表述符合本条第3项"原判决、裁定适用法律确有错误的"，因为《刑法》第72条至第74条的规定对缓刑的适用条件有明确的要求，"适用缓刑错误"，就是适用刑法有错误。D项表述符合本条第4项的规定。C项表述"违反回避制度"属程序违法，而能够提起审判监督程序的，应为实体上的错误。综上，本题正确答案为ABD。

8. **答案**：BD。本题考查提起审判监督程序的主体和权限。首先要搞清楚死缓的案件，乙市中级人民法院一审判决死缓后，该死缓的判决要报经甲省高级法院核准后生效。所以，本题中甲省高级人民法院才是作出生效裁判的法院。《刑事诉讼法》第 254 条第 1 款至第 3 款规定，各级人民法院院长对本院已经发生法律效力的判决和裁定，如果发现在认定事实上或者在适用法律上确有错误，必须提交审判委员会处理。最高人民法院对各级人民法院已经发生法律效力的判决和裁定，上级人民法院对下级人民法院已经发生法律效力的判决和裁定，如果发现确有错误，有权提审或者指令下级人民法院再审。最高人民检察院对各级人民法院已经发生法律效力的判决和裁定，上级人民检察院对下级人民法院已经发生法律效力的判决和裁定，如果发现确有错误，有权按照审判监督程序向同级人民法院提出抗诉。本题中，只有最高人民检察院和甲省高级法院才可以提起审判监督程序。乙市中级人民法院是甲省高级法院的下级法院，无权提起审判监督程序。甲省检察院是甲省高级法院的同级检察院，也无权对甲省高级法院的生效裁判提起审判监督程序。因此，本题的正确答案为 BD 两项。

名词解释

1. **答案**：审判监督程序是指人民法院、人民检察院对已经发生法律效力的判决和裁定，发现在认定事实或者适用法律上确有错误，依法提起并由人民法院对案件进行重新审判的一种特别审判程序。审判监督程序是刑事诉讼中的一个独立阶段，但它仅仅是在一定条件下才能采用的一种特殊的救济程序，而不是每一个案件的必经程序。其主要特点是：（1）有权提起审判监督程序的主体是人民法院和人民检察院；（2）审判监督程序的审理对象是已经发生法律效力的判决和裁定，无论其是否执行完毕；（3）提起审判监督程序必须具备法定理由，即生效判决和裁定在认定事实或者适用法律上确有错误；（4）重新审判案件的人民法院以及具体程序，根据提起审判监督程序的主体和案件的不同等而有所区别。

2. **答案**：审判监督程序中的申诉是指当事人及其法定代理人、近亲属等申诉权人对人民法院的生效判决和裁定不服，以书面或者口头方式向人民法院或者人民检察院提出该判决或者裁定在认定事实或者适用法律上确有错误，并要求人民法院重新审判的行为。当事人等向司法机关提出申诉既是法律赋予他们的权利，也是司法机关提起审判监督程序的主要材料来源，更是使确有错误的裁判得以纠正的重要途径。申诉的重要特征是，申诉人的申诉仅仅是人民法院和人民检察院提起审判监督程序的材料来源，并不能直接和必然引起审判监督程序，人民法院和人民检察院是否提起审判监督程序，应当视当事人等提出的申诉有无事实根据以及其理由是否符合法律规定而定。

3. **答案**：非常上诉是法国和日本规定的一种特殊救济程序。根据《法国刑事诉讼法》的规定，非常上诉是指对刑事审查庭的裁定和刑事审判法庭的终审判决、裁定向最高人民法院提出上诉的一种特殊救济程序，它包括向最高人民法院提出的上诉即要求撤销之诉和向最高人民法院提出的要求再审之诉。要求撤销之诉的根据是原裁判违法，目的是请求撤销违法裁判。要求再审之诉是上诉人就认定事实确有错误但已经获既判力的裁判向最高人民法院提出的一种救济程序。上诉人提出再审之诉以后，最高人民法院应当就原判事实有无错误进行审理和裁判。根据《日本刑事诉讼法》的规定，非常上诉又称非常上告，是指在判决确定以后，总检察长发现该案件的审判违反法律，而向最高人民法院提出，请求对此情形予以纠正的一种非常救济程序。非常上诉的申请权专属于总检察长。非常上诉的目的是统一解释法律。但是，法律解释有错误而不利于被告人时，可以撤销不利于被告人的判决，因此，非常上诉具有救济被告人的功能。

4. **答案**：指令再审是指最高人民法院和上级人民法院依法指令原审或者本级人民法院的下级人民法院按照审判监督程序进行重新审理的方式。指令再审既是最高人民法院和其他上级人民法院对下级人民法院生效裁判行使审判监督权，也是提起审判监督程序的方式。根据法律和司法实践，原审裁判在认定事实上确有错误或事实不清、证据不足或发现新事实、新证据的，为了便于就地调查和传唤当事人等出庭核实，由最高人民法院或上级人民法院指令下级人民法院再审。

简答题

1. 答案：死刑复核程序，是指人民法院对判处死刑的案件报请对死刑有核准权的人民法院审查核准应遵守的步骤、方式和方法。再审程序，又称为审判监督程序，是指司法机关对确有错误的已经发生法律效力的判决、裁定。依法对该案件进行重新审判的程序。

死刑复核程序与再审程序都为特别程序，都是实现审判监督的方式，但两者有明显的区别。我们认为，两者的区别主要体现在审理的对象、审理的目的、审理的依据和审理的法院等几个方面。主要有：

（1）审理的对象不同。再审程序的审理对象是已生效的包括死刑裁判在内的一切确有错误的裁判。而死刑复核程序审理的对象是特定的，即对尚未发生法律效力的死刑裁判的核准。

（2）审理的目的不同。再审程序的目的是纠正错误裁判。而死刑复核程序审理的目的是防止发生错误裁判。

（3）审理的依据不同。再审程序必须由最高人民法院和上级人民法院、各级人民法院院长及其审判委员会，以及最高人民检察院和上级人民检察院依法提起。而死刑复核程序是由下级人民法院将判被告人死刑的案件主动报请有核准权的上级人民法院核准。

（4）审理的法院不同。有权按照再审程序重新审理案件的法院包括最高人民法院和地方各级人民法院。而有权对死刑复核案件进行复核的只有最高人民法院或经其授权的高级人民法院。

2. 答案：当事人的申诉只能是审判监督程序的材料来源，不具有直接提起再审的法律效力，自然也不能停止对原生效裁判的执行。根据《刑事诉讼法》第253条之规定，申诉的理由有以下几种：（1）有新的证据证明原判决、裁定认定的事实确有错误，可能影响定罪量刑的；（2）据以定罪量刑的证据不确实、不充分、依法应当予以排除，或者证明案件事实的主要证据之间存在矛盾的；（3）原判决、裁定适用法律确有错误的；（4）违反法律规定的诉讼程序，可能影响公正审判的；（5）审判人员在审理该案件的时候，有贪污受贿，徇私舞弊，枉法裁判行为的。上述申诉理由，只要具备其中之一，人民法院就应当依照审判监督程序对案件进行重新审判。

论述题

1. 答案：审判监督程序与第二审程序相比虽然两者都是对案件进行重新审判的程序，都是对原判决、裁定所认定的事实和适用的法律进行全面审查使错误裁判得到纠正的程序。但审判监督程序与第二审程序之间有重大的区别，主要体现在以下几个方面：

（1）有权提起的主体不同。可以提起第二审程序的主体有行使上诉权的当事人和原审人民法院的同级人民检察院；而有权提出审判监督程序的主体除了对本院已经发生法律效力的判决、裁定可以由本院院长提交审判委员会决定以外，只能是最高人民法院和其他上级人民法院，最高人民检察院和其他上级人民检察院。

（2）审理的对象不同。适用第二审程序的对象是由第一审法院作出判决、裁定，但还没有发生法律效力的案件；适用审判监督程序审理的对象则是判决、裁定已经发生法律效力的案件，包括原来的第一审案件和第二审案件，以及判决、裁定正在执行过程中或者已经执行完毕的案件。

（3）提起上诉和提起审判监督程序的理由不同。当事人等提出的上诉无论基于何种理由，原审人民法院的上一级人民法院都应当受理，并按照第二审程序进行审判；而提起审判监督程序必须是发现判决、裁定在认定事实或者适用法律上确有错误的。

（4）有无法定期限限制的不同。对于第一审人民法院作出的判决、裁定提出上诉或者抗诉，有法定的期限限制，如果无正当理由过期上诉者抗诉，第二审人民法院一般不予受理；而对于提起审判监督程序，如果要改有罪为无罪法律并没有规定期限限制，只要发现已经发生法律效力的判决、裁定确有错误，那么不论它是何时作出的，都可以提起。

（5）审理后改判时能否对被告人加刑不同。按照第二审程序审理上诉、抗诉案件，对于只有被告人一方提出上诉的，改判时不得加重被告人的刑罚；而按照审判监督程序重新审判案件，改判时则可以对被告人判处较原判决更重的刑罚。

（6）审判案件的主体不同。按照第二程序审判案件的法院，是第一审法院的上一级人民法院；而按照审判监督程序审判案件的法院，则既可以是作出该判决、裁定的原审人民法院，也可以是提审的上级人民法院和经它指令再审的下级人民法院。

2. 答案：刑事审判监督程序是指人民法院、人民检察院对已经发生法律效力的判决和裁定，发现认定事实或适用法律上确有错误，依法提起并对案件进行重新审判的一项特别审判程序。刑事审判监督程序有以下几个特点：

（1）审理对象特定按照审判监督程序审理的案件是已经发生法律效力而确有错误的判决、裁定。包括正在执行和已执行完毕的判决和裁定。也就是说，如果判决尚未生效，如处在上诉期内的一审判决，则不能按照审判监督程序进行再审。

（2）有权提起审判监督程序的主体特定。提起审判监督程序的主体只限于人民法院和人民检察院。具体来讲，是各级人民法院院长和审判委员会、最高人民法院、上级人民法院、最高人民检察院和上级人民检察院。

（3）提起的条件法定。即生效判决、裁定在认定事实或适用法律上确有错误是由有权提起审判监督程序的机关和人员认定的。

（4）提起程序没有时效限定。也就是说，发现案件判决、裁定错误，可以随时提起，不存在时效限制。

（5）再审案件的法院无审级限制。依照审判监督程序进行再审的法院，既可以是原审的第一审法院或第二审法院，也可以是提审案件的上一级人民法院、最高人民法院或由它们指令再审的下级人民法院。

（6）再审量刑无加刑限制。也就是说，在审判监督程序中，法院可以仅根据事实适用法律，不必遵循上诉不加刑原则。

3. 答案：我国的刑事诉讼中有两种抗诉，分别为第二审程序的抗诉和审判监督程序的抗诉。第二审程序的抗诉，是指地方各级人民检察院认为本级人民法院第一审的判决、裁定确有错误时，在法定抗诉期限内要求上一级人民法院对案件重新审理的诉讼活动。审判监督程序的抗诉，则是指最高人民检察院对各级人民法院、上级人民检察院对下级人民法院的已经发生法律效力的刑事判决、裁定，发现在认定事实或者适用法律上确有错误时，提请同级人民法院对案件重新审理并予以纠正的一种审判监督行为。

首先，第二审程序的抗诉和审判监督程序的抗诉的相同点：

（1）抗诉的主体相同，都是由人民检察院依法提出的，都是人民检察院依法行使职权，对各级人民法院的审判活动实行监督的一种重要形式。

（2）抗诉的理由相同，都是认为判决、裁定确有错误而提起的。司法实践中包括以下几个方面的理由：①原判事实不清，证据不足；②原判适用法律不当，定罪量刑有错误；③原判严重违反诉讼程序。

（3）抗诉的程序和方式相同，都要求人民检察院提出抗诉书，进行书面抗诉。

其次，第二审程序的抗诉和审判监督程序的抗诉的不同点：虽然二者有诸多的共同点，有共同的名称，但二者并不相同，主要有以下几点：

（1）抗诉的对象不同。第二审程序的抗诉，是针对地方各级人民法院第一审尚未生效的裁判提出的；而审判监督程序的抗诉，是针对已经生效的裁判提出的，包括一审生效的裁判和两审终审的裁判。对最高人民法院的裁判，不能采用第二审程序的抗诉，只能依照审判监督程序抗诉，对最高人民法院核准死刑的判决以及最高人民法院核准死刑的缓期二年执行的判决的抗诉，也只能按照审判监督程序提出。

(2) 抗诉的权限不同。依照第二审程序抗诉，是第一审法院同级的人民检察院的权力和职责，限于地方各级人民检察院。最高人民检察院对最高人民法院的第一审裁判无权按第二审程序抗诉。而审判监督程序的抗诉，除最高人民检察院对全国各级人民法院的生效裁判都有权提出外，只有上级人民检察院对下级人民法院的生效裁判才有权向同级人民法院提出。地方各级人民检察院对同级人民法院的生效裁判，都无权直接提出抗诉。

(3) 接受抗诉的审判机关不同。接受第二审程序抗诉的是提出抗诉的人民检察院的上一级人民法院，不能由原审人民法院审判。而接受审判监督程序抗诉的是提出抗诉的人民检察院的同级人民法院。但依审判监督程序审理案件的法院，不受两审终审的限制，可以是原来的第一审法院或者第二审法院，也可以是任何上级人民法院。

(4) 抗诉期限不同。第二审程序的抗诉，必须在法定的期限内提出，法院不能接受逾期的抗诉；而审判监督程序的抗诉，一般没有期限限制，只要人民检察院发现生效的裁判确有错误，不论是在判决、裁定的执行中，还是在执行完毕以后，均可提出抗诉。如果原裁判是无罪裁判，人民检察院提起审判监督程序要求改为有罪裁判，则应该遵循刑法关于诉讼时效的规定。

(5) 抗诉的作用与后果不同。第二审程序的抗诉，主要是为了阻止第一审法院的判决生效，避免将人民检察院认为有错误的判决交付执行；审判结果可能改判或者发回原审法院重审，也可能维持原判。而审判监督程序的抗诉，主要是为了实事求是、有错必纠，将已经交付执行的错误裁判纠正过来。在一般情况下，再审结果将导致撤销原判，重新处理。因此，实践中不能混淆这两种抗诉。

案例分析题

1. **答案：**(1) 对韩父的申诉，市中级人民法院1年多未予答复是错误的。《刑事诉讼法解释》第457条第1款规定，人民法院受理申诉后，应当在3个月内作出决定，至迟不得超过6个月。

(2) 省人民检察院按审判监督程序向市中级人民法院提起抗诉是错误的。《刑事诉讼法》第254条第3款规定，最高人民检察院对各级人民法院已经发生法律效力的判决和裁定，上级人民检察院对下级人民法院已经发生法律效力的判决和裁定，如果发现确有错误，有权按照审判监督程序向同级人民法院提出抗诉。本案中，省人民检察院应当按审判监督程序向省高级人民法院提起抗诉。

(3) 市中级人民法院接到抗诉后制作再审决定书是错误的。根据《刑事诉讼法解释》第464条的规定，对决定依照审判监督程序重新审判的案件，人民法院应当制作再审决定书。再审期间不停止原判决、裁定的执行，但被告人可能经再审改判无罪，或者可能经再审减轻原判刑罚而致刑期届满的，可以决定中止原判决、裁定的执行，必要时，可以对被告人采取取保候审、监视居住措施。

(4) 市中级人民法院在接受抗诉之日起将近3个月的时候决定指令下级人民法院再审是错误的。《刑事诉讼法解释》第463条规定，对人民检察院依照审判监督程序提出抗诉的案件，接受抗诉的人民法院应当组成合议庭审理。对原判事实不清、证据不足，包括有新的证据证明原判可能有错误，需要指令下级人民法院再审的，应当在立案之日起一个月内作出决定，并将指令再审决定书送达抗诉的人民检察院。

2. **答案：**(1) 本题考查申诉的提出。

根据《刑事诉讼法》第252条的规定："当事人及其法定代理人、近亲属，对已经发生法律效力的判决、裁定，可以向人民法院或者人民检察院提出申诉，但是不能停止判决、裁定的执行。"根据《关于规范人民法院再审立案的若干意见（试行）》第5条的规定，再审申请人或申诉人向人民法院申请再审或申诉，应当提交以下材料：

①再审申请书或申诉状，应当载明当事人的基本情况、申请再审或申诉的事实与理由；

②原一、二审判决书、裁定书等法律文

书，经过人民法院复查或再审的，应当附有驳回通知书、再审判决书或裁定书；

③以有新的证据证明原裁判认定的事实确有错误为由申请再审或申诉的，应当同时附有证据目录、证人名单和主要证据复印件或者照片；需要人民法院调查取证的，应当附有证据线索。

申请再审或申诉不符合前款规定的，人民法院不予审查。

（2）本题考查申诉的受理以及审查处理。

根据最高人民检察院发布的《高检规则》的规定，对刑事判决、裁定的监督由公诉部门和刑事申诉检察部门承办。当事人及其法定代理人、近亲属认为人民法院已经发生法律效力的判决、裁定确有错误，向人民检察院申诉的，由刑事申诉检察部门依法办理。

人民检察院对申诉材料应迅速审查，认为需要复查的，由承办人填写案件处理呈批表，经主管领导批准后复查。对批准复查的申诉案件，应当拟订复查计划，确定需要查清的主要问题以及复查的方法、步骤、措施和完成的时间等。复查终结后办案人员应制作结案报告。

第二十四章 执 行

✓ 单项选择题

1. 答案：A。本题考查的是特定判决的执行机关。《刑事诉讼法》第272条规定，没收财产的判决，无论附加适用或者独立适用，都由人民法院执行；在必要的时候，可以会同公安机关执行。故本题A项正确。《刑事诉讼法》第271条规定，被判处罚金的罪犯，期满不缴纳的，人民法院应当强制缴纳；如果由于遭遇不能抗拒的灾祸缴纳确实有困难的，可以裁定减少或者免除。故本题B项不正确。《刑事诉讼法》第270条规定，对被判处剥夺政治权利的罪犯，由公安机关执行。执行期满，应当由执行机关书面通知本人及其所在单位、居住地基层组织。故本题CD项不正确。

2. 答案：A。本题考查的是缓刑的执行机关。根据《刑事诉讼法》第269条的规定，对被判处管制、宣告缓刑、假释或者暂予监外执行的罪犯，依法实行社区矫正，由社区矫正机构负责执行。故本题正确答案为A。

3. 答案：A。本题考查的是对被判处死刑缓期2年执行的罪犯应予减刑的条件。《刑事诉讼法》第261条第2款规定，被判处死刑缓期二年执行的罪犯，在死刑缓期执行期间，如果没有故意犯罪，死刑缓期执行期满，应当予以减刑，由执行机关提出书面意见，报请高级人民法院裁定；如果故意犯罪，查证属实，应当执行死刑，由高级人民法院报请最高人民法院核准。故本题正确答案为A。

4. 答案：D。本题考查的是对执行死刑中的特定情形的处理。《刑事诉讼法解释》第500条第1款规定："下级人民法院在接到执行死刑命令后、执行前，发现有下列情形之一的，应当暂停执行，并立即将请求停止执行死刑的报告和相关材料层报最高人民法院：（一）罪犯可能有其他犯罪的；（二）共同犯罪的其他犯罪嫌疑人到案，可能影响罪犯量刑的；（三）共同犯罪的其他罪犯被暂停或者停止执行死刑，可能影响罪犯量刑的；（四）罪犯揭发重大犯罪事实或者有其他重大立功表现，可能需要改判的；（五）罪犯怀孕的；（六）判决、裁定可能有影响定罪量刑的其他错误的。"故本题正确答案为D。

5. 答案：A。本题考查的是执行死刑的期限。《刑事诉讼法》第262条第1款规定，下级人民法院接到最高人民法院执行死刑的命令后，应当在7日以内交付执行。故本题正确答案为A。

6. 答案：B。本题考查刑罚的执行机关。《刑事诉讼法》第269条规定，对被判处管制、宣告缓刑、假释或者暂予监外执行的罪犯，依法实行社区矫正，由社区矫正机构负责执行。故A项错误，B项正确。《刑事诉讼法》第272条规定，没收财产的判决，无论附加适用或者独立适用，都由人民法院执行；在必要的时候，可以会同公安机关执行。故D项错误。《刑事诉讼法》第264条第2款规定，对被判处死刑缓期二年执行、无期徒刑、有期徒刑的罪犯，由公安机关依法将该罪犯送交监狱执行刑罚。对被判处有期徒刑的罪犯，在被交付执行刑罚前，剩余刑期在三个月以下的，由看守所代为执行。对被判处拘役的罪犯，由公安机关执行。故C项错误。

7. 答案：C。本题考查的是终审判决、裁定的效力。《刑事诉讼法》第259条第2款规定："下列判决和裁定是发生法律效力的判决和裁定：（一）已过法定期限没有上诉、抗诉的判决和裁定；（二）终审的判决和裁定；（三）最高人民法院核准的死刑的判决和高级人民法院核准的死刑缓期二年执行的判决。"据此，本题正确答案为C。

8. 答案：C。本题考查的是对免除刑事处罚判决的执行。《刑事诉讼法》第260条规定：

"第一审人民法院判决被告人无罪、免除刑事处罚的，如果被告人在押，在宣判后应当立即释放。"据此，本题正确答案为C。

9. 答案：B。本题考查的是死缓罪犯减刑的裁定机关。《刑事诉讼法》第261条第2款规定："被判处死刑缓期二年执行的罪犯，在死刑缓期执行期间，如果没有故意犯罪，死刑缓期执行期满，应当予以减刑的，由执行机关提出书面意见，报请高级人民法院裁定……"据此，本题正确答案为B。

10. 答案：A。本题考查的是为保外就医开具证明的医院。《刑事诉讼法》第265条第4款规定："对罪犯确有严重疾病，必须保外就医的，由省级人民政府指定的医院诊断并开具证明文件。"据此，本题正确答案为A。

11. 答案：C。本题考查的是对服刑罪犯又犯新罪或发现漏罪的处理机关。《刑事诉讼法》第273条第1款规定："罪犯在服刑期间又犯罪的，或者发现了判决的时候所没有发现的罪行，由执行机关移送人民检察院处理。"据此，本题正确答案为C。

12. 答案：C。本题考查的是执行机关发现判决有错误或者罪犯提出申诉的处理。《刑事诉讼法》第275条规定："监狱和其他执行机关在刑罚执行中，如果认为判决有错误或者罪犯提出申诉，应当转请人民检察院或者原判人民法院处理。"据此，本题正确答案为C。

13. 答案：D。本题考查的是执行期满的处理。《刑事诉讼法》第264条第5款规定："判处有期徒刑、拘役的罪犯，执行期满，应当由执行机关发给释放证明书。"据此，本题正确答案为D。

14. 答案：B。本题考查的是监外执行的执行机关。《刑事诉讼法》第265条第5款规定："在交付执行前，暂予监外执行由交付执行的人民法院决定；在交付执行后，暂予监外执行由监狱或者看守所提出书面意见，报省级以上监狱管理机关或者设区的市一级以上公安机关批准。"故本题正确答案为B。

15. 答案：B。《最高人民法院关于减刑、假释案件审理程序的规定》第1条规定，对减刑、假释案件，应当按照下列情形分别处理……

(3) 对被判处有期徒刑和被减为有期徒刑的罪犯的减刑、假释，由罪犯服刑地的中级人民法院在收到执行机关提出的减刑、假释建议书后1个月内作出裁定，案情复杂或者情况特殊的，可以延长1个月……故A项的错误在于，对甲的减刑，应由其服刑地中级人民法院作出裁定，而不是高级人民法院作出裁定。《最高人民法院关于减刑、假释案件审理程序的规定》第6条规定，人民法院审理减刑、假释案件，可以采取开庭审理或者书面审理的方式。但下列减刑、假释案件，应当开庭审理：(1) 因罪犯有重大立功表现报请减刑的；(2) 报请减刑的起始时间、间隔时间或者减刑幅度不符合司法解释一般规定的；(3) 公示期间收到不同意见的；(4) 人民检察院有异议的；(5) 被报请减刑、假释罪犯系职务犯罪罪犯，组织（领导、参加、包庇、纵容）黑社会性质组织犯罪罪犯，破坏金融管理秩序和金融诈骗犯罪罪犯及其他在社会上有重大影响或社会关注度高的；(6) 人民法院认为其他应当开庭审理的。《最高人民法院关于减刑、假释案件审理程序的规定》第7条规定，人民法院开庭审理减刑、假释案件，应当通知人民检察院、执行机关及被报请减刑、假释罪犯参加庭审。人民法院根据需要，可以通知证明罪犯确有悔改表现或者立功、重大立功表现的证人，公示期间提出不同意见的人，以及鉴定人、翻译人员等其他人员参加庭审。故B项正确。《最高人民法院关于减刑、假释案件审理程序的规定》第15条规定，人民法院书面审理减刑案件，可以提讯被报请减刑罪犯；书面审理假释案件，应当提讯被报请假释罪犯。C项系职务犯罪，其假释应当开庭审理，不能书面审理。故C项错误。《最高人民法院关于减刑、假释案件审理程序的规定》第10条规定，减刑、假释案件的开庭审理由审判长主持，应当按照以下程序进行：(1) 审判长宣布开庭，核实被报请减刑、假释罪犯的基本情况；(2) 审判长宣布合议庭组成人员、检察人员、执行机关代表及其他庭审参加人；(3) 执行机关代表宣读减刑、假释建议书，并说明主要理由；(4) 检察人员发表检察意见；(5) 法庭对被报请减刑、假释罪犯确有悔改表现或立功表现、重大立功表现的事实以及其他影响减刑、假释的情况进行调查核实；(6) 被报请减刑、假释罪犯作最后陈述；(7) 审判长对庭审情况进行总结并宣布休庭评议。故 D 项错误。

16. **答案**：A。《最高人民法院关于刑事裁判涉财产部分执行的若干规定》第 2 条规定，刑事裁判涉财产部分，由第一审人民法院执行。第一审人民法院可以委托财产所在地的同级人民法院执行。故 D 项错误。《最高人民法院关于刑事裁判涉财产部分执行的若干规定》第 5 条规定，刑事审判或者执行中，对于侦查机关已经采取的查封、扣押、冻结，人民法院应当在期限届满前及时续行查封、扣押、冻结。人民法院续行查封、扣押、冻结的顺位与侦查机关查封、扣押、冻结的顺位相同。对侦查机关查封、扣押、冻结的财产，人民法院执行中可以直接裁定处置，无需侦查机关出具解除手续，但裁定中应当指明侦查机关查封、扣押、冻结的事实。故 A 项正确，B 项错误。《最高人民法院关于刑事裁判涉财产部分执行的若干规定》第 6 条规定，刑事裁判涉财产部分的裁判内容，应当明确、具体。涉案财物或者被害人人数较多，不宜在判决主文中详细列明的，可以概括叙明并另附清单。判处没收部分财产的，应当明确没收的具体财物或者金额。判处追缴或者责令退赔的，应当明确追缴或者退赔的金额或财物的名称、数量等相关情况。故 C 项错误。

17. **答案**：A。本题考查财产刑的执行程序。依据《最高人民法院关于刑事裁判涉财产部分执行的若干规定》第 13 条规定："被执行人在执行中同时承担刑事责任、民事责任，其财产不足以支付的，按照下列顺序执行：(一) 人身损害赔偿中的医疗费用；(二) 退赔被害人的损失；(三) 其他民事债务；(四) 罚金；(五) 没收财产。债权人对执行标的依法享有优先受偿权，其主张优先受

偿的，人民法院应当在前款第 (一) 项规定的医疗费用受偿后，予以支持。"依据此法条可知，故本题的正确答案为 A 项。

18. **答案**：C。本题考查监外执行。依据《刑事诉讼法》第 265 条第 5 款的规定，在交付执行前，暂予监外执行由交付执行的人民法院决定；在交付执行后，暂予监外执行由监狱或者看守所提出书面意见，报省级以上监狱管理机关或者设区的市一级以上公安机关批准。本题中，张某被判处有期徒刑，执行期间，张某需要监外执行，应当由省级以上监狱管理机关或者甲市公安机关批准监外执行，而不是法院。故 AB 项错误。依据《刑事诉讼法》第 269 条的规定，对被判处管制、宣告缓刑、假释或者暂予监外执行的罪犯，依法实行社区矫正，由社区矫正机构负责执行。《中华人民共和国社区矫正法实施办法》第 9 条第 1 款的相关规定，社区矫正机构是县级以上地方人民政府根据需要设置的，负责对社区矫正对象进行监督管理和教育帮扶。第 10 条规定，司法所根据社区矫正机构的委托，承担社区矫正工作。故 C 项正确。《全国人民代表大会常务委员会关于〈中华人民共和国刑事诉讼法〉第二百五十四条第五款、第二百五十七条第二款的解释》规定，根据刑事诉讼法第二百五十七条第二款的规定，对人民法院决定暂予监外执行的罪犯，有刑事诉讼法第二百五十七条第一款规定的情形，依法应当予以收监的，在人民法院作出决定后，由公安机关依照刑事诉讼法第二百五十三条第二款的规定送交执行刑罚。本题中，不是法院决定监外执行，因而也不是法院决定收监执行。故 D 项错误。本题的正确答案为 C 项。

✓ 多项选择题

1. **答案**：ABCD。本题考查的是公安机关、人民检察院和人民法院对扣押、冻结的财物的处理。《刑事诉讼法》第 245 条规定："公安机关、人民检察院和人民法院对查封、扣押、冻结的犯罪嫌疑人、被告人的财物及其孳息，应当妥善保管，以供核查，并制作清单，随

案移送。任何单位和个人不得挪用或者自行处理。对被害人的合法财产,应当及时返还。对违禁品或者不宜长期保存的物品,应当依照国家有关规定处理。对作为证据使用的实物应当随案移送,对不宜移送的,应当将其清单、照片或者其他证明文件随案移送。人民法院作出的判决,应当对查封、扣押、冻结的财物及其孳息作出处理。人民法院作出的判决生效以后,有关机关应当根据判决对查封、扣押、冻结的财物及其孳息进行处理。对查封、扣押、冻结的赃款赃物及其孳息,除依法返还被害人的以外,一律上缴国库。司法工作人员贪污、挪用或者私自处理查封、扣押、冻结的财物及其孳息的,依法追究刑事责任;不构成犯罪的,给予处分。"故本题正确答案为ABCD。

2. **答案**:BCD。本题考查的是有关执行的法律规定。《刑事诉讼法》第244条规定:"第二审的判决、裁定和最高人民法院的判决、裁定,都是终审的判决、裁定。"第259条第2款规定:"下列判决和裁定是发生法律效力的判决和裁定……(二)终审的判决和裁定……"据此,最高人民法院的判决和裁定是终审的判决、裁定,故为发生法律效力的判决和裁定。故本题A项不正确。《刑事诉讼法》第265条第4款规定:"对罪犯确有严重疾病,必须保外就医的,由省级人民政府指定的医院诊断并开具证明文件。"故本题B项正确。《刑事诉讼法》第259条第1款规定:"判决和裁定在发生法律效力后执行。"故本题C项正确。D项表述符合《刑事诉讼法》第228条的规定,故正确。综上,本题正确答案为BCD。

3. **答案**:ABCD。本题考查的是刑事诉讼中发生法律效力的判决、裁定的种类。《刑事诉讼法》第259条规定:"判决和裁定在发生法律效力后执行。下列判决和裁定是发生法律效力的判决和裁定:(一)已过法定期限没有上诉、抗诉的判决和裁定;(二)终审的判决和裁定;(三)最高人民法院核准的死刑的判决和高级人民法院核准的死刑缓期二年执行的判决。"综上,本题正确答案为ABCD。

4. **答案**:AB。本题考查的是死刑的执行程序。《刑事诉讼法解释》第505条第1款、第2款规定,第一审人民法院在执行死刑前,应当告知罪犯有权会见其近亲属。罪犯申请会见并提供具体联系方式的,人民法院应当通知其近亲属……罪犯近亲属申请会见的,人民法院应当准许,并及时安排会见……故本题A项表述不正确。《刑事诉讼法解释》第508条规定,执行死刑前,指挥执行的审判人员应当对罪犯验明正身,讯问有无遗言、信札,并制作笔录,再交执行人员执行死刑。执行死刑应当公布,禁止游街示众或者其他有辱罪犯人格的行为。故本题B项表述不正确,D项表述正确。根据《刑事诉讼法》第261条第1款的规定,应当由最高人民法院院长签发执行死刑命令,故本题C项表述正确。综上,本题正确答案为AB。

5. **答案**:ACD。本题考查的是将被判处有期徒刑的罪犯交付执行时应当送达给监狱的法律文书。《刑事诉讼法解释》第511条规定,被判处死刑缓期执行、无期徒刑、有期徒刑、拘役的罪犯,第一审人民法院应当在判决、裁定生效后十日内,将判决书、裁定书、起诉书副本、自诉状复印件、执行通知书、结案登记表送达公安机关、监狱或者其他执行机关。故本题正确答案为ACD。

6. **答案**:AD。《刑事诉讼法解释》第519条规定,对被判处管制、宣告缓刑的罪犯,人民法院应当依法确定社区矫正执行地。社区矫正执行地为罪犯的居住地;罪犯在多个地方居住的,可以确定其经常居住地为执行地;罪犯的居住地、经常居住地无法确定或者不适宜执行社区矫正的,应当根据有利于罪犯接受矫正、更好地融入社会的原则,确定执行地。宣判时,应当告知罪犯自判决、裁定生效之日起十日以内到执行地社区矫正机构报到,以及不按期报到的后果。人民法院应当自判决、裁定生效之日起五日以内通知执行地社区矫正机构,并在十日以内将判决书、裁定书、执行通知书等法律文书送达执行地社区矫正机构,同时抄送人民检察院和执行地公安机关。人民法院与社区矫正执行地不在同一地方的，由执行地社区矫正机构将法律文书转送所在地的人民检察院和公安机关。故 A 项正确。《刑事诉讼法解释》第 542 条规定，罪犯在缓刑、假释考验期限内犯新罪或者被发现在判决宣告前还有其他罪没有判决，应当撤销缓刑、假释的，由审判新罪的人民法院撤销原判决、裁定宣告的缓刑、假释，并书面通知原审人民法院和执行机关。故 C 项不正确。《刑事诉讼法解释》第 543 条规定，人民法院收到社区矫正机构的撤销缓刑建议书后，经审查，确认罪犯在缓刑考验期限内具有下列情形之一的，应当作出撤销缓刑的裁定：（1）违反禁止令，情节严重的；（2）无正当理由不按规定时间报到或者接受社区矫正期间脱离监管，超过一个月的；（3）因违反监督管理规定受到治安管理处罚，仍不改正的；（4）受到执行机关二次警告，仍不改正的；（5）违反法律、行政法规和监督管理规定，情节严重的其他情形。人民法院收到社区矫正机构的撤销假释建议书后，经审查，确认罪犯在假释考验期限内具有前款第二项、第四项规定情形之一，或者有其他违反监督管理规定的行为，尚未构成新的犯罪的，应当作出撤销假释的裁定。故 D 项正确。B 项的错误在于，不是法院，而是社区矫正机构应当按照法院的判决，向罪犯及其原所在单位或者居住地群众宣布犯罪事实、期限及应遵守的规定。本题的正确答案为 AD 两项。

7. **答案**：ACD。本题考查的是对罚金判决的执行。《刑事诉讼法解释》第 523 条第 1 款、第 524 条规定，罚金在判决规定的期限内一次或者分期缴纳。期满无故不缴纳或者未足额缴纳的，人民法院应当强制缴纳。经强制缴纳仍不能全部缴纳的，在任何时候，包括主刑执行完毕后，发现被执行人有可供执行的财产的，应当追缴。因遭遇不能抗拒的灾祸等原因缴纳罚金确有困难，被执行人申请延期缴纳、酌情减少或者免除罚金的，应当提交相关证明材料。人民法院应当在收到申请后一个月内作出裁定。符合法定条件的，应当准许；不符合条件的，驳回申请。故本题正确答案为 ACD。

8. **答案**：ABCD。本题考查的是对没收财产刑的执行。《刑事诉讼法解释》第 530 条规定，被执行财产在外地的，第一审人民法院可以委托财产所在地同级人民法院执行。故本题 ACD 项正确。《刑事诉讼法》第 272 条规定，没收财产的判决，无论附加适用或者独立适用，都由人民法院执行；在必要的时候，可以会同公安机关执行。故本题 B 项正确。

9. **答案**：BCD。本题考查的是有关执行的法律规定。《刑事诉讼法》第 263 条第 7 款规定，执行死刑后，交付执行的人民法院应当通知罪犯家属。故本题 A 项表述正确。《刑事诉讼法》第 274 条规定，人民检察院认为人民法院减刑、假释的裁定不当，应当在收到裁定书副本后 20 日以内，向人民法院提出书面纠正意见。故本题 B 项表述不正确。根据《刑事诉讼法》第 261 条第 2 款的规定，被判处死刑缓期二年执行的罪犯，在死刑缓期执行期间，如果没有故意犯罪，死刑缓期执行期满，应当予以减刑的，由执行机关提出书面意见，报请高级人民法院裁定。故本题 C 项表述不正确。《刑事诉讼法》第 264 条第 3 款规定，对未成年犯应当在未成年犯管教所执行刑罚。故本题 D 项表述不正确。综上，本题正确答案为 BCD。

10. **答案**：ABC。本题考查的是死刑缓期执行的罪犯在缓刑执行期间又犯罪的处理。《刑事诉讼法》第 308 条第 3 款规定："对罪犯在监狱内犯罪的案件由监狱进行侦查。"《刑事诉讼法解释》第 497 条第 1 款规定："被判处死刑缓期执行的罪犯，在死刑缓期执行期间犯罪的，应当由罪犯服刑地的中级人民法院依法审判，所作的判决可以上诉、抗诉。"第 2 款规定："认定故意犯罪，情节恶劣，应当执行死刑的，在判决、裁定发生法律效力后，应当层报最高人民法院核准执行死刑。"第 499 条规定："最高人民法院的执行死刑命令，由高级人民法院交付第一审人民法院执行。第一审人民法院接到执行死刑命令后，应当在七日以内执行。在死刑缓期执行期间故意犯罪，最高人民法院核准执行死刑的，由罪犯服刑地的中级人民法院执行。"综上，本题 ABC 项正确，D 项不正确。

11. 答案：BCD。本题考查的是减刑、假释的执行。《刑事诉讼法解释》第 533 条规定："被判处死刑缓期执行的罪犯，在死刑缓期执行期间，没有故意犯罪的，死刑缓期执行期满后，应当裁定减刑；死刑缓期执行期满后，尚未裁定减刑前又犯罪的，应当在依法减刑后，对其所犯新罪另行审判。"综上，本题正确答案为 BCD。

12. 答案：BCD。本题考查的是应当停止执行死刑的情况。《刑事诉讼法》第 262 条第 1 款规定："下级人民法院接到最高人民法院执行死刑的命令后，应当在七日以内交付执行。但是发现有下列情形之一的，应当停止执行，并且立即报告最高人民法院，由最高人民法院作出裁定：（一）在执行前发现判决可能有错误的；（二）在执行前罪犯揭发重大犯罪事实或者有其他重大立功表现，可能需要改判的；（三）罪犯正在怀孕。"据此，本题正确答案为 BCD。

13. 答案：AB。本题考查的是暂予监外执行的适用对象。《刑事诉讼法》第 265 条规定："对被判处有期徒刑或者拘役的罪犯，有下列情形之一的，可以暂予监外执行……"据此，本题正确答案为 AB。

14. 答案：ABC。本题考查的是人民法院将罪犯交付执行的程序。《刑事诉讼法》第 264 条第 1 款、第 2 款规定："罪犯被交付执行刑罚的时候，应当由交付执行的人民法院在判决生效后十日以内将有关的法律文书送达公安机关、监狱或者其他执行机关。对被判处死刑缓期二年执行、无期徒刑、有期徒刑的罪犯，由公安机关依法将该罪犯送交监狱执行刑罚。对被判处有期徒刑的罪犯，在被交付执行刑罚前，剩余刑期在三个月以下的，由看守所代为执行。对被判处拘役的罪犯，由公安机关执行。"故本题正确答案为 ABC。

15. 答案：CD。本题考查的是对于暂予监外执行的罪犯依法协助公安机关进行监督的单位或组织。《刑事诉讼法》第 265 条规定："对被判处有期徒刑或者拘役的罪犯，有下列情形之一的，可以暂予监外执行：（一）有严重疾病需要保外就医的；（二）怀孕或者正在哺乳自己婴儿的妇女；（三）生活不能自理，适用暂予监外执行不致危害社会的。对被判处无期徒刑的罪犯，有前款第二项规定情形的，可以暂予监外执行。对适用保外就医可能有社会危险性的罪犯，或者自伤自残的罪犯，不得保外就医。对罪犯确有严重疾病，必须保外就医的，由省级人民政府指定的医院诊断并开具证明文件。在交付执行前，暂予监外执行由交付执行的人民法院决定；在交付执行后，暂予监外执行由监狱或者看守所提出书面意见，报省级以上监狱管理机关或者设区的市一级以上公安机关批准。"故本题正确答案为 CD。

16. 答案：AC。《最高人民法院关于减刑、假释案件审理程序的规定》第 4 条规定："人民法院审理减刑、假释案件，应当依法由审判员或者由审判员和人民陪审员组成合议庭进行。"因此，A 正确。由于甲服刑还不到一半的期限（即 6 年），按照该规定第 6 条的规定："人民法院审理减刑、假释案件，可以采取开庭审理或者书面审理的方式。但下列减刑、假释案件，应当开庭审理：（一）因罪犯有重大立功表现报请减刑的；（二）报请减刑的起始时间、间隔时间或者减刑幅度不符合司法解释一般规定的……"可见，本案应当开庭审理，B 错误。根据该规定第 7 条第 2 款的规定："人民法院根据需要，可以通知证明罪犯确有悔改表现或者立功、重大立功表现的证人，公示期间提出不同意见的人，以及鉴定人、翻译人员等其他人员参加庭审。"因此，C 正确。根据诉讼原理，审理减刑案件不是解决被告的有罪指控问题，不存在辩护的必要和逻辑前提，因此，D 错误。综上，本题正确答案为 AC。

不定项选择题

1. 答案：（1）CD。本小题考查的是伪证罪、诬告陷害罪、报复陷害罪的区别。《刑法》第 305 条规定了伪证罪，是指在刑事诉讼过程中，证人、鉴定人、记录人、翻译人对与案件有重要关系的情节，故意作虚假证明、鉴定、记录、翻译，意图陷害他人或隐匿罪证的行为。本罪是特殊主体，故齐某不能构成本罪。故本题 A 项不正确。《刑法》第 254 条规定了报复陷害罪，是指国家机关工作人员滥用职权、假公济私的行为。本题中齐某的行为不符合上述规定。本罪也是特殊主体。故本题 B 项不正确。《刑法》第 243 条规定了诬告陷害罪，是指诬告他人，捏造事实，向国家机关或者有关单位作虚假告发，意图使他人受到错误的刑事追究，情节严重的行为。本题中，齐某明知自己的诬告可能使蔡某受到错误的刑事追究，却实施了诬告行为，已构成诬告陷害罪。故本题 C 项正确。《刑法》第 236 条规定了强奸罪，根据本题中所述情形，齐某犯有强奸罪。故本题 D 项正确。

（2）D。本小题考查二审。二审法院是终审法院，如果将齐某的盗窃行为放在二审法院审判，等于剥夺了齐某的上诉权，违背了刑事诉讼法的基本原则，也违反刑事诉讼级别管辖制度，因此应当将本案发回原审法院重新审判。故本题 A 项不正确，D 项正确。根据《刑事诉讼法》第 204 条及《刑事诉讼法解释》第 274 条、第 297 条的规定，人民法院不得直接决定对案件进行补充侦查，而应由人民检察院提出建议。故本题 BC 项不正确。

（3）C。本小题考查的是证据的种类。证人证言，是指证人就自己所知道的案件情况向公安、司法机关所作的陈述。被害人陈述，是指犯罪行为的直接受害者就其所了解的案件情况，向公安、司法机关所作的陈述。犯罪嫌疑人、被告人供述和辩解，是指犯罪嫌疑人、被告人在刑事诉讼中就其被指控的犯罪事实以及其他案件事实向公安、司法机关所作的陈述。本题中，齐某对蔡某的指认是证人证言；艾某的描述是被害人陈述；蔡某的口供是被告人口供。故本案具有 AB 项所述证据，故本题 C 项正确。

（4）D。本小题考查的是刑事诉讼中的执行。《刑事诉讼法》第 273 条第 1 款规定："罪犯在服刑期间又犯罪的，或者发现了判决的时候所没有发现的罪行，由执行机关移送人民检察院处理。"本题中，执行机关是监狱，所以应由关押齐某的监狱移送人民检察院处理。故本题正确答案为 D。

2. 答案：（1）BD。《刑事诉讼法》第 269 条规定，对被判处管制的罪犯，由社区矫正机构负责执行。《刑事诉讼法》第 270 条规定："对被判处剥夺政治权利的罪犯，由公安机关执行……"故正确答案为 BD。

（2）AD。《刑事诉讼法》第 270 条规定："对被判处剥夺政治权利的罪犯，由公安机关执行……"第 271 条规定："被判处罚金的罪犯，期满不缴纳的，人民法院应当强制缴纳……"第 272 条规定："没收财产的判决，无论附加适用或者独立适用，都由人民法院执行；在必要的时候，可以会同公安机关执行。"根据上述规定，罚金刑和没收财产刑由法院执行，剥夺政治权利刑由公安机关执行，王某被判处有期徒刑 15 年，剥夺政治权利 3 年，并处没收个人财产；朱某被判处有期徒刑 10 年，剥夺政治权利 2 年，并处罚金 2 万元，两人刑罚中既有需要法院执行的，也有需要公安机关执行的，故正确答案为 AD。李某被判处有期徒刑 2 个月，由看守所执行，周某被判处管制 1 年，剥夺政治权利 1 年，由社区矫正机构和公安机关执行，故 BC 不正确。

3. 答案：（1）ABCD。本小题考查的是各种判决的执行机关。根据《刑事诉讼法》第 264 条的规定，本题中李某、王某、徐某分别被判处死刑缓期 2 年执行、无期徒刑、有期徒刑，应由监狱执行；樊某被判处有期徒刑剩余刑期在 3 个月以下，应由看守所代为执行；刘某是未成年犯，应由未成年犯管教所执行。故本题正确答案为 ABCD。

（2）ABCD。本小题考查的是减刑的程序。《刑事诉讼法解释》第 534 条第 1 款第 3 项规定，对被判处有期徒刑（包括减为有期徒刑）的罪犯的减刑、假释，由罪犯服刑地的中级人民法院在收到执行机关提出的减刑、假释建议书后 1 个月内依法裁定；案情复杂或者情况特殊的，可以延长 1 个月。故本题 AC 项正确。《刑事诉讼法解释》第 539 条第

1 款规定，人民法院作出减刑、假释裁定后，应当在 7 日内送达提请减刑、假释的执行机关、同级人民检察院以及罪犯本人。人民检察院认为减刑、假释裁定不当，在法定期限内提出书面纠正意见的，人民法院应当在收到意见后另行组成合议庭审理，并在 1 个月内作出裁定。故本题 B 项正确。根据《刑事诉讼法解释》第 538 条的规定，审理减刑、假释案件，应当组成合议庭，故本题 D 项正确。

4. 答案：（1）ABC。选项 A 正确。《刑事诉讼法》第 264 条第 2 款规定，对于被判处死刑缓期二年执行、无期徒刑、有期徒刑的罪犯，由公安机关依法将该罪犯送交监狱执行刑罚。选项 B 正确。《刑事诉讼法》第 270 条规定，对于被判处剥夺政治权利的罪犯，由公安机关执行。选项 C 正确。《刑法》第 57 条第 1 款规定，对于被判处死刑、无期徒刑的犯罪分子，应当剥夺政治权利终身。选项 D 错误。《刑法》第 57 条第 2 款规定，在死刑缓期执行减为有期徒刑或者无期徒刑减为有期徒刑的时候，应当把附加剥夺政治权利的期限改为三年以上十年以下。

（2）B。选项 A 错误。《刑事诉讼法解释》第 522 条规定，财产刑由第一审人民法院负责裁判执行的机构执行。据此可知，财产刑由第一审人民法院负责执行，不是由公安机关执行。选项 B 正确。第 527 条规定，被判处财产刑，同时又承担附带民事赔偿责任的被执行人，应当先履行民事赔偿责任。选项 C 错误。第 528 条规定，执行财产刑时，案外人对被执行标的书面提出异议的，人民法院应当参照民事诉讼法的有关规定处理。《民事诉讼法》规定，执行过程中，案外人对执行标的提出书面异议的，人民法院应当自收到书面异议之日起十五日内审查，理由成立的，裁定中止对该标的的执行；理由不成立的，裁定驳回。据此可知，案外人对执行标的物提出异议的，法院并非当然裁定中止执行。选项 D 错误。根据《刑法》第 60 条之规定，只有王某在案发前所负的正当债务才可先行偿还，并非所有的债务。

名词解释

1. 答案：交付执行是指交付执行机关将已经发生法律效力的判决和裁定交付有关刑罚执行机关予以执行的活动。交付执行机关是指将生效裁判以及罪犯依照法定程序交给有关机关执行刑罚的机关。根据我国《宪法》《刑事诉讼法》和《人民法院组织法》的规定，人民法院既是国家审判机关，也是将生效裁判交付执行的机关。人民法院根据已经生效裁判所确定的内容以及刑罚执行的方式，交由不同的执行机关执行。根据刑事诉讼法及其司法解释的规定，发生法律效力的裁判一般由原第一审人民法院交付执行，但是，罪犯关押在第二审人民法院所在地的，也可以由第二审人民法院交付执行。

2. 答案：执行的变更是指人民法院、监狱及其他执行机关对生效裁判在交付执行或执行过程中出现法定需要改变刑罚种类或者执行方法的情形后，依照法定程序予以改变的活动。依法对一些生效判决或裁定予以及时变更，有利于发挥刑罚对罪犯的惩罚和教育改造作用。根据我国《刑事诉讼法》的规定，执行的变更包括死刑执行的变更、死刑缓期二年执行的变更、暂予监外执行、减刑和假释、对新罪或漏罪的追究程序以及对错判和申诉的处理几种情形。

3. 答案：保外就医是指罪犯病危或患有恶性传染病、不治之症等，不宜在监狱或者其他执行机关的医院治疗而由罪犯提出保证人担保其在监外执行和治病期间不违反有关规定的制度。保外就医是暂予监外执行的一种方式。为了防止罪犯在监外危害社会和滥用保外就医，我国《刑事诉讼法》规定，对于适用保外就医可能有社会危险性的罪犯或者自伤自残的罪犯，不得保外就医；对于罪犯有严重疾病，必须保外就医的，由省级人民政府指定的医院诊断并开具证明文件，依照法律规定的程序审批。

4. 答案：减刑是指被判处管制、拘役、有期徒刑和无期徒刑的罪犯在执行期内确有悔改或者立功表现的，可以依法减轻其刑罚的一种制度。减刑既可以减少原判刑期，也可以将原判较重的刑种改为较轻的刑种。但是，减刑以后实际执行的刑期，判处管制、拘役以及有期徒刑的，不得少于原判刑期的 1/2，判处无期徒刑的，不得少于 13 年。

5. **答案**：死刑停止执行是刑事诉讼规定的执行的变更的一种。《刑事诉讼法》第 262 条第 1 款规定，下级人民法院接到最高人民法院执行死刑的命令后，应当在七日内交付执行。但是发现有下列情形之一的，应当停止执行，并且立即报告最高人民法院，由最高人民法院作出裁决：(1) 在执行前发现判决可能有错误的；(2) 在执行前揭发重大犯罪事实或者有其他重大立功表现，可能需要改判的；(3) 罪犯正在怀孕。

✎ 简答题

1. **答案**：一审法院判决宣告被告人无罪、免除刑事处罚，如果被告人在押，在宣判后应当立即释放。即在一审判决宣告后尚未生效前，立即放人。如果自诉人或检察院提出上诉或抗诉，也应将被告人立即释放，法院应立即通知公安机关，由看守所填发《释放证明书》。法律之所以作如此规定，目的在于即时恢复已被宣告无罪、免除刑事处罚的人的人身自由，保护其合法权益。将判处无罪、免除刑事处罚的在押被告人释放，实际上已撤销原来所作的逮捕决定。但如果是被取保候审或监视居住的，应另作撤销该强制措施的决定。将判决无罪的人释放后，还应当协同有关单位做好善后工作。如果因没有犯罪事实被错误逮捕的，有权向赔偿义务机关提出赔偿、恢复名誉等请求。如自诉人或检察院提出上诉或抗诉的，由二审审理后改判处刑的，应再执行终审判决。如果对被告人改处拘役、徒刑，应根据判决文书等文件予以收押执行。

2. **答案**：《刑事诉讼法》第 262 条规定，下级人民法院接到最高人民法院执行死刑的命令后，应当在七日以内交付执行。但是发现有下列情形之一的，应当停止执行，并且立即报告最高人民法院，由最高人民法院作出裁定：(1) 在执行前发现判决可能有错误的；(2) 在执行前罪犯揭发重大犯罪事实或者有重大立功表现，可能需要改判的；(3) 罪犯正在怀孕。前款第一项、第二项停止执行的原因消失后，必须报请最高人民法院院长再签发执行死刑的命令才能执行；由于前款第三项原因停止执行的，应当报请最高人民法院依法改判。

3. **答案**：暂予监外执行是指对判处有期徒刑、拘役的罪犯因出现某种法定特殊情形不宜在监内执行时，暂时将其放在监外交由公安机关执行的一种变通方法。它不仅变更了执行场所，而且变更了执行方式。根据《刑事诉讼法》第 265 条第 1 款、第 2 款的规定，可以适用暂予监外执行的有如下三种情形：(1) 有严重疾病需要保外就医的。(2) 怀孕或者正在哺乳自己婴儿的妇女。(3) 生活不能自理，适用暂予监外执行不致危害社会的。被判处无期徒刑的罪犯有前述第 2 项情形的，可以暂予监外执行。它是指罪犯由于老、弱、病、残等原因需要他人照顾才能生活。只要具备以上三种情形之一，对罪犯就可以决定暂予监外执行。但是必须明确，对于不符合保外就医条件的罪犯，也会得到执行机关医院的治疗，对于疑难或复杂病症，医院还可以聘请专家会诊积极治疗，对起居不便的罪犯，给予生活上的照顾。

4. **答案**：新罪是指罪犯在服刑期间实施了触犯刑律并应当追究刑事责任的行为。漏罪是指罪犯在服刑过程中发现其在判决宣告以前实施的尚未被判决的罪行。对于罪犯在服刑过程中，无论是又犯新罪，还是发现有漏罪，都应依法予以追究。根据《刑事诉讼法》第 273 条、第 308 条和《监狱法》第 60 条的规定，对服刑罪犯犯新罪或者发现漏罪的，应当分别不同的情况，予以追究：(1) 对在监狱、未成年犯管教所服刑的罪犯，发现犯新罪或漏罪的，由执行机关进行侦查，侦查终结后，移送人民检察院审查决定，向有管辖权的人民法院提起公诉。(2) 对在看守所、拘役所服刑的罪犯和被宣告缓刑、假释、暂予监外执行的罪犯，以及被判处管制的罪犯，发现有漏罪或又犯新罪的，由负责执行的公安机关立案侦查，侦查终结后移送当地人民检察院，根据管辖的规定，向人民法院提起公诉。（3）对服刑罪犯脱逃后又犯罪的，如果其新罪是监狱捕获罪犯后发现的，由监狱侦查终结后移送起诉；如果其新罪是公安机关捕获罪犯后发现的，由公安机关侦查终结后移送起诉。

人民法院对人民检察院提起公诉的新罪、漏罪审理后，作出的生效判决，判决书除送达罪犯外，还应将副本送达原审人民法院、人民检察院和执行机关。

5. **答案**：假释是对被判处有期徒刑和无期徒刑的罪犯在执行一定刑罚后，确有悔改表现且不致再危害社会的，将附条件地予以提前释放的制度。根据《刑法》第81条的规定，假释的对象只能是被判处有期徒刑和无期徒刑的罪犯，不包括被判处拘役的罪犯。但是，《刑法》第81条第2款："对累犯以及因故意杀人、强奸、抢劫、绑架、放火、爆炸、投放危险物质或者有组织的暴力性犯罪被判处十年以上有期徒刑、无期徒刑的犯罪分子，不得假释。"适用假释的条件是：（1）执行期限的要求：被判处有期徒刑的罪犯，应当执行原判刑期1/2以上，被判处无期徒刑的罪犯应当已执行13年以上。（2）主观上改造的要求，必须是在服刑中确有悔改表现，假释后不致再危害社会的。上述两个条件必须同时具备。

论述题

1. **答案**：刑事诉讼中的执行是指人民法院、人民检察院、公安机关及刑罚执行机关等将已经发生法律效力的判决、裁定所确定的内容依法付诸实施及解决实施中出现的变更执行等问题而进行的活动。执行机关对罪犯进行监管、教育、组织劳动等活动属于司法行政活动，不具有诉讼活动的性质。执行程序具有如下特点：（1）合法性。执行的合法性是指刑罚执行机关执行的对象必须是已经发生法律效力的判决和裁定（宣告被告人无罪、免除刑事处罚立即释放在押被告人的除外）；执行活动必须是依照法律规定的诉讼程序进行。包括：交付执行时，必须移送完备的司法文书及办理相应的法律手续；刑罚变更时，应当依据法定条件和遵照有关管辖及程序的规定进行，不可任意变更或停止执行，否则就是违法。（2）及时性。执行的及时性是指人民法院的判决和裁定一经发生法律效力，就应当迅速执行，任何机关、团体和个人都无权阻止和拖延。如果无故干扰和拖延生效裁判的执行，就会造成难以挽回的后果；或者使人民法院的判决和裁定失去严肃性和权威性，使法律文书成为一纸空文；或者使生效裁判丧失执行条件，使犯罪分子重新逍遥法外，继续危害国家和人民；或者使错误追究得不到及时纠正，使无罪的应当免除刑事处罚公民的合法权益继续遭受侵犯。（3）强制性。执行的强制性是指已经发生法律效力的判决和裁定，具有普遍的约束力，任何机关、团体和个人都应当执行。尤其是被判刑人，不论其是否同意裁判所确定内容，都应当被强制无条件地执行，如果抗拒执行，情节严重的，根据《刑法》第313条的规定，以拒不执行判决、裁定罪追究刑事责任。（4）执行主体的广泛性。执行主体的广泛性是指有权利和义务执行生效裁判的机关、单位和组织在范围上的宽泛和层次上的多样化。根据刑事诉讼法的规定，有权利和义务执行生效判决和裁定的机关、单位和组织，除人民法院、人民检察院和公安机关外，还有监狱、未成年犯管教所、拘役所、看守所以及由公安机关转交的罪犯所在单位或者基层组织等。执行主体的广泛性是执行程序的又一特点。

2. **答案**：（1）对执行死刑的监督。根据《刑事诉讼法》第263条第1款的规定和司法实践，人民法院在交付执行死刑以前，应当通知同级人民检察院派员临场监督。检察人员执行临场监督的主要内容包括：查明有无执行死刑命令或者是否由核准死刑的人民法院院长签发，以及签发的具体时间；有无《刑事诉讼法》第262条和第263条规定的"停止执行"和"暂停执行"的情形发生及应当采取的相应措施；执行死刑的指挥人员、执行人员及其执行死刑的场所、方法和程序是否合法；执行死刑的刑场秩序，有无足以造成他人伤亡的情况。经检察监督，只要发现以上情形其中之一者，应当及时提出纠正意见。

（2）对暂予监外执行的监督。《刑事诉讼法》第267条规定："决定或者批准暂予监外执行的机关应当将暂予监外执行决定抄送人民检察院。人民检察院认为暂予监外执行不当的，应当自接到通知之日起一个月以内将书面意见送交决定或者批准暂予监外执行的机关，决定或者批准暂予监外执行的机关接到人民检察院的书面意见后，应当立即对该决定进行重新核查。"

（3）对减刑、假释的监督。《刑事诉讼法》第274条规定："人民检察院认为人民法院减刑、假释的裁定不当，应当在收到裁定书副本后二十日以内，向人民法院提出书面纠正意见。人民法院应当在收到纠正意见后一个月以内重新组成合议庭进行审理，作出最终裁定。"这一规定表明：①人民检察院对人民法院作出的减刑、假释决定实行监督，检察该裁定是否正确，罪犯有无减刑、假释的法定条件，以及有无确实证据予以证明等；②人民检察院对减刑、假释实行监督的期限是，自收到减刑、假释裁定书副本以后的20日以内进行，不得拖延，否则，不具有法律效力；③人民法院应当认真接受人民检察院的监督，在收到纠正意见书后的1个月内对案件进行重新审理。为使错误裁定得到纠正，审理时依法另行组成合议庭，作出终审裁定。裁定一经宣告，立即生效，交付有关机关执行。

（4）对执行刑罚活动的监督。人民检察院对执行活动实行监督的方式，通常是通过定期或不定期的检察活动，单独进行和与人民法院联合进行相结合。其方法主要有：听取执行机关的执行情况汇报；调阅典型档案或材料；召开座谈会、调查会；个别谈话及讯问罪犯；视察警戒；检查生产、生活条件；等等。通过这些方式、方法发现问题，及时解决和纠正。

监督中，发现有违法、违纪情况的及时予以纠正：对情节较轻的违纪行为，以口头方式向违纪人提出纠正意见；对情节严重的违法行为，经检察长批准以书面方式向执行机关发出纠正违法通知书；对违法行为造成严重后果并构成犯罪的，提请有关机关追究责任人员的刑事责任。

对于人民检察院的《纠正违法通知书》，执行机关应当回复监督的落实情况，没有回复的，及时报告上一级人民检察院，并抄报执行机关的上级主管机关。上级检察机关认为下级人民检察院的纠正违法意见有错误的，应当通知下级人民检察院撤销已发的《纠正违法通知书》，并通知同级执行机关。

案例分析题

1. 答案：（1）本案中，核准死刑的人民法院作出死刑裁判没有错误的裁定后，下级人民法院立即对甲执行了死刑，是错误的。根据《刑事诉讼法》第262条、《刑事诉讼法解释》第500条的规定，下级人民法院在接到执行死刑命令后，发现裁判可能有错误的，应当停止执行，并立即报告核准死刑的人民法院，由核准死刑的人民法院作出裁定。停止执行的原因消失后，必须报请核准死刑的人民法院院长再签发执行死刑命令才能执行。

（2）监狱在对乙的执行过程中，因乙患有严重疾病而将其保外就医，是错误的。根据《刑事诉讼法》第265条规定，暂予监外执行的对象一般限于被判处有期徒刑或者拘役的罪犯。本题乙被判处无期徒刑，但不属于怀孕或正在哺乳自己婴儿的妇女，故不能适用暂予监外执行。

（3）监狱在丙服刑满4年后对其向法院提出了假释建议，是错误的。我国《刑法》明确规定，对累犯以及因故意杀人、强奸、抢劫、绑架、放火、爆炸、投放危险物质或者有组织的暴力性犯罪被判处10年以上有期徒刑、无期徒刑的犯罪分子，不得假释。

（4）法院以丁在缓刑考验期间并未犯罪为由不接受公安机关的建议，是错误的。《刑事诉讼法解释》第543条规定，人民法院收到社区矫正机构的撤销缓刑建议书后，经审查，确认罪犯在缓刑考验期限内具有下列情形之一的，应当作出撤销缓刑的裁定：①违反禁止令，情节严重的；②无正当理由不按规定时间报到或者接受社区矫正期间脱离监管，超过一个月的；③因违反监督管理规定受到治安管理处罚，仍不改正的；④受到执行机关二次警告，仍不改正的；⑤违反法律、行政法规和监督管理规定，情节严重的其他情形。人民法院收到社区矫正机构的撤销假释建议书后，经审查，确认罪犯在假释考验期限内具有前款第2项、第4项规定情形之一，或者有其他违反监督管理规定的行为，尚未构成新的犯罪的，应当作出撤销假释的裁定。

2. **答案**：（1）一审宣判后，人民法院立即对武某、康某、尹某三名被告人判处的罚金予以执行是错误的。根据《刑事诉讼法》第259条第1款的规定，判决应当在发生法律效力后才能执行。

（2）杜某在第二审结束后才被释放是错误的。根据《刑事诉讼法》第260条的规定，第一审人民法院判决免除刑事处罚的，如果被告人在押，应当在宣判后立即释放。

（3）省高级人民法院核准对武某的死刑判决并签发执行死刑的命令是错误的。死刑案件由最高人民法院核准并签发执行死刑的命令。故本题中，对武某的死刑判决应当由最高人民法院核准死刑并签发执行死刑的命令。

（4）经过审查认为死刑判决没有错误后，人民法院立即对武某执行了死刑是错误的。根据《刑事诉讼法》第262条的规定，在收到执行死刑的命令后，因判决可能有错误而停止执行的，停止执行的原因消失后，应当报请最高人民法院院长再次签发执行死刑的命令后才能执行。

（5）有关机关批准对康某暂予监外执行是错误的。根据《刑事诉讼法》第265条的规定，暂予监外执行的适用对象一般是被判处有期徒刑、拘役的罪犯，康某被判处无期徒刑，但不符合第265条第2款规定的条件，不得适用暂予监外执行。

（6）县人民法院裁定对尹某减刑是错误的。根据《刑事诉讼法解释》第534条第1款的相关规定，被宣告缓刑的罪犯需要减刑的，应当由罪犯所在地的高级人民法院裁定。

（7）县人民法院在收到减刑建议书后3个月才作出裁定是错误的。根据《刑事诉讼法解释》第534条第1款第4项的规定，人民法院应当自收到减刑建议书之日起1个月内依法裁定。

（8）县人民法院由审判员俞某裁定对尹某减刑是错误的。根据《刑事诉讼法解释》第538条的规定，人民法院审理减刑案件，应当依法组成合议庭。

3. **答案**：（1）正确。我国《刑法》第79条规定："对于犯罪分子的减刑，由执行机关向中级以上人民法院提出减刑建议书。人民法院应当组成合议庭进行审理，对确有悔改或者立功事实的，裁定予以减刑。非经法定程序不得减刑。"甲地监狱自行决定减免王某一部分刑罚，而未经中级人民法院裁定，没有遵循法定的程序，因而其作出的减刑决定无效，该中级人民法院有权撤销。

（2）应由乙地公安机关负责侦查。根据有关规定，服刑罪犯逃跑后又犯罪的，如果新罪是犯罪地的公安机关破获的，应当由犯罪地的公安机关和其他司法机关依管辖规定及法定程序进行诉讼；如果新罪是监狱等执行机关捕回后发现的，应由监狱等内部机关侦查终结后移送人民检察院处理。因而应由乙地司法机关对王某所犯新罪实施管辖。只有在后一种情况下才能由甲地的监狱行使其侦查权。

4. **答案**：（1）雷某、朱某被判处的有期徒刑，由公安机关将其送交监狱执行刑罚；卫某被判处的有期徒刑，由看守所代为执行。《刑法》第46条规定：被判处有期徒刑、无期徒刑的犯罪分子，在监狱或者其他执行场所执行；凡有劳动能力的，都应当参加劳动，接受教育和改造。《刑事诉讼法》第264条第1款、第2款规定，罪犯被交付执行刑罚的时候，应当由交付执行的人民法院在判决生效后十日以内将有关的法律文书送达公安机关、监狱或者其他执行机关。对于被判处死刑缓期二年执行、无期徒刑、有期徒刑的罪犯，由公安机关依法将该罪犯送交监狱执行刑罚。对于被判处有期徒刑的罪犯，在被交付执行刑罚前，剩余刑期在3个月以下的，由看守所代为执行。据此，本案中，雷某、朱某被判处的有期徒刑，由公安机关将其送交监狱执行刑罚。

（2）雷某、朱某、卫某和章某被判处的剥夺政治权利由公安机关执行；章某被判处的管制，由社区矫正机构执行。根据《刑法》第38条第2款和《刑事诉讼法》第269条的规定，对被判处管制的犯罪分子，依法实行社区矫正，由社区矫正机构负责执行。《刑事诉讼法》第270条规定，对被判处剥夺政治权利的罪犯，由公安机关执行。执行期满，应当由执行机关书面通知本人及其所在单位、居住地基层组织。据此，本案中，雷某、朱某、卫某和章某被判处的剥夺政治权利，由公安机关执行；章某被判处的管制，由社区矫正机构执行。

（3）对于雷某所被判处的没收个人全部财产，由人民法院执行。《刑事诉讼法》第272条规定，没收财产的判决，无论附加适用或者独立适用，都由人民法院执行；在必要的时候，可以会同公安机关执行。据此，本案中，对于雷某所判处的没收个人财产的刑罚，由人民法院执行；必要时，可以会同公安机关执行。

（4）对于朱某所处的罚金，由人民法院执行。《刑事诉讼法》第271条规定，被判处罚金的罪犯，期满不缴纳的，人民法院应当强制缴纳；如果由于遭遇不能抗拒的灾祸等原因缴纳确实有困难的，经人民法院裁定，可以延期缴纳、酌情减少或者免除。据此，罚金刑由人民法院执行。故本案中，对于朱某所被判处的罚金，应由人民法院执行。

第二十五章 特别程序

✓ 单项选择题

1. 答案：B。 附条件不起诉又称暂缓起诉，2012年《刑事诉讼法》第五编第一章专章规定了"未成年人刑事案件诉讼程序"，为新增设的特别程序之一，其中确立了"附条件不起诉"制度。第271条第1款规定："对于未成年人涉嫌刑法分则第四章、第五章、第六章规定的犯罪，可能判处一年有期徒刑以下刑罚，符合起诉条件，但有悔罪表现的，人民检察院可以作出附条件不起诉的决定。人民检察院在作出附条件不起诉的决定以前，应当听取公安机关、被害人的意见。"故A选项和D选项说法正确，B选项"应征得同意"的表述错误，应为听取相关意见。第282条第3款规定："未成年犯罪嫌疑人及其法定代理人对人民检察院决定附条件不起诉有异议的，人民检察院应当作出起诉的决定。"故C选项表述正确。综上，本题为选非题，正确答案为B。

2. 答案：C。 本题考查当事人和解的公诉案件诉讼程序适用的条件。《刑事诉讼法》第288条规定："下列公诉案件，犯罪嫌疑人、被告人真诚悔罪，通过向被害人赔偿损失、赔礼道歉等方式获得被害人谅解，被害人自愿和解的，双方当事人可以和解：（一）因民间纠纷引起，涉嫌刑法分则第四章、第五章规定的犯罪案件，可能判处三年有期徒刑以下刑罚的；（二）除渎职犯罪以外的可能判处七年有期徒刑以下刑罚的过失犯罪案件。犯罪嫌疑人、被告人在五年以内曾经故意犯罪的，不适用本章规定的程序。"本题中，A项中甲在五年内曾经故意犯罪，不能适用此和解程序。D项不是刑法分则第四章、第五章规定的犯罪，不能适用此和解程序。《公安机关办理刑事案件程序规定》第334条规定："有下列情形之一的，不属于因民间纠纷引起的犯罪案件：（一）雇凶伤害他人的；（二）涉及黑社会性质组织犯罪的；（三）涉及寻衅滋事的；（四）涉及聚众斗殴的；（五）多次故意伤害他人身体的；（六）其他不宜和解的。"故B项不适用此和解程序。《刑事诉讼法解释》第589条规定，被告人的近亲属经被告人同意，可以代为和解。被告人系限制行为能力人的，其法定代理人可以代为和解。被告人的法定代理人、近亲属依照前两款规定代为和解的，和解协议约定的赔礼道歉等事项，应当由被告人本人履行。故C项可适用此和解程序。

3. 答案：B。 根据《刑事诉讼法》第281条第1款的规定，对于未成年人刑事案件，在讯问和审判的时候，应当通知未成年犯罪嫌疑人、被告人的法定代理人到场。故B项正确，A项错误。此外，该条第5款规定，询问未成年被害人、证人时，也适用第281条第1款、第2款、第3款的规定，通知其法定代理人到场，故CD项错误。

4. 答案：C。 《刑事诉讼法解释》第589条第1款、第2款规定，被告人的近亲属经被告人同意，可以代为和解。被告人系限制行为能力人的，其法定代理人可以代为和解。A项的错误在于，甲在押，其近亲属应经甲同意，才能与被害方进行和解。《刑事诉讼法解释》第588条规定，符合刑事诉讼法第288条规定的公诉案件，被害人死亡，其近亲属可以与被告人和解。近亲属有多人的，达成和解协议，应当经处于最先继承顺序的所有近亲属同意。被害人系无行为能力或者限制行为能力人的，其法定代理人、近亲属可以代为和解。故B项的错误在于，乙的近亲属是与被告人和解，而不是"代为和解"，此处表述不准确。C项的表述正确，因为辩护人、诉讼代理人均可以协助被告人、被害人参与和解协商。《刑事诉讼法解释》第589条第3

款规定，被告人的法定代理人、近亲属依照前两款规定代为和解的，和解协议约定的赔礼道歉等事项，应当由被告人本人履行。故 D 项不正确。本题符合题意的选项是 C 项。

5. **答案：C**。违法所得及其他涉案财产包括实施犯罪行为所取得的财物及其孳息，以及被告人非法持有的违禁品、供犯罪所用的本人财物。本题中，A 项属于被告人非法持有的"违禁品"，B 项属于实施犯罪行为所取得的孳息，D 项属于实施犯罪行为所取得的财物，以上均属于"违法所得及其他涉案财产"。C 项属于供犯罪所用的单位的财物，而非其本人财物，所以不属于"违法所得及其他涉案财产"。故本题符合题意的选项是 C 项。

6. **答案：D**。根据《刑事诉讼法》第 284 条第 1 款第 1 项之规定，A 项错误在于人民检察院应当作出不起诉的决定，而不是"应当撤销案件"。根据《刑事诉讼法》第 282 条第 3 款规定，未成年犯罪嫌疑人及其法定代理人对人民检察院决定附条件不起诉有异议的，人民检察院应当作出起诉的决定。故 B 项错误。根据《刑事诉讼法》第 283 条第 3 款第 3 项规定，离开所居住的市、县或者迁居，才应当报经考察机关批准。故 C 项错误。根据《刑事诉讼法》第 284 条第 1 款第 2 项的规定，违反治安管理规定或者考察机关有关附条件不起诉的监督管理规定，情节严重的，人民检察院应当撤销附条件不起诉的决定，提起公诉。D 项属于考察期内又犯新罪，故应当撤销附条件不起诉，提起公诉。故本题选 D。

7. **答案：A**。陈某有委托辩护人的权利，这是辩护权的表现，故 A 项正确。根据《刑事诉讼法》第 279 条的规定，法院可以调查，而非"应当"，B 项错误。根据《刑事诉讼法》第 285 条的规定，审判的时候被告人不满 18 周岁的案件，不公开审理。C 项关于"不公开审理"的表述错误。公诉案件，检察院都应当派员出庭支持公诉，故 D 项错误。

8. **答案：A**。根据《公安机关办理刑事案件程序规定》第 326 条第 2 款规定："询问未成年被害人、证人，应当以适当的方式进行，注意保护其隐私和名誉，尽可能减少询问频次，避免造成二次伤害。"可见，A 表述正确，符合题意。询问聋、哑被害人，依法应当有通晓聋、哑手势的人士进行翻译，并将该情况记入笔录，但是通晓聋、哑手势的人并非应当是聋哑学校的老师，B 表述错误，不符合题意，不选择。根据《关于适用认罪认罚从宽制度的指导意见》第 56 条的规定："未成年犯罪嫌疑人签署认罪认罚具结书时，其法定代理人应当到场并签字确认。法定代理人无法到场的，合适成年人应当到场签字确认。法定代理人、辩护人对未成年人认罪认罚有异议的，不需要签署认罪认罚具结书。"由此可见，法定代理人无法到场的，应当由其他合适成年人到场签字确认，因此，C 表述错误，不符合题意，不选择。《刑事诉讼法解释》第 94 条规定："被告人供述具有下列情形之一的，不得作为定案的根据……（四）讯问未成年人，其法定代理人或者合适成年人不在场的。"因此，D 表述错误，不符合题意，不选择。

9. **答案：B**。《高检规则》第 528 条第 2 款规定，人民法院在审理案件过程中，被告人死亡而裁定终止审理，或者被告人脱逃而裁定中止审理，人民检察院可以依法另行向人民法院提出没收违法所得的申请。《刑事诉讼法解释》第 626 条规定，在审理案件过程中，被告人死亡或者脱逃，符合《刑事诉讼法》第 298 条第 1 款规定的，人民检察院可以向人民法院提出没收违法所得的申请……人民检察院向原受理案件的人民法院提出申请的，可以由同一审判组织依照本章规定的程序审理。本题中，A 项正确，B 项的错误在于，不是"应当"而是"可以"由 B 市中级人民法院的同一审判组织对是否没收违法所得继续进行审理。《刑事诉讼法解释》第 622 条规定，对没收违法所得或者驳回申请的裁定，犯罪嫌疑人、被告人的近亲属和其他利害关系人或者人民检察院可以在 5 日内提出上诉、抗诉。故 CD 两项表述正确。本题符合题意的答案为 B 项。

10. **答案：D**。根据《刑事诉讼法》第 305 条第 2 款规定："被决定强制医疗的人、被害及其法定代理人、近亲属对强制医疗决定不服的,可以向上一级人民法院申请复议。"故 D 项正确。

11. 答案:B。 根据《刑事诉讼法》第 289 条规定:"双方当事人和解的,公安机关、人民检察院、人民法院应当听取当事人和其他有关人员的意见,对和解的自愿性、合法性进行审查,并主持制作和解协议书。"A 项中表述为"可以"有误。从该条还可以看出,既然公安机关、检察院、人民法院都可以主持制作和解协议书,那么刑事和解在侦查、起诉和审判阶段都可以进行,故 B 项正确。根据《刑事诉讼法》第 290 条的规定,对于达成和解协议的案件,公安机关可以向人民检察院提出从宽处理的建议。法条并未规定公安机关可以撤销案件,故 C 项错误。D 项中"应当"表述错误。

12. 答案:A。 根据《刑事诉讼法》第 303 条第 1 款规定,对精神病人强制医疗的,由人民法院决定。故 A 项表述错误,人民检察院无权决定。根据该条第 3 款规定:"对实施暴力行为的精神病人,在人民法院决定强制医疗前,公安机关可以采取临时的保护性约束措施。"故 B 项表述正确。根据《刑事诉讼法》第 306 条第 2 款规定:"被强制医疗的人及其近亲属有权申请解除强制医疗。"故 C 项表述正确。根据《刑事诉讼法》第 307 条规定:"人民检察院对强制医疗的决定和执行实行监督。"故 D 项表述正确。因此,本题选 A。

13. 答案:B。 本题考查强制医疗程序。《刑事诉讼法解释》第 642 条规定,被决定强制医疗的人、被害人及其法定代理人、近亲属对强制医疗决定不服的,可以自收到决定书第 2 日起 5 日内向上一级人民法院申请复议。复议期间不停止执行强制医疗的决定。故 A 项表述错误。《刑事诉讼法解释》第 641 条规定,人民法院决定强制医疗的,应当在作出决定后 5 日内,向公安机关送达强制医疗决定书和强制医疗执行通知书,由公安机关将被决定强制医疗的人送交强制医疗。故 B 项正确。《刑事诉讼法解释》第 645 条规定,被强制医疗的人及其近亲属申请解除强制医疗的,应当向决定强制医疗的人民法院提出。被强制医疗的人及其近亲属提出的解除强制医疗申请被人民法院驳回,6 个月后再次提出申请的,人民法院应当受理。故 C 项错误在于"解除强制医疗申请被人民法院驳回"才能在 6 个月后再次申请解除强制医疗。D 项的错误在于,申请解除强制医疗应向决定强制医疗的人民法院,即县法院而不是市中级人民法院提出。故本题的正确答案为 B 项。

14. 答案:A。 根据规定,开庭审理适用强制医疗程序的案件,应当先由合议庭组成人员宣读对被告人的法医精神病鉴定意见,说明被告人可能符合强制医疗的条件,后依次由公诉人和被告人的法定代理人、诉讼代理人发表意见。故 A 项正确。

根据规定,被告人符合强制医疗条件的,应当判决宣告被告人不负刑事责任,同时作出对被告人强制医疗的决定。因此是同时作出,不是"决定前"作出。故 B 项错误。

有权启动强制医疗程序的主体是检察院和法院。检察院启动的强制医疗程序中的精神病人称为被申请人,对于法院启动的强制医疗程序中的精神病人称为被告人。因此,身份只是因启动主体不同而称呼不同,并不会因程序的流转而发生变化。故 C 项错误。

首先,附带民事诉讼中,若被告人被认定为无罪,那么附民部分可以与刑事部分一并判决,也可以告知被害人另行提起民事诉讼。其次,被决定强制医疗的人,虽被鉴定为无刑事责任能力人,不负法律责任,但是其危害行为给被害人及社会造成的损害是客观存在的,依然有权要求民事赔偿。因此法院可以告知被害人另行提起民事诉讼,而不是"应当",说法过于绝对。故 D 项错误。

15. 答案:C。 按照《刑事诉讼法》第 288 条第 1 款的规定,可以刑事和解的公诉案件的范围是"(一)因民间纠纷引起,涉嫌刑法分则第四章、第五章规定的犯罪案件,可能判处三年有期徒刑以下刑罚的;(二)除渎职犯罪以外的可能判处七年有期徒刑以下刑罚的过失犯罪案件"。而本案的故意伤害虽然属于刑法分则第四章的犯罪，但并非因民间纠纷引起的，不符合刑事和解的案件范围条件，A 项错误。BC 考查报案、举报概念的辨析，报案是知事不知人，举报是知事知人，但事不关己。显然，B 项错误，C 项正确。《公安机关办理刑事案件程序规定》第 258 条规定："为了查明案情，在必要的时候，侦查人员可以让被害人、证人或者犯罪嫌疑人对与犯罪有关的物品、文件、尸体、场所或者犯罪嫌疑人进行辨认。"可见，辨认的主体是犯罪嫌疑人、被害人和证人，未成年人不论是被害人还是证人，均可辨认，D 项错误。综上，本题正确答案为 C。

16. 答案：B。根据《刑事诉讼法解释》第 600 条规定："对人民检察院依照刑事诉讼法第二百九十一条第一款的规定提起公诉的案件，人民法院立案后，应当将传票和起诉书副本送达被告人……应当将起诉书副本送达被告人近亲属，告知其有权代为委托辩护人，并通知其敦促被告人归案。"A 表述错在"可以"的表述，正确的是"应当"，不符合题意，不选择。《刑事诉讼法解释》第 604 条第 4 款规定："适用缺席审判程序审理案件，可以对违法所得及其他涉案财产一并作出处理。"因此，B 表述正确，选择。在任何案件庭审中，被告人陈述是任何人不能代为陈述的，根据《刑事诉讼法解释》第 603 条的规定："被告人的近亲属参加诉讼的，可以发表意见，出示证据，申请法庭通知证人、鉴定人等出庭，进行辩论。"C 表述错误。《刑事诉讼法》第 291 条规定："对于贪污贿赂犯罪案件，以及需要及时进行审判，经最高人民检察院核准的严重危害国家安全犯罪、恐怖活动犯罪案件……符合缺席审判程序适用条件的……由犯罪地、被告人离境前居住地或者最高人民法院指定的中级人民法院组成合议庭进行审理。"由此可见，本案适用缺席审判程序审理，只能由中级法院管辖，D 表述错误，不符合题意，不选择。综上所述，本题答案为 B。

多项选择题

1. 答案：ABD。《刑事诉讼法解释》第 575 条第 1 款规定，对未成年被告人情况的调查报告，以及辩护人提交的有关未成年被告人情况的书面材料，法庭应当审查并听取控辩双方意见。上述报告和材料可以作为法庭教育和量刑的参考。故 A 项正确。《刑事诉讼法解释》第 566 条规定，对未成年人刑事案件，人民法院决定适用简易程序审理的，应当征求未成年被告人及其法定代理人、辩护人的意见。上述人员提出异议的，不适用简易程序。故 B 项正确。《刑事诉讼法》第 281 条第 4 款规定，审判未成年人刑事案件，未成年被告人最后陈述后，其法定代理人可以进行补充陈述。而辩护人无权进行补充陈述。因此，C 项错误。《刑事诉讼法解释》第 576 条规定，法庭辩论结束后，法庭可以根据未成年人的生理、心理特点和案件情况，对未成年被告人进行法治教育；判决未成年被告人有罪的，宣判后，应当对未成年被告人进行法治教育。对未成年被告人进行教育，其法定代理人以外的成年亲属或者教师、辅导员等参与有利于感化、挽救未成年人的，人民法院应当邀请其参加有关活动。适用简易程序审理的案件，对未成年被告人进行法庭教育，适用前两款规定。故 D 项正确。

2. 答案：BD。应当排除的非法供述包括使用暴力、威胁、限制人身自由等方式收集的供述，但并不包括以欺骗或引诱的方式取得的供述，因此，A 项错误。社会调查报告既可以由公检法自行开展调查，也可以委托社区矫正机构、社会组织等机构进行调查，因此，B 项正确。

    询问未成年女性被害人，才应当由女性工作人员进行。询问未成年男性被害人，并不一定要由女工作人员进行，因此，C 项错误。刑事诉讼法的功能有惩罚犯罪和保障人权，在惩罚犯罪的过程中，要保障公民的合法权益不受侵犯，因此刑事诉讼中适用存疑有利于被告人的原则，在事实认定存在模糊之处难以正确适用法律的时候，应当作出有利于被告人的结论,因此,D 选项正确。

3. **答案:ABC**。《刑事诉讼法》第 103 条规定,人民法院审理附带民事诉讼案件,可以进行调解,或者根据物质损失情况作出判决、裁定。故 A 项正确。B 项中的调解协议约定的赔偿损失内容可以分期履行,是正确的。《刑事诉讼法解释》第 587 条第 1 款规定,对符合《刑事诉讼法》第 288 条规定的公诉案件,事实清楚、证据充分的,人民法院应当告知当事人可以自行和解;当事人提出申请的,人民法院可以主持双方当事人协商以达成和解。故 C 项正确。《刑事诉讼法解释》第 593 条第 1 款规定,和解协议约定的赔偿损失内容,被告人应当在协议签署后即时履行。故 D 项错误。

4. **答案:ABC**。《刑事诉讼法》第 282 条第 1 款规定,检察院办理未成年人刑事案件,在作出附条件不起诉决定前,应听取公安机关、被害人的意见。《全国人民代表大会常务委员会关于〈中华人民共和国刑事诉讼法〉第二百七十一条第二款的解释》增加规定,人民检察院办理未成年人刑事案件,在考验期满作出不起诉决定前,应听取被害人的意见。故 A 项正确。附条件不起诉制度是对本应进入刑事诉讼程序的刑事案件转项为非刑事诉讼的方式处理的非司法化,一些国家称为转向处置。实践证明,转向处置能避免刑事诉讼的消极性作用,从而给予犯罪未成年人实质性的保护。我国附条件不起诉制度正是在合理吸收转向处置核心要素的基础上,结合司法实践和对未成年人特别保护的现实需要,创造性地设立了中国特色的未成年非司法化制度。故 BC 两项正确。刑事公诉独占主义,即刑事案件的起诉权被国家垄断,排除被害人自诉。我国刑事诉讼实行以公诉为主、自诉为辅的犯罪追诉机制。故 D 项错误。

5. **答案:ABC**。本题考查附条件不起诉考察期内应遵守的规定。《高检规则》第 475 条规定:"人民检察院对于被附条件不起诉的未成年犯罪嫌疑人,应当监督考察其是否遵守下列规定:(一)遵守法律法规,服从监督;(二)按照规定报告自己的活动情况;(三)离开所居住的市、县或者迁居,应当报经批准;(四)按照要求接受矫治和教育。"第 476 条规定:"人民检察院可以要求被附条件不起诉的未成年犯罪嫌疑人接受下列矫治和教育:(一)完成戒瘾治疗、心理辅导或者其他适当的处遇措施;(二)向社区或者公益团体提供公益劳动;(三)不得进入特定场所,与特定的人员会见或者通信,从事特定的活动;(四)向被害人赔偿损失、赔礼道歉等;(五)接受相关教育;(六)遵守其他保护被害人安全以及预防再犯的禁止性规定。"D 项的错误在于,不是"不得离开所居住的县",而是"离开所居住的市、县或者迁居,应当报经批准",故本题的正确答案为 ABC 三项。

6. **答案:BD**。根据《刑事诉讼法》第 281 条第 3 款的规定,A 项是正确的,此处要注意是"应当"而不是"可以"。B 项错误,根据《刑事诉讼法》第 281 条第 1 款,未成年犯罪嫌疑人、被告人的法定代理人可能就是同案共犯,故无法到场。C 项正确,根据《刑事诉讼法》第 281 条第 4 款规定,在未成年被告人作最后陈诉后,其法定代理人可以进行补充陈诉。D 项错误,根据《刑事诉讼法》第 278 条的规定,此时人民法院应当通知法律援助机构指派律师为其提供辩护,而非由法院来指定。因此,此题应选 BD。

7. **答案:ABC**。根据《刑事诉讼法》第 286 条第 1 款规定:"犯罪的时候不满十八周岁,被判处五年有期徒刑以下刑罚的,应当对相关犯罪记录予以封存。"根据该条,A 项应为"犯罪的时候不满十八周岁";B 项应为"被判处五年有期徒刑以下刑罚",故 AB 项错误。根据该条第 2 款规定:"犯罪记录被封存的,不得向任何单位和个人提供,但司法机关为办案需要或者有关单位根据国家规定进行查询的除外。依法进行查询的单位,应当对被封存的犯罪记录的情况予以保密。"C 项错误,有关单位根据国家规定也可以进行查询。D 项表述正确。故本题选 ABC。

8. **答案:ABCD**。根据《刑事诉讼法》第 282 条第 1 款规定:"对于未成年人涉嫌刑法分则第四章、第五章、第六章规定的犯罪，可能判处一年有期徒刑以下刑罚，符合起诉条件，但有悔罪表现的，人民检察院可以作出附条件不起诉的决定。人民检察院在作出附条件不起诉的决定以前，应当听取公安机关、被害人的意见。"故本题四个选项的表述都正确。

9. **答案**：BD。根据《刑事诉讼法》第283条第2款规定："附条件不起诉的考验期为六个月以上一年以下，从人民检察院作出附条件不起诉的决定之日起计算。"故本题选BD。

10. **答案**：AB。根据《刑事诉讼法》第299条第1款规定："没收违法所得的申请，由犯罪地或者犯罪嫌疑人、被告人居住地的中级人民法院组成合议庭进行审理。"故A项正确。根据《刑事诉讼法》第304条第1款规定："人民法院受理强制医疗的申请后，应当组成合议庭进行审理。"故B项正确。CD项可以使用简易程序，故可以独任审理，不一定需要组成合议庭审理。

11. **答案**：ACD。依据规定，审理检察院申请而启动的强制医疗案件，法院审理后，符合强制医疗条件的，应当作出对被申请人强制医疗的决定。本题中，该程序由检察院启动，法院审查符合强制医疗条件，故A项正确。依据规定，审理检察院申请而启动的强制医疗案件，法院审理后，认为被申请人具有完全或者部分刑事责任能力，依法应当追究刑事责任的，应当作出驳回强制医疗申请的决定，并退回检察院依法处理。本题中，该程序由检察院启动，故法院受制于不告不理的原则，在检察院没有向法院起诉马某前，不能直接将马某的程序转为普通程序。故B项错误。依据规定，法院审理强制医疗案件，应当通知被申请人或者被告人的法定代理人到场。故C选项正确。依据规定，被害人对强制医疗决定不服的，可以自收到决定书之日起5日内向上一级法院申请复议。复议期间不停止执行强制医疗的决定。故D选项正确。

12. **答案**：ABD。《最高人民法院关于刑事裁判涉财产部分执行的若干规定》第11条规定："被执行人将刑事裁判认定为赃款赃物的涉案财物用于清偿债务、转让或者设置其他权利负担，具有下列情形之一的，人民法院应予追缴：（一）第三人明知是涉案财物而接受的；（二）第三人无偿或者以明显低于市场的价格取得涉案财物的；（三）第三人通过非法债务清偿或者违法犯罪活动取得涉案财物的；（四）第三人通过其他恶意方式取得涉案财物的。第三人善意取得涉案财物的，执行程序中不予追缴。作为原所有人的被害人对该涉案财物主张权利的，人民法院应当告知其通过诉讼程序处理。"据此，ABD均应当予以追缴，符合题意，当选。C属于善意取得，不予追缴，不当选。综上，本题正确答案为ABD。

不定项选择题

1. **答案**：（1）BC。《刑事诉讼法》第303条第1款、第2款规定："根据本章规定对精神病人强制医疗的，由人民法院决定。公安机关发现精神病人符合强制医疗条件的，应当写出强制医疗意见书，移送人民检察院。对于公安机关移送的或者在审查起诉过程中发现的精神病人符合强制医疗条件的，人民检察院应当向人民法院提出强制医疗的申请。人民法院在审理案件过程中发现被告人符合强制医疗条件的，可以作出强制医疗的决定。"由此，法律只规定了检察院和法院可以启动强制医疗程序。从法条可知，本题正确答案为BC。

（2）BCD。《刑事诉讼法》第304条规定："人民法院受理强制医疗的申请后，应当组成合议庭进行审理。人民法院审理强制医疗案件，应当通知被申请人或者被告人的法定代理人到场。被申请人或者被告人没有委托诉讼代理人的，人民法院应当通知法律援助机构指派律师为其提供法律帮助。"据此，选项A正确。本题中，法院应当通知法律援助机构指派律师为刘某提供法律帮助，故选项B错误。第305条规定："人民法院经审理，对于被申请人或者被告人符合强制医疗条件的，应当在一个月以内作出强制医疗的决定。被决定强制医疗的人、被害人及其法定代理人、近亲属对强制医疗决定不服的，可以向上一级人民法院申请复议。"据此，法院作出的是"决定"而不是"裁定"，选项 C 错误。受害人不服的，可以向上一级人民法院申请"复议"而不是申请检察院提起"抗诉"，选项 D 错误。综上，本题为选非题，正确答案为 BCD。

2. **答案**：CD。根据《刑事诉讼法》第 282 条第 2 款规定："对附条件不起诉的决定，公安机关要求复议、提请复核或者被害人申诉的，适用本法第一百七十九条、第一百八十条的规定。"而第 179 条规定，对于公安机关移送起诉的案件，人民检察院决定不起诉的，应当将不起诉决定书送达公安机关。公安机关认为不起诉的决定有错误的时候，可以要求复议，如果意见不被接受，可以向上一级人民检察院提请复核。故 A 项表述正确。根据《刑事诉讼法》第 282 条第 3 款规定："未成年犯罪嫌疑人及其法定代理人对人民检察院决定附条件不起诉有异议的，人民检察院应当作出起诉的决定。"故 B 项表述也正确。根据《刑事诉讼法》第 282 条第 1 款之规定，人民检察院在作出附条件不起诉的决定前，应当听取公安机关和被害人的意见。C 项表述成"可以"，错误。根据《刑事诉讼法》第 180 条规定，对于有被害人的案件，决定不起诉的，人民检察院应当将不起诉决定书送达被害人。被害人如果不服，可以自收到决定书后 7 日以内向上一级人民检察院申诉，请求提起公诉。故 D 项中表述为"向作出附条件不起诉决定的人民检察院申诉"，错误。故本题选 CD。

3. **答案**：AB。法律并没有规定，未成年人的刑事案件不能适用简易程序，故 A 项错误。根据《刑事诉讼法》第 285 条规定："审判的时候被告人不满十八周岁的案件，不公开审理。但是，经未成年被告人及其法定代理人同意，未成年被告人所在学校和未成年人保护组织可以派代表到场。"由此可见，未成年人的刑事案件不公开审理也有例外，B 项错误。根据《刑事诉讼法》第 202 条第 1 款规定："宣告判决，一律公开进行。"故未成年人的刑事案件不公开审理，但应当公开宣判，故 C 项正确。根据《刑事诉讼法》第 281 条第 1 款之规定，对于未成年人刑事案件，在讯问和审判的时候，应当通知未成年犯罪嫌疑人、被告人的法定代理人到场。故 D 项正确。

4. **答案**：ABD。《刑事诉讼法》第 206 条第 1 款规定，在审判过程中，有下列情形之一，致使案件在较长时间内无法继续审理的，可以中止审理：（1）被告人患有严重疾病，无法出庭的；（2）被告人脱逃的；（3）自诉人患有严重疾病，无法出庭，未委托诉讼代理人出庭的；（4）由于不能抗拒的原因。故 A 项正确。《刑事诉讼法》第 298 条规定，对于贪污贿赂犯罪、恐怖活动犯罪等重大犯罪案件，犯罪嫌疑人、被告人逃匿，在通缉 1 年后不能到案，或者犯罪嫌疑人、被告人死亡，依照刑法规定应当追缴其违法所得及其他涉案财产的，人民检察院可以向人民法院提出没收违法所得的申请。故 B 项正确。《刑事诉讼法解释》第 616 条、第 617 条规定，《刑事诉讼法》第 299 条第 2 款、第 300 条第 2 款规定的"其他利害关系人"，是指除犯罪嫌疑人、被告人的近亲属外的，对申请没收的财产主张权利的自然人和单位。犯罪嫌疑人、被告人的近亲属和其他利害关系人申请参加诉讼的，应当在公告期间内提出。犯罪嫌疑人、被告人的近亲属应当提供其与犯罪嫌疑人、被告人关系的证明材料，其他利害关系人应当提供证明其对违法所得及其他涉案财产主张权利的证据材料……利害关系人在公告期满后申请参加诉讼，能够合理说明理由的，人民法院应当准许。故 C 项错误。根据《刑事诉讼法解释》第 625 条之规定，在审理申请没收违法所得的案件过程中，在逃的犯罪嫌疑人、被告人到案的，人民法院应当裁定终止审理。故 D 项正确。

名词解释

1. **答案**：未成年人犯罪是指未成年人实施危害社会，应当受到刑事处罚的行为。在我国，法律意义上的未成年人是指已满14周岁不满18周岁者。

2. **答案**：教育、感化、挽救方针是指司法机关应当在未成年人犯罪案件诉讼程序中，对经人民法院依法判决确定有罪的未成年人进行教育、感化和挽救工作。这既是诉讼的主要目的，也是全社会的职责。具体含义包括：司法人员要以满腔热情的工作态度，正确对待未成年被告人，既要查明事实真相，维护正常的社会秩序，又要注意保护失足青少年，帮助和挽救他们，促使其同犯罪行为划清界限；帮助未成年被告人认清自己所犯罪行的严重性、危害性，唤醒他们的悔罪意识，教育他们认罪服法，认真接受改造，重新做人；依法保障其享有的诉讼权利；落实"帮教"措施等。

3. **答案**：分案处理原则是指司法机关在刑事诉讼过程中将未成年人案件与成年人案件分开处理，对未成年人与成年人分别关押。确立分案处理原则的目的，主要是充分保护进入诉讼阶段的未成年人，使其免受来自成年犯人的不良影响。其内容主要包括三个方面：（1）在刑事诉讼中运用拘留、逮捕等强制措施关押未成年犯罪嫌疑人时，必须与成年犯罪嫌疑人分开看管；（2）在处理未成年人与成年人共同犯罪或者牵连的案件时，尽量适用不同的诉讼程序，在不妨碍审理的前提下，坚持分案处理；（3）在未成年人案件处理完毕交付执行阶段，不得与成年犯人同处一个监所。

4. **答案**：强制医疗制度是指使用医疗性强制方法，适用于在无刑事责任能力状态中实施刑法所规定的危害社会的行为，或者在实施危害行为后因患有精神病而失去辨认或控制自己行为的能力，并且精神状态和实施行为的性质对社会具有危害性的人的一项制度。实施暴力行为，危害公共安全或者严重危害公民人身安全，经法定程序鉴定依法不负刑事责任的精神病人，有继续危害社会可能的，可予以强制医疗。

简答题

1. **答案**：未成年人案件诉讼程序的特点，是由未成年人心理和生理特点决定的。因此，办理未成年人犯罪案件的诉讼程序应同成年人的有所区别。现行未成年人案件诉讼程序的特点主要有：

第一，在刑事诉讼过程中要更加突出教育改造的方针，寓教育、感化、挽救于各个诉讼阶段之中。

第二，国家立法及相关司法解释不仅赋予未成年被告人更多的诉讼权利，而且还有更多的保证实施的措施。

第三，对证据的运用，要有较高的证明要求，不仅要求案件事实清楚，证据确实、充分，而且还要证明未成年人走上犯罪道路的家庭、社会、教育等方面的原因。

第四，从侦查、起诉、审判到执行，均采取适合未成年人特点的诉讼制度和程序，诉讼程序的设计表现得更为灵活多样和缓和宽松。

2. **答案**：（1）因民间纠纷引起，涉嫌《刑法》分则第四章、第五章规定的犯罪案件，可能判处三年有期徒刑以下刑罚的；（2）除渎职犯罪外的可能判处七年有期徒刑以下刑罚的过失犯罪案件；（3）犯罪嫌疑人、被告人在五年以内曾经故意犯罪的，不适用该程序。

3. **答案**：（1）适用的案件范围：贪污贿赂犯罪、恐怖活动犯罪等重大犯罪案件；（2）被追诉人不能到案：犯罪嫌疑人、被告人逃匿，在通缉一年后不能到案，或者犯罪嫌疑人、被告人死亡；（3）有追缴财产的需要：依照刑法规定应当追缴其违法所得及其他涉案财产的；（4）程序启动要件：人民检察院向人民法院提出没收违法所得的申请。

论述题

1. **答案**：（1）少年法庭应当在辩护台靠近旁听区一侧，为被告人的法定代理人设置席位。开庭前，少年法庭应当通知被告人的法定代理人到庭。法定代理人在法庭上享有申请回避、发问、辩护等诉讼权利。开庭审理时，已满18岁被告人的法定代理人行使上述诉讼权利时，必须征得被告人同意。

（2）被告人在法庭上可以坐着回答问

题。在法庭上不得对被告人使用械具。少年法庭应当详细告知被告人依法享有的申请回避、辩护、发问、提出新的证据、要求重新鉴定或者勘验、最后陈述等诉讼权利。在法庭审理过程中，审判人员应当根据被告人的智力发育程序和心理状态，注意掌握庭审节奏和气氛；审判人员要注意用语不失严肃，用语准确且通俗易懂；注意防止对被告人的诱供行为。在庭审过程中，审判人员应当立即制止对被告人进行训斥、讽刺和威胁的行为。

（3）法庭调查时，审判人员要准确核实少年被告人在案件发生时的年龄。在查明案件事实核实证据的同时，还应当注意查明被告人实施行为的主观和客观原因。法庭审理中，如果控辩双方向法庭提出判处被告人有期徒刑或拘役宣告缓刑、管制、免予刑事处罚的建议的，审判人员应当要求建议少年法庭提供被告人家庭监护条件或者其所在社区帮教措施的证明材料。

（4）未成年人刑事案件的证人是未成年人的，经人民法院准许，可以不出庭。

（5）被告人最后陈述后，审判长应当宣布休庭，合议庭进行评议。对于可以当庭宣告判决的案件，合议庭应当在宣布有罪判决结果后，当庭对未成年被告人进行法庭教育。对于定期宣告判决的案件，如果经合议庭评议，确定未成年被告人有罪，被告人及其辩护人又未作无罪辩护的，应当继续开庭对未成年被告人进行法庭教育。

具有下列情形之一的，不应当进行法庭教育：

第一，经过合议，合议庭确定被告人无罪的；

第二，宣判后，未成年被告人及其法定代理人、辩护人当庭明确表示对有罪判决持有异议的。

（6）合议庭应当组织公诉人、辩护人及未成年被告人的法定代理人对未成年被告人进行法庭教育。法庭教育可以围绕下列内容进行：

第一，犯罪行为对社会的危害和应受刑罚处罚的必要性。

第二，导致犯罪行为发生的主观、客观原因及应当吸取的教训。

第三，教育未成年被告人正确对待审判，指明正确的人生道路。

（7）未成年人刑事案件宣告判决，应当公开进行，但不得召开群众大会。宣告判决时，应当向被告人说明判决认定的犯罪事实、判处的刑罚，以及从重、加重、从轻、减轻或者免除刑事处罚，以及宣告无罪的法律依据和理由。对于被判处管制或者拘役和有期徒刑宣告缓刑、免除刑事处罚或者判决宣告无罪的被告人，应当立即释放。宣告判决时，应当通知被告人的法定代理人到庭，并向法定代理人送达判决书副本。对于刑事附带民事诉讼的案件，少年法庭应当讲明未成年被告人的法定代理人所应承担的民事赔偿责任。

（8）宣告判决时，应当明确告知被告人上述权利，并且讲明上述不加刑的法律规定。不满18周岁的被告人及其法定代理人依法均享有上诉权；被告人已满18周岁的，其法定代理人、辩护人或者其他近亲属要求上诉的，必须征得被告人的同意。决定开庭审判的上诉和抗诉案件，参照上述少年法庭审理未成年人刑事案件的程序规定进行。

（9）第二审程序应一律采用直接审理的方式，严格禁止书面审理。对维持或改变原判决、裁定的，二审法院应当向上诉人讲明维持或改判的理由和根据。对经二审判决、裁定确定有罪的，可以在宣判后组织法庭教育，继续做好未成年罪犯的教育工作。

2. 答案：（1）教育、感化、挽救方针。教育、感化、挽救方针，是指司法机关应当在未成年人刑事诉讼程序中，对经人民法院依法判决确定有罪的未成年人进行教育、感化和挽救工作。

对于犯罪的未成年人进行教育、感化和挽救，既是诉讼的主要目的，也是全社会的共同职责。在具体的教育、感化、挽救工作中，司法工作人员要像父母对待子女、老师对待学生、医生对待病人那样，帮助未成年人分清是非，促使其同犯罪行为划清界限，并在诉讼中依法保障其享有的诉讼权利。同时，还要正确处理好打击、惩罚犯罪与教育、感化、挽救的关系，感化、挽救并不意味着对其所犯罪行可以不处罚，相反为保护公共利益，维护社会法制，对未成年人犯罪行为要依法处罚。

（2）分案处理原则。分案处理原则，是指司法机关在刑事诉讼过程中将未成年人案件与成年人案件分开处理，对未成年人与成年人分别关押。未成年人由于身心发育尚不成熟健全，易受外界环境和他人的影响，当其作为犯罪嫌疑人被拘押，作为刑事被告人被讯问、审判时，其所能承受的心理压力是有限的，此时的未成年人更渴望来自周围人的关心和指点。从该原则的内容上看，大致包括三个方面：一是在刑事诉讼中运用拘留、逮捕等强制措施关押未成年犯罪嫌疑人时，必须与成年犯罪嫌疑人分开看管；二是在处理未成年人与成年人共同犯罪或者牵连的案件时，尽量适用不同的诉讼程序，在不妨碍审理的前提下，坚持分案处理；三是在未成年人案件处理完毕交付执行阶段，不得与成年犯人同处一个监所。

（3）充分保障未成年犯罪嫌疑人、被告人诉讼权利原则。充分保障未成年犯罪嫌疑人、被告人诉讼权利的原则，是指司法机关在处理未成年人刑事案件的过程中，应当充分保障未成年犯罪嫌疑人、被告人依法享有的各项诉讼权利。依照《刑事诉讼法》的规定，未成年犯罪嫌疑人、被告人除享有成年被告人的一切诉讼权利外，还享有下列特殊的诉讼权利：一是法定的辩护权利；二是法定代理人参加诉讼的权利。被告人有权获得辩护，人民法院有义务保证被告人获得辩护。对于没有委托辩护人的未成年被告人，人民法院应当为其指定辩护人。这是对未成年被告人辩护权的特别保障。对于不满18周岁的未成年人犯罪的案件，在讯问和审判时应当通知其法定代理人到场。开庭审判时，少年法庭应在辩护台靠近旁听区一侧，为未成年被告人的法定代理人设置座位。应向未成年被告人的法定代理人送达起诉书副本，并告知其享有的各项诉讼权利。

（4）审理不公开原则。审理不公开原则，是指人民法院在开庭审理未成年人刑事案件时，不允许群众旁听，不允许记者采访，报纸等印刷品不得刊登未成年被告人的姓名、年龄、职业、住址及照片等。被指控实施犯罪时已满14周岁不满16周岁的未成年人刑事案件，一律不公开审理；被指控实施犯罪时已满16周岁不满18周岁的未成年人刑事案件，一般也不公开审理。如果有必要公开审理的，应当经过人民法院院长批准，并限制旁听人数和范围。未成年被告人的成年近亲属和教师等人到庭有利于审判工作和教育、感化未成年被告人的，经审判庭庭长批准，可允许或邀请到庭，但必须加强保密工作，不得向外界传播或者提供案件审理情况。

（5）全面调查原则。全面调查原则，是指司法机关在办理未成年人案件时，除对案件事实和证据进行调查、审查外，还应就导致未成年人犯罪之主、客观因素及其形成、发展、演变过程，以及对未成年人特殊性格的形成产生过重要影响的人和事件的详细情况进行全面、彻底的调查，必要时还可以进行医学、心理学及精神病学等方面的鉴定。全面调查的内容包括以下几个方面：第一，能够证明未成年被告人是否有罪及犯罪轻重的一切事实情况，如犯罪构成要件、犯罪情节、犯罪未成年人个人情况及犯罪后的表现等证据，其中查清未成年人的犯罪动机、目的至为重要；第二，对未成年人的生活环境及与之相联系的各种社会关系予以调查，如家庭情况、父母管教方式、在校学习情况、社交往来等；第三，着重查清在未成年人成长过程中对其步入犯罪泥潭产生过重要影响的人和事件的详细情况，主要指案件事实以外的其他相关的因素及社会关系；第四，着重查清未成年人的兴趣爱好、智力能力、身心发育成熟程度、情感类型等个性特征；第五，注意未成年人生理、心理上有无畸形变态等情况，并注意区别是属于医学上的病态还是思想认识上的偏激、反常。

（6）迅速简易原则。迅速是指在诉讼进

行的每一个阶段,都应当尽可能地争取时间,迅速侦查、起诉和审判。在时间的要求上,尽可能要快于对成年人犯罪案件的处理;简易则是指整个诉讼程序尽可能从简进行。迅速和简易是互相联系的,简易是迅速的前提,迅速是简易所要达到的目的和效果。

案例分析题

答案:(1)①实施了危害公共安全或严重危害公民人身安全的暴力行为。②经法定程序鉴定属依法不负刑事责任的精神病人。③有继续危害社会的可能。

(2)《刑事诉讼法》规定了第一审程序被强制医疗的人、被害人及其法定代理人、近亲属对强制医疗决定不服的,可以向上一级人民法院申请复议,没有明确第二审程序是否可以申请复议。从理论上讲,二审是终审程序,当事人不能再上诉,只能通过审判监督程序予以纠正。但按照我国《刑事诉讼法》关于审判监督程序的规定,只有法院的判决、裁定才可以申诉,不包括决定。因此,如果中级人民法院的强制医疗决定不允许复议,必将剥夺当事人的救济权。故《刑事诉讼法》第305条第2款规定的被决定强制医疗的人、被害人及其法定代理人、近亲属对强制医疗不服的,可以向上一级法院申请复议,应作广义理解,既包括一审也包括二审,使得当事人的救济权利得以保障。

(3)不合法。按照《刑事诉讼法》和有关司法解释的规定,丁区人民法院有下列违法行为:①审理强制医疗应当组成合议庭进行;②本案被告人系成年人,所犯抢劫罪不属于不公开审理的案件;③审理强制医疗案件,应当通知段某的法定代理人到庭;④段某没有委托诉讼代理人,法院应当通知法律援助机构指派律师担任其法定代理人,为其提供法律援助。

(4)按照《刑事诉讼法解释》第197条关于法院认定公诉案件被告人的行为不构成犯罪,对已经提起的附带民事诉讼,经调解不能达成协议的,可以一并作出附带民事诉讼判决的精神,丁区人民法院应当就民事赔偿进行调解。调解不成,判决宣告被告人段某不负刑事责任,并在判决中就附带的民事赔偿一并处理,同时作出对被告人段某强制医疗的决定。

①依据《刑事诉讼法》第302条的规定,实施暴力行为,危害公共安全或者严重危害公民人身安全,经法定程序鉴定依法不负刑事责任的精神病人,有继续危害社会可能的,可以予以强制医疗。《刑事诉讼法解释》第630条规定,实施暴力行为,危害公共安全或者严重危害公民人身安全,社会危害性已经达到犯罪程度,但经法定程序鉴定依法不负刑事责任的精神病人,有继续危害社会可能的,可以予以强制医疗。故对段某适用强制医疗程序的条件是,段某实施了危害公共安全或者严重危害公民人身安全的暴力行为,经法定程序鉴定属依法不负刑事责任的精神病人,有继续危害社会的可能。

②《刑事诉讼法》第305条第2款规定,被决定强制医疗的人、被害人及其法定代理人、近亲属对强制医疗决定不服的,可以向上一级人民法院申请复议。此规定明确了第一审程序被强制医疗的人、被害人及其法定代理人、近亲属对强制医疗决定不服的,可以向上一级法院申请复议,没有明确第二审程序是否可以申请复议。从理论上讲,二审是终审程序,当事人不能再上诉,只能通过审判监督程序予以纠正。但按照我国《刑事诉讼法》关于审判监督程序的规定,只有法院的判决、裁定才可以申诉,不包括决定。因此,如果中级人民法院的强制医疗决定不允许复议,必将剥夺当事人的救济权。故《刑事诉讼法》第305条第2款规定的被决定强制医疗的人、被害人及其法定代理人、近亲属对强制医疗不服的,可以向上一级法院申请复议,应作广义理解,既包括一审也包括二审,使得当事人的救济权利得以保障。因此,在本案中,中级人民法院应当告知段某及其法定代理人、近亲属对强制医疗决定不服的,可以向上一级人民法院申请复议。

③丁区人民法院的做法不合法。具体包括:第一,《刑事诉讼法》第304条第1款规

定，人民法院受理强制医疗的申请后，应当组成合议庭进行审理。本案中，应当组成合议庭审理，不能由审判员张某一人审理。第二，本案中，段某1990年出生，已经年满18周岁，是成年人，所犯抢劫罪不属于不公开审理的案件，故对该案应当公开审理，而不能不公开审理。《刑事诉讼法解释》第635条第1款只是规定，审理强制医疗案件，应当组成合议庭，开庭审理。但是，被申请人、被告人的法定代理人请求不开庭审理，并经人民法院审查同意的除外。此处是有可能不开庭审理，而不是不公开审理。第三，《刑事诉讼法》第304条第2款规定，人民法院审理强制医疗案件，应当通知被申请人或者被告人的法定代理人到场。《刑事诉讼法解释》第638条规定，第一审人民法院在审理刑事案件过程中，发现被告人可能符合强制医疗条件的，应当依照法定程序对被告人进行法医精神病鉴定。经鉴定，被告人属于依法不负刑事责任的精神病人的，应当适用强制医疗程序，对案件进行审理。开庭审理前款规定的案件，应当先由合议庭组成人员宣读对被告人的法医精神病鉴定意见，说明被告人可能符合强制医疗的条件，后依次由公诉人和被告人的法定代理人、诉讼代理人发表意见。经审判长许可，公诉人和被告人的法定代理人、诉讼代理人可以进行辩论。所以，本案中，应当通知段某的法定代理人到庭。第四，《刑事诉讼法》第304条第2款规定，人民法院审理强制医疗案件……被申请人或者被告人没有委托诉讼代理人的，人民法院应当通知法律援助机构指派律师为其提供法律帮助。故在本案中，段某没有委托诉讼代理人，法院应当通知法律援助机构指派律师担任其法定代理人，为其提供法律援助。

④《刑事诉讼法解释》第197条第1款规定，人民法院认定公诉案件被告人的行为不构成犯罪，对已经提起的附带民事诉讼，经调解不能达成协议的，可以一并作出刑事附带民事判决，也可以告知附带民事原告人另行提起民事诉讼。所以，本案中，丁区人民法院应当就民事赔偿进行调解。调解不成的，判决宣告被告人段某不负刑事责任，并在判决中就附带的民事赔偿一并处理，同时作出对被告人段某强制医疗的决定。

综合测试题一

✅ 单项选择题

1. **答案：B**。诉讼公正，包括实体公正和程序公正两个方面。实体公正，即结果公正，指案件实体的结局处理所体现的公正。程序公正，指诉讼程序方面体现的公正。实体公正和程序公正各自都有独立的内涵和标准，不能互相代替，而且应当并重。一方面程序公正保障实体公正的实现；另一方面程序公正具有独立的价值。A项前半句话是正确的。但是，程序公正不一定就能够实现实体的公正，因此，A项后半句话错误。刑事程序的公开和透明，可以让当事人以及社会监督刑事程序的运行，因而有助于发挥程序的约束作用。故B项正确。C项的错误在于，依据我国《刑事诉讼法》和司法解释的规定，违反法定程序收集的证据并非都应予以排除，有的瑕疵证据经过合理解释或者补正后，可以作为定案根据。D项的错误在于，对复杂程度不同的案件进行程序上的繁简分流，有利于提高诉讼效率，将司法资源进行有效的配置，进而发挥程序的约束作用。本题正确答案为B项。

2. **答案：D**。本题考查死刑复核程序、两审终审制。《刑事诉讼法》第259条第2款规定："下列判决和裁定是发生法律效力的判决和裁定：（一）已过法定期限没有上诉、抗诉的判决和裁定；（二）终审的判决和裁定；（三）最高人民法院核准的死刑的判决和高级人民法院核准的死刑缓期二年执行的判决。"据此，对于死刑立即执行的案件，高级法院裁定维持原判，并非意味着判决生效。故A项错误。《刑事诉讼法解释》第423条第1款第2项规定，中级人民法院判处死刑的第一审案件，被告人上诉或者人民检察院抗诉，高级人民法院裁定维持的，应当在作出裁定后十日内报请最高人民法院核准。故B项错误。《刑事诉讼法解释》第429条规定："最高人民法院复核死刑案件，应当按照下列情形分别处理：（一）原判认定事实和适用法律正确、量刑适当、诉讼程序合法的，应当裁定核准；（二）原判认定的某一具体事实或者引用的法律条款等存在瑕疵，但判处被告人死刑并无不当的，可以在纠正后作出核准的判决、裁定；（三）原判事实不清、证据不足的，应当裁定不予核准，并撤销原判，发回重新审判；（四）复核期间出现新的影响定罪量刑的事实、证据的，应当裁定不予核准，并撤销原判，发回重新审判；（五）原判认定事实正确、证据充分，但依法不应当判处死刑的，应当裁定不予核准，并撤销原判，发回重新审判；根据案件情况，必要时，也可以依法改判；（六）原审违反法定诉讼程序，可能影响公正审判的，应当裁定不予核准，并撤销原判，发回重新审判。"故C项错误，D项正确。

3. **答案：B**。《刑事诉讼法解释》第176条规定，被告人非法占有、处置被害人财产的，应当依法予以追缴或者责令退赔。被害人提起附带民事诉讼的，人民法院不予受理。追缴、退赔的情况，可以作为量刑情节考虑。故A项错误。《刑事诉讼法解释》第175条第1款规定，被害人因人身权利受到犯罪侵犯或者财物被犯罪分子毁坏而遭受物质损失的，有权在刑事诉讼过程中提起附带民事诉讼；被害人死亡或者丧失行为能力的，其法定代理人、近亲属有权提起附带民事诉讼。故B项正确。D项中的非法搜查罪侵犯的犯罪客体是他人的隐私权，所造成的物质损失，不属于附带民事诉讼赔偿的范围。《刑事诉讼法解释》第177条规定，国家机关工作人员在行使职权时，侵犯他人人身、财产权利构成犯罪，被害人或者其法定代理人、近亲属提起附带民事诉讼的，人民法院不予受理，但应当告知其可以依法申请国家赔偿。本题中，C项即属于国家机关工作人员行使职权时实施的犯罪，故C项错误。

4. 答案：C。注意区分公安机关提请批捕的期限和刑事羁押的期限，羁押的最长时间为37日。

5. 答案：C。《刑事诉讼法》第197条第1款规定，法庭审理过程中，当事人和辩护人、诉讼代理人有权申请通知新的证人到庭，调取新的物证，申请重新鉴定或者勘验。而合议庭评议之后，就将作出判决，因此应在法庭审理中，合议庭评议之前进行申请。

6. 答案：A。本题考查的是特定情况下第一审判决生效时间的确定。《刑事诉讼法解释》第408条第1款规定："刑事附带民事诉讼案件，只有附带民事诉讼当事人及其法定代理人上诉的，第一审刑事部分的判决在上诉期满后即发生法律效力。"故本题正确答案为A。

7. 答案：AC。本题考查的是公民在对刑事案件进行报案或者举报的义务。《刑事诉讼法》第110条第1款规定："任何单位和个人发现有犯罪事实或者犯罪嫌疑人，有权利也有义务向公安机关、人民检察院或者人民法院报案或者举报。"据此，本题正确答案为AC。

8. 答案：C。本题考查的是死刑复核的核准机关。《刑事诉讼法解释》第497条第1款、第2款规定："被判处死刑缓期执行的罪犯，在死刑缓期执行期间犯罪，应当由罪犯服刑地的中级人民法院依法审判，所作的判决可以上诉、抗诉。认定故意犯罪，情节恶劣，应当执行死刑的，在判决、裁定发生法律效力后，应当层报最高人民法院核准执行死刑。"因此，本题选C。

9. 答案：A。本题考查的是一般鉴定时间与办案期限的关系。《最高人民法院、最高人民检察院、公安部、国家安全部、司法部、全国人大常委会法制工作委员会关于实施刑事诉讼法若干问题的规定》第40条第1款规定："刑事诉讼法第一百四十七条规定：'对犯罪嫌疑人作精神病鉴定的期间不计入办案期限。'根据上述规定，犯罪嫌疑人、被告人在押的案件，除对犯罪嫌疑人、被告人的精神病鉴定期间不计入办案期限外，其他鉴定期间都应当计入办案期限。对于因鉴定时间较长，办案期限届满仍不能终结的案件，自期限届满之日起，应当对被羁押的犯罪嫌疑人、被告人变更强制措施，改为取保候审或者监视居住。"据此，本题正确答案为A。

☑ 多项选择题

1. 答案：BD。被害人在刑事诉讼中除享有诉讼参与人共有的诉讼权利以外，还享有以下诉讼权利：（1）申请复议权。对侵犯其合法权利的犯罪嫌疑人、被告人，有权向公安机关、人民检察院或者人民法院报案或者控告，要求公安司法机关依法追究、惩罚犯罪，保护其合法权利。控告人对公安机关不立案的决定不服的，可以申请复议。（2）申诉权。包括三种情况：一是对公安机关不立案的申诉。对公安机关应当立案而不立案的，有权向人民检察院提出，请求人民检察院责令公安机关向检察机关说明不立案的理由。人民检察院应当要求公安机关说明不立案的理由。人民检察院认为其理由不能成立的，应当通知公安机关立案，公安机关则必须立案。二是对检察机关不起诉决定的申诉。对人民检察院作出的不起诉决定不服的，有权向上一级人民检察院提出申诉。三是对生效裁判的申诉。不服地方各级人民法院的生效裁判的，有权提出申诉。（3）委托诉讼代理人的权利。自刑事案件移送审查起诉之日起，有权委托诉讼代理人。（4）自诉权。如有证据证明公安机关、人民检察院对于侵犯其人身权利、财产权利的行为应当追究刑事责任而不予追究的，有权直接向人民法院起诉。（5）申请抗诉权。不服地方各级人民法院的第一审判决的，有权请求人民检察院抗诉。本题中，A项的错误在于，公诉案件的被害人有申请回避的权利，但是没有撤回起诉的权利。C项的错误在于，被害人有申请复议的权利，但是，没有提起上诉的权利。BD两项均正确。

2. 答案：ABC。参见《刑事诉讼法》第37条、第38条、第39条、第43条的规定。

3. **答案**：ABCD。参见《最高人民法院、最高人民检察院、公安部、国家安全部、司法部关于办理刑事案件排除非法证据若干问题的规定》。

4. **答案**：BD。本题考查的是刑事诉讼中的补充侦查。《刑事诉讼法》第 175 条第 2 款规定："人民检察院审查案件，对于需要补充侦查的，可以退回公安机关补充侦查，也可以自行侦查。"第 204 条规定："在法庭审判过程中，遇有下列情形之一，影响审判进行的，可以延期审理……（二）检察人员发现提起公诉的案件需要补充侦查，提出建议的……"据此，本题正确答案为 BD。

5. **答案**：ACD。参见《刑事诉讼法》第 158 条的规定。

6. **答案**：ABC。参见《刑事诉讼法解释》第 175 条、第 176 条的规定。

7. **答案**：ABC。本题考查的是人民法院适用简易程序的案件范围。《刑事诉讼法》第 214 条规定："基层人民法院管辖的案件，符合下列条件的，可以适用简易程序审判：（一）案件事实清楚、证据充分的；（二）被告人承认自己所犯罪行，对指控的犯罪事实没有异议的；（三）被告人对适用简易程序没有异议的。人民检察院在提起公诉的时候，可以建议人民法院适用简易程序。"故本题 ABC 项正确。D 项表述的是适用普通程序的自诉案件，故不正确。

8. **答案**：ABC。《刑事诉讼法》第 35 条规定，犯罪嫌疑人、被告人因经济困难或者其他原因没有委托辩护人的，本人及其近亲属可以向法律援助机构提出申请。对符合法律援助条件的，法律援助机构应当指派律师为其提供辩护。犯罪嫌疑人、被告人是盲、聋、哑人，或者是尚未完全丧失辨认或者控制自己行为能力的精神病人，没有委托辩护人的，人民法院、人民检察院和公安机关应当通知法律援助机构指派律师为其提供辩护。犯罪嫌疑人、被告人可能被判处无期徒刑、死刑，没有委托辩护人的，人民法院、人民检察院和公安机关应当通知法律援助机构指派律师为其提供辩护。

9. **答案**：BD。本题考查的是有关审判监督程序的规定。《刑事诉讼法》第 256 条第 1 款规定，人民法院按照审判监督程序重新审判的案件，由原审人民法院审理的，应当另行组成合议庭进行。如果原来是第一审案件，应当依照第一审程序进行审判，所作的判决、裁定，可以上诉、抗诉；如果原来是第二审案件，或者是上级人民法院提审的案件，应当依照第二审程序进行审判，所作的判决、裁定，是终审的判决、裁定。故本题 A 项不正确，B 项正确。《最高人民法院关于刑事再审案件开庭审理程序的具体规定（试行）》第 8 条第 1 款规定，除人民检察院抗诉的以外，再审一般不得加重原审被告人（原审上诉人）的刑罚。故本题 C 项不正确。上述解释第 4 条规定，参与过本案第一审、第二审、复核程序审判的合议庭组成人员，不得参与本案的再审程序的审判。故本题 D 项正确。

名词解释

1. **答案**：辩护权是法律赋予犯罪嫌疑人、被告人的一项专属的诉讼权利，即犯罪嫌疑人、被告人针对指控进行辩解，以维护自己合法权益的一种诉讼权利。辩护权是犯罪嫌疑人、被告人所享有的最基本、最关键的一项诉讼权利。在犯罪嫌疑人、被告人的各项诉讼权利中，辩护权居于核心地位。犯罪嫌疑人、被告人有权获得辩护是世界各国公认的一项宪法性原则。犯罪嫌疑人、被告人既可以自行行使辩护权，也可以委托辩护人帮助其行使辩护权。

2. **答案**：有因回避又称为附理由的回避，是指拥有回避申请权的诉讼参与人只有在案件具备法定的回避理由的情况下，才能提出要求司法人员回避的申请。我国《刑事诉讼法》规定的回避属于有因回避。

3. **答案**：附带民事诉讼的先予执行是指人民法院受理附带民事诉讼之后、作出判决之前，根据民事原告的请求决定民事被告人先给付民事原告人一定款项或特定物并立即执行的措施。采取先予执行时，既要考虑被害人的需要，又要兼顾被告人的实际能力。

4. 答案：中止审理是指人民法院在审判过程中，因出现使案件在较长时间内无法积极审理的情形，而决定暂停审理，待该项原因消失以后，再行恢复审理。中止审理的日期不计入办案期限。中止审理的裁定或决定应当通知同级人民检察院或者自诉案件的对方当事人；中止审理的原因消失后，应当恢复审理；中止审理的期间不计入审理期限。

简答题

1. 答案：不起诉，是指人民检察院对公安机关侦查终结移送起诉的案件和自行侦查终结的案件进行审查后，依法作出不将案件交付人民法院审判的一种处理决定。不起诉是人民检察院审判案件的结果之一，具有终止刑事诉讼的法律效力。它对保护公民的合法权益，保障无罪的人不受刑事追究，节省司法资源，提高司法机关的威信，均有重要意义。具体来说，其意义有三：（1）终止刑事诉讼的法律效力。不起诉的法律效力在于不将案件交付人民法院审判，从而在审查起诉阶段终止刑事诉讼。对犯罪嫌疑人来说，不起诉决定确认了其行为在法律上是无罪的。（2）有利于保障人权。刑事诉讼的目的既包括惩罚犯罪，也包括保障人权。不起诉有利于保障无罪的人不受追究，体现了现代刑事诉讼保障人权的宗旨。（3）有利于节省司法资源，实现诉讼经济原则。及时作出不起诉的决定，终止诉讼程序，不让案件进入审判阶段，可以缩短诉讼时间，从而减少诉讼成本，节省有限的司法资源。

根据《刑事诉讼法》第175条第4款、第177条的规定，不起诉分为法定不起诉、酌定不起诉和存疑不起诉三种，每种不起诉适用的条件各不相同。

（1）法定不起诉。又称绝对不起诉，是指犯罪嫌疑人具有《刑事诉讼法》第16条规定的情形之一的，人民检察院就应当作出不起诉的决定，从而终结诉讼。其适用条件即《刑事诉讼法》第16条规定的六种情形之一：①情节显著轻微，危害不大，不认为是犯罪的；②犯罪已过追诉时效期限的；③经特赦令免除刑罚的；④依照刑法规定，属于告诉才处理的犯罪，没有告诉或者撤回告诉的；⑤犯罪嫌疑人、被告人死亡的；⑥其他法律规定免予刑事处罚的。此外，人民检察院在审查起诉中如果发现没有犯罪事实或者在法律上根本不构成犯罪的案件，也应当对犯罪嫌疑人作出不起诉的决定。对具有上述情形的案件，检察机关没有自由裁量权，均应当作出不起诉的决定，而无须考虑这一决定是否适宜。

（2）酌定不起诉。又称相对不起诉，是指具有《刑事诉讼法》第177条第2款规定的情形时，人民检察院可以根据具体案情和犯罪嫌疑人的悔改表现来决定是否提起公诉。适用酌定不起诉必须具备以下两个条件：一是犯罪嫌疑人的行为已经构成犯罪，应当负刑事责任；二是犯罪情节轻微，依照刑法规定不需要判处刑罚或者可以免除刑罚。依照刑法规定，以下几种情形可以适用酌定不起诉：①犯罪嫌疑人在我国领域外犯罪，依照我国刑法应当负刑事责任但在国外已经受过刑事处罚的；②犯罪嫌疑人既聋又哑，或者是盲人的；③犯罪嫌疑人因正当防卫或紧急避险过当而犯罪的；④为犯罪准备工具，制造条件的；⑤在犯罪过程中自动中止犯罪或者自动有效地防止犯罪结果发生，没有造成损害的；⑥在共同犯罪中起次要或辅助作用的；⑦被胁迫参加犯罪的；⑧犯罪嫌疑人自首，或者有重大立功表现，或者自首后又有重大立功表现的。人民检察院在确认犯罪嫌疑人具有上述情节之后，还必须根据犯罪嫌疑人的年龄、犯罪的目的和动机、犯罪手段、危害后果、悔罪态度以及一贯表现等进行综合考虑，确认情节是否轻微，再决定是否起诉。即人民检察院可以根据具体案情和犯罪嫌疑人的悔改表现来决定是否提起公诉，这意味着检察机关有一定的自由裁量权。

（3）存疑不起诉。又称证据不足不起诉，是指具有《刑事诉讼法》第175条第4款规定的情形时，人民检察院作出的一种不起诉的决定。适用存疑不起诉必须具备以下两个条件：一是案件已经经过了补充侦查；

二是证据不足，不符合起诉的条件。根据《高检规则》第368条的规定，具有下列情形之一，不能确定犯罪嫌疑人构成犯罪和需要追究刑事责任的，属于证据不足，不符合起诉条件：①犯罪构成要件事实缺乏必要的证据予以证明的；②据以定罪的证据存在疑问，无法查证属实的；③据以定罪的证据之间、证据与案件事实之间的矛盾不能合理排除的；④根据证据得出的结论具有其他可能性，不能排除合理怀疑的；⑤根据证据认定案件事实不符合逻辑和经验法则，得出的结论明显不符合常理的。

2. **答案**：《刑事诉讼法》第82条规定了公安机关对于现行犯或者重大嫌疑分子先行拘留的条件，即如果有下列情形之一，可以先行拘留：

（1）正在预备犯罪、实行犯罪或者在犯罪后即时被发觉的；

（2）被害人或者在场亲眼看见的人指认他犯罪的；

（3）在身边或者住处发现有犯罪证据的；

（4）犯罪后企图自杀、逃跑或者在逃的；

（5）有毁灭、伪造证据或者串供可能的；

（6）不讲真实姓名、住址，身份不明的；

（7）有流窜作案、多次作案、结伙作案重大嫌疑的。

3. **答案**：由于自诉案件本身具有特殊性，因而自诉案件的审理也不同于公诉案件的审理，具有自己的特点。其特点主要有：（1）对告诉才处理的案件，被害人起诉的有证据证明的轻微刑事案件，可以适用简易程序，由审判员一人独任审判。（2）人民法院对告诉才处理的案件和被害人有证据证明的轻微刑事案件，可以在查明事实、分清是非的基础上进行调解。（3）对于告诉才处理的案件，被害人有证据证明的轻微刑事案件，自诉人在宣告判决前可以同被告人自行和解或者撤回起诉。（4）人民法院受理自诉案件后，对于当事人因客观原因不能取得并提供有关证据而申请人民法院调取证据，人民法院认为必要的，可以依法调取。（5）在自诉案件审理过程中，被告人下落不明的，应当中止审理。被告人归案后，应当恢复审理，必要时，应当对被告人依法采取强制措施。（6）告诉才处理和被害人有证据证明的轻微刑事案件的被告人或者其法定代理人在诉讼过程中，可以对自诉人提起反诉。反诉必须符合下列条件：①反诉的对象必须是本案自诉人；②反诉的内容必须是与本案有关的行为；③反诉的案件必须是告诉才处理的案件和人民检察院没有提起公诉，被害人有证据证明的轻微刑事案件。

💬 论述题

答案：上诉不加刑原则，是指第二审人民法院审判只有被告人一方提出上诉的案件，不得以任何理由加重被告人的刑罚的审判原则。也就是说，对于只有被告人或其法定代理人、辩护人、近亲属上诉的案件，二审法院审理改判时，只能适用比原判更轻的刑罚。

（1）上诉不加刑原则的例外：自诉人上诉或者检察院抗诉的案件；原案事实不清或证据不足发回重审的案件；变更控诉范围，发回原审法院重审的案件；按审判监督程序的提审或者指令下级法院或原审法院的再审案件等。

（2）具体运用上诉不加刑原则还需注意：共同犯罪案件，只有部分被告人上诉的，既不能加重上诉被告人的刑罚，也不能加重其他被告人的刑罚；对被告人实行数罪并罚的，既不能加重决定执行的刑罚，也不能在维持原判决定执行的刑罚不变的情况下，加重数罪中某一罪或几罪的刑罚；对被告人判处拘役或者有期徒刑宣告缓刑的，不得撤销原判决宣告的缓刑或者延长缓刑考验期；对事实清楚、证据充分，但判处刑罚畸轻的案件，不能以事实不清或者证据不足发回原审法院重新审理。

（3）上诉不加刑原则的重要意义：使被告人解除顾虑，敢于依法行使上诉权，有利于保障被告人充分行使辩护权；有利于维护上诉和两审终审制度，使其真正发挥作用；有利于提高审判工作和检察工作的质量，增强办案人员的责任心。

综合测试题二

☑ **单项选择题**

1. **答案**：A。本题考查的是公安机关立案的条件。我国《刑事诉讼法》第112条规定："人民法院、人民检察院或者公安机关对于报案、控告、举报和自首的材料，应当按照管辖范围，迅速进行审查，认为有犯罪事实需要追究刑事责任的时候，应当立案……"据此，决定立案的条件是：（1）有犯罪事实；（2）需要追究刑事责任。故本题正确答案为A。

2. **答案**：C。本题考查辩护人的特定证据开示义务。《刑事诉讼法》第42条规定，辩护人收集的有关犯罪嫌疑人不在犯罪现场、未达到刑事责任年龄、属于依法不负刑事责任的精神病人的证据，应当及时告知公安机关、人民检察院。故C项正确。A项的错误在于，应当告知的内容不是被害人而是犯罪嫌疑人属于依法不负刑事责任的精神病人的证据。B项不需要告知。D项的错误在于，该项不属于未达到刑事责任年龄的证据。

3. **答案**：D。本题考查的是人民检察院对于共同犯罪案件审查起诉的处理。《高检规则》第252条第1款规定，人民检察院直接受理侦查的共同犯罪案件，如果同案犯罪嫌疑人在逃，但在案犯罪嫌疑人犯罪事实清楚、证据确实、充分的，对在案犯罪嫌疑人应当根据本规则第237条的规定分别移送审查起诉或者移送不起诉。故本题正确答案为D。

4. **答案**：B。本题考查聋、哑人案件的诉讼程序、侦查讯问程序、法律援助辩护、法庭审判、简易程序的适用。《刑事诉讼法》第121条规定，讯问聋、哑的犯罪嫌疑人，应当有通晓聋、哑手势的人参加，并且将这种情况记明笔录。故A项的错误在于，不是"有必要时可通知"，而是应当有通晓聋、哑手势的人参加。《刑事诉讼法》第35条第2款规定，犯罪嫌疑人、被告人是盲、聋、哑人，或者是尚未完全丧失辨认或者控制自己行为能力的精神病人，没有委托辩护人的，人民法院、人民检察院和公安机关应当通知法律援助机构指派律师为其提供辩护。故B项正确。《刑事诉讼法解释》第225条第2款规定，辩护人经通知未到庭，被告人同意的，人民法院可以开庭审理，但被告人属于应当提供法律援助情形的除外。本案的被告人是聋哑人，系应当接受法律援助的对象，所以C项错误。根据《刑事诉讼法》第183条第1款的规定，基层人民法院适用简易程序的案件可以由审判员一人独任审判。《刑事诉讼法》第215条规定："有下列情形之一的，不适用简易程序：（一）被告人是盲、聋、哑人，或者是尚未完全丧失辨认或者控制自己行为能力的精神病人的；（二）有重大社会影响的；（三）共同犯罪案件中部分被告人不认罪或者对适用简易程序有异议的；（四）其他不宜适用简易程序审理的。"本案属于聋哑人案件，故不能适用简易程序，而独任审判只有在简易程序中才可能使用，因此D项错误。故本题的正确答案为B项。

5. **答案**：A。本题考查的是人民法院审理刑事案件的级别管辖。《刑事诉讼法》第20条规定："基层人民法院管辖第一审普通刑事案件，但是依照本法由上级人民法院管辖的除外。"第21条规定："中级人民法院管辖下列第一审刑事案件……（二）可能判处无期徒刑、死刑的案件。"第22条规定："高级人民法院管辖的第一审刑事案件，是全省（自治区、直辖市）性的重大刑事案件。"第23条规定："最高人民法院管辖的第一审刑事案件，是全国性的重大刑事案件。"本案虽然涉外，但犯罪嫌疑人不是外国人，仅被害人是外国人，仍应由基层人民法院管辖。本案并非全省性或全国性的重大案件，故也不应适用第 22 条和第 23 条。故本题正确答案为 A。

6. 答案：B。参见《刑事诉讼法》第 269 条、第 270 条的规定。
7. 答案：A。本题考查的是特定情况下第一审判决生效时间的确定。《刑事诉讼法解释》第 408 条第 1 款规定："刑事附带民事诉讼案件，只有附带民事诉讼当事人及其法定代理人上诉的，第一审刑事部分的判决在上诉期满后即发生法律效力。"故本题正确答案为 A。
8. 答案：B。参见《刑事诉讼法》第 16 条的规定。
9. 答案：C。参见《刑事诉讼法》第 214 条及《刑事诉讼法解释》第 290 条的规定。
10. 答案：C。本题考查的是对免除刑事处罚判决的执行。《刑事诉讼法》第 260 条规定："第一审人民法院判决被告人无罪、免除刑事处罚的，如果被告人在押，在宣判后应当立即释放。"据此，本题正确答案为 C。

多项选择题

1. 答案：BCD。本题考查的是被告人拒绝辩护人继续为其辩护的权利。《刑事诉讼法》第 45 条规定："在审判过程中，被告人可以拒绝辩护人继续为他辩护，也可以另行委托辩护人辩护。"据此，本题正确答案为 BCD。
2. 答案：ABCD。本题考查的是"犯罪事实已经查清"的含义。《高检规则》第 355 条规定："人民检察院认为犯罪嫌疑人的犯罪事实已经查清，证据确实、充分，依法应当追究刑事责任的，应当作出起诉决定。具有下列情形之一的，可以认为犯罪事实已经查清：（一）属于单一罪行的案件，查清的事实足以定罪量刑或者与定罪量刑有关的事实已经查清，不影响定罪量刑的事实无法查清的；（二）属于数个罪行的案件，部分罪行已经查清并符合起诉条件，其他罪行无法查清的；（三）无法查清作案工具、赃物去向，但有其他证据足以对被告人定罪量刑的；（四）证人证言、犯罪嫌疑人供述和辩解、被害人陈述的内容主要情节一致，个别情节不一致，但不影响定罪的。对于符合前款第二项情形的，应当以已经查清的罪行起诉。"故本题正确答案为 ABCD。
3. 答案：ABCD。参见《最高人民法院、最高人民检察院、公安部、国家安全部、司法部关于办理死刑案件审查判断证据若干问题的规定》第 36 条。
4. 答案：ABC。本题考查附条件不起诉考察期内应遵守的规定。《高检规则》第 475 条规定："人民检察院对于被附条件不起诉的未成年犯罪嫌疑人，应当监督考察其是否遵守下列规定：（一）遵守法律法规，服从监督；（二）按照规定报告自己的活动情况；（三）离开所居住的市、县或者迁居，应当报经批准；（四）按照要求接受矫治和教育。"第 476 条规定："人民检察院可以要求被附条件不起诉的未成年犯罪嫌疑人接受下列矫治和教育：（一）完成戒瘾治疗、心理辅导或者其他适当的处遇措施；（二）向社区或者公益团体提供公益劳动；（三）不得进入特定场所，与特定的人员会见或者通信，从事特定的活动；（四）向被害人赔偿损失、赔礼道歉等；（五）接受相关教育；（六）遵守其他保护被害人安全以及预防再犯的禁止性规定。"D 项的错误在于，不是"不得离开所居住的县"，而是"离开所居住的市、县或者迁居，应当报经批准"，故本题的正确答案为 ABC 三项。
5. 答案：BCD。本题考查的是应当停止执行死刑的情况。《刑事诉讼法》第 262 条第 1 款规定："下级人民法院接到最高人民法院执行死刑的命令后，应当在七日以内交付执行。但是发现有下列情形之一的，应当停止执行，并且立即报告最高人民法院，由最高人民法院作出裁定：（一）在执行前发现判决可能有错误的；（二）在执行前罪犯揭发重大犯罪事实或者有其他重大立功表现，可能需要改判的；（三）罪犯正在怀孕。"据此，故本题正确答案为 BCD。

名词解释

1. 答案：强制措施是指公安机关、人民检察院和人民法院在刑事诉讼过程中，为了保障侦查和审判的顺利进行，依法对犯罪嫌疑人、被告人的人身自由强行剥夺或者加以一定限制的方法。

2. **答案**：非常上诉是法国和日本规定的一种特殊救济程序。根据《法国刑事诉讼法》，非常上诉是指对刑事审查法庭的裁定和刑事审判法庭的终审判决、裁定向最高人民法院提出上诉的一种特殊救济程序，它包括向最高人民法院提出的上诉即要求撤销之诉和向最高人民法院提出的要求再审之诉。要求撤销之诉的根据是原裁判违法，目的是请求撤销违法裁判。要求再审之诉是上诉人就认定事实确有错误但已经获既判力的裁判向最高人民法院提出的一种救济程序。上诉人提出再审之诉以后，最高人民法院应当就原判事实有无错误进行审理和裁判。根据《日本刑事诉讼法》，非常上诉又称非常上告，是指在判决确定以后，总检察长发现该案件的审判违反法律，而向最高人民法院提出，请求对此情形予以纠正的一种非常救济程序。非常上诉的申请权专属于总检察长。非常上诉的目的是统一解释法律。但是，法律解释有错误而不利于被告人时，可以撤销不利于被告人的判决，因此，非常上诉具有救济被告人的功能。

3. **答案**：死刑核准权是指对死刑（含死缓）判决、裁定由哪一审判机关进行复核与批准的权限。死刑核准权是死刑复核程序中的核心问题。根据有关规定，判处死刑立即执行案件的核准权由最高人民法院行使，判处死刑缓期两年执行案件的核准权由高级人民法院行使。

4. **答案**：移送管辖是指没有管辖权的公安司法机关将案件移送至有管辖权的机关立案或者审判的一种管辖制度。移送管辖既体现在立案管辖上，也体现在审判管辖上。立案管辖中的移送管辖是指：公安机关、人民检察院、人民法院对于报案、控告、检举和犯罪人的自首等立案材料，都应当接受，对于不属于自己管辖的，应当移送主管机关或者有管辖权的机关进行处理。审判管辖中的移送管辖是指：人民法院经过审查，将不属于自己管辖的刑事案件，移送给有管辖权的人民法院审判。

简答题

1. **答案**：逮捕是在一定时间内完全剥夺犯罪嫌疑人、被告人的人身自由并解送到一定场所予以羁押的一种强制措施。它在各种强制措施中是最严厉的。刑事拘留是指公安机关、人民检察院遇有紧急情况，暂时限制现行犯或重大嫌疑人人身自由的一种强制措施。

逮捕与刑事拘留都是刑事诉讼中采用的羁押方法，由公安机关执行的强制措施。但两者有所区别：

（1）实施的对象和条件不同。逮捕是对有证据证明有犯罪事实，可能判处有期徒刑以上刑罚，又有逮捕必要的犯罪嫌疑人、被告人采用的一种强制措施；刑事拘留是对该逮捕的现行犯或重大嫌疑人在紧急情况下采用的一种强制措施。

（2）批准和决定的机关不同。逮捕的批准或决定权在检察院和法院，刑事拘留的决定权在公安机关。

（3）羁押期限不同。逮捕的羁押期限较长，虽然现行法律没有规定最长的期限，但一般逮捕的羁押期限都以数月计算；刑事拘留的羁押期限较短，一般为14日，最长不超过37日。

2. **答案**：取保候审是指人民法院、人民检察院、公安机关依法责令犯罪嫌疑人或者被告人提供保证人或者交纳保证金并出具保证书，保证其不逃避或者妨碍侦查、起诉、审判并随传随到的一种强制措施。根据我国《刑事诉讼法》的规定，对于具有下列情形之一的犯罪嫌疑人、被告人，可以取保候审：①可能判处管制、拘役或者独立适用附加刑的；②可能判处有期徒刑以上刑罚，采取取保候审不致发生社会危险性的；③应当逮捕的犯罪嫌疑人、被告人患有严重疾病，或者是正在怀孕、哺乳自己婴儿的妇女的；④对被拘留的犯罪嫌疑人需要逮捕而证据还不充足的；⑤法定羁押期限届满尚不能结案的。

论述题

答案： 间接证据具有以下特点：

（1）任何一个间接证据，都不能直接和单独地对案件主要事实作出说明，只有把它同案件内其他证据联系起来，经过综合判断，才能说明案件的主要事实。这是其最显著的特点。

（2）间接证据一般比直接证据更容易获得。无论犯罪行为多么诡秘和隐蔽，都不可避免地留下某些物质痕迹，只要犯罪事实存在，它的某些情况就不可避免地会被人们察觉。

（3）有些案件，没有证人、没有被害人或被害人死亡，同时被告人、犯罪嫌疑人拒绝供认，这样，收集到的证据可能只是间接证据。间接证据有足够数量，经过查证属实，达到充分确实的要求，可以用其定罪判刑。

正由于以上间接证据的特点，运用间接证据应当注意：由于间接证据都是个别的、局部的案件事实的反映，都是一些"片段"，所以，各个证据之间反映犯罪客观过程的联系，就只有通过正确的理性思维来把握，正确运用推理，才能将"片段"的若干间接证据连接起来，形成证据体系或证据锁链，进而证明案件事实。所以必须注意：①每个间接证据都必须客观、确实可靠。证据体系中不允许有虚假的证据存在。②每个间接证据同案情之间必须有某种客观联系。③间接证据之间必须协调一致，不能有矛盾。④对若干协调一致的间接证据进行综合分析之后，所得出的结论只有一个。

间接证据必须构成完整严密的证据体系，并排除一切合理怀疑，才能得出只有犯罪嫌疑人、被告人实施了犯罪的结论。

图书在版编目（CIP）数据

刑事诉讼法配套测试 / 教学辅导中心组编. -- 12 版. -- 北京 : 中国法治出版社, 2025. 8. --（高校法学专业核心课程配套测试）. -- ISBN 978-7-5216-5307-6

Ⅰ. D925.204

中国国家版本馆 CIP 数据核字第 20256JP822 号

责任编辑：白天园　　　　　　　　　　　　　　　　　　　　　　封面设计：杨泽江　赵博

刑事诉讼法配套测试
XINGSHI SUSONGFA PEITAO CESHI

组编/教学辅导中心
经销/新华书店
印刷/三河市紫恒印装有限公司
开本/787 毫米×1092 毫米　16 开　　　　　　　　　　　　　　印张/ 25　字数/ 525 千
版次/2025 年 8 月第 12 版　　　　　　　　　　　　　　　　　　2025 年 8 月第 1 次印刷

中国法治出版社出版

书号 ISBN 978-7-5216-5307-6　　　　　　　　　　　　　　　　　定价：62.00 元

北京市西城区西便门西里甲 16 号西便门办公区
邮政编码：100053　　　　　　　　　　　　　　　　　　　　　传真：010-63141600
网址：http：//www.zgfzs.com　　　　　　　　　　　　　编辑部电话：010-63141792
市场营销部电话：010-63141612　　　　　　　　　　　　　印务部电话：010-63141606

（如有印装质量问题，请与本社印务部联系。）